Dimroth · Die Kunst ist das Einzige, was bleibt

buch & media

Die Kunst und nichts als die Kunst! Sie ist die große Ermöglicherin des Lebens, die große Verführerin zum Leben, das große Stimulans des Lebens.

Friedrich Nietzsche

Es gibt Dinge, die muss ein Mensch tun; nur er, kein anderer kann sie ihm abnehmen. In der bildenden Kunst können wir die »Spur des Einzigartigen« verfolgen: Schwierige, überblendete Menschen, hin- und hergeworfen, schwer zu ertragen, unendlich stolz, zugleich verletzbar und hilflos, arbeiten im Auftrag der Ewigkeit. Aber wir wären ärmer ohne sie und »ratlos in der Weltenkuppel«.

Ernst Beyeler über das Künstlerdasein, 1991

Sinda Dimroth

Die Kunst ist das Einzige, was bleibt

Ein biografischer Roman

buch & media

Weitere Informationen über den Verlag und sein Programm unter:
www.buchmedia.de

März 2020
Buch&media GmbH, München

Umschlaggestaltung: Marion Kausche
Satz & Layout: Franziska Gumpp
Gesetzt aus der Garamond
Printed in Europe
ISBN print 978-3-95780-192-0
ISBN ePub 978-3-95780-194-4
ISBN PDF 978-3-95780-193-7

Inhalt

Vorwort

Als Künstlerin war es mir ein Anliegen, die Umbrüche in der deutschen Kunst am Beispiel der Sammlung Bode aufzuzeigen. Zu beantworten war die Frage, ob die Kunst ein Spiegel der jeweiligen Zeit ist und die gesellschaftlichen Veränderungen in den Kunstwerken sichtbar werden. Aus einem Keilrahmen, Leinwand und Farbe entsteht ein Produkt, dessen Mehrwert frei erfunden ist, aus Kunst wird Kapital, deshalb resümierte Bode: »Alle Kunst ist Zauberei«.

Um zur richtigen Zeit die richtigen Kunstwerke zu erwerben, bedarf es einer großen Leidenschaft, der Gedanke der Geldvermehrung sollte nicht im Vordergrund stehen. Aus Überzeugung erwarb Hermann Bode umstrittene Bilder, die in der Zeit des Nationalsozialismus ihren Wert verloren, um später zum gefragten Anlageobjekt zu werden. Er befasste sich mit Kunst, Astrologie, Philosophie und Musik. Aus dem Material seiner Bücher, Briefe und Notizen entstand das vorliegende Manuskript, in dem die wichtigsten Fragen zur Entwicklung zeitgenössischer Kunst beantwortet werden.

1916 wurde die Kestner Gesellschaft in Hannover gegründet; hier lernte Bode die Künstler Nolde, Schwitters, Klee, Lissitzky und Kandinsky persönlich kennen. Der Kunsthistoriker Alexander Dorner, der als Museumsdirektor die Vertreter der Abstrakten Kunst förderte, beeinflusste Bodes Kunstkäufe. Im Lauf von Jahrzehnten erwarb er mehr als 100 Werke der Moderne. Nach der Eheschließung mit seiner zweiten Frau Ilse Beindorff, deren Vater Eigentümer der Pelikan-Werke war, konnte Bode den Zahnarztberuf aufgeben und sich als Privatgelehrter seinen Interessen widmen. Er übersetzte Laudsis Daodö-jing aus dem Urtext und veröffentlichte mehrere Bücher.

Hermann Bode besuchte das Bauhaus erst in Weimar, dann in Dessau und stand in regem Kontakt mit dem Architekten Walter Gropius. Um seiner Kunstsammlung einen entsprechenden Rahmen zu geben, erbaute er ein Haus im Bauhausstil. Nach dem häufigen Wechsel der

Reichskanzler in der Zeit der Weimarer Republik erhoffte er sich von Adolf Hitler, dass dieser die Ordnung im Land wiederherstellen würde, obwohl er dessen politischer Einstellung ambivalent gegenüberstand. Bode war kein Mitglied der NSDAP. Die Bücherverbrennung durch die Nationalsozialisten und die Einschränkung der Kunstfreiheit widersprachen seinen Grundsätzen. Nachdem der Sammler die Ausstellung »Entartete Kunst« in München besucht hatte, verfasste er einen Essay, in dem er die verfemten Künstler verteidigte und die Rückkehr ihrer Werke in die Museen forderte. Bis zum Tod von Kurt, dem Sohn seiner Frau aus erster Ehe, war er loyal gegenüber der Reichsregierung. Der 22-Jährige hatte regimekritische Flugblätter verteilt und wurde zum Tode verurteilt. Als der jüngere Sohn Sindbert vier Wochen nach dem Bruder im Krieg ums Leben kam, brach für Bode die Welt zusammen. In einem Gedicht verdichten sich seine ganze Verzweiflung und die christliche Überzeugung, dass der wahre Mensch ein Leidender ist.

Nach 1945 bescherte das Wirtschaftswunder den Pelikan-Werken eine Blütezeit und der Familie Wohlstand. Bode beschenkte das Landesmuseum Hannover mit einem abstrakten Bild von Kandinsky, weitere Bilder gab er als Dauerleihgaben in das spätere Sprengel Museum. Zusammen mit Alexander Dorner besuchte er zahlreiche Ateliers und verfolgte mit Interesse, die verschiedenen Richtungen der Nachkriegskunst. Seine Tochter Maria, eine renommierte Gartenarchitektin, bereicherte sein Kunstverständnis um den Aspekt der Gartenkunst. Nach dem Tod von Hermann Bode wurde seine Sammlung zwischen der Ehefrau und den Töchtern aufgeteilt, deren Nacherben verkauften den Großteil der Bilder. Das Sprengel Museum, das Auktionshaus Villa Grisebach und der Kunsthändler Ernst Beyeler waren am Verkauf beteiligt. Der Konkurs des Familienunternehmens Pelikan, das Generationen von Schülern mit Farben und Füllern versorgt hat, markiert das Ende einer Ära.

Die Nationalsozialisten haben die Mehrheit der Werke von »Entarteter Kunst« verkauft. 74 Jahre nach dem Krieg versucht man die ehemaligen Eigentümer oder deren Erbberechtigte ausfindig zu machen. Der lange Weg der Restitution wird am Beispiel von zwei Bildern aus der Sammlung Lissitzky-Küppers in diesem Buch beschrieben.

Kunst hat sich als sichere Anlageform erwiesen, ein Wertzuwachs um das Vierhundertfache des Kaufpreises innerhalb von 20 Jahren ist im Kunsthandel nicht selten. Der Kapitalismus hat sich der Kunst bemächtigt, sie wurde ihrer Autonomie beraubt und wird als globale Währung gehandelt. Am Beispiel der Kunstsammlung Bode wird erkennbar, welchen erstaunlichen Wertschwankungen die Kunst der Moderne innerhalb der letzten 100 Jahre unterworfen war. Analysiert man den Umgang mit Kunst unter dem Gesichtspunkt der Vergegenständlichung gesellschaftlicher Tendenzen, dann wird eine erschreckende Banalisierung sichtbar.

Die Ansichten von Bode sind nicht in jedem Fall gleichbedeutend mit denen der Autorin. Aus 92 Briefen wurden zahlreiche Zitate in wörtliche Reden umgewandelt. Alle im Buch verwendeten Texte, Gedichte und Aufzeichnungen entstammen dem Familienarchiv und den Büchern von Hermann Bode. Die Rechte hierfür wurden recherchiert und erworben.

Sinda Dimroth 2020

Stammbaum der Familie Bode

Hermann Friedrich Bode und Auguste Bode geb. Henneberg

Wilhelm Karl Hugo **Hermann**

1.Ehe 1906

Hermann Bode und **Julia** geb. Peipers

Maria Erkengard Elsa Friedegard

Doppelhochzeit 1936

Erkengard und Karl Römer

Frowis Eckbert Luitgard

1. Ehe

Elsa und Hans Gluud (gefallen)

Reingard Ruthilde

2. Ehe

Elsa und Heinrich Klette

Anna-Friederun Selma

2. Ehe 1924

Hermann Bode und **Ilse** Robert geb. Beindorff

Sindbert (gefallen)

Fritz Beindorff und Elisabeth geb. Wagner
Günther Wagner, Gründer der Pelikan-Werke

Günther Kurt Fritz **Ilse** Elisabeth

1. Ehe
Ilse Beindorff und Ernst Robert

Anna Kurt (gefallen)

Anna und Gernot Reicherts

Anna Paul

Das erste Bild von Steinhude 1956

Die beiden Mädchen hatten ihre schönsten Kleider in ein Köfferchen gepackt und waren mit den Worten verabschiedet worden: »Haltet Euch gerade, macht ein freundliches Gesicht und benehmt Euch anständig.« Es war ein schwül-heißer Tag Ende Juli, als sich der Zug ruckartig in Bewegung setzte. Selma war neun Jahre alt und durfte erstmals mit ihrer 17-jährigen Schwester Ruthilde in den Sommerferien nach Hannover reisen, um den Großvater Bode am Steinhuder Meer zu besuchen. Die Mutter hatte ihnen Hasenbrote eingepackt, das waren mit Rotwurst bestrichene Graubrotscheiben, dazu gab es kalten Tee aus einer Thermoskanne. Die Kinder waren aufgeregt und verfolgten durch die verschmutzten Fensterscheiben die vorbeiziehende Landschaft. Beide hatten als Reiselektüre ein Buch eingepackt, in das sie keinen einzigen Blick warfen, weil so viele Eindrücke auf sie einstürmten.

Steinhude war für die Schwestern ein märchenhafter Ort, der in den Erzählungen der Mutter eine wichtige Rolle spielte. Schon bald sollten sie die Möglichkeit bekommen, das Bild, das sie sich in ihrer Vorstellung gemacht hatten, mit der Wirklichkeit zu vergleichen. Nachdem die Hälfte der Reise hinter ihnen lag, gab es einen längeren Aufenthalt auf offener Strecke. Für die Steigung in der vor ihnen liegenden Rhön wurde am Anfang und am Ende des Zuges eine Lok angekuppelt, trotzdem blieb er in der Mitte eines Tunnels stecken. Die Lokomotiven bliesen ihren Rauch in die Tunnelröhre, die Fenster hatte man geschlossen, dennoch drangen giftige Gase ins Abteil. Als dann auch noch die Lichter ausgingen, saßen die Fahrgäste in undurchdringlicher Dunkelheit, die Luft war heiß und der Rauch machte das Atmen schwer. Ab und zu hörte man den schrillen Pfiff einer Dampflok, das wirkte gespenstisch, deshalb griff Ruthi nach der Hand der kleinen Schwester. Eine tiefe Stimme sagte aufmunternd: »Es wird bestimmt gleich weitergehen.« Die Reisenden sahen außerhalb des Zuges einen Beamten mit seiner Taschenlampe vorüberlaufen, er hielt sich ein Tuch vor Mund und Nase. Mit seinem Licht verschwand die Möglichkeit, etwas zu sehen. Die Mädchen blickten mit weit geöffneten Augen in ein tiefes Schwarz. Selma bekam Angst, sie und ihre Schwester waren in einem Albtraum gefangen. Niemand sagte ein Wort, schicksalsergeben waren alle Fahrgäste darum bemüht, genügend Sauerstoff einzuatmen.

Nach einer Stunde kam der Schaffner mit einer Laterne in den Wagen und teilte mit, dass man eine neue Lok angefordert habe, um den Zug aus der Röhre zu ziehen. Im Abteil neben den Mädchen saß eine dicke Alte, die auf ihrem Schoß einen Käfig festhielt, in dem noch kurz zuvor ein Kanarienvogel erregt von Stange zu Stange gehüpft war. Nun konnte man im Schein der Lampe sehen, dass er, die Flügel ausgebreitet, mit aufgerissenem Schnabel auf dem Käfigboden lag. »Der machts aber nimmer lang«, sagte der Schaffner, woraufhin die alte Frau zu weinen anfing. Ruthi, die selbst drei Kanarienvögel zu Hause hatte, holte ihn vorsichtig aus dem Käfig und folgte dem Lichtschein bis zur Toilette. Dort ließ sie Wasser ins Becken laufen und setzte das erschöpfte Tier hinein. »Du kommst jetzt sicher allein zurecht«, brummte der Beamte und entfernte sich mit der einzigen Beleuchtung. Nachdem der Vogel Wasser getrunken hatte, war er erfrischt und flatterte orientierungslos in dem engen Raum um Ruthis Kopf. Als er sich in den wilden Locken des Mädchens verfing, konnte sie ihn greifen, um zu ihrem Sitzplatz zurückzukehren. In der einen Hand den Vogel, dessen Herz heftig pochte, suchte sie mit der anderen den Weg zum Abteil, wo das verängstigte Tier gerne in seinen Käfig zurück hüpfte. Ruthi tastete nach der Schwester, die ihr den Rest des kalten Tees überließ. Es kam den Reisenden wie eine Ewigkeit vor, bis wieder ein Pfiff ertönte und sich der Zug langsam in Bewegung setzte. Als er die Tunnelröhre verließ, waren die Fahrgäste geblendet vom Sonnenlicht und hatten rußige Gesichter. Die Fenster wurden aufgerissen, die Vorhänge blähten sich im Fahrtwind und die Reisenden sprachen erleichtert über ihre Gefühle, die sie vorher für sich behalten hatten. Die Alte mit dem Vogelkäfig murmelte: »Gegrüßet seist du, Maria voll der Gnade, der Herr ist mit Dir.«

In Hannover entstiegen die Münchner Kinder in ihren verdrückten

Sommerkleidern dem Zug und sahen Ilse, die zweite Frau ihres Großvaters, den Bahnsteig entlanglaufen. Sie war ganz in Weiß gekleidet und hatte weiße Stoffschuhe an. »Kommt schnell, ich habe keinen Parkplatz gefunden«, rief sie, griff sich Selmas Pappkoffer und eilte dem Ausgang zu. Vor dem Haupteingang des Bahnhofs, mitten in der stark befahrenen Straße, parkte ein silbernes Mercedes Cabriolet, mit zwei Rädern auf einer Straßenbahninsel. Neben dem Fahrzeug stand ein Polizist und dirigierte den Verkehr um das Hindernis herum. Ilse reichte ihm einen Geldschein, die Kinder sprangen in den offenen Wagen und los ging die Fahrt. Die Großmutter winkte aus dem geöffneten Verdeck und erklärte: »Ich konnte nirgendwo parken, deshalb habe ich mich auf die Verkehrsinsel gestellt und dem Schupo gesagt, dass er auf mein Auto aufpassen soll.« Sie fuhren mit hoher Geschwindigkeit auf der Autobahn nach Wunstorf und weiter auf der Landstraße bis ans Steinhuder Meer. An diesem Moorsee hatten einige Hannoveraner ihre Wochenendhäuser und in der sogenannten »Strandhausreihe« war Elsa, die Mutter der Kinder, aufgewachsen. Als der Wagen vor einem Haus mit großen Fenstern anhielt, drückte Ilse auf die Hupe, daraufhin trat eine Haushälterin mit weißer Schürze aus der Haustüre. Mit einem »Hallo ihr zwe Lüdjen« ergriff sie die Koffer, während der weiß gekleidete Großvater vom Balkon winkte. So ein Haus hatte Selma noch nie gesehen, man konnte von der Straße bis zum See hindurchblicken. Ilse ging durch eine rahmenlose Glastüre, und die Gäste folgten ihr staunend. Im ersten Stock zeigte sie ihnen die Schlafzimmer, durch deren Fenster man einen weiten Blick über das Wasser hatte. Auf jedem Kopfkissen lag eine Pralinenschachtel der Firma Sprengel, unter deren Stanniolpapier ein Zehn-Mark-Schein geschoben war.

»Wenn ihr euch umgezogen habt, könnt ihr runterkommen, Lina hat für euch einen Kuchen gebacken«, schallte es durchs Haus, während die Enkelkinder ihre Koffer auspackten. Ruthi mit ihren schwarzen Locken streifte sich eine weiße Bluse über und schlüpfte in rote Shorts, aus denen das hochgeschossene Mädchen längst herausgewachsen war. Die blonde Selma hatte das Haar zu Zöpfen geflochten und wählte ein Ringelhemd und eine Trainingshose, die vor ihr schon drei Schwestern getragen hatten. Beide Mädchen hatten weiße Söckchen und Sandalen der Firma Salamander an. So erschienen sie im Esszimmer, in dem die Großeltern an einem weiß gedeckten Tisch mit türkisfarbenen Lederstühlen saßen. Bode reichte jedem Kind die Hand zur Begrüßung und zeigte auf den zugedachten Sitzplatz. Das Gedeck bestand aus einem weißen Kuchenteller mit dazu passender Teetasse und einer weißen Stoffserviette im Silberring, auf dem das Sternzeichen des jeweiligen Kindes eingraviert war. Selma hatte bis zu diesem Tag nicht gewusst, dass sie im Tierkreiszeichen des Krebses geboren war.

Nachdem die Enkelkinder sich gesetzt hatten, bekamen sie Johannisbeerkuchen mit Baiser serviert, dazu gab es Sahne aus einer dünnwandigen Glasschüssel. Ilse füllte duftenden Tee in ihre Tassen und sagte aufmunternd: »Nun greift schon zu.« Die Münchner Kinder waren beeindruckt von der erlesenen Atmosphäre. Mit einer Glasfront, die von der Decke bis zum Boden reichte, war das Esszimmer zum Steinhuder Meer hin geöffnet, die Wellen schlugen in zehn Meter Entfernung gegen die Uferpalisaden und in der Ferne konnte man die Insel Wilhelmstein mit ihrem burgartigen Gemäuer liegen sehen. Auf der einen Seite des zum Anwesen gehörenden Holzstegs stampften zwei Rennjollen auf und nieder und zerrten an den Tauen, auf der anderen Seite lagen ein abgedecktes Motorboot und ein Ruderboot. Am sogenannten Meer war es immer windig, deshalb knallten die Wanten der Segelschiffe gegen die Masten. Das moorige Wasser erzeugte einen leicht säuerlichen Geruch, der sich mit Ilses herbem Parfüm namens »Bandit« vermischte. Diese Duftmischung blieb den Kindern für immer in der Nase. Über dem Esstisch hing ein Frauenkopf von Otto Gleichmann, das Bild hatte den gleichen Grauton wie das Wasser. Das Esszimmer war durch eine Glasvitrine vom Wohnzimmer getrennt, in dem ein brauner Konzertflügel die Hälfte des Raumes einnahm. In der Vitrine befanden sich kleine Figurinen von Mataré, Renée Sintenis und Naum Gabo, daneben standen die Weihnachtsgeschenke der Enkel: ein zartes Tonpferdchen von Reingard, ein plumper Eisbär von Ruthi, ein goldener Weihnachtsengel von Anna-Friederun und, gegen die Rückwand gelehnt, eine Zeichnung von Selma.

Der Großvater Hermann Bode war ein würdiger Herr mit schlohweißen, kurzgeschnittenen Haaren. Er hatte einen cremefarbenen Leinenanzug an, dazu trug er ein weißes Hemd mit grauer Krawatte, die mit einer goldgefassten Perle festgesteckt war. Der 74-Jährige hatte ein glattrasiertes Gesicht mit Pigmentflecken, der Mund war schmallippig und farblos. Seine blauen Augen sahen durch eine Brille mit Silberrand, die ein quadratisches Lesefenster hatte. Die schmalen Hände waren übersät mit braunen Punkten und am Ringfinger steckte, neben einem eindrucksvollen Brillantring, der weißgoldene Ehering. Mit Reepschnur und Schekel war seine Taschenuhr am Gürtel befestigt. Der Vater der Mutter verkörperte eine Autorität, der sich die ganze Familie unterzuordnen hatte. Niemand wagte es, ihm zu widersprechen, und Ilse war bemüht, seinen Wünschen zuvorzukommen. Er saß kerzengerade bei Tisch und aß mit einem silbernen Besteck, auf dem der Name seines gefallenen Sohnes Sindbert eingraviert war. Sein Serviettenring zeigte das Sternzeichen Löwe.

Die Stimmung bei Tisch wirkte steif, weil man als Kind nur dann zu sprechen hatte, wenn man dazu aufgefordert wurde. Benutzte eines der Kinder ein Fremdwort wie Pullover oder Serviette, kam sofort die Korrektur, dass man sich der deutschen Sprache zu befleißigen habe, in der es Wollwams oder Mundtuch heiße. Der Großvater sprach zwar fließend Französisch und Englisch, wollte aber keine Vermischung der Sprachen, weil für ihn die deutsche Sprache ein Ausdrucksmittel war, das er rein erhalten wollte. Bodes Worte waren gewählt und akzentfrei. Immer sprungbereit, um das herbeizuschaffen, was dem hohen Herren fehlte, saß am Kopfende des Tisches Ilse, seine 15 Jahre jüngere Frau. Sie war klein und wirkte in ihrem weißen Hosenanzug knabenhaft, die altersgemäßen Falten waren in Narben hinter den Ohren verschwunden. Sie selbst sagte, ihr Gesicht sei glatt wie ein Babypopo. Das lange schwarze Haar war straff nach hinten gekämmt und am Hinterkopf zu einem Knoten gebunden. Wenn sich eine Haarsträhne löste, benetzte Ilse die Fingerkuppen mit Spucke und strich sie zurück. Immer braun gebrannt, im Winter vom Skifahren, im Sommer vom Sonnenbaden, machte die Großmutter einen sportlichen Eindruck. Wenn sie eine Treppe hinaufwollte, nahm sie immer zwei Stufen aufeinmal. Wegen ihrer kleinen Statur und der burschikosen Art vermittelte sie den Kindern ein Gefühl von Kameradschaftlichkeit, die sich in seltenen Fällen sogar gegen den Patriarchen richtete. Schon bei der ersten Mahlzeit wurde Selma von diesem ermahnt, sich gerade zu halten, die Gabel zu benutzen und ohne zu kichern den Mund mit dem Mundtuch zu reinigen. So gemaßregelt, ließ das Kind den Kopf sinken und rührte den Kuchen nicht mehr an. Der Großvater bat seine Frau, der Enkelin in der Küche beizubringen, wie man sich an seinem Esstisch zu benehmen habe.

Für den nächsten Tag war Segelunterricht vorgesehen, deshalb wurden die Mädchen in einen Raum geführt, in dem Segel, Ruder, Tampen und Persenning ordentlich an der Wand aufgehängt waren. In einem Schrank befand sich die weiße Segelkleidung der gefallenen Söhne, von der sich Elsas Töchter das Passende aussuchen sollten. In einem Regal waren Bodes Siegestrophäen aufgereiht, es waren silberne Trinkbecher und Pokale, die er bei Segelregatten gewonnen hatte. Nachdem die Mädchen ganz in Weiß eingekleidet waren, stemmten sie sich gegen eine Glastüre, die sich nicht öffnen ließ, weil der Wind dagegen stand. Deshalb liefen sie um das Gebäude herum und sahen den Großvater im makellos weißen Anzug mit windzerzaustem Haar wartend am Wasser stehen. Er ließ den Deckel seiner goldenen Taschenuhr aufspringen und bemerkte, dass sie ganze drei Minuten zu spät waren. »In Zukunft erwarte ich, dass ihr vor der angegebenen Zeit zur Stelle seid, sodass ich auf keinen Fall auf einen von euch warten muss.« An einer Wandte zog er die Rennjolle zu sich heran und forderte die Kinder auf, das Boot zu betreten, um das Wasser, welches sich unter den Bodenbrettern angesammelt hatte, über Bord zu schöpfen. Nachdem sie damit fertig waren, erklärte er den Landratten, wie man die Segel auspackt und hochzieht. Es war stürmisch, das Boot kippelte und das Segel fetzte den Mädchen um die Ohren. Ilse stand am Fenster und sah dem Treiben zu, exakt im richtigen Augenblick sprang sie herbei und löste das Tau vom Poller, sodass sich der Bootskörper drehen konnte und dem Wind erlaubte, voll ins Segel zu greifen.

Eine Rennjolle hat einen runden glatten Rumpf aus Holz, der, wie schon der Name sagt, für Rennen konstruiert wurde. Wenn der Wind seine volle Kraft auf das Segel ausübt, legt sich das Schiff stark zur Seite. Selma wurde blass vor Angst, als das riesige Vorsegel um sie herumschlug und das Wasser über die Bootswand hereinschwappte, während sie in rasanter Fahrt durchs Steinhuder Meer pflügten. »Vorschot einholen«, kommandierte Bode und Ruthi erwischte das schlagende Seil. Selma klammerte sich an den Schwertkasten und sah sich schon in den grauen Fluten ertrinken, als das nächste Kommando kam: »Klar zur Wende, Selma, Kopf einziehen.« Das Segelschiff drehte sich und lag sofort wieder hart am Wind. Bei der nächsten Bö legte sich der Schiffskörper so stark zur Seite, dass das Ende des Großsegels ins Wasser tauchte und der Steuermann Leine geben musste. »Fockaffe, Vorschot dichter holen«, kam das Kommando für Ruthi, die sofort reagierte. Die drei segelten durch die sogenannten Deipen um den Wilhelmstein herum und nahmen dann Kurs auf den Ort Steinhude. Bode erklärte den Mädchen die roten Benzel an den Wandten und in welchem Winkel das Großsegel optimal Fahrt erzeugt. Er sprach von der Aerodynamik des Segelns und verglich das Focksegel mit einem Vogelflügel, hinter dem der Wind verwirbelt. Das Fähnchen auf dem Mast nannte er Verklicker und spielte mit dem Großsegel, um zu demonstrieren, wie Segel und Bootskörper aufeinander einwirkten. »Morgen üben wir Mann über Bord und wenn ihr das beherrscht, dürft ihr alleine unter Land segeln.« Selma wollte zurück ans sichere Ufer, Segeln war nichts für sie. Mit einem eleganten Aufschießer stand die Jolle stampfend vor dem Steg und Selma sollte mit dem Tau hinüber auf die Holzbretter springen, um das Schiff festzumachen. Das Kind konnte sich auf dem kippeligen Bootsrand kaum halten und wagte nicht, über den Abgrund zu springen, da kam ihm eine Hand entgegen, die den Angsthasen auf sicheren Grund zog. Ilse war immer im richtigen Moment zur Stelle.

Die beiden Enkel sollten vorschriftsmäßig die Segel bergen, das hereingeschwappte Wasser ausschöpfen, das Boot klarmachen und anschließend zum Mittagessen erscheinen, »natürlich gekämmt und mit sauberen Händen« setzte Bode hinzu. Pünktlich um ein Uhr standen die Mädchen hinter den Stühlen, bis der Großvater erschien und sich setzte, erst dann durften sie ebenfalls Platz nehmen. Jedes Mittagessen hatte drei Gänge: Suppe, Hauptspeise und Nachtisch, die nacheinander von Lina serviert wurden. Das Dienstmädchen aß in der Küche und bewohnte ein Zimmer neben der Speisekammer. Es konnte hervorragend kochen, sprach Plattdeutsch und wollte die Lieblingsgerichte der Gastkinder wissen, um sie in den nächsten Tagen aufzutischen. Lina war eine stämmige Frau mit Haarknoten, einem runden freundlichen Gesicht und roten kräftigen Händen. Mit dem Rad fuhr sie ins Dorf und besorgte täglich die Nahrungsmittel für den nächsten Tag. Die Großeltern sprach sie mit Herr Doktor und Frau Doktor an und zeigte großen Respekt vor dem Hausherren.

An einem heißen Sommertag hatte die dickliche Frau geschwitzt und man sah einen dunklen Rand unter dem Arm ihres Sommerkleides. Als sie sich über den Großvater beugte, um die Suppe zu servieren, sagte er: »Lina, ich wünsche keinen Schweißgeruch zur Suppe serviert zu bekommen.« Die gutmütige Frau stellte behutsam die Suppenterrine auf den Tisch, schlug die roten Hände vors Gesicht und fing hemmungslos an zu weinen. Die Enkel sahen betreten auf das glattgebügelte Tischtuch, Ilse wandte sich ab, um die Weinende nicht zu beschämen, und der Patriarch sagte: »Nun beruhigen wir uns mal und sehen nach, ob es eine frische Bluse im Schrank gibt, dann können wir ja wieder kommen.« Lina verschwand und erschien zum zweiten Gang komplett umgezogen in frischen Kleidern, was nicht weiter kommentiert wurde. Bei der Nachspeise wandte sich Bode an sein jüngstes Enkelkind: »Selma, wie gut kannst du schwimmen?« Selma konnte nicht schwimmen und blickte trotzig auf ihre Knie. Ruthi stieß ihr den Ellbogen in die Rippen, aber es kam keine Antwort. »Vielleicht möchtest du mir die Frage beantworten«, wandte sich Bode an die Schwester, die ihn darüber aufklärte, dass Selma nie Schwimmunterricht bekommen hatte. »Dann müssen wir das in die Hand nehmen«, entschied der Großvater und bemerkte zu Ilse: »Es ist nicht in Ordnung, dass Elsa mir eine Nichtschwimmerin schickt, obwohl sie weiß, dass wir am Wasser wohnen.«

Nach jedem Mittagessen gab es eine Mittagsruhe, während der sich die Großeltern in ihre Gemächer zurückzogen. Im Haus hatte absolute Stille zu herrschen und die Kinder sollten sich aufs Bett legen, um sich lesend zu bilden. Das Mittagsschläfchen der Großeltern fand an heißen Sommertagen auf einer geschützten Terrasse statt, wo sie sich nackt auf Sonnenliegen ausstreckten, um nahtlos braun zu werden. Selma, die noch nie einen nackten Mann gesehen hatte, bekam einen Schock beim Anblick des braungebrannten Großvaters und seines Geschlechtsteils.

Im Erdgeschoss des Hauses befand sich ein Bücherzimmer, in dem die Regale bis zur Decke reichten. Auf dem Büchertisch lag eine uralte, riesengroße Lutherbibel, die täglich an einer anderen Stelle aufgeschlagen wurde. Im ersten Regal standen die deutschen Klassiker mit goldgeprägten Lederrücken, im zweiten befanden sich die philosophischen Werke von Sophokles bis Heidegger, daneben waren die chinesischen und indischen Dichter und Denker eingeordnet. Die französische Literatur verstaubte nahe der Decke, während die Kinderbücher handlich im unteren Teil der Bibliothek eingeordnet waren. Handgeschriebene Bücher, Erstausgaben und solche, die signiert oder mit einer Widmung versehen waren, durften von der jüngeren Generation nicht angefasst werden und standen mit ihrer repräsentativen Goldprägung neben den Werken, die Bode selbst verfasst hatte. Wegen der alten Folianten verströmte dieser Raum einen leichten Modergeruch, während die restlichen Räume, klinisch weiß gestrichen und geputzt, nach Steinhuder Meerwasser rochen.

Am Nachmittag wollte der Großvater die Nichtschwimmerin Punkt drei zum Unterricht auf dem Steg treffen. Mit einem ausgeliehenen Badeanzug und einer noppigen Gummihaube, aus der die Zöpfe unten heraushingen, stand Selma fünf vor drei am verabredeten Ort und fror erbärmlich im kalten Wind. Auf die Sekunde genau um drei erschien der Hausherr und sagte: »Pünktlichkeit ist die Höflichkeit der Könige.« Dann forderte er das Mädchen auf, in den moorigen See zu springen. Es stand 60 Zentimeter über den Wellen, die braun und unergründlich gegen die Holzpfosten schlugen. Selma schlang die Arme um den dünnen Körper, hatte blaue Lippen und schnatterte, dazu schüttelte sie verneinend den Kopf, als sie durch einen leichten Stoß in die Tiefe befördert wurde. Das Wasser drang ihr in die Nase, in Mund und Augen, sie schluckte die Brühe hinunter und tauchte auf. Der Morast gab den Füßen keinen Halt, die Neunjährige ruderte mit den Armen und sah, dass der Großvater über ihr Schwimmbewegungen machte, die sie nachahmen sollte. Bemüht, seinen Anforderungen gerecht zu werden, strampelte das Kind wie wild im eiskalten Nass und hatte panische Angst zu ertrinken. Bode kniete sich mit seiner schlohweißen Hose auf den Steg und sagte: »Du musst ruhig atmen, deine Arme bewegen und aufhören zu zappeln«, dann legte er ein Geldstück auf den Poller und erklärte: »Dieses Fünfzigpfennigstück ist für dich, wenn du drei Schwimmzüge schaffst.« Nach einer Viertelstunde reichte er Selma die Hand und zog sie zurück auf den Steg. Die Frierende lief ins Haus, wo sie von Lina mit einem im Backofen vorgewärmten Badetuch empfangen wurde. Beim Tee musste sich Bodes jüngste Enkelin anhören, dass sie entweder schwimmen lernte oder nach Hause geschickt würde. Fünfzig Pfennige waren ein starker

Anreiz, täglich machte Selma ihre Übungen und konnte am Ende der Ferien schwimmen.

Hinter einer hohen Hecke verborgen, wohnte im Nebenhaus Bodes Tochter Erkengard mit ihren Kindern Frowis, Eckbert und Luitgard. Das Sommerhaus war aus Holz und hatte eine vorgebaute Veranda. Im Inneren gab es ein Wohnzimmer, ein Schlafzimmer und eine Küche. Die Kinder schliefen in Stockbetten übereinander und die Mutter auf einem Sofa im Wohnzimmer. Das Haus war gemütlich, aber primitiv; das Wasser wurde mit einer Hebelpumpe aus dem Untergrund hochgesaugt, bis es nach Jahren eine Wasserleitung gab. Auch dieses Haus hatte einen großen Garten und einen Steg, an dem ein Ruderboot und ein kleines Segelboot vertäut lagen. Erkengard führte einen eigenen Haushalt. Sie und ihre Kinder kamen nur dann in den Neubau, wenn sie dazu aufgefordert wurden. Frowis, die Älteste, war achtzehn, Eckbert sechzehn und Luitgard vierzehn Jahre alt. Die Cousinen kannten sich nicht. Nachdem die Ortsansässigen genügend Freunde hatten, waren sie nicht daran interessiert, mit den Münchner Verwandten zu spielen, deshalb gab es nur wenige Anknüpfungspunkte.

Wenn das Wetter gut war, wurde der Tee auf der gegenüberliegenden Seite des Steinhuder Meeres an der Mardorfer Warte eingenommen. Hierfür machte der Hausherr das Motorboot flott, setzte eine dunkelblaue Kapitänskappe auf und steuerte über den See, während die Besatzung vom Spritzwasser der Wellen geduscht wurde. Am anderen Ufer gab es wahlweise Tee oder Kaffee, dazu durfte man sich einen Kuchen aussuchen oder einen Eisbecher mit Sahneberg, in dem ein japanisches Papierschirmchen steckte. Anschließend ging die ganze Gesellschaft ins Moor, um Blaubeeren und Preiselbeeren zu sammeln, die Lina am nächsten Tag mit Schlagsahne servierte. In der Remise neben dem Haus standen zwei silberne Mercedes Benz 190 SL. Einer gehörte Ilse, einer dem Großvater, der seinen Silberpfeil nannte. Beide Cabriolets waren exakt gleich gebaut und hatten zwei Sitzplätze vorne und einen Notsitz hinten. Die dunkelblauen Ledersessel verbreiteten einen wundervollen Duft, das Armaturenbrett und das Lenkrad waren aus Zirbelholz gearbeitet. Das schwarze Stoffdach konnte zurückgeschlagen werden, damit man bei der Fahrt über Land die verschiedenartigen Gerüche und den Wechsel von warm und kalt, hell und dunkel genießen konnte.

Als ein mehrtägiger Besuch in Hannover geplant war, verlangte der Großvater, dass die Münchner Kinder vorher neu eingekleidet würden, weil er sich mit seinen Enkeln, die er Großkinder nannte, nicht blamieren wollte. Ilse ging mit ihnen ins Steinhuder Dorf, in dem es viele Fischer gab, die ihren geräucherten Aal vor den Geschäften aufgehängt hatten. Der Ort duftete nach einer Mischung aus Räucherfisch und Brackwasser. Die Passanten grüßten »Tach, Frau Doktor«, und Ilse kaufte mal bei Schweers, mal bei Kuckuck oder bei Hodan ihren Fisch, um nur ja niemanden zu benachteiligen. Ein langer Steg ragte von der Ortsmitte in den See hinein, an ihm waren die als Auswanderer bezeichneten Segelschiffe angebunden. Es waren breite Pötte, die auf hölzernen Sitzbänken die Feriengäste auf die Insel Wilhelmstein brachten. Am Ortsrand standen alte Scheunen im Kreis um den Kirmesplatz herum, auf dem jeden Sommer ein Rummel mit Schiffschaukel, Autoscooter und einem altmodischen Karussell abgehalten wurde, dazu gab es eine Schießbude und Stände mit Zuckerwatte und gebrannten Mandeln. Im Textilhaus Behling kaufte Ilse eine blaue Latzhose und ein blau gepunktetes Kleid für die blonde Selma, die dunkle Ruthilde wählte ein klein geblümtes Hemdblusenkleid und bekam ihre erste Blue Jeans. Mit diesen Neuanschaffungen waren die armen Verwandten standesgemäß für die Stadt gekleidet.

Am nächsten Morgen ging es los, Ruthi stieg in den Mercedes des Großvaters und Selma nahm neben Ilse Platz. Bode mochte den Fahrstil seiner Frau nicht und um eventuell auftretenden Streit zu vermeiden, besaß jeder sein eigenes Auto. Wenn sie beide nach Hannover wollten, fuhren sie in ihren silbernen Flitzern hintereinander her. Ilse verließ Steinhude bewusst später, weil es ihr Ehrgeiz war, ihren Mann auf der Strecke zu überholen. Er hielt sich strikt an die Straßenverkehrsordnung, sie hatte Spaß daran, möglichst viele Verkehrsregeln zu übertreten, ohne dabei erwischt zu werden. In Wunstorf wählte Ilse eine Abkürzung, fuhr bei Rot über die Ampel, mit zwei Rädern über den Fußweg und hatte durch diese Manöver ihren Mann abgehängt. Sie winkte ihm aus dem offenen Verdeck zu und erfreute sich an der Vorstellung, dass es ihm unerklärlich schien, wie sie plötzlich vor ihm auftauchen konnte, obwohl sie doch nach ihm abgefahren war. Mit solchen Späßen zeigte sie den Kindern, wo die Macht des Mannes endet und die kleinen Freiheiten anfangen, die das Leben einer Frau zu bereichern vermögen. Als sie die Landstraße verließen, reichte Ilse der Beifahrerin eine eng anliegende weiße Pilotenmütze, mit genieteten Löchern an den Ohren. Auf der Autobahn raste die alte Dame mit 160 Stundenkilometern über die Teerstraße, sodass der Wind sie beinahe aus den Sitzen gerissen hätte. »Jetzt denkste, die Alte spinnt«, sagte sie zu Selma, der die rasante Fahrt richtig Spaß machte. Das Ziel dieser Reise war die Pelikan-Fabrik in der Podbielskistraße im Herzen von Hannover.

Ilse fuhr mit ihrem Cabrio an das Fabriktor, der Pförtner grüßte: »Guten Morgen, Frau Doktor«, hob die Schranke hoch und ließ sie in den Hof fahren. Vor dem Hauptgebäude mit einem reich dekorierten Jugendstilportal übergab die Fabrikbesitzerin den Autoschlüssel an einen Livrierten mit der Bitte, den Wagen zu betanken und zu waschen. Dann stiegen Großmutter und Großkind die Stufen hinauf und betraten das Gebäude, in dem links vom Eingang die Räume lagen, die die Bodes bewohnen konnten, wenn sie über Nacht in Hannover blieben. Durch eines der hohen Bogenfenster sah Selma den Großvater mit seinem Silberpfeil vorfahren. Er wurde ehrerbietig gegrüßt und überreichte den Wagenschlüssel. Im geräumigen Wohnzimmer war ein Sofa für die Kinder bezogen, im danebenliegenden Schlafraum gab es ein Doppelbett für die Großeltern. Ilse, die Erbin der Pelikanwerke, streifte anstelle des weißen Segelanzugs einen silbergrauen Hosenanzug mit farblich abgestimmtem Schuhwerk über und tupfte Parfüm hinter die Ohren, bevor sie sich mit den Kindern zu einem Rundgang durch die Fabrik aufmachte.

Durch hohe Hallen kamen sie in einen Raum mit riesigen Kupferbottichen, in denen die blaue Pelikantinte gekocht und umgerührt wurde. Hier roch es chemisch nach gallussaurem Eisenoxid. Im nächsten Raum wurden die verschiedenen Tinten in Gläschen gefüllt und mit einem Papieretikett versehen, auf das ein stilisierter Pelikan gedruckt war. Daneben lag die Abfüllanlage für vielfarbige Tuschen und Stempelfarben, von denen Lösungsmitteldämpfe aufstiegen, weshalb die Kinder zum Weitergehen gedrängt wurden. Die drei Besucher liefen einen Flur entlang und kamen in ein Zimmer, in dem die Deckfarben in silberne Metallschälchen tropften. Ein Angestellter im Blaumann, drückte sie in die Schienen der Schulmalkästen. Zuletzt kam in jeden Kasten eine Tube Deckweiß. In der nächsten Abteilung floss

Pelikan-Fabrik Hannover

der wasserlösliche Klebstoff Pelikanol in weiße Kunststoffdöschen. Ein wundervoller Duft nach Marzipan erfüllte die Halle, in dem der aus Kartoffelstärke hergestellte Papierkleber mit einer Wachsschicht vor dem Austrocknen bewahrt wurde. Der Arbeiter klebte anschließend einen kleinen Löffel in den Deckel und schraubte ihn auf die Dose. Die Besucher betraten ein Zimmer, das berauschend nach Lösungsmitteln roch. Hier wurde der Kunstharz-Klebstoff Peligom in Tuben gefüllt. Ein netter Mitarbeiter wollte von Ruthi wissen, was für einen Kleber sie zu Hause benutzten. »UHU«, sagte die 17-Jährige.

»Sehen Sie, Frau Doktor, da müssen wir noch ordentlich Reklame für unser Peligom machen, um UHU vom Markt zu verdrängen.«

»Im Falle eines Falles klebt UHU wirklich alles«, posaunte Selma, die diesen Satz im Radio gehört hatte. Ilse war sichtlich gekränkt und packte einige Tuben Peligom in eine Pappschachtel, die sie Ruthi reichte. »In Zukunft sollt ihr nur noch unsere Pelikanprodukte verwenden und du, Selma, kannst in deiner Schule dafür Werbung machen.«

In der nächsten Werkshalle wurden die Füllfederhalter aus Kunststoff gepresst und montiert. Für dieses Markenzeichen von Pelikan gab es Federn, die vergoldet waren, weiche, harte, dünne oder schräge Metallfedern, die jeweils auf die Tintenführung gesetzt und in den Halter geschraubt wurden. Auf die Hülse konnte der Name des Eigentümers geprägt werden. Ruthilde und Selma erhielten jede einen Füller mit goldenem Namenszug als Geschenk. In einem langen Gebäudeteil war die Herstellung von Schulmalblöcken untergebracht, die im Kunstunterricht von nahezu jedem Kind in Deutschland bemalt wurden. Das Papier kam von riesigen Rollen, wurde dann beschnitten und gebündelt. In einer Stanze erhielten die Blöcke ihre DIN-Größe und eine Sollbruchstelle, sodass man die einzelnen Blätter abtrennen konnte. »Wie beim Klopapier«, rief Selma dem Fließbandarbeiter zu, der sie wegen des Lärms in der Halle nicht verstehen konnte. Zuletzt verklebte eine Maschine den Block auf einer Pappe mit farbigem Umschlagblatt. Ilse wollte den Rundgang beenden, aber Selma wollte unbedingt die Pinselwerkstatt sehen, deshalb liefen sie die Treppe hinunter und betraten einen Kellerraum, in dem Tierhaare und Borsten sortiert von der Decke hingen. Sie bekamen die Verarbeitung von Pferdehaar, Marderhaar und Schweineborsten gezeigt: Die einzelnen Strähnen wurden gebündelt, umwickelt, geleimt und beschnitten, bevor ein Lehrling sie in einer Metallhülle auf den Stil steckte. Auf dem Holz war die jeweilige Pinselstärke mit einer goldenen Nummer eingeprägt. Beide Mädchen wären gerne noch länger in der Fabrik herumgelaufen, Ilse mahnte jedoch zur Eile, weil noch ein Abendessen und anschließend ein Konzert geplant waren und man Bodes Geduld nicht zu sehr strapazieren durfte.

Das Abendessen fand in einer Gaststätte mit Blick auf den Maschsee statt, wo man Bode und seine Frau wie alte Bekannte begrüßte und zu einem rosa gedeckten Tisch mit Seeblick führte. Ein Ober, der eine weiße Serviette über den Arm geworfen hatte, servierte nacheinander mehrere Gänge. Selma hatte Probleme mit den verschiedenen Gabeln, weil man bei ihr zu Hause nur mit einer Gabel aß. Der Großvater nippte mit spitzer Oberlippe am Rotwein und lobte die Blume, die die Mädchen nicht sehen konnten. Ilse wusste sofort, warum sie kicherten: Irgendwo musste die Anstrengung, sich »comme il faut« zu benehmen, ein Ventil finden. Nach einem geräucherten Aal auf Weißweinschaum wurde gemischter Salat mit Oliven serviert. Als Hauptgang wählten die

Großeltern Entenbrust auf Spinat mit Bratkartöffelchen. Selma mochte keinen Spinat und stocherte in dem eisenhaltigen Blattwerk herum, bis Ilse es ungesehen im Topf einer Zimmerpalme verschwinden ließ. Der Ober rollte einen Käsewagen neben den Tisch und reichte auf Wunsch kleine Scheibchen von grünschimmeligem Roquefort oder Chèvre, der streng nach Bergziege roch. Dann servierte er eine Schale mit gefrostetem Obst und legte kleine Messerchen mit Perlmuttgriffen neben den Glasteller. Zu jedem Gedeck wurde ein Wasserschälchen mit heißem Wasser gereicht, in dem die Erwachsenen die Fingerspitzen nässten, um sie anschließend mit dem Mundtuch trocken zu tupfen. Der Koch mit einer hohen weißen Mütze trat an den Tisch und stellte vor jedes Kind eine Eisbombe. Dem Ehepaar servierte er einen Espresso und wollte wissen, ob es den Herrschaften gemundet habe. Das anschließende Konzert fand in der Marktkirche statt. Es wurde Beethovens Streichquartett Nr. 5 gespielt und die Münchner Kinder waren von der Klangfülle überwältigt, während der Großvater mäkelte, dass er dieses Musikstück schon mal besser gehört habe.

Am nächsten Morgen besuchten sie den Zoo. Bode hatte Zeichenblöcke Stifte und zwei Klapphocker dabei und verlangte, dass die Mädchen sich ein Tier aussuchten, welches sie sehr genau studieren und zeichnen sollten. Selma sagte: »Das kann ich nicht«, und erhielt die Antwort: »Das kann ich nicht, gibt es nicht!«

Sie jammerte: »Die Tiere bleiben nicht ruhig stehen, deshalb ist es schwierig, sie zu zeichnen«, und der Großvater meinte: »Versuch doch, die Bewegung zeichnerisch einzufangen.« Ruthi und Selma probierten es bei den Pferden, dann bei den Affen und schließlich blieben sie bei den Elefanten, die vergleichsweise ruhig am Graben standen und mit ihren Rüsseln schlenkerten. Die Blöcke waren bald angefüllt mit Tierstudien und der Großvater war voll des Lobes über die originellen Kinderzeichnungen.

Als Nächstes war ein Besuch im Landesmuseum geplant, um dem Nachwuchs die moderne Kunst nahezubringen. Vor August Mackes Bild eines blonden Mädchens erklärte Bode, wie aus der naturalistischen Darstellung eine flächige wurde, Farbe und Form in der modernen Malerei mehr Gewicht erhielten als die detailgetreue Wiedergabe des Objekts. Sie gingen durch die Ausstellung, bis sie zu dem Bild *Diagonale* von Wassily Kandinsky kamen, welches hier als Leihgabe Bodes hing, bis er dieses 1971 dem Museum schenkte. Von links unten zielten schwarze Pfeile und Dreiecke nach rechts oben, daneben Halbkreise und regenbogenartige Flächen. Der Großvater sagte: »Kandinsky war einer der Erfinder der abstrakten Malerei und ich habe dieses Bild gekauft, weil es dem Beobachter mit seiner dynamischen Bauweise, das Kraft-Spannungsspiel der Abstrakten Kunst, das Suchen der Ausgewogenheit in Linie, Fläche und Farbe aufzeigt. Jetzt möchte ich euch bitten, mir zu sagen, was ihr seht.«

Ruthi hielt den Mund und Selma meinte: »Ich mag Bilder, wo man was erkennen kann.«

Bode meinte: »Zwick mal die Augen zu, dann spürst du die Dynamik und das Explosive des Bildes, euer Onkel Sindbert hat einmal gesagt, dass es wie ein geplatztes Auto aussieht.«

Zielstrebig ging es weiter zu dem Bild *Blitzschlag* von Klee, welches hier ebenfalls als Leihgabe Bodes hing. Zu sehen waren drei Strichmännchen, von denen das größte vom Blitz getroffen hinfiel, daneben ein blasser Halbmond. Der Großvater wollte, dass die Kinder ganz genau hinsehen sollten, um zu verstehen, was zeitgemäße Kunst ihnen zu sagen hätte. Er deutete mit dem Finger und sagte: »Hier wird ein Mensch in seine Merkmale zerlegt, in ihm sein Gott oder Dämon, beide im Kampf miteinander. Wir sehen die Kräftespannung, die im scheinbar toten Stoff ihr Wesen treibt, ihn schafft, ihn formt, ihn verändert und aus ihm wirkt. All diese Gedanken hat Klee für die Kunst so schön zusammengefasst in den Worten: Der Künstler soll nicht mehr Sichtbares darstellen, sondern sichtbar machen.« Ilse war der Ansicht, dass es genug war, aber ihr Mann wollte den Kindern noch seinen Schwitters und den Lissitzky zeigen. Die abstrakte *Komposition Nr. 7* von Kurt Schwitters hing zwischen anderen Werken des Künstlers, die Selma mehr interessierten. Da waren Holzklötzchen, Garnrollen und Kegel spielerisch aufgeleimt und bunt bemalt. Bode war glücklich, dass sich das Kind für diesen Künstler begeistern konnte und sichtlich interessiert von Bild zu Bild ging. Er griff nach der Schulter der Neunjährigen und dozierte: »Die Kunst hat die verborgenen Antriebe aller Erscheinungen sichtbar zu machen, denke darüber nach, zu Hause erzählst du mir dann die Eindrücke des heutigen Tages.«

Paul Klee »Blitzschlag«

Bevor sie nach Steinhude zurückfuhren, wollte Ilse noch im Haus ihres Bruders vorbeifahren, der die Sommerferien auf einer Mittelmeerinsel verbrachte. Er hatte vom Vater ein Gemälde von Lucas Cranach geerbt und war in großer Sorge, dass während seiner Abwesenheit Einbrecher das Bild entwenden könnten. Aus diesem Grunde hatte er eine komplizierte Alarmanlage in sein Wohnhaus einbauen lassen und Ilse sollte überprüfen, ob alles in Ordnung war. Sie parkten vor einem modernen Haus mit vergitterten Fenstern. Schon an der Haustüre waren einige Schlösser zu öffnen, bevor man im Eingangsbereich einen Zahlencode eingeben konnte, um den Alarm zu deaktivieren. Vor der Wohnzimmertüre war eine rote Lichtschranke, die vor dem Betreten auf Grün geschaltet werden musste. Im Wohnraum hingen Kameras an der Decke, mit denen jede Bewegung registriert und gefilmt wurde. Ilse machte das Licht an und aus dem Dunkel tauchte eine nackte zarte Frauengestalt auf, mit langem lockigem Haar, knospenden Brüsten und einem Schleier, der ihre unbehaarte Scham nicht verdeckte. Zu ihrer Linken war ein nackter männlicher Engel mit einfältigem Gesichtsausdruck zu sehen. Ilse übersetzte, was links neben dem Kopf der Frauengestalt in griechischer Schrift zu lesen war: »Siehe die ehrwürdige Aphrodite! Ich bin zwar nur ihr Berater, aber der Begleiter der flüchtigen Liebesfreuden.« Zur Rechten stand: »Einst wurde ich, Venus, aus dem Schaum des Meeres geboren, jetzt lebe ich, wiedergeboren durch deine Farben, oh Lucas!« Das Bild *Venus mit Amor* hatte eine Größe von 172 x 90 cm und war 1525 in Öl auf Holz gemalt worden. »Sag mal, gefällt dir dieses Bild?«, wollte Ilse wissen. »Wenn ja, dann müsstest du wie mein Bruder in einem Gefängnis wohnen, ich möchte das nicht.« Selma war angerührt von der kindlichen Frau, der man die Kleider entrissen hatte, um ihre Scham für die Augen der Beschauer freizulegen. Sie konnte sich vorstellen, dass das Mädchen sich geschämt hatte, als der Mann sie beim Malvorgang musterte. Seine Augen waren über ihren Körper geglitten, wie die Blicke derjenigen, die später das fertige Bild betrachten würden. Bei der Vorstellung, dass sie selbst anstelle der jungen Venus zu sehen wäre, erschauerte die Neunjährige und war sich nicht sicher, ob es Gruselschauer waren. Sicherlich hatte die Nackte gefroren und gehofft, dass der Künstler schnell damit fertig würde, ihre spitzen Brüstchen mit dem Pinsel nachzuziehen. Ilse erklärte ihr, dass der zarte Schleier die

Jungfräulichkeit darstellen sollte. Selma konnte sich darunter nichts vorstellen und fragte: »Was ist denn Jungfräulichkeit?«

Ilse gab zur Antwort: »Das bedeutet, dass man noch nie mit einem Mann das Bett geteilt hat und das Jungfernhäutchen noch heile ist.« Selma sah sie verständnislos an; »Hat eure Mutter euch nicht aufgeklärt?« Nein, das hatte sie nicht.

Nach einer rasanten Autofahrt kamen sie wieder in Steinhude an. Selma öffnete die Heckklappe, um die Koffer zu entnehmen, anschließend ließ sich der Kofferraum nicht mehr schließen. Ilse kletterte auf die Stoßstange, dann auf die wippende Klappe und sagte: »Das werden wir gleich haben.« Sie hüpfte auf das Blech, bis eine große Beule zu sehen war. In diesem Moment kam Lina um die Ecke, schlug die Hände vor den Mund und murmelte: »Wenn das der Herr Doktor sieht.« Ilse warf eine Persenning über den Schaden und machte ihn somit unsichtbar. Als Bode vorfuhr, war die Garagentür bereits geschlossen, und sie sahen, dass unerwarteter Besuch eingetroffen war.

Eine elegante Dame stürzte, umhüllt von einer Parfümwolke, auf Ilse zu, umarmte und küsste sie, dann kam Hermann dran. Die Fremde hatte ihren langen blonden Zopf um den Kopf gewickelt, ihre Lippen waren knallrot angemalt, im gleichen Farbton wie die Fingernägel. Ihre Augen waren blau wie der Lidschatten, der sich bis zur Braue hochzog. Wie bei einer Schlafpuppe klebten lange Wimpern am oberen Lidrand und das Gesicht der älteren Dame war faltenlos geliftet. Das Kostüm, die Handtasche und die hochhackigen Schuhe waren blau. In ihrer ganzen Farbenpracht ähnelte diese Person einem Bild von Nolde. Bald stellte sich heraus, dass sie Lydia Dorner hieß, aus Amerika kam und die Ehefrau von Alexander Dorner, dem bekannten Kunsthistoriker, war.

Eine große hellblaue Mercedes Limousine parkte am Wiesenweg. Den Wagen hatte sie von der Fabrik aus Sindelfingen bekommen und wollte ihn nun per Schiffsfracht mit nach New York nehmen. Lydia wirbelte durch das Glashaus, in allen Räumen roch es nach ihrem schweren Parfüm. Als das Mittagessen auf dem Tisch stand, bemerkte Bode: »Ich hoffe, die Suppe schmeckt nicht nach Moschus, nach dem das ganze Haus riecht.« Der Kaffee wurde im Freien am See serviert, an dem es stürmisch und kühl war. Die Erwachsenen lagen in Liegestühlen und Bode schickte seine Frau: »Ilse, mir ist kalt, hol doch mal mein Wollwams, Ilse, ich möchte einen Campari mit wenig Eis, Ilse, es ist windig, bring mir doch bitte eine Decke, Ilse, hast du den Gärtner angerufen, damit er die Hecke schneidet?«

»Jetzt reichts!«, brüllte Lydia. »Du verdammter Hausdrachen, hol dir gefälligst selbst deinen Scheiß!« Bode packte wortlos seine Decke und verschwand mit einem demonstrativ beleidigten Gesichtsausdruck im Haus. Die Zurückgebliebenen konnten sich über den berechtigten Ausbruch nicht freuen, der Nachmittag war verdorben.

Nach dem Abendbrot um acht versammelten sich die Hausbewohner, für die Nachrichten im Ersten Deutschen Fernsehen. Bode stand vor dem Gerät und sah auf seine Armbanduhr. Eine Sekunde vor acht drückte er auf den Knopf, sodass das Bild, gemeinsam mit den Fanfaren und dem hinter dem Tisch platzierten Sprecher ohne vorherige Werbung auf der Mattscheibe erschien. Nach dem Wetterbericht wurde das neumodische Gerät ausgeschaltet und die Münchner Kinder protestierten: »Ach bitte bitte, dürfen wir den Film mit Heinz Rühmann sehen?« Sie hatten zu Hause keinen Fernseher und waren begierig auf die bewegten Bilder, bekamen aber zu hören: »Geht jetzt ins Bett und lest ein gutes Buch, das regt die Fantasie an! Lesen ist ein schöpferischer Vorgang, bei dem ihr euren eigenen Film entwickelt.« In der Nacht blieb die gläserne Haustüre unverschlossen und Selma wandte sich an Ilse: »Warum verschließt ihr die Haustüre nicht, wenn ihr so wertvolle Bilder an den Wänden habt?«

Ilse meinte: »Wenn die Einbrecher freien Eintritt haben, dann erwarten sie nicht, dass es etwas zu stehlen gibt.« Nachts schlich sich das Kind hinunter ins Parterre und drehte den Schlüssel um, weil es sonst nicht einschlafen konnte.

Am nächsten Tag war Sonntag, der Tag, an dem Bode stets nach dem Frühstück aus seinen Werken vorlas und alle Familienangehörigen zu erscheinen hatten. Zu diesem Anlass kamen auch Erkengard und ihre Kinder Frowis, Eckbert und Luitgard ins Haupthaus herüber. Sie waren ordentlich gekleidet wie zu einem Kirchgang und begrüßten alle Anwesenden. Durch das Schlafzimmer des Patriarchen, in dem die *Grundverhexte Landschaft* und der *Hundsteufel* von Klee hingen, ging man in Bodes Arbeitszimmer. Der schwarze Schreibtisch stand schräg im Raum, dahinter waren großformatige Bildbände aufgereiht, das ein oder andere Kunstbuch war an repräsentativer Stelle aufgeschlagen.

Eine moderne Aluminiumbüste vereinte die Portraits des gefallenen Sohnes Sindbert mit dem des Vaters, daneben stand eine zarte Silberstiftzeichnung mit dem Profil von Kurt. Die toten Söhne waren sehr präsent. An der Wand hing eine abstrakte *Variation* von Jawlenski neben dem Bild *Tropenvögel* von Nolde. Der ganze Raum, mit seinen Fenstern nach zwei Seiten, zeigte die typischen Einflüsse des Bauhauses und des Architekten Gropius, mit dem Bode in Briefkontakt stand. Zur Lesung erschien der Hausherr im silbergrauen Anzug mit weißem Hemd und Krawatte. Die Entschuldigung von Lydia übersah er geflissentlich und nahm auf dem schwarzen Ledersessel Platz, um aus seinem »Buch der Weisheit« zu rezitieren.

Während Bode las, sahen alle Zuhörer aus dem Fenster auf den See. Die Weite des grauen Wasserspiegels, der mit dem Himmel zu verschmelzen schien, zog förmlich die Gedanken ins Leere. Zur Linken stand eine große Birke, deren grazile Äste im Wind hin- und her schwankten und Landeplatz für Meisen waren. Auf dem Wasser bewegten sich weiße Dreiecksegel, die wie in den Bildern von Lyonel Feiniger geometrische Akzente vor den farblosen Hintergrund setzten.

Vom Dienen
Als die selbstbewusste Kraft
den Grundantrieb der Menschheit formte,
war Dienen, das bescheidene Sich-fügen,
die Unterwerfung unter den Befehl des Stärkeren.
Als Selbsterniedrigung als Liebe galt,
da wurde Dienen, das umhegende Betreuen,
die herzenswarme, königliche Tugend
und Gestalt der Welt.
Der Verbundenheit, die uns erfüllt,
ist Dienen das lebendige Empfangen,
das sich im Stoff verwandelt und erlöst.

Dieser Vers war als Seitenhieb an Lydia gedacht, verfehlte aber sein Ziel, weil diese den Vortragenden unterbrach, in dem sie laut klatschte und »Bravo« rief, was die sakrale Atmosphäre der sonntäglichen Lesung störte. Ilse, die aus ihrem Mann den Halbgott gemacht hatte, wollte seine Autorität nicht beeinträchtigt sehen und bat um Ruhe. Die Gesellschaft wurde gebeten, sich eine Etage tiefer im Musikzimmer einzufinden, um einem kleinen Konzert beizuwohnen. Am Flügel saß bereits die Sopranistin Roswitha Prangel in Erwartung ihres Auftritts. Sie begrüßte Bode mit zärtlichen Küssen und einem waidwunden Augenaufschlag, der ihn sichtlich in bessere Stimmung versetzte. Roswitha erhielt regelmäßige Geldzuwendungen und war immer bereit, ihre geschulte Stimme zum Einsatz zu bringen. Ilse sollte die Sängerin am Flügel begleiten und der Großvater spielte dazu auf der Querflöte. Vor ihrem Bauch drehte Roswitha mit beiden Händen ein weißes Taschentuch, während sie zur Lockerung der Stimmbänder einige Tonleitern hören ließ. Bode hatte hinreißende Kinderlieder komponiert, die nicht auf dem Programm standen, vielmehr hatte er drei Stücke für Flöte und Klavier ausgewählt: »Der urewige Geist« (getragen mit andachtsvollem Ausdruck), »Die Lust« (mit Emphase), und zuletzt sollte »Die Weltanschauung« (mit Hingabe) zu hören sein. In der Notensammlung *Gesänge* hatte Bode seine eigenen Texte vertont. Die Musik erinnerte an Lieder von Schubert und war eine echte Herausforderung für die Geduld der Enkelkinder, die hofften, dass die Veranstaltung bald zu Ende wäre. Es gab keine Möglichkeit, zu entkommen, und Selma bedauerte die Kinder der Tante, die nahezu jedes Wochenende dieser Tortur ausgesetzt waren. Roswitha blähte den Busen und ließ die Stimmbänder vibrieren, während Ilse sie, in die Noten vertieft, auf dem Flügel begleitete. Bode wiegte sich mit der Querflöte hin und her und spuckte mit spitzen Lippen in das Mundstück. Alle sahen todernst aus, während der Text um die Allheit und die allumfassende Sinnkraft kreiste. Bei dem Wort »Lust« sprühte ein feiner Nebel aus dem Mund der Sängerin und Selma konnte nicht länger an sich halten. Sie prustete los und rannte in die Küche, wo sie von Lina aufgefangen wurde.

Nach dem Essen gingen alle ins Freie, wo die Haushälterin eine Kaffeetafel gedeckt hatte. Selma stand auf dem Steg und wollte gerade das Segelboot zu sich herziehen, als die Sängerin sie von hinten umfing und an sich drückte. Das Kind erschrak und schubste Frau Prangel ins moderige Wasser. Ihr Sommerkleid blähte sich auf, während man den Körper in der braunen Unergründlichkeit versinken sah. Erschrocken sah die Neunjährige, was sie angerichtet hatte. Ilse holte eine Badeleiter und half der auftauchenden Musikerin zurück auf den Steg. Die Haare und das dünne Sommerkleid klebten an der rundlichen Frau und der Großvater verlangte, dass Selma sich entschuldigen sollte, was sie tief beschämt auch tat. Lydia ergriff Selmas Partei und meinte: »Nun lasst schon das Kind in Ruhe, es ist erschrocken und Frau Prangel ist ja noch am Leben.«

Lydia blieb drei Tage im Haus und provozierte Bode. Wenn alle hinter den Stühlen standen und auf das Erscheinen des Hausherren warteten, vertauschte Lydia den Serviettenring und die Gabel des Großvaters und zwinkerte den Kindern konspirativ zu. Wenn ihm der Camembert zu hart war, stellte Lydia ihn in den Ofen und servierte den Käse breitgeflossen. Wenn Ilse geschickt wurde, etwas zu holen, stieß Dorners Frau lautstark den Stuhl zurück, sprang auf und holte es an ihrer Stelle. Dann kniete sie vor Bode nieder und reichte ihm das Gewünschte in demütiger Pose. Wirklich glücklich war Ilse nicht über die Interventionen der Freundin, sie verstimmten ihren Mann und letztlich musste sie es ausbaden, wenn er misslaunig war. Es war nicht klar, ob Ilse sein Gehabe ernst nahm oder dazu erzogen wurde, sich unterzuordnen. Nachdem Lydia abgereist war, kehrte Ruhe ein und die Hierarchie war wiederhergestellt.

Die finanzielle Situation der Familie war äußerst komfortabel. Ilse hatte mehrere Millionen geerbt, sodass ihr Mann den Zahnarztberuf aufgeben und vom Geld seiner Frau leben konnte. Seine Bildersammlung moderner Kunst hatte Bode größtenteils mit in die Ehe gebracht, ab und zu kam eine Neuerwerbung hinzu. Von jedem Enkelkind hatte der Astrologe ein Horoskop angefertigt. Dieses holte er gerne hervor, um dem jeweiligen Kind zu zeigen, wie erstaunlich sich seine Prophezeiungen erfüllt hatten. Für Selma hatte er eine starke Kraft zur Überwindung von Widerständen und künstlerischen Einfallsreichtum vorhergesagt, nun sah er sich in seiner Prognose bestätigt und überreichte dem Mädchen eine Kopie mit den Worten: »Vielleicht hilft es dir, deinen Platz im Weltengeschehen zu erkennen und die Probleme, die auf dich zukommen, besser zu meistern. Jeder Mensch hat es in der Hand, seine Eigenschaften zum Positiven oder zum Negativen hin zu entwickeln, versuche stets, das Beste aus deinen Anlagen zu machen.« Selma fühlte sich seltsam eingeschüchtert durch die Vorstellung, dass das All so viel Einfluss auf ihr Leben haben sollte und alles irgendwie vorherbestimmt war, doch die Autorität des Großvaters war derart einschüchternd, dass sie ihm unbedingten Glauben schenkte.

Am 21. August hatte Hermann Bode Geburtstag. Er feierte nicht wie die meisten Deutschen am Tag der Geburt, sondern am Abend zuvor, den er »Heilig Abend« nannte. Jedes Mitglied der Familie war aufgefordert, schon Tage zuvor ein Gedicht oder ein Lied einzuüben, um es bei der Feier vorzutragen. Die musikalischen Beiträge sollten abgestimmt werden, sodass ein kleines Konzert zustande kam. Selma wollte kein Gedicht aufsagen und meinte zu Ruthi: »›Du armes Schwein, du tust mir leid, du lebst nun nicht mehr lange Zeit‹. Soll ich sowas aufsagen?« Ilse beendete die Verweigerungshaltung der Jüngsten, indem sie ein besonders kurzes Gedicht ihres Mannes hervorholte, welches die »Lütte« einüben sollte.

Was du denkst soll schwingen,
Was du sprichst soll klingen,
deine Tat sei ernster Wille,
deine Ruhe tiefe Stille.

Am Abend kam Erkengard mit ihren Kindern ins Glashaus. Alle hatten ihre beste Kleidung angelegt und hielten ein Geschenk in Händen. Auf dem Flügel waren zahlreiche Päckchen aufgebaut, daneben standen silberne Leuchter, in denen Bienenwachskerzen einen zarten Honigduft verströmten. Lina hatte einen Gugelhupf gebacken, auf dem mit weißem Zuckerguss die Zahl 74 zu lesen war. Ilse griff in die Tasten und alle sangen: »Viel Glück und viel Segen, auf all deinen Wegen.« Im weißen Frack trat der Jubilar ins Zimmer und als der Gesang geendet hatte, bedankte er sich mit einem gerührten Gesichtsausdruck und einem Diener, wobei er sich am Flügel festhielt. Anschließend traten die fünf Enkel dem Alter nach vor, um ihren Beitrag zum Festtag abzuliefern. Frowis, die Älteste, überreichte ein in Goldfolie gebundenes Heftchen, in welches sie mit Schönschrift einige Gedichte geschrieben hatte. Die Zartbesaitete war der Liebling des Großvaters. Mit kaum vernehmbarem Stimmchen rezitierte sie eine mehrstrophige Ballade und blieb nach dem dritten Vers hängen, woraufhin sie bitterlich zu heulen anfing. Bode nahm die 18-Jährige liebevoll tröstend in den Arm und Selma hatte den Eindruck, dass sie einer Inszenierung beiwohnte, bei der die Cousine Aufmerksamkeit erregen wollte. Ruthilde, die eine Zahnspange tragen musste, grinste unnatürlich, als sie an die Reihe kam, um ihr mit Bast umwickeltes Pferdchen zu überreichen. Sie hatte eine Bassflöte im Schrank entdeckt und eine Melodie einstudiert, welche sie fehlerlos vortrug. Der blonde Eckbert in seiner kurzen Lederhose trat vor, überreichte ein selbstgefertigtes Holzschiffchen mit Segel und zog sich schnellstmöglich hinter die Reihe der Mädchen zurück. Die 14-jährige Luitgard hatte Bodes Weisheitsbuch in Leder gebunden und es war deutlich zu sehen, dass der Beschenkte sich ernsthaft darüber freute. Selma hatte eine Burg mit Burgfräulein gemalt und das Kunstwerk mit einigen Gänseblümchen beklebt. Es hatte ihr die Sprache verschlagen, doch hinter dem Rücken des Jubilars formte Ilse lautlos die Worte, die sie nachsprechen sollte, deshalb wurde auch diese Hürde genommen. Der Großvater beugte sich gerührt zu jedem Kind hinunter und bedankte sich aufs Innigste. Dann kamen die Erwachsenen an die Reihe. Erkengard, Roswitha, Ilse, Lina und Cousine Uli, es waren ausschließlich Frauen anwesend, die zuerst einen Knicks machten, etwas Gereimtes vortrugen und errötend ihre Liebe und Zuneigung zum Ausdruck brachten. Der alte Herr genoss diese Liebesbekundungen, umarmte jede und küsste sie mit gespitzten Lippen auf die Wange. Die dargebrachten Geschenke wurden auf dem Flügel ausgebreitet und vom Großvater mit zarter Hand arrangiert. Ilse ließ Haydns Hochzeitsmarsch anklingen, um den musikalischen Teil des Abends anzukündigen. Nachdem alle Kinder gemeinsam einen Flötenkanon vorgetragen hatten, holte Eckbert seine Alt-Blockflöte und spielte mit der Mutter ein Menuett von Georg Philipp Telemann. Lina brachte ein Tablett mit kleinen pikanten Häppchen ins Zimmer, es wurde Wein gereicht und für die Kinder Limonade. Die Sonne war hinter dem Wilhelmstein untergegangen und der See verschwand in der Dunkelheit, als eine leuchtende Rakete in den Nachthimmel zischte. Von einem Torfkahn stiegen Lichtkaskaden auf und fielen dann wie blitzender Regen herab. Das Seewasser färbte sich unheimlich braun, als eine Unterwasserrakete abgeschossen wurde und langsam verglimmte. Als es wieder ganz dunkel geworden war, setzten die Fischer Papierschiffchen aus, in denen 74 Kerzen brannten. Wie kleine Glühwürmchen schaukelten die Lichter auf den Wellen, bis sie nach und nach verlöschten und versanken. Bei den letzten zählte Bode mit und sagte:

Heißt du das Lichtlein schweigen,
das deinen Kreis erhellt,
so wird die Nacht dir zeigen,
den Wunderglanz der Welt.«

Kurz bevor alle ins Bett gehen wollten, erschien ein dunkler Schatten im spärlich erleuchteten Wohnzimmer. Der Schatten legte von hinten seine Hände über die Augen des Jubilars, der sofort sagte: »Mary – Oh Mary, mein Engel.« Er erhob sich vom Sessel und die beiden Schatten verschmolzen für einige Zeit zu einem. Dann wandte sich Mary Wigman um und bewegte sich anmutig auf Ilse zu, die sie umarmte und auf die Wangen küsste. Das Licht wurde angeknipst, deshalb konnte man das verräterische Rot der inneren Erregung auf Bodes Gesicht sehen. Er war überrascht vom Besuch der Freundin, ihr Erscheinen war ein Zeichen innerer Verbundenheit und lebenslanger Treue. Ilse reichte jedem Erwachsenen ein Glas Weißwein und mit dem Alkohol und den lebhaften Erzählungen der Tänzerin entspannte sich die steife Atmosphäre. Die Enkelkinder wurden ins Bett geschickt, als die pikanteren Geschichten zur Sprache kamen, die nach Ansicht des Großvaters für Kinderohren ungeeignet waren.

Am nächsten Morgen saß Selma bereits zeitig am Frühstückstisch und blätterte in der Fernsehzeitung, als Bode streng gescheitelt den Raum betrat. Er riss dem Mädchen die Zeitung aus der Hand und sagte zornig: »Das ist keine Lektüre für Kinder, ich wünsche nicht, dass du in Illustrierten blätterst.«

Eingeschüchtert verdrückte sich Selma in die Küche, wo sie von Lina beruhigt wurde. Kurz darauf erschien auch die späte Besucherin im Esszimmer und setzte sich neben Bode. Mary hatte kinnlange schwarze Haare, blaugraue Augen und ein asketisches Gesicht. Mit ihren langen dünnen Fingern köpfte sie graziös das Frühstücksei und sprach mit tiefer ruhiger Stimme. Sie war dem Jubilar liebevoll zugewandt und wollte von ihm wissen: »Was hältst du von dem Einfluss der amerikanischen Popkultur auf die Lebensart und Sprache der Deutschen?«

Bode machte ein angewidertes Gesicht und meinte: »Es handelt sich um eine Popkulturindustrie. Durch die Massenproduktion ist alles gleichartig und auf den wirtschaftlichen Erfolg ausgerichtet. Wenn wir das übernehmen, verarmt unsere eigene Kultur. Authentische Kultur ist individuell und hat ihren Wert in sich selbst, sie gibt Anregungen und befördert das Nachdenken. Die Pop-Art erinnert mich an Mickymaus-Heftchen, die Bilder sind anspruchslos, plakativ und am Konsum orientiert. Die Musik ist eintönig, die Schlagertexte sind banal und Coca-Cola ist ungesund.«

Mary erwiderte: »Andy Warhol sagt: ›good business is the best art‹« und Ilse schüttelte verneinend den Kopf: »Boogie Woogie ist doch irgendwie frech. Was der Pianist am Klavier vollbringt, finde ich einfach toll! Wenn die Kinder mit der Leichtigkeit des amerikanischen Lebensstils das Kriegstrauma verarbeiten können, soll's mir Recht sein.«

Mary fügte hinzu: »Boogie Woogie ist tänzerisch sogar ziemlich anspruchsvoll, es beeindruckt mich, wie die Männer ihre Partnerin zwischen den Beinen durch und über die Schulter schleudern.«

Bode beendete das in seinen Augen leidige Thema: »Die Sieger sind immer im Besitz der Wahrheit und das wird auf die Kunst übertragen. Mich interessiert vielmehr, wie Mary ihren Auftritt in New York erlebt hat?«

Die Angesprochene lächelte: »Vor der Carnegie Hall hing ein 10 Meter hohes Plakat, auf dem ich als Hexe abgebildet war, das hat mich dermaßen eingeschüchtert, dass ich schreckliches Lampenfieber hatte. Mit meiner Truppe lief es ganz gut und der Applaus war überwältigend. New York ist eine wundervolle, energiegeladene Stadt, warum reist ihr beiden nicht auch einmal in die neue Welt?«

Bode erhob sich, für ihn war das Frühstück beendet: »Mich lockt nur wenig über den großen Teich, ich habe gehört, dass die moderne Kunst, die die Nazis aus den Museen entfernt haben, jetzt in den Washingtoner Privatsammlungen wieder auftaucht.« Die Erwachsenen stiegen die Treppe hinauf und verschwanden in den Privatgemächern, die Kinder hörten nur noch: »Das Museum of Modern Art in New York hat angeblich die wertvollsten Stücke zusammengetragen, das würde mich schon interessieren.« Als das Mittagessen aufgetragen wurde, war Mary schon wieder abgereist. Die bayerischen Schulferien neigten sich dem Ende zu. Die ersten Herbststürme peitschten über das Steinhuder Meer und die Mädchen konnten nicht mehr hinaus aufs Wasser. Schließlich brachte Ilse sie in Hannover an den Zug und steckte jedem zum Abschied einen Geldschein zu.

Julia
1905–1923

Hermann Bode wurde am 21. August 1882 in Hannover geboren, er war der Sohn von Hermann Friedrich Bode und seiner Frau Auguste. Der Vater diente im Deutsch-Französischen Krieg 1870/71 als preußischer Ulan im Garnisonslazarett und durfte nach dem Baderexamen alle zahnärztlichen Operationen ausführen. In seiner Praxis für Zahnheilkunde lernte er Auguste Henneberg kennen und nahm sie wenig später zur Frau. Das Ehepaar Bode hatte vier Söhne, der älteste hieß Wilhelm und war sieben, Karl war fünf und Hugo drei Jahre alt, als Hermann geboren wurde. Die Familie wohnte in der Schmiedestraße 33, im Zentrum von Hannover, nicht weit entfernt von der Marktkirche und dem Flussufer der Leine. Die Praxisräume lagen im ersten Stock des Wohnhauses, die Familie bewohnte das zweite Geschoss und hatte drei ausgebaute Dachzimmer für Lehrlinge angemietet. Im Hochparterre befand sich das Ladengeschäft der Firma Wiegmann, die Nähmaschinen und Fahrräder verkauften. Die Wiegmanns hatten drei Kinder, Marie, Heinrich und Elisabeth. Ihre Wohnung lag hinter dem Verkaufsraum. Marie, die Älteste, wurde Mary gerufen, weil man in Hannover stolz darauf war, dass das Haus Hannover seit 1714 England regierte und Königin Victoria mit Albert von Sachsen-Coburg und Gotha vermählt war. Mary war vier Jahre jünger als Hermann und blickte bewundernd zu ihm auf. Als sie neun Jahre alt war, starb ihr Vater, und Hermann fühlte sich berufen, die Freundin von nun an zu beschützen. Nach der Grundschule besuchte er das Gymnasium Lyceum II und dann das Realgymnasium bis zum Abitur.

Auguste Bode war auf einem Bauernhof in Burgwedel aufgewachsen, sie war ein mütterlicher Typ und deshalb kamen die Patienten des Vaters zuerst in ihre Küche, um dann beruhigt und getröstet den Weg in das gefürchtete Sprechzimmer zu wagen, wo sie durch die geschickte Behandlung des Baders, der eine würdige und patriarchalische Ausstrahlung hatte, nicht enttäuscht wurden. Die Mutter besorgte den Haushalt und kümmerte sich um die Zahntechniker, zwei junge Leute, die im Haus wohnten und zusätzlich verpflegt wurden. Als die Praxis gut lief, versuchte der Vater, seine Frau von den Kostgängern abzubringen, aber sie wollte dabei bleiben, weil das Geld, das sie verdiente, ein Zuschuss zu ihrer Haushaltskasse war. Bei den Bodes mussten die Mahlzeiten reichhaltig sein. An den Sonntagen gab es saftigen Braten mit Beilagen und werktags frisches Gemüse, es schmeckte den Kindern nirgendwo so gut wie zu Hause. Der dünn ausgewalzte Zuckerkuchen und der schmackhafte Zwetschgenkuchen mit Eierguss ließen Mary und Hermann das Wasser im Munde zusammenlaufen. Im rückwärts gelegenen Garten befand sich eine Tischlerwerkstatt, in deren Lagerraum die Kinder spielen durften und im Treppenhaus hing eine Schaukel, mit der man weit über das Treppengeländer hinaus fliegen konnte. An den Waschtagen stand Auguste neben dem Dienstmädchen am Waschkessel, der mit Holz beheizt wurde. Wenn die Kinder morgens vor der Schule ihren Abschiedsgruß über die Kellertreppe hinab riefen, kam ihnen der dichte Nebel aus der Waschküche entgegen, und die Mutter erwiderte: »Geht mit Gott, aber geht!«

Die Großmutter in Burgwedel baute Leinen an, welches im Winter versponnen und anschließend im Haus zu Weißwäsche verarbeitet wurde. Sämtliche Kleidungsstücke wurden von den Frauen angefertigt, auch die Anzüge der Buben, die sie der Reihe nach vom Ältesten bis zum Jüngsten auftragen mussten. Hermann kam sich oftmals schäbig und ärmlich gekleidet vor, wenn er auf die modischen Anzüge seiner Mitschüler schaute. Der Vater legte einen militärischen Maßstab an das Auftreten der Söhne, er duldete nicht, dass sie sich in ihrer Haltung vernachlässigten. Durch die sparsame Wirtschaftsführung der Eltern entstand im Laufe der Zeit ein bescheidener Wohlstand. Die Mutter legte Wert darauf, dass nur gediegene Ware gekauft wurde. »Das Teuerste ist meist das Billigste«, sagte sie und die Söhne mussten zu ihrem Leidwesen feststellen, dass die Kleidung immer wieder repariert und gestopft wurde, bevor es etwas Neues gab. Man legte Wert auf Geselligkeit im Hause Bode, die Kinder durften Freunde einladen und zu den Geburtstagen der Eltern kamen mehr als 30 Verwandte zu Besuch. Sie versammelten sich nachmittags zu Kaffee und Kuchen und blieben bis zum Abendbrot. Dann tischte die Hausfrau das Beste aus ihrer Küche auf und drängte die Gäste dazu, ordentlich zuzugreifen, wie sie es bei ihrer Mutter gelernt hatte, die eine lebenslustige und großzügige Bäuerin war. Mit ihrer strahlenden Fröhlichkeit war Auguste der natürliche Mittelpunkt der Gesellschaft, während Vater Friedrich meist würdig und zurückhaltend in seinem Ohrensessel saß. Streitigkeiten zwischen den Söhnen wurden nicht geduldet, die vier Brüder verstanden sich gut, sie musizierten zusammen und Hermann trat schon als Jugendlicher mit seinen Reimen hervor. So schenkte er der Mutter folgendes Gedicht:

Sie ist gedrungen, voll und kräftig,
erst schön im schlichten Arbeitskleid,
in ihrem Hause stets geschäftig,
doch brauchst du sie, hat sie auch Zeit.
Sie hört dir zu und weiß zu raten,
und zwischendurch, wie sich's so hat,
begießt im Herde sie den Braten
und streicht dem Kind die Haare glatt.

Es erfüllte die Eltern mit Stolz, dass sie genug Geld verdienten, um den Söhnen ein Studium an der Universität zu ermöglichen. Wilhelm studierte Medizin und wurde Arzt, Karl entschied sich für evangelische Theologie, um Pastor zu werden, und Hugo erlernte in Berlin den Beruf des Kaufmanns. Nach Beendigung seiner Ausbildung schickte ihn der Reifenhersteller Continental nach East London in Südafrika, wo er den Rest seines Lebens blieb. Keiner der Brüder wollte die Praxis des Vaters übernehmen. Dem Jüngsten ließen die Eltern keine Wahl, er musste Zahnmedizin studieren. Der Sturm und Drang verherrlichte das Originalgenie als Urbild des höheren Menschen und des Künstlers. Vor diesem Hintergrund wollte Hermann einen künstlerischen Beruf erlernen und Musiker werden. Dieses Ansinnen wurde vom Vater brüsk zurückgewiesen, er sprach von einer brotlosen Kunst, mit der man den Eltern zur Last falle. Kinder aus reichem Hause konnten Künstler werden, für Menschen, die von ihrer Hände Arbeit leben mussten, war die Kunst ein Luxus oder eine Tändelei für die Bourgeoisie.

Hermanns Berufsausbildung begann mit einer sechsmonatigen Lehrzeit in der technischen Werkstatt von Dr. Hausmann. Die vier Söhne hielten Briefkontakt mit der Mutter, sie waren gut darüber informiert, was in Hannover passierte. Auguste verlangte, dass sie ihre Wäsche nach Hause schickten, damit sie schonend gewaschen und rechtzeitig ausgebessert und ergänzt werden konnte. Wenn diese Pakete zurückkamen, enthielten sie köstliche Zugaben aus Mutters Backstube.

Die Wege von Mary und Hermann trennten sich für fünf Jahre, sie kam in ein Mädchenpensionat nach England und er ging zum Studium an die Universität Berlin und anschließend an die Universität München, wo er im Dezember 1902 das zahnärztliche Staatsexamen machte. Während dieser Zeit pflegten die beiden eine rege Korrespondenz. Hermann schickte der Freundin unter anderem wertvolle Bücher, um sich mit ihr über deren Inhalt auszutauschen. Mit zahlreichen Randbemerkungen versehen, wurden Nietzsches *Zarathustra* und die *Fröhliche Wissenschaft* hin- und hergeschickt. Die Jugendfreunde beschrieben ihre Konzert- und Theaterbesuche und ließen einander teilhaben an neuen Erkenntnissen zu Buddhismus und Astrologie. Im Vollgefühl ihrer Jugend vermochte ihnen der lutherische Glauben nicht mehr zu genügen und sie suchten nach anderen und neuen Vorbildern, die sie für zeitgemäß hielten. Der Sturm und Drang mit seinem innigen Sich-Einfühlen in die Natur war für beide die Grundvoraussetzung, um den Sinn des Lebens und das Wesen menschlicher Existenz begreifen zu können. Hermann und Mary glaubten fest daran, dass das schöpferische Individuum sein Erleben in eine künstlerische Form bringen kann, um eine bessere Lebensform für alle Menschen zu erfinden.

Bei einem Hausball der Wigmanns trafen sich die Freunde wieder, aus Mary war eine junge Dame der Boheme geworden. Von diesem Fest gibt es ein Foto, auf dem sie schlank und selbstbewusst in die Kamera blickt. Die 19-Jährige hat ein bodenlanges weißes Spitzenkleid mit hochgeschlossenem Kragen an. Auffallend breite schwarze Augenbrauen betonen ihre ernsten Augen, die mit einem dunklen Lidstrich umrandet sind. Die Nase wirkt schmal, der geschminkte Mund lächelt mit vollen Lippen. Marys Erscheinung löste bei Hermann ein erotisches Verlangen aus, das die Geste des Beschützers noch verstärkte. Die stolze Freundin entzog sich seinen Annäherungsversuchen, sie war an einer Eheschließung oder der Gründung einer Familie nicht interessiert. Mary wollte auf einer Bühne stehen und tanzen wie Isadora

Duncan. Über all die Jahre hielt ihre enge Freundschaft aus Kindertagen und sie trafen sich jedes Jahr zum Weihnachtsfest im Elternhaus. Hermann übernahm eine zahnärztliche Vertretung in Freiburg und verbrachte seine Assistenzzeit in Vevey am Genfer See und anschließend in Mailand. Nur ungern kam er nach Hannover zurück, um bei dem Infanterie-Regiment Nr. 74 als Einjähriger zu dienen.

In dieser Zeit machten Wilhelm, Karl, Hermann und Mary zu Ostern eine gemeinsame Reise nach Dresden, wo sie die Frauenkirche, den Zwinger und das Grüne Gewölbe, die Schatzkammer August des Starken, besuchten. Sie standen zwischen verspiegelten Wänden, auf goldenen Konsolen wurden Elfenbein, Porzellan, Edelsteine und Perlmutt ausgestellt und Hermann wandte sich an die Freundin: »Von all dem Zuckerguss wird mir übel, lass uns irgendwas Modernes in der Gemäldegalerie anschauen.«

Diesen Ausspruch hörte ein Aufseher und sagte: »Da kann ich Ihnen eine Empfehlung geben. In der Berliner Straße in Friedrichstadt haben die jungen »Brücke«-Künstler ihr Atelier, fahren Sie doch einfach mal hin.«

In einem leer stehenden Fleischerladen hatten die Künstler Erich Heckel, Ernst Ludwig Kirchner und Karl Schmidt-Rottluff ihre Bilder untergestellt und Kirchner wohnte dort. Erfreut über die zahlreichen Besucher zeigte er seine Gemälde und die seiner Kollegen. Ein wilder Reigen von Motiven bot sich dem Auge, die figurative Malerei war stark konturiert und in kräftigen Farben völlig unakademisch ausgeführt. Es gab Landschaften, ein Zirkusbild und Aktbilder, von denen das, eines nackten Mädchens besonders provokant wirkte. Hermann fragte: »Haben sie eine Akademie besucht?«

Kirchner gab zur Antwort: »Nein, wir sind Autodidakten und halten das für unsere Stärke!«

Auf dem Tisch lag Nietzsches *Zarathustra* und Mary jubelte erfreut: »Sie lesen mein Lieblingsbuch! Und was sagen Sie zu dieser Lektüre?«

Kirchner erwiderte ernst: »Unsere Gruppe nennt sich Brücke, weil es im Zarathustra heißt: »Ihr seid nur Brücken: mögen Höhere auf euch hinüber schreiten!« Wilhelm wandte sich um und zeigte auf ein Mädchenbild: »Ich frage mich, was so ein Jungfräulein empfindet, wenn es sich völlig entkleidet den Blicken erwachsener Männer darbietet?«

Hugo mischte sich ein: »Das sind erotische Brücken, die der Fantasie und dieser Art von Kunst die Aufmerksamkeit garantieren.«

Kirchner erwiderte ungerührt: »Das haben Sie richtig erkannt, wir befassen uns bewusst mit Tabus, um die Menschen zu beunruhigen.« Vor dem Laden platschte ein unerwarteter Regenschauer hernieder, deshalb drängte Karl zum Aufbruch. Hermann wollte eines der Aktbilder von Otto Mueller kaufen und erkundigte sich nach dem Preis, der nicht hoch war. Nachdem er selbst nicht genügend Geld dabei hatte, halfen ihm seine Brüder aus und Kirchner rollte die 65 cm hohe Kreidezeichnung in eine Papprolle. Zum Abschied hinterließ Bode seine Adresse und bat darum, bei einer Brücke-Ausstellung eingeladen zu werden. Alle vier winkten zum Abschied und Karl sagte zu Mary: »Das war eine Entdeckung, ich habe jetzt keine Lust mehr auf die Porzellansammlung von August dem Starken.«

Im April 1905 wurde Hermann zurück ins elterliche Haus befohlen, um in die Praxis des Vaters einzutreten, die er später einmal übernehmen sollte. In Hannover traf er sich mit Peter Bade, den er während des Studiums in München kennengelernt hatte. Der Freund wollte Facharzt für Orthopädie werden und hatte eine Stelle im Annaspital Hannover angetreten. Er war mit Constanze Peipers verheiratet und stellte Hermann bei einer Abendeinladung deren jüngere Schwester Julia vor. Der angehende Zahnarzt verliebte sich in die sanftmütige junge Frau aus gutem Hause. Am 29. Juni 1906 fand die kirchliche Trauung von Julia Peipers und Hermann Bode in Remscheid statt. Auf dem offiziellen Hochzeitsfoto steht der 24-jährige Ehemann hinter seiner Frau, gekleidet in einem Frack mit hohem weißen Stehkragen und einer grauen Weste. Seine blauen Augen wirken ernst und über dem schmalen Mund trägt er einen kurz geschnittenen Schnurrbart. Wohl aus Verlegenheit steckt seine Hand in der Hosentasche, während sich seine jungfräuliche Frau mit entblößten Schultern an ihn lehnt. Die 20-jährige Braut trägt ein weißes Spitzenkleid, das in Volants von der nackten Schulterpartie bis zum Gürtel fällt. Von dort bis zum Boden ist der durchsichtige Rock mit zarten weißen Blumen bestickt. Das lange schwarze Haar trägt Julia zum Knoten gebunden, ihre großen braunen Augen sind ungeschminkt, ihr Mund halb geöffnet, während sie ihren Kopf dem Geliebten zu wendet.

So wurden die beiden unerfahrenen Menschen mit den Segenswünschen der Eltern in ein gemeinsames Leben entlassen. Auf einer blumenumkränzten Glückwunschkarte fand sich der Spruch: »Lasst nie die Sonne über eurem Ärger untergehen.« Nach der Hochzeit zog das Paar in eine großzügige Parterrewohnung mit Garten an der Landwehrstraße. Die Eltern schenkten ihnen geschnitzte Eichenmöbel, Erbstücke, mit denen sie sich einrichten konnten. Vater Bode trennte sich von seiner geliebten Geige und Vater Peipers gab das Geld für einen Konzertflügel, damit seine Tochter täglich üben konnte.

Als Julia elf Jahre alt war, starb ihre Mutter, deshalb wurde sie nach Vevey am Genfer See auf ein Schweizer Mädchenpensionat geschickt, um eine standesgemäße Erziehung zu bekommen. Neben dem Französisch Unterricht, erhielten die Mädchen Klavierstunden und lernten Kochen, man brachte ihnen bei, dass die maskuline Intelligenz der femininen überlegen sei. Wieder zu Hause in Remscheid, bat die 17-Jährige den Vater, sie in Frankreich studieren zu lassen. Bei der Familie Arnaud lernte sie die Freiheits- und Gleichheitsgedanken der Revolution kennen und befasste sich mit französischer Literatur. Ihr Lieblingsschriftsteller war Romain Rolland, von dem sie sämtliche Bücher im Original las. Für Julia waren Goethes *Wahlverwandtschaften* und die deutsche Prüderie der Maßstab für Erotik. Die unbekümmerte Beschreibung sexueller Handlungen, die ihr in der französischen Literatur begegnete, trieb dem jungen Mädchen die Schamesröte ins Gesicht. Um die englische Sprache zu erlernen, kam die Studentin mit 19 Jahren für ein Semester nach England. Sie war eine anmutige, auf ansprechende Weise bescheidene Erscheinung mit langen schwarzen Haaren und tiefgründigen Augen. Zahlreiche Liebesbriefe und Fotos von Philip Routledge lassen darauf schließen, dass er ein Verehrer war, den sie nicht erhörte. Julia verliebte sich in Hermann Bode und wurde in ihrem 20. Lebensjahr seine Ehefrau.

Mit dem Hochzeitstag erwarb die Rheinländerin die Staatsbürgerschaft Preußens. Kaiser Wilhelm II. aus dem Hause Hohenzollern war der oberste Landesherr und regierte das Deutsche Reich. Eine Gleichberechtigung von Mann und Frau gab es in Deutschland nicht. Die Frauen konnten ohne Zustimmung des Mannes nicht arbeiten, ihren Aufenthalt frei bestimmen, oder ein eigenes Bankkonto besitzen. Dem Mann stand das sogenannte Letztentscheidungsrecht zu. Die Mitgift, die die Frau von den Eltern zur Hochzeit bekam, ging in das Verfügungsrecht des Gatten über, sie konnte über ihr eingebrachtes Gut nur mit Einwilligung des Ehemannes verfügen.

Julia begegnete ihren Schwiegereltern mit großer Ehrerbietung und war ein gern gesehener Gast bei Auguste. Hermann eröffnete seine eigene Zahnarztpraxis in der Georgstraße, weil er die Praxis des Vaters mit ihrer veralteten Technik nicht übernehmen wollte. Peter Bade wurde Chef der chirurgisch-orthopädischen Abteilung des Annastiftes und wohnte mit Stanzi nicht weit entfernt, sodass sich die Schwestern mehrmals die Woche sehen konnten. Auch Mary kam regelmäßig zu Besuch. Sie und Julia sahen sich zum Verwechseln ähnlich, waren aber vom Gemüt her sehr verschieden. Die Jugendfreundin wirkte selbstbewusst und temperamentvoll, während Julia schüchtern und in sich gekehrt war. Wenn Mary mit Hermann über die Wissenschaft der kosmischen Gesetze sprach, die mit ihrer Energie Einfluss auf das irdische Leben ausüben, hörte Julia schweigend zu. Um dem Mysterium des Weltraums näherzukommen, erwarb Bode die mathematischen und astronomischen Grundkenntnisse, die man benötigt, um die Umlaufbahn der Planeten zu bestimmen. Dieses Studium führte ihn von der Astronomie zur Astrologie und der Berechnung eines Horoskops. Im Weltbild von Hermann und Mary hatte jeder Mensch seinen Platz in der Ordnung des Alls einzunehmen, um voll Dankbarkeit die Wunder der Schöpfung und des Lebens zu erfahren.

Neun Monate nach der Hochzeit von Julia und Hermann wurde im März 1907 ein Mädchen geboren. Es war eine Hausgeburt, deshalb hatte der werdende Vater eine Hebamme, eine Säuglingsschwester und ein Dienstmädchen namens Pauli eingestellt. Die Säuglingsschwester verließ die Familie nach drei Monaten, während Pauli schon bald zur Familie gehörte. Der Vater überwachte penibel die Hygienemaßnahmen, weil er im Studium gelernt hatte, was Bakterien bei einer Wöchnerin anrichten können. Als Hermann sein erstes Kind in den Armen hielt, war er glücklich und dankbar über dieses kleine Lebewesen, das Julia ihm unter Qualen geschenkt hatte. Nach der Mutter Jesu, dem Ideal der Mutter Gottes, nannte er das Mädchen Maria. Zur Geburt überreichte Hermann seiner Frau einen wertvollen Schmuckkasten, in dessen Deckel eine drehbare Bronzeplatte mit Lebensbaum eingelassen war. Rechts und links vom Stamm waren ihre Namen eingraviert, darunter stand: »In Liebe und Treue«.

Hermann wollte sein Kind nicht taufen lassen und erklärte dies seinem Bruder Karl, der Pastor war:

Mein lieber Bruder,
Ich bin über Nietzsche und Haeckel hinausgegangen, weil sie mir beide den Weg ins Positive, nach dem ich schrie, nicht zeigen konnten. Das Leben ist das Maß aller Dinge. Nach ihm erkenne ich Gut und Böse, in dem, was für mich lebensfördernd oder lebenshemmend ist. Ich fühle mich so als Individualität im Glauben an das Leben. Ich will mit voller Kraft für die freie Entwicklung des Einzelwesens eintreten, soweit diese Entwicklung nicht das Leben Vieler hemmt. Ich will mit weitem Blick und Herzen den Glauben Vieler gelten lassen, solange er nicht wertvolleres mit seinen Dogmen zerstört. Ich will eine Weiterentwicklung der Menschheit, aber kein Endziel, das nur zu fern liegt, als dass wir uns den Kopf darüber zerbrechen könnten. Aber das ist mir doch zur festen Überzeugung geworden, dass unsere Entwicklung nicht über die Erde hinausgeht. Über die Punkte, die ich gegen das Christentum habe müssen wir ein andermal uns mündlich aussprechen.
Herzlichst dein Bruder Hermann
Hannover den 22. Mai 1907 bei der Schlosswache

Ernst Haeckel (1834–1919) war ein deutscher Mediziner, Philosoph und Freidenker, der die Ideen von Charles Darwin ausbaute. Er war ein strenger Atheist und lehnte jeden Schöpfungsakt ab, sein Monismus war der einer durchgeistigten Materie; er sah Gott als identisch mit dem allgemeinen Naturgesetz und vertrat einen durch Goethe und Spinoza inspirierten Pantheismus. Haeckel sah die Biologie in vielem mit der Kunst verwandt. Seine »Kunstformen der Natur« gehörten wie »Brehms Tierleben« in jeden Haushalt. Die darin enthaltenen Abbildungen beeinflussten die Kunst des beginnenden 20. Jahrhunderts vor allem den Jugendstil. (Wikipedia)

Die blonde, blauäugige Maria war noch kein halbes Jahr alt, als Julia erneut schwanger war und im November 1908 mit Zwillingen niederkam. Bei der Hausgeburt erblickte zuerst ein gesundes Mädchen das

Licht der Welt, das Zweitgeborene war nicht lebensfähig. Bode überlegte sich die Namen seiner Kinder sehr genau, hierfür studierte er das Deutsche Namensbüchlein, in dem die Bedeutung und Herkunft einzelner Silben erklärt wurde. Er notierte: »*Zuerst waren es romantische Gedanken, die Gefallen fanden an der Seltsamkeit des Vergangenen und am herben, tiefsinnigen Klang. Man verwandte die alten Namen so wie man künstliche Ruinen baut und wob auch wohl geschichtlichen Gehalt in diesen Gedankenkreis mit ein. Die Wesensart des Kindes wird in seinem Namen aufgerufen, sodass der Name zur Kennung und zum Wegweiser für das erkennende Selbst und zu ihm hin wird. Sprache prägt unser Denken.*«

Erkengard war ein zartes Baby, mit braunen Augen und braun gelockten Haaren. Der Vater hatte sich einen Jungen gewünscht und war enttäuscht. Die Wöchnerin sollte von seinen Gefühlen nichts bemerken, deshalb schenkte er ihr zur Geburt des zweiten Kindes einen von Brillanten umkränzten Saphirring.

Julia hatte sich in den Augen ihres Mannes in eine vegetative Pflanze verwandelt, die Nahrung für ihre Kinder war. Ihm fehlten die geistreichen Gespräche über Literatur, die er früher mit ihr hatte führen können. Um dem Geschrei von zwei Babys zu entgehen, suchte Hermann an den Wochenenden vermehrt den Kontakt zu seinem Bruder, mit dem er ins Theater ging oder Kunstausstellungen besuchte, während Julia ihre Freizeit mit ihrer Schwester verbrachte. Stanzi half ihrem Mann in der orthopädischen Praxis, danach musizierten die Frauen gemeinsam und besprachen die neuesten Entwicklungen in der Kindererziehung, über die sie sich viele Gedanken machten. Mit zwei Kleinkindern war Julia vollauf beschäftigt, als sie 1909 feststellte, dass sich wiederum ein neuer Erdenbürger in ihrem Bauch eingenistet hatte. Dieses Mal musste es der von Hermann gewünschte Sohn werden. Im Mai 1910 wurde Elsa in diese Welt geboren. Sie hatte die braunen Augen und schwarzen Haare der Mutter. Zur Geburt der dritten Tochter bekam Julia ein silbergefasstes Büchlein geschenkt, das sie an einem Lederband um den Hals tragen sollte. Bode wollte, dass alle Aufträge, die er seiner Frau erteilte, in diesem Notizbuch festgehalten würden, damit sie über den Tag nicht in Vergessenheit gerieten.

Die frühe Kindheit empfanden die Mädchen als besonders harmonisch. Sie hatten Freude an dem großen Garten, in dem es einen Sandhaufen und eine Schaukel gab. Im Haus wurde viel Musik gemacht, Hermann spielte Geige und Julia begleitete ihn auf dem Flügel. Wie Friedrich der Große spielte der Vater außerdem noch Querflöte und komponierte eigene Musikstücke. Jeden Abend, wenn er von der Praxis nach Hause kam, wurde gemeinsam gesungen; so lernten die Töchter ihre Stimme im Kanon zu halten und konnten die eingeübten Kinderlieder mehrstimmig vortragen. Bevor zur Nacht das Licht gelöscht wurde, bekamen sie eine Geschichte vorgelesen. Das Buch *Tausendundeine Nacht* enthielt märchenhafte Illustrationen und mit der Erinnerung an diese Bilder schliefen die Kinder ein und träumten von Scheherazade und dem Sultan, von schwarzen Sklaven und fliegenden Teppichen. Die Märchen des Hans Christian Andersen belebten ihre kindliche Fantasie. Sie konnten nicht genug bekommen von der Nachtigall, die so wundervoll sang: »Da bekam der Tod Sehnsucht nach seinem Garten und schwebte, wie ein kalter, weißer Nebel, aus dem Fenster.«

Hermann komponierte lustige Kinderlieder und beschenkte die Töchter mit Selbstgereimtem:

Zum Frühlingssonnenschein geh nicht auf die Wiesen,
weil da die Blümlein aus dem Boden schießen.
Auch in den Wald zu gehen sollst du nicht wagen,
weil dort die Bäume wie toll ausschlagen.
Drum willst du sicher sein, ich rate dir ehrlich,
schließ dich ins Zimmer ein, draußen ist's gefährlich!

Das Musikzimmer lag unter dem Kinderzimmer und die drei Mädchen hörten zu, wenn die Eltern musizierten. Manchmal lagen sie mit dem Ohr auf dem Fußboden und lauschten, um nur ja keinen Ton zu versäumen. Zur damaligen Zeit gab es kein Radio, keinerlei Musik, die nicht direkt ausgeübt wurde, nicht nur deshalb pflegte und schätzte man die Hausmusik. Das Wohnzimmer war mit Eichenmöbeln eingerichtet, die mit pflanzlichen Motiven verziert waren und aus dem 14. Jahrhundert stammten. Gleich neben der Tür stand der grün glasierte Jugendstilkachelofen, der vom Flur aus beheizt wurde. Hinter seinem Schmiedeeisentürchen wurden im Winter die Bratäpfel gegart und verströmten einen aromatischen Duft. Mit Preiselbeeren gefüllt kam diese Köstlichkeit als Nachspeise auf den Tisch. Von den Spaziergängen brachte Julia Wiesenblumen und Unkräuter mit nach Hause und arrangierte sie in einem irdenen Krug, den sie auf eine handgewebte Tischdecke stellte. Aus samtigen Stoffen nähte sie Kleider für ihre Töchter und deren Puppen. In einer Ecke des Wohnraums stand ein niedriger Kindertisch mit drei kleinen Stühlen. Dort kochten die Mädchen auf einem Blechherd kleine Mahlzeiten oder servierten ihren Püppchen Tee aus winzigen Porzellantassen. Die Großeltern schenkten ihnen ein Puppenbett aus Schmiedeeisen und einen Leiterwagen. Fels, Hermanns Airedale Terrier, konnte mit einem Ledergeschirr vor den Wagen gespannt werden, dann zog die Kinderschar singend in den nahegelegenen Park, in dem sie Elfen und Kobolde jagten.

Nach dem dritten Kind war Julia füllig geworden, ihre großen braunen Augen wirkten sanftmütig, ihre Gestalt sehr weiblich und weich und sie umsorgte ihre Töchter und kochte mit Leidenschaft. Jeden Morgen ging sie auf den Markt und holte frisches Gemüse und Obst. Die Landfrau wickelte die Ware in eine alte Zeitung ein, die Julia zu Hause glatt strich und las. Stundenlang probierte sie neue Rezepte aus und konnte beim Abschmecken ausgefallener Saucen die Zeit vergessen. Wenn die Kinder nicht folgen wollten, dann drohte die Mutter mit einem Kleiderbügel. Man hörte sie nie herumschreien, als letztes Erziehungsmittel kniff sie kräftig in den Arm des Kindes und sagte: »Wirst du wohl!«

Kam eine Person, die Julia nicht leiden konnte in die Wohnung, dann riss sie, kaum war diejenige aus dem Haus, alle Fenster und Türen auf und wedelte mit dem Küchentuch die fremde Hinterlassenschaft zum Tempel hinaus. Es gab nur ein Badezimmer, in dem auch die Toilette stand. Unangenehme Gerüche verbrannte sie mit mehreren Streichhölzern oder einem Fidibus. Sollten die Kinder nicht verstehen, was die Eltern sich zu sagen hatten, dann sprachen sie Französisch. Julia hatte eine sonderbare Angewohnheit: Sie ließ durch die gespitzten Lippen hörbar die Luft entweichen, es war kein Pfeifen, aber man spürte einen Luftzug. Maria mochte das nicht und sagte dann ärgerlich: »Hör auf, mich anzupusten, ich bin doch keine heiße Kartoffel.« Von der Ältesten derart zurechtgewiesen, füllten sich Julias

Augen mit Tränen. Sie war sehr empfindsam und immer ein bisschen traurig.

Vater Hermann erschien jeden Morgen mit Anzug und Krawatte, so fühlte er sich standesgemäß gekleidet. Täglich nahm er ein Bad und legte großen Wert auf Körperpflege, Hygiene und eine würdevolle Erscheinung. Seine Schlafanzüge waren aus weißer Seide, das kühle glatte Material hatte eine Sinnlichkeit, die für ihn der Inbegriff von Luxus war. Er scheitelte das Haar mit Brillantine und nach der Rasur klopfte er sich ein französisches Duftwasser auf die Wangen, danach polierte er seine Fingernägel mit einem Lederbalg. Bode war ein pedantischer Mensch, alles musste exakt nach seinen Vorstellungen gemacht werden. Julia und die Kinder hatten sich unterzuordnen, um in den Genuss seiner liebevollen und fürsorglichen Seite zu kommen. Pünktlich um Viertel vor neun verließ der Zahnarzt das Haus und ging in die Praxis, gegen sechs Uhr abends blickten die Mädchen schon erwartungsvoll aus dem Fenster und wenn der Vater um die Ecke bog, dann sprangen sie ihm entgegen, als hätten sie den ganzen Tag sehnsüchtig auf ihn gewartet. Wenn das Abendbrot beendet und abgeräumt war, rauchte der Hausherr eine selbstgedrehte Zigarette, pflückte die Tabakkrümel von der Lippe und schwenkte den französischen Rotwein in einem bauchigen Kristallglas, bevor er daran nippte.

Im Feuilleton des »Hannoverschen Anzeigers« traf Bode auf einen Artikel von Karl Brandler-Pracht, in dem er über die Astrologie schrieb: »Es ist nicht nur nötig zu wissen, was uns in der Zukunft treffen wird, sondern auch, wann es uns treffen wird, damit man es für seinen Lebensweg in Betracht ziehen kann.« Auf dem Weg in die Praxis kaufte er Band I der Astrologischen Kollektion, in der der Autor die astronomischen Grundbegriffe und die genaue Berechnung der Sternkonstellationen erklärt. Zur Bestimmung der Position und der Umlaufbahn von Planeten waren komplexe Formen von Geometrie und Trigonometrie zu erlernen, hierbei ließ sich Bode von einem Mitarbeiter der Sternwarte beraten. Nachdem er die Konstellationen beherrschte, erstellte er die Geburtshoroskope seiner Kinder und übte an ihnen die Interpretation.

Als Demonstration gegen die rein verstandesmäßige Haltung der Aufklärung, entfesselte die Literatur von Sturm und Drang einen Gefühlsüberschwang, der sich eine innige, umfassende und einfühlende Nähe zur Natur ersehnte. Der Stimme seines Herzens folgend suchte und fand Bode ein Grundstück am Steinhuder Meer, das er 1911 kaufte. Der naturbelassene Flecken Erde hatte einen schwankenden Untergrund und war mit Schilf zugewachsen. Viele Ladungen Kies, Erde und Sand wurden mit Pferdefuhrwerken angekarrt und in den Sumpf geschüttet, bis man ein Holzhaus auf Pfählen errichten konnte. Das Häuschen hatte eine große überdachte Veranda mit Sitzplatz und ein Wohnzimmer mit Blick aufs Wasser. Es gab eine Küche und zwei Schlafzimmer. Das Trinkwasser wurde vor der Küchentüre mit einer Pumpe aus dem Boden gesaugt. Wenn die Bodes im Frühjahr das erste Mal in ihr Feriendomizil kamen, holten sie die Matratzen auf einem Bollerwagen aus dem Dorf. Über den Winter kamen die Bettsachen zum Bauern, um nicht feucht oder von Mäusen zerfressen zu werden. Die Wände waren himmelblau getäfelt und unter der Decke schwebte eine ausgestopfte graue Möwe mit harten Kulleraugen und weitgespannten Flügeln. Das Licht kam von einer Petroleumlampe. In den Zimmern roch es immer ein wenig moderig, deshalb standen die Fenster und Türen meistens offen und Julia hatte große Angst davor, dass eines ihrer Kinder ins Wasser fallen und ertrinken könnte.

In Steinhude war alles auf den Wassersport eingestellt. Auf dem Dachboden hingen die Segel an Flaschenzügen und das Segelzubehör befand sich in einer blauen Holzkiste. Ein kleines Ruderboot lag umgedreht am Ufer, mit diesem stakte der Vater zu seinem Segelschiff, welches außerhalb des Schilfgürtels an einer Boje vertäut war. Im Boot stehend, mähte er jedes Wochenende eine Schneise bis ins tiefe Wasser, dabei stöberte er Enten, Taucher und Vögel auf, die vor dem Eindringling auf der Flucht waren. Die Mädchen liefen barfuß, sie hatten weiße Kleider an und ihre langen Haare waren jeweils mit einer farbigen Schleife zusammengebunden. Die drei wurden in eine strenge Zucht genommen, im täglichen Wechsel hatten sie Bootsdienst, Gartendienst oder Küchendienst, den sie am wenigsten mochten. In den Herbstferien spielten die zahlreichen Kinder der Strandhausreihe Verstecken mit Anschlag, dabei fiel regelmäßig einer von ihnen ins Wasser.

Die Fischer standen in ihren schwarzen Torfkähnen, die sie mit langen Stangen oder mit einem rechteckigen Segel vorwärts bewegten.

An einem sonnigen Herbsttag entdeckte Julia das Fischerboot in der Ferne und signalisierte der Besatzung mit beiden Armen zuwinkend, dass sie an Land kommen sollten. Als das Schiff näher kam, sah man, dass die Männer lange geschwungene Meerschaumpfeifen im Mund hatten, aus denen es ordentlich qualmte. Sie stakten an den Steg und brachten einen Eimer mit Aalen an Land. Die Kinder schauten sich das Gewimmel der schlangenartigen Körper an, dabei stieß Maria den Eimer um. Die ganze Brut verkroch sich eilig unter dem Haus, welches auf Pfählen stand. Bode legte sich auf den Bauch und griff nach dem glitschigen Gewürm, während die Mädchen schreiend vor Aufregung um ihn herum hüpften. Er erwischte zwei lange Aale und stand auf, um sie zurück in den Eimer zu geben, dabei meinte er lachend: »Ich fühle mich wie Laokoon, der mit den Schlangen kämpft.«

Julia kaufte zwei Aale, daraufhin bestiegen die Männer ihren Kahn und segelten, eine nach Tabak duftende Rauchwolke hinter sich herziehend, davon. Hermann formte mit Zeigefingern und Daumen ein Rechteck und sagte: »Das gäbe ein wundervolles Bild, Elsa, hol schnell den Fotoapparat.« Er arrangierte Julia und die drei Mädchen auf dem umgedrehten Ruderboot, der Wind zerzauste ihr Haar, während im Hintergrund die untergehende Sonne den silbrigen See in ein rötliches Licht tauchte. Die bildliche Wiedergabe von Sommer, Sonne, Kindheit und See wurde zur Allegorie für die Sehnsucht nach einer heilen Welt. Der Vater ließ das Bild vergrößern und hängte es in seiner Praxis auf.

Im Hochsommer verbrachte die Familie so manche Nacht mit der Beobachtung des Sternenhimmels, der sich tiefblau bis zum Horizont über den See wölbte. Eingewickelt in ihre Kamelhaardecken, lag sie in Liegestühlen und blickte bei völliger Dunkelheit in Richtung Nord-Osten. Dem ausgestreckten Zeigefinger des Vaters folgend, suchten die Mädchen neben der Kassiopeia das Sternbild des Perseus und hörten ihn sagen: »In der ersten Augusthälfte kann man viele Meteoriten, die sogenannten Perseiden, beobachten. Die Erde kreuzt zu dieser Zeit die Bahn eines Kometen der Staub und Sand verliert, wenn er der Sonne nahekommt. Diese Teilchen bringen die Luftmoleküle zum Leuchten und verglühen in der Erdatmosphäre, deshalb sieht man einen Funken, den man Sternschnuppe nennt. Von alters her kann man sich bei jeder Sternschnuppe etwas wünschen.« Bode legte eine große Sternenkarte in die Wiese und leuchtete mit der Taschenlampe auf einzelne Sternbilder, die seine Töchter am Himmel suchen sollten. Er schickte ihre Gedanken auf eine lange Reise hinaus ins All: »Die Milchstraße ist die Galaxie, in der sich unser Sonnensystem mit der Erde befindet. Der Blick in den gestirnten Himmel ist immer ein Blick zurück in die Vergangenheit. Das Licht der allernächsten Sterne braucht Lichtjahre, bis es bei uns ankommt, und einige sind längst erloschen, wenn wir sie sehen.« Es wurde geflüstert, so beeindruckend war der unendliche Raum, in dem sich die Erde mit ihren Bewohnern um die Sonne drehte. Der Vater raunte: »Wenn in der Zukunft euer Gemüt von Kummer und Sorgen getrübt wird, dann sollt ihr am nächtlichen Himmel acht Sterne suchen, beim achten könnt ihr dem Weltraum den Auftrag erteilen, euer Problem zu übernehmen.«

Manchmal schlief Elsa in Julias Armen ein, dann nahm der Vater die Schlafende vorsichtig auf und brachte sie ins Haus. Nachdem auch die beiden größeren in ihren Kojen lagen, sagte Maria: »Der Weltraum ist mir unheimlich, ich stelle mir vor, wie die Erdkugel mit all den Menschen durch den luftleeren Raum rast, bis sie eines Tages mit einem Meteoriten zusammenstößt und wie ein Luftballon zerplatzt.« Bode setzte sich auf einen Hocker, um seine Tochter mit der langen Geschichte der Astronomie zu beruhigen: »Seit Jahrtausenden blicken die Menschen in den Himmel, in dem sie ihre Götter vermuten. Schon in Mesopotamien, dem Land zwischen Euphrat und Tigris, kannte man die Einteilung des Himmels in Tierkreiszeichen. Die Namen der Menschen sind verklungen, die Städte zu Staub zerfallen und da wo einst Felder und Gärten erblühten, ziehen heute Nomaden mit ihren Tieren durch die Wüste. Die Ägypter und später die Griechen gaben den Sternen Namen und dachten sich anhand der Mondphasen und des Sonnenjahres den Kalender aus. Wir sind nur ein Sandkorn im großen Getriebe des Weltalls, das sich ohne unser Zutun stetig weiter bewegt, du kannst getrost deine Augen schließen.«

Als die Sommerferien vorbei waren, kam Mary zu Besuch und die ganze Familie versammelte sich an dem alten Eichentisch, um zu hören, was die Tänzerin zu berichten hatte. Julia machte mit Hackfleisch gefüllte Pfannkuchenröllchen, dazu servierte sie einen Rapunzelsalat, während Hermann zur Feier des Tages eine Flasche »Moseltröpfchen« aus dem Keller holte. Mary warf ihre schwarzen Haare zurück und erzählte: »Wie ihr wisst, besuche ich die Tanzschule von Rudolf Laban. Wir wohnen in kleinen Hütten auf dem Monte Verita, einem verwilderten Grundstück über dem Lago Maggiore. Da hat sich eine Künstlerkolonie zusammengefunden, die im Garten Gemüse anbaut und sich vegetarisch ernährt. Bei Hitze tragen wir keine Kleider und tanzen in der Natur, mit dem Sonnenuntergang als Hintergrund. Laban ist ein außergewöhnlicher Lehrer. Er veranstaltet Vorführabende für Freunde, habt ihr keine Lust eure Sommerferien im Tessin zu verbringen?«

Bode meinte: »Das ist mit den Kindern nicht zu machen, vielleicht komme ich alleine nach Askona.«

Julia nickte und Mary fuhr fort: »Aus Zürich kommen Künstler zu Besuch, die sich Dadaisten nennen. Ich habe Tristan Tzara und Hugo Ball kennengelernt, die haben Lautgedichte vorgetragen, und mit Sophie Taeuber und Hans Arp habe ich mich angefreundet. Die Dadaisten wollen rücksichtslos Unbekanntes erproben, die Zerstörung des Sinnzusammenhangs im Kunstwerk entspricht jedoch nicht meiner Vorstellung von Kunst.«

Mary holte eine Zeitung aus ihrem Mantel. »Der Künstler Marinetti hat ein futuristisches Manifest veröffentlicht, das uns sehr beschäftigt. Die Übersetzung lese ich euch vor:

> *»Ein aufheulendes Auto ist schöner als die Nike von Samothrake. Wir wollen den Krieg verherrlichen – diese Hygiene der Welt, die schönen Ideen für die man stirbt und die Verachtung des Weibes. Wir wollen die Museen, die Bibliotheken und jegliche Akademien zerstören und gegen den Moralismus, den Feminismus und die Feigheit kämpfen, welche auf Zweckmäßigkeit und Eigennutz beruhen. Schon zu lange ist Italien ein Markt von Trödlern. Wir wollen das Land von den unzähligen Museen befreien, die es wie Friedhöfe über und über bedecken. Museen sind öffentliche Schlafsäle, in denen man für immer neben verhassten oder unbekannten Wesen schläft! Museen sind absurde Schlachthöfe für Maler und Bildhauer, die sich entlang der umkämpften Ausstellungswände, gegenseitig mit Farben und Linien abschlachten.«*

Hermann runzelte die Stirn: »Aus der Sicht des Revolutionärs zählen nur Taten. Mir stellt sich die Frage, wo die Grenze verläuft, zwischen dem Aufruf zur Gewalt und der Tätlichkeit, die ich zur Durchsetzung von Kunst ablehne.«

Julia meinte: »Mich erschreckt die Verachtung gegenüber den Frauen«, und Mary setzte hinzu: »Die Futuristen behaupten, dass Frauen keine Kunst machen können. Pah! Ich weiß es besser. Nietzsche sagt im Zarathustra: ›Nur im Tanze weiß ich der höchsten Dinge Gleichnis zu reden‹ und jetzt tanze ich für euch, den Gesang des Zarathustra.« Mary schlüpfte aus den Schuhen und legte die warme Wolljacke zur Seite, dann löschte sie das Licht und bewegte sich im Schein einer Kerze, die unwirkliche Schatten an die Wände warf. Leise hörte man sie sagen: »In dein Auge schaute ich jüngst. Oh Leben! Und ins Unergründliche schien ich mir da zu sinken.« Sie schwebte durch den Raum und sank in sich zusammen. Die Familie war tief berührt von dieser Darbietung und Hermann machte den Vorschlag, alle gemeinsamen Freunde einzuladen, damit sie Marys Kunst erleben konnten. Die zweiflügelige Verbindungstür zwischen Wohn- und Esszimmer wollte man als Bühne nutzen und eine Schweizer Freundin von Mary sollte den Tempeltanz auf dem großen Tamtam rhythmisch begleiten.

Am Tag der Aufführung kamen die Geschwister von Hermann und Mary und ein paar alte Freunde. Die Tänzerin erschien in einem schwarzen enganliegenden Kleid. Ihr Auftritt begann in völliger Dunkelheit und absoluter Stille. Wegen der Finsternis hatten die Besucher ihre Augen geschlossen, sie vernahmen das Pochen der Trommel, das sich langsam steigerte. Wie bei einem Sonnenaufgang wurde es nach und nach hell und die betörende Frauengestalt sichtbar. Die Künstlerin stand auf den Zehenspitzen, die Arme hoch aufgereckt, mit in den Nacken geworfenem Kopf still da. Man spürte die enorme Konzentration, den der Zehenstand erforderte, bis sie die Zuschauer in ihrer Gewalt wusste. Langsam sanken ihre ausdrucksstarken Hände herab und die Gestalt drehte sich im Rhythmus der Trommelschläge, schneller und schneller, wobei Mary ihren Körper wie einen Bogen zurückbeugte und wie ein Kreisel auf der Stelle rotierte. Ihre Hände warfen groteske Schatten an die Wände und das schwarze Haar flog um ihren Kopf. Die Drehungen wurden langsamer und langsamer, bis die ganze Figur in sich zusammensank, das Licht verlöschte und der Trommelschlag verstummte. Für Mary Wigman war der Tanz eine metaphysische Erfahrung und Ausdruck einer inneren Bewegung.

Emil Nolde »Der Tanz«

Die Bode-Mädchen waren voller Bewunderung für die Freundin des Vaters und wollten von ihr unterrichtet werden. Sie zeigte ihnen, wie man die Arme hält und die Hände fächert, der Kopf sollte leicht zurückgeneigt sein und der Rücken sich in einer bestimmten Spannung biegen. Julia spielte Chopin und die Grazien hüpften in wallenden Gewändern barfuß durch die Wohnung, übten das würdige Schreiten und kleinere Sprünge im Takt der Musik, dabei hatten sie große Freude an der rhythmischen Bewegung. Mary brachte das Ehepaar Emil und Ada Nolde mit, die sie in der Schweiz kennengelernt hatte. Nolde hatte eine Mappe dabei, in der er zahlreiche Aquarelle aufbewahrte. Bode war sehr angetan von der farbigen Durchlässigkeit der getuschten Bilder und kaufte das Blatt *Der Tanz*, auf dem vier Frauen in wildem Reigen ihre Arme ausbreiten und die Haare fliegen lassen. Bei dem Bild, das lange über dem Esstisch hing, dachten alle an die befreundete Tänzerin. Im Tausch gegen ein Landschaftsbild vom Genfer See reparierte Bode die Zähne der Noldes.

1912 stellte die Künstlergruppe »Der Blaue Reiter« in der Berliner Galerie »Der Sturm« aus. Bode las die Ausstellungsbesprechung und reiste mit Mary nach Berlin, um die Bilder von Wassily Kandinsky, Alexej Jawlensky und Robert Delaunay zu sehen. Der freie Umgang mit Farbe, Form und Inhalt war neu und aufregend. Die starke Farbigkeit der ungemischt aufgetragenen Pigmente wirkte belebend und die Dynamik der wiedergegebenen Sujets hatte etwas Mitreißendes. Hermann stand lange vor jedem einzelnen Bild. Er wollte herausfinden, was ihn an dieser Malerei erregte und ansprach. Die Farbgebung passte nicht zu dem wiedergegebenen Gegenstand, das war verwirrend und hatte etwas Revolutionäres. Er besprach sich mit Mary und sie kamen zu dem Schluss, dass es das Erzählerische war, das die Freiheit der nächsten Generation ausdrückte. Hier war eine treibende Kraft am Werk, die sich nichts vorschreiben ließ und frei assoziierend etwas in Gang brachte, was die Besonderheit des Daseins auszudrücken vermochte. Der ganze Raum roch nach frischer Ölfarbe, weil die Bilder erst kurz zuvor entstanden waren. Die Aufsicht in der Galerie hatte Else Lasker-Schüler, die Mary erkannte und ansprach. So erfuhren sie, dass sich die Künstlerpaare Kandinsky – Münter und Jawlensky – v. Werefkin angefreundet hatten und sich in Murnau mit den Malern Marc und Macke zusammentaten. Sie waren in Paris gewesen und kannten die Bilder von Picasso, Braque und Delaunay, die in ihrer Komposition und Farbgebung ungewöhnliche Wege gingen. Der Galerist Herwarth Walden trat hinzu und meinte: »Die Franzosen gliedern den Bildraum ihrer Gemälde formal neu, die abgebildeten Gegenstände werden gleichzeitig aus verschiedenen Blickwinkeln dargestellt. Die Formen sind der Inhalt der Bilder, die Nachahmung der Natur tritt in den Hintergrund.«

Hermann erwiderte: »Die Aufteilung erinnert mich an bunte Glasfenster, sogar die schwarzen Bleifassungen sind hier als Ränder zu sehen. Warum nennt sich die Gruppe ›Blauer Reiter‹?«

Walden erklärte: »Franz Marc hat bis vor Kurzem impressionistische Landschaften gemalt, aber durch den Kontakt mit den russischen Malern Jawlensky und Kandinsky haben sich sein Malstil und der Inhalt seiner Gemälde verändert. Marc lebt auf einem Bauernhof in Bayern, sein Sujet ist die Erlebniswirklichkeit der Tiere. Er wagt es, die Pferde blau zu malen oder umgibt sie mit einer unwirklichen Farbenpracht, die seine Metapher für Imagination ist. Marc liebt Pferde, Kandinsky Reiter und die Farbe Blau gefällt ihnen beiden, voilà so entstand der Name für die gemeinsame Ausstellung.«

Die Farbenpracht der Bilder beschäftigte Bode, er blätterte in einem Heft, in dem die Künstler über die Anarchie in der Kunst und der neuen Musik schrieben, und sagte zu Mary: »Diese Künstler sollten wir uns merken. Hast du mit deinen Freunden in Askona über die Darstellung von Bewegung gesprochen, die in diesen Bildern einen Spannungsbogen zu deiner Arbeit im Bühnenraum aufzeigt?«

Julia hatte nichts dagegen, dass ihr Mann mit Mary zu Ausstellungen reiste. Sie wollte auf keinen Fall, dass ihre Kinder während ihrer Abwesenheit unbeaufsichtigt von Dienstboten betreut wurden. Zusammen mit ihrer Schwester Stanzi besuchte sie die Veranstaltungen des Hannoveraner Frauenvereins für Frauenkleidung und Frauenkultur, in denen viel über alternative Erziehung und Pädagogik gesprochen wurde. Hier traf sie Elli Beindorff, die Tochter von Günther Wagner, dem Eigentümer der Pelikan-Fabrik. Die Damen setzten sich gemeinsam für die Rechte der Frauen ein. Zuerst ging es um die Abschaffung des Korsetts, um Kindbetthygiene und die Unterstützung von Kinderreichen, bei denen der Ernährer durch Unfall oder Krieg verstorben war. Später forderte der Frauenverein, ähnlich wie die Suffragetten in London, das allgemeine und gleiche Wahlrecht für Frauen. Im Zuge der Novemberrevolution 1918 konnten sie das Frauenwahlrecht tatsächlich durchsetzen. Die Frauen entwickelten eine Solidarität, die ihnen erlaubte, gegen die dominanten Männer aufzubegehren, darüber hinaus half man einander in Notsituationen. Die Damen aus den reichen Familien hielten es für ihre Pflicht, den Armen zu helfen. Elli Beindorff war eine kultivierte und warmherzige Person, die von ihren Eltern zur Wohltätigkeit erzogen worden war.

Der Erste Weltkrieg 1914–1918

Das unbeschwerte Leben war zu Ende, als Hermann Bode bei Kriegsausbruch 1914 im Zuge der Mobilmachung zum Landwehr-Infanterieregiment Nr. 73 eingezogen wurde. Vor seiner Abreise wurden drei Fotos gemacht. Auf dem ersten sieht man ihn in einer grauen Uniform mit Pickelhaube und Säbel hinter seiner Frau Julia stehen. Auf dem zweiten sitzen die Mädchen in weißen Kleidern um den Vater herum und das dritte vereint ihn mit seinen Eltern und dem Hund Fels, der der Gruppe zu Füßen liegt. Diese Bilder sollten Hermann im Krieg beschützen und wenn er fiele, eine bleibende Erinnerung sein. In einem langen grauen Mantel, bewaffnet mit Mauser-Gewehr und Pistole, verließ der Mann das Haus.

Seit dem Deutsch-Französischen Krieg von 1870/71 und den antinapoleonischen Befreiungskriegen galt der Nachbar Frankreich als Erbfeind. Als preußischer Staatsbürger war Bode ein Untertan von Kaiser Wilhelm II., der ihn in der Person von Oberstleutnant von Stein-Liebenstein zu Barchfeld an die belgische Grenze befehligte, welche die Kompanie am 5. August 1914 überschritt. Die Stadt Lüttich war von Festungen umgeben und wurde nach schwersten Kämpfen erobert, um den Weg nach Frankreich zu öffnen. Bode erlebte, wie seine Kameraden von Kugeln und Granatsplittern getroffen wurden und starben. Die Frontkämpfer verbrachten die Nächte im Schützengraben und Hermann notierte in sein Tagebuch:

Es pfeift und kreischt und zischt ins Grab
und flammt und qualmt und splittert.
Mein kleines Erdloch bröckelt ab
und bebt und schwankt und zittert.
Zu meinen Füßen hockt der Tod

mit schläfrig trägem Nicken.
Er wirft nach meinem Angesicht
und ich lass es geschehen:
Ich ruf ihn nicht und bettle nicht,
er möge wieder gehen.«

Auf dem Schlachtfeld häuften sich die Toten, die deutschen Truppen brannten die Dörfer nieder und erschossen jeden, der sich ihnen in den Weg stellte. Das Regiment durchquerte Belgien in Richtung der Kanalküste, wo es bei Ypern zur Schlacht mit den alliierten Truppen kam. Bode kämpfte in der zweiten Linie, als er am 27. Oktober 1914 bei einem Erkundungsritt von einem Granatsplitter getroffen wurde. Die Kameraden brachten den Verletzten auf einer Bahre zum nächsten Sanitätsposten, wo der Stabsarzt die blutige Hose aufschnitt und die Wunde desinfizierte. Bode war bei Bewusstsein und gab sich als Kollege zu erkennen, dann wurde er mit Äther betäubt. Ein Chirurg entfernte das gezackte Metallstück aus seinem Oberschenkel und nähte ihn zu, dann injizierte er ein Tetanus-Antitoxin. Die Sanitäter legten den Narkotisierten auf ein Feldbett neben die Verwundeten, die auf ihren Abtransport in die Heimat warteten. Als Bode erwachte, sah er in die Augen eines Mannes mit weiß bandagiertem Schädel und hörte in der Ferne Gefechtslärm. Der pochende Schmerz in seinem Bein wurde von Stunde zu Stunde heftiger, um nicht zu schreien, rollte er den Kopf auf seinem Lager hin und her.

O du mein Tod, qualsamer Quirl in meines Denkens heißer Quelle, ich muss dich wühlen lassen und wirbeln, wenn ich willenlos in meinem Kampfgrab sitze, allem Schwanken preisgegeben. Und noch mein letztes Auge reißt du mir aus meinem Hirn, verstumpft, verstümmelt – ach schlägst mich nicht tot, nein reißt mich aus der Nacht ans wehe Licht und pflegst mich heil zu ekelstarrer Scham.

Als Hermann den Schmerz nicht länger ertragen konnte, hörte er plötzlich auf. Durch einen Tunnel von warmem Licht fühlte er sich emporgehoben, alles Schwere fiel von ihm ab und er schwebte, während sein Körper unter ihm auf dem Feldbett lag. Verwundert betrachtete er sich selbst von oben, sein Bein war geschient und hochgelagert, durch den Verband sickerte Blut. Sein Abbild hatte immer noch die Uniform an, das rechte Hosenbein war abgeschnitten und neben der Bahre standen die Knobelbecher und der Tornister. Die Sanitäter schleppten die Verletzten in einen Zug, der sie in die Heimat bringen sollte. Unterwegs nach Hannover hielt die Eisenbahn mehrmals an, Krankenschwestern wechselten Verbände und gaben den Patienten zu essen oder zu trinken. Bode war nicht bei Bewusstsein, er schwebte durch den Wagen und sah, wie die Verstorbenen in einen gesonderten Waggon umgeladen wurden. Bei dieser außerkörperlichen Erfahrung dachte er bei sich, ich werde sterben: »Dulce et decorum est pro patria mori.« (Süß und ehrenvoll ist es, für das Vaterland zu sterben)

Ganz allmählich entfernte er sich von seiner sterblichen Hülle, die immer kleiner und kleiner wurde, bis er die Stimme von Maria vernahm: »Vati, du darfst nicht sterben!«

Als der Zug in Hannover ankam, hatte Julia den Weitertransport ihres bewusstlosen Mannes bereits organisiert und dafür gesorgt, dass er zu ihrem Schwager ins Annaspital gebracht wurde.

Oh du mein Tod, siehst du wie wir Kämpfer lernen viel und wissen nun: Gelassenheit, das scharfe Schwert der Ruhe, durchschneidet tatenlos wilden Wütens Wucht.

Peter Bade war einer der ersten Röntgenärzte in Deutschland, ihm unterstand die Krüppelfürsorge des Krankenhauses. Er machte eine Aufnahme von dem zugebundenen Bein seines Schwagers und sah, dass sich ein Knochensplitter gelöst hatte und die Wunde vereitert war. Für eine Amputation war es zu spät, man konnte lediglich abwarten, ob sich der Patient erholen würde. Als Hermann schließlich aus dem Koma erwachte, lag er in einem weißen Klinikbett und sein Bein war an einem Galgen aufgehängt. Er versank erneut in einen Dämmerschlaf und machte die Augen erst wieder auf, als sich seine Familie um das Bett versammelt hatte. Ein mattes Lächeln erhellte seine bärtigen Züge. Die Mädchen fanden diesen Mann erschreckend mager und abwesend, mit seinen fiebrig trüben Augen hatte er keine Ähnlichkeit mit ihrem Vater. Peter Bade betrat das Krankenzimmer und bat seine Schwägerin, ihren Mann in Ruhe zu lassen, nur Maria durfte in der Klinik bleiben, um ihm jeden Morgen aus der Zeitung vorzulesen. Sie stand dem Vater besonders nahe und machte ihm klar, wie sehr man ihn zu Hause vermisste. Der Verletzte war in einem bedenklichen

Zustand und schwebte lange Zeit in Lebensgefahr, hinzu kamen die traumatischen Erlebnisse des Krieges, die er nicht verarbeiten konnte. Immer wieder fiel der Patient in Trance und wenn er wach war, hielt er seine Gefühle in zahlreichen Gedichten fest.

Am 6. November 1914 bekam Bode »auf allerhöchsten Befehl seiner Majestät des Kaisers und Königs« das Eiserne Kreuz II. Klasse verliehen und wurde im Januar 1915 zum Leutnant befördert. Nach der Rekonvaleszenz kam er mit zwei Krücken zu Hause an. Auguste brachte Nahrungsmittel aus Burgwedel, damit ihr Sohn genug zu essen bekam. Auch die 28-jährige Julia bemühte sich aufopfernd um ihren Mann. In der Nacht, wenn die Kinder schliefen, erzählte Hermann von seinen Kriegserlebnissen, die sie zum Weinen brachten und zutiefst deprimierten. Er wollte in den Armen seiner Frau das Erlebte vergessen, während sie Angst davor hatte, erneut schwanger zu werden. Als es Bode etwas besser ging, konnte er bei seinem Regiment Fahrstunden nehmen und den Führerschein machen. Weil seine Kriegsverwendungsfähigkeit durch die Verwundung beschränkt war, wurde er als Bataillons-Adjutant zum Landsturm-Infanterie-Bataillon X. 33 in Serbien abkommandiert. Das Laufen fiel ihm noch schwer, aber reiten konnte er. Schließlich bestieg der Dragoner seine fuchsfarbige Hannoveraner Stute, die von seinem Diensthund, dem Airedale Terrier Fels begleitet wurde. Als Offizier stand ihm ein Pferdepfleger und Bursche zu, er wählte den bärtigen Niedersachsen Born. Für Julia war es ein Trost, diesen ruhigen und zuverlässigen Gefährten an der Seite ihres Mannes zu wissen. Der Abschied entwickelte sich herzzerreißend, weil sich Maria weinend an das Bein des Vaters klammerte. Sie war außer sich vor Angst, dass sie den geliebten Vater nie wiedersehen würde.

Hermann schrieb nur selten Feldpostbriefe und Julia wurde immer dünner, sie wirkte abwesend und in sich gekehrt und den Kindern fehlte der energische Vater. Die Mädchen besuchten eine Privatschule, in der Französisch Pflichtfach war und eine Reformpädagogik zur Anwendung kam, die körperliche Strafen und preußischen Drill als überholte Erziehungsmaßnahmen ablehnte. Der Schulweg führte über belebte Straßen und den nahegelegenen Bahnhofsplatz. Die luxuriöse Privatschule war teuer, darüber hinaus mussten 100 Reichsmark im Monat für die Lebensversicherung des Vaters aufgebracht werden. Die Ersparnisse auf dem Sparbuch schmolzen dahin, Julia konnte sich kein

Personal mehr leisten und wenig später reichte das Leutnantsgehalt auch für die Wohnungsmiete nicht mehr aus. In den Praxisräumen an der Georgstraße, die Bode vor dem Krieg gekauft hatte, praktizierte nun der Großvater. Julia entschied sich, für die Dauer des Krieges dort einzuziehen. Ein Pferdefuhrwerk beförderte das Umzugsgut und kräftige Männer schleppten die Möbel in den ersten Stock. Sie stellten die Betten neben die mit weißen Laken zugedeckten zahnmedizinischen Gerätschaften. Die Kinderzimmermöbel verschwanden in einer Nische, in der nicht genügend Platz zum Spielen war, deshalb blieben die meisten Sachen in Pappschachteln. Im großen Behandlungszimmer stand vor dem Fenster der zugedeckte Zahnarztstuhl, die Kinder mussten auf den Röntgenapparat steigen, wenn sie die Straßenbahn und die vorbeieilenden Passanten sehen wollten. Wenn der Großvater Patienten behandelte, dann mussten die Mädchen mucksmäuschenstill sein.

Bode in Serbien

Serbische Nationalisten hatten am 28. Juni 1914 in Sarajewo den österreich-ungarischen Thronfolger ermordet, dies führte zu einem Rachefeldzug gegen Serbien. Als Bode am 6. Oktober 1915 am Kriegsschauplatz eintraf, kämpfte die deutsch-österreichisch-ungarische Armee im Save-Donau-Dreieck. Die Artillerie unter v. Gallwitz schaffte die Donauüberquerung, obwohl der reißende Fluss 700 Meter breit war und starken Wellengang hatte. Die Männer des Landsturm-Infanterie-Bataillons erklommen zu Fuß das weglose Gelände und die Dragoner führten ihre Pferde, auf deren Rücken das Gepäck festgeschnallt war. Unter dem Druck der feindlichen Armeen gaben die Serben ihre Hauptstadt auf. Serbische Kolonnen zogen über die Straßen nach Süden, während die Nachhut mit kurzen Feuerüberfällen die Verfolger aufhielt. Östlich von Belgrad mündet der Fluss Pek bei Veliko Gradiste in die Donau, das Gehöft von Maritza Orbo lag oberhalb einsam am Hang. In den Scheunen und Ställen gab es ausreichend sauberes Stroh und genügend Futter für die Pferde, deshalb bezogen die Dragoner dort Quartier. Allabendlich, wenn die Männer singend im Stroh lagen oder ihre Wäsche wuschen, protokollierte Bode die wichtigsten Ereignisse des Tages in einem schwarzen Büchlein.

Der deutsche Generalstabschef v. Falkenhayn wollte den Landweg zum Osmanischen Reich öffnen, weil die Alliierten an den Dardanellen unter Druck geraten waren. Sie benötigten Nachschub an Munition, Kriegsbedarf und unmittelbarer Truppenhilfe. Mit seinen Dragonern und einem Trupp Infanterie sollte Bode die marodierenden Söldnerbanden unter Kontrolle halten und die eroberten Industrieanlagen wieder in Gang setzen. Der Pferdepfleger Born und der Airedale Terrier Fels waren immer an seiner Seite, sein Dolmetscher hieß Kosta Rasin. Der Serbe kannte die Gegend und half den Deutschen, in dem unwegsamen Gelände die Partisanen aufzuspüren. Bei einem Erkundungsritt zur Matschkaglawa Hütte zog Fels den Kopf aus dem

Halsband und jagte durch den Wald. Man hörte einen Laut und im gleichen Augenblick knallte ein Pistolenschuss in der Ferne. Die Streife fand das erschossene Tier und trat niedergeschlagen den Rückweg an. Am Eingang des Dorfes wurde Kosta Rasin entlassen. Er hatte sich kaum von den Deutschen gelöst, da fiel ein Schuss und der Dolmetscher sank getroffen zu Boden. Sofort wurden die Häuser durchsucht, die Hecken, der Busch, aber die Angreifer waren entkommen.

Bode konnte sich nicht damit abfinden, dass die Partisanen Kosta Rasin und seinen geliebten Hund erschossen hatten. Er weckte bei Morgengrauen die Dragoner, sie saßen auf und ritten ins Gebirge. Der Leutnant trabte langsam an der Spitze des Trupps, als einer der Männer getroffen vom Pferd fiel. Die Reiter schwärmten aus und kreisten einen Mann in zerschlissener Uniform ein, den sie mit einem Bajonettstich in den Rücken erledigten. Es stellte sich heraus, dass der fahnenflüchtige Serbe zahlreiche Raubüberfälle in der Gegend verübt hatte. Born knurrte: »Dragoner sind halb Mensch halb Vieh, aufs Pferd gesetzte Infanterie.«

Am Abend saßen die Landser in der Scheune beieinander und ein Kölner sagte: »Wir hatten heut ne Schweinebrate, der war so fett, den kunnt mer janit essen.«

»Was habt ihr dann gemacht?«

»Wir ham ihn doch jejessen.« Hermann notierte solche Anekdoten und die Lieder der Soldaten, dazu klebte er Fotos in den hinteren Teil seines Buches. Man sieht Frauen in prachtvoll bestickten Gewändern, außerdem Männer mit hohen schwarzen Hüten, die ein Ochsengespann führen. Auf einigen Abbildungen liegt Schnee, trotz der Kälte tragen die Männer Schuhe aus geflochtenem Stroh. Ein Foto zeigt die Goldwäscherei am Pek, ein zweites den Eingang eines Kohlebergwerks. Nachdem Montenegro Ende Januar 1916 kapituliert hatte, bekam der Familienvater Heimaturlaub und seine Kompanie wurde zurück nach Deutschland verlegt.

Der Heimkehrer hatte Julias Briefen entnommen, dass die Familie während seiner Abwesenheit in die Zahnarztpraxis umgezogen war und sein Vater dort praktizierte. Er überließ sein Pferd dem Burschen und kam zu Fuß in die Georgstraße, wo ihm Elsa die Tür aufmachte. Ihr Freudengeschrei rief die Schwestern herbei, die dem Vater um den

Hals fielen, bis Julia, die sich still im Hintergrund gehalten hatte, ihren Mann in die Arme schließen konnte. Von Wiedersehensfreude übermannt, rang Hermann mit kurzen Atemzügen nach Luft und weinte, während ihm seine Frau beruhigend über den Rücken strich. In diesem Moment umfing sie ihre gemeinsame Geschichte. Angesichts der unerfüllten Hoffnungen und erlebten Enttäuschungen waren sie sich der Sinnlosigkeit einer Lebensplanung bewusst. Die Kinder zerrten an ihrem Vater, aber er rührte sich nicht von der Stelle. Maria rief: »Vati, wo ist denn der liebe gute Fels?« und das Echo der beiden Kleinen wiederholte: »Der Fels, der Fels?«, während sich Maria zwischen die Eltern drängte. Bevor Hermann vom Tod seines Hundes erzählte, packte er die mitgebrachten Geschenke aus: Er reichte Elsa ein goldenes Herz, das man aufklappen konnte, Erkengard erhielt ein ziseliertes Medaillon, besetzt mit kleinen türkisen Steinchen, und Maria eine Kette aus blauem Lapislazuli. Für Julia hatte er ein serbisch-orthodoxes Goldkreuz mitgebracht. Umgeben von zarten Ranken befand sich in dessen Mitte ein tiefroter Rubin.

Die Familie war glücklich über den Fronturlaub des Vaters, bis er wieder praktizieren musste. Bodes Nerven waren durch den Kriegsdienst angegriffen, er explodierte beim geringsten Anlass, was dazu führte, dass sich die Kinder vollkommen eingeschüchtert in einer Nische verkrochen. Bode hatte sich verändert, als religiöser Mensch hatte er, das fünfte Gebot missachtend, im Namen seines Vaterlandes getötet. Das Selbstverständnis seiner Vorkriegspersönlichkeit war ins Wanken geraten, obwohl er nach bestem Wissen und Gewissen gehandelt hatte. Er suchte die Nähe von Julia und erhoffte sich Trost in ihren Armen. In dieser existentiellen Krise war es ihm besonders wichtig, sich von einem Menschen vorbehaltlos angenommen zu fühlen, um nicht im inneren Elend zu versinken. Hermann sehnte sich nach liebevoller Berührung, um zur Ruhe zu kommen. Die psychischen Erschütterungen des Krieges führten dazu, dass er aus der evangelischen Kirche austrat, um Mitglied in der Anthroposophischen Gesellschaft zu werden.

Am 15. Oktober 1916 überbrachte der Postbote ein Telegramm, in dem Leutnant Bode zum Inselwacht-Batalion X. 32 auf die Nordseeinsel Norderney befohlen wurde, um die Führung einer Kompanie zu übernehmen. Maria wollte den Vater nicht wieder gehen lassen, daraufhin nahm er sie kurzerhand mit. Julia weinte beim Abschied, sie war im fünften Monat schwanger.

Man sprach vom Hungerwinter 1916, weil es wegen der englischen Seeblockade kaum noch Lebensmittel zu kaufen gab. Auf dem Speisezettel der Familie standen oftmals Steckrüben in jeder »schmackhaften« Form. Die Steckrübentorte war neben der Torte aus Saubohnen die Festtagsüberraschung. Morgens gab es Hafersuppe, die Mädchen saßen um den Tisch, in der einer Hand den Löffel, mit der anderen fischten sie die harten Spelzen von der Zunge und reihten sie am Tellerrand auf. Besonders scheußlich schmeckten die versalzenen Bohnen, deren Fäden so hart waren wie Zwirn. Stanzi und die Mitglieder im Frauenverein wussten, dass Julia ein Kind erwartete. Eine Haushaltshilfe von Pelikan brachte einen Korb mit Milch, Äpfeln und Kartoffeln in die Zahnarztpraxis und die Kinder fielen hungrig darüber her. Auf der beigelegten Karte stand: *»Liebe Frau Bode, habe für Sie diese Nahrungsmittel bekommen und sende sie mit herzlichen Grüßen, ihre Sie liebhabende Elli Beindorff.«*

Julia verwahrte die Zeilen in Dankbarkeit zwischen den Briefen ihres Mannes.

Am 10. Februar 1917 wurde Friedegard in der Zahnarztpraxis geboren und Mary Wigman war die Geburtshelferin. Durch die mangelhafte Ernährung während der Schwangerschaft und von der Entbindung geschwächt, hatte Julia keine Muttermilch für ihr Baby und litt unter Sehstörungen. Peter Bade und Stanzi kümmerten sich um den mageren Säugling und ernährten ihn mit Ziegenmilch. Wilhelm Bode, der als Stabsarzt der Bayerischen Sanitäts-Kompanie an der russischen Front stationiert war, schickte einen ausführlichen Feldpostbrief und von Elli Beindorff traf ein Kärtchen ein, auf dem sie »Alles Gute für das kleine Prinzeßchen, und baldige Genesung für die Mutter« wünschte. Hermanns Bruder Karl hatte ein gleichaltriges Kind, das sie Friedrich tauften. Die beiden Babys lagen nebeneinander in einem Waschkorb, als die Hebamme zu einem Hausbesuch kam. Die ausgemergelten Körperchen mit den großen dunklen Augen brachten Julia zum Weinen, auch Elsa war zutiefst besorgt, dass ihre kleine Schwester sterben könnte. Karl nahm seine Schwägerin in den Arm und sagte: »Tröste dich, unser Schicksal liegt in Gottes Hand.«

Währenddessen fand Bode in der Villa Nordsee an der Knyphausenstraße eine kleine Wohnung, sodass der Rest der Familie nachkommen konnte. Julia, Erkengard und Elsa packten ihre Habseligkeiten in einen Pappkoffer, die kränkliche Friedegard blieb bei Stanzi und Peter Bade. Ende Februar fuhren die drei mit dem Zug nach Bremen und von dort mit einem Pferdefuhrwerk nach Norddeich, um ein kleines Fährschiff zu besteigen, welches sie auf die Insel Norderney übersetzen sollte. Wegen der stürmischen See kam das Motorboot nur langsam voran und plötzlich setzte ein eisiger Schneesturm ein, sodass die Reisenden nichts mehr sehen konnten, außer den großen grauen Wellen, auf denen das Schiff auf und nieder schaukelte. Der schneidende Wind ging ihnen durch Mark und Bein und Julia hielt in jedem Arm ein weinendes Kind. Die Mutter war sich sicher, dass sie hinter der nächsten Schaumkrone ertrinken würden. Am Ruder saß der bewegungslose Fischer mit einem schwarzen Südwester und einer schwarzen Pelerine und sah aus wie der Tod, der sie über den Styx bringen sollte. Fatalistisch akzeptierte Julia den unvermeidlichen Untergang und betete laut zu Gott, der ihre Zuflucht war. Nach einer höllischen Fahrt blitzten Lichter am Horizont auf und man sah Land zwischen den Wellenbergen. Als das Boot näher kam, erkannte man Menschen mit Sturmlaternen, die etwas riefen. Das Schiff krachte gegen den Poller, Arme streckten sich der Frau und den Kindern entgegen und zogen sie an Land. Julia sank in die Arme eines Inselbewohners und hörte ihn sagen: »Da habt ihr aber mal Glück gehabt, ihr drei Hübschen«, dann wurde sie ohnmächtig. Der Fischer schleppte sie in den Hafen, wo Bode seine Lieben in Empfang nahm. Dass sie noch lebten, war ein Wunder. Julia war durch die Hungerzeit entkräftet und ausgemergelt. Sie hatte sich auf sonnig warmes Frühlingswetter am Meer gefreut, aber das ganze Brachland war in eine weiße Winterlandschaft verwandelt. Erst drei Wochen später wich die Kälte einer milderen Witterung, mit der wärmenden Sonne erblühte die wilde Flora der Nordseeinsel und die Mädchen pflückten Veilchen und Primeln, um die Zimmer damit zu schmücken.

Wenn er keinen Dienst hatte, dann kümmerte sich der Vater liebevoll um seine Töchter. Er zeigte ihnen die wilde Dünenlandschaft, sie sammelten Muscheln und erlebten am Wattenmeer Ebbe und Flut, die allerlei Seegetier anspülten. Barfuß liefen sie über die Backsteinwege zum menschenleeren Strand und verbrachten viele Stunden damit, Sandburgen zu bauen. Der Stallbursche Hinze versorgte die abgemagerten Mädchen mit Butter, Brot und köstlichem Kochkäse. So etwas Wundervolles hatten sie lange nicht gegessen. Hermann machte täglich Inspektionsritte über die Insel, bei denen jeweils ein Kind vor ihm im Sattel sitzen durfte. Sie galoppierten am Meer entlang, der Wind riss an ihren Haaren und das Meerwasser spritzte unter den Hufen des Pferdes. An der Spitze von Norderney stand ein Leuchtturm, dort suchte Bode mit dem Fernglas den Horizont ab, bevor er umkehrte und durch die Dünen zurücktrabte.

Die Mädchen besuchten die örtliche Volksschule und Elsa beklagte sich: »Der Lehrer schlägt die Buben mit dem Stock, einer hat so geweint, dass ich mit ihm weinen musste.«

Julia sah von ihrer Handarbeit auf: »Ich weiß, in eurer schönen Privatschule gab es keine Prügelstrafe.«

An einem anderen Tag kam Maria atemlos in den Wintergarten gestürzt und rief: »Der Lehrer, der Lehrer hat gesagt, die Bolschewisten haben den Zar, seine Frau und alle fünf Kinder erschossen!«

Die Anwesenden sahen sich entsetzt an, sie wussten, dass der englische König, der deutsche Kaiser und der russische Zar Cousins waren, und Bode deutete den Mord an der Zarenfamilie als eine Folge der Russischen Revolution. Alle hatten Angst vor einer Revolution. Die Abende verbrachte das Ehepaar in stillem Einvernehmen. Hermann fasste seine serbischen Aufzeichnungen zusammen und schilderte einzelne Episoden, die er mit den Dragonern erlebt hatte. Er erzählte Julia von seiner Verwundung und der außerkörperlichen Erfahrung, bei der er trotz seiner Bewusstlosigkeit vieles wahrnehmen konnte. Der Krieg und das Nahtoderlebnis hatten seine Einstellung nachhaltig verändert.

Zu dieser Zeit betonte Kaiser Wilhelm II., dass am Endsieg kein Zweifel bestehe, mit Gottes Hilfe würde die kaiserliche Flotte Großbritannien in die Knie zwingen. Die deutschen Schiffe sollten zu einem letzten Gefecht auslaufen und siegen oder glorreich und ehrenvoll untergehen. Im Hafen von Norderney lagen zahlreiche Kriegsschiffe, die zu Gefechten in See stachen, und man hörte täglich Kanonendonner. Eines Tages hieß es: »Englische Schiffe am Horizont!« Die

Kinder rannten auf die Düne und sahen die feindliche Flotte in der Ferne vorüberziehen.

Im Rückblick sprachen die Schwestern von der wundervollen Zeit am Meer, die sie trotz des Krieges und der kargen Ernährung in guter Erinnerung behielten, bis der Vater im September 1918 als Kompanieführer des Reserve-Infanterie-Regiments 229 in die Champagne abkommandiert wurde und Julia mit den Mädchen nach Hannover zurückkehren musste.

In Hannover waren zwei von drei Bürgern an der spanischen Grippe erkrankt und viele Menschen starben. Die Kinder brachten den Virus aus der Schule mit nach Hause und innerhalb weniger Tage lag die ganze Familie mit hohem Fieber im Bett. Elsa konnte als erste wieder aufstehen und brachte der Mutter etwas Tee, da begann vor dem Haus die Knallerei. Die Marinesoldaten in Kiel hatten die Revolution ausgerufen und am 8. November 1918 wurde in der Georgstraße aus den oberen Fenstern der Gebäude lautstark geschossen. Keiner wagte sich aus der Haustüre, auch an die Fenster konnte man nicht mehr herantreten. Im Wirtshaus zur »Rauhen Mütze« verhandelte Oberbürgermeister Leinert mit den Arbeiterausschüssen, die mit ihren Messern in der Luft herumfuchtelten. Im Schutze der Dunkelheit brachte Stanzi einen Topf Suppe und überredete Julia dazu, in die Walderseestraße zu kommen, weil dort nicht geschossen wurde. Die Frauen packten die nötigen Gepäckstücke zusammen und saßen mit den Kindern im Hauseingang, bis die Schießerei unterbrochen wurde. Schnell hüpften sie in die nächste schützende Einfahrt und so ging es fort über die Bahnhofstraße, in der die Schießerei am schlimmsten war. Ein freundlicher Soldat half ihnen in die Straßenbahn, in der die Mädchen, eingewickelt in ihre Bettdecken, wie die verschreckten Hühner saßen. So ging es aus der Innenstadt hinaus zum Haus von Peter Bade, wo sie sich in der obersten Etage einrichten konnten. Es war eine langwierige Genesungszeit, die Kranken kamen nur schwer wieder zu Kräften, weil es viel zu wenig zu essen gab.

Unterdessen kämpfte Bode an der Aisne, wo man mit Rückzugskämpfen die Siegfriedstellung verteidigen wollte. Nach den Einbrüchen in die deutsche Front drängten die Alliierten weiter in Richtung der

Hindenburglinie und die Wehrmacht konnten die alliierten Angriffe im Nordabschnitt nicht mehr zum Stehen bringen. Die Oberste Heeresleitung unter General Ludendorff forderte die sofortige Aufnahme von Waffenstillstandsverhandlungen mit dem Hinweis, dass die Front jeden Tag zusammenbrechen könne. Der Verfall der deutschen Moral war offensichtlich und die Zahl der Toten überstieg eine Million. Es grenzte an ein Wunder, dass Bode die Rückzugsgefechte überlebte. Wenn die Monarchie unterging, dann wollte Kaiser Wilhelm II. möglichst viele junge Männer mit in den Tod nehmen. Am 9. November 1918 verkündete Reichskanzler Max von Baden eigenmächtig den doppelten Thronverzicht von Kaiser Wilhelm II., der Weg war somit frei für eine parlamentarische Demokratie. Hermann kämpfte vor der Antwerpen-Maas-Stellung, bis es am 11. November 1918 zum Waffenstillstand kam. Das Reserve-Infanterie-Regiment wurde in Aurich ordnungsgemäß aufgelöst. Leutnant Bode erhielt das Eiserne Kreuz I. Klasse und konnte nach Hause gehen. Zu Julia sagte er: »Wir Überlebenden müssen uns derer würdig erweisen, die für uns gestorben sind.«

Die zahlreichen Versehrten mussten behandelt werden, darum erweiterte Peter Bade seine orthopädische Klinik an der Sedanstraße und die Bodes zogen mit all ihren Möbeln aus der Zahnarztpraxis in die Dachwohnung an der Walderseestraße 15. Das spitzgiebelige Jugendstilhaus mit Fachwerk hatte drei Etagen und ein ausgebautes Dachgeschoss. Es stand in einem großen Grundstück mit hohen Kiefern, gleich neben der Eilenriede, einem Stadtwald, in dem man herrlich spazieren gehen konnte. Die Mädchen bekamen das Giebelzimmer, das sie »Dachjuhee« nannten. In der Vertäfelung hausten die Mäuse, die in der Nacht schlurfende Geräusche machten und den Schwestern Angst einjagten. Dankbar begrüßten sie ihre lang vermissten Spielsachen, die aus den Pappschachteln auftauchten, und vergnügten sich damit, das lange Treppengeländer bis ins Parterre hinunterzurutschen. Nach seiner Entlassung aus dem Kriegsdienst konnte Bode die Zahnarztpraxis in der Georgstraße wieder eröffnen. Er stellte einen jungen Techniker ein und schon nach kurzer Zeit gab es eine Warteliste für seine Patienten. Einer der ersten war Fritz Beindorff.

Bis zum Ausbruch des Krieges hatte das Deutsche Reich etwa ein Drittel seiner Lebensmittel aus dem Ausland bezogen und war weltweit der größte Importeur von Agrarprodukten. Das Handelsembargo der Briten wurde erst 1919 aufgehoben, zudem fehlten die Nahrungsimporte aus Russland. In den Städten starben Hunderttausende an Hunger und Unterernährung. Wer Verwandte auf dem Lande hatte, war im Vorteil, und Bode ließ sich seine Zahnbehandlungen gerne mit Naturalien bezahlen.

Die zweijährige Friedegard bekam eine Lungenentzündung, ihr kleiner Körper wurde von Hustenanfällen und Fieber geschüttelt und ihre verschwitzten Haare rochen nach Maggi. Julia wiegte die Kleine Tag und Nacht in ihren Armen und summte Kinderlieder, um sie zu beruhigen. Mit einer ovalen Glasreibe passierte sie einen geschälten Apfel, den die Kranke nicht bei sich behielt, auch die Ziegenmilch erbrach sie in hohem Bogen. Das zarte unterernährte Kind hatte keine Widerstandskräfte mehr und die verzweifelte Mutter wusste nicht, was sie tun sollte. Friedegard starb in den Armen von Peter Bade. Stanzi zog der Toten ein weißes Kleidchen an und legte sie in einen schlichten Kindersarg, bevor sie Julia und die Schwestern rief, damit sie Abschied nehmen konnten. Das tote Kind wirkte zutiefst anrührend und die zehnjährige Elsa flüsterte: »Unser Engelchen.« Die Schwestern begleiteten den Sarg bis zur Gartentür und standen winkend dort, bis der Leichenwagen um die Ecke bog.

Nach der Beerdigung blieb Julia tagelang im Bett, sie weinte häufig und wirkte wie erloschen. Jede Freude war aus ihren Zügen gewichen, sie zog sich ganz in ihr Inneres zurück, selbst Hermann konnte sie in ihrer Trauer nicht mehr erreichen. Nach zwei Wochen stellte sich die 13-jährige Maria vor Mutters Bett, sie stemmte ihre Hände in die Hüften und verlangte, dass die elegische Mutter mit den Schwestern an die frische Luft gehen sollte oder etwas zu Essen kocht. Julia drehte sich still zur Wand und reagierte nicht. Die Stimmung in der Wohnung war bedrückend. Die Kinder wurden von Verwandten versorgt und der Vater blieb häufig über Nacht in der Praxis, er verbrachte die Freizeit mit seinem Bruder oder mit Kriegskameraden.

Zur Promotion bewarb sich Bode an der Universität Halle in der Abteilung Kiefer und Zähne bei Dr. Zonnenkalb. Der Doktortitel wurde ihm im Dezember 1920 verliehen. Die Doktorarbeit über das Thema »Röntgendiagnostik für Kiefer und Zähne« erschien beim Gustav Fischer Verlag in Jena. Er war Mitglied der Deutschen Volkspartei (DVP), die sich vor allem als liberal und weniger als demokratisch verstand. In ihrer Politik vertrat sie die Freiheit des Einzelnen, die ihr wichtiger war als die Durchsetzung von Mehrheitsentscheidungen. Die geistigen und wirtschaftlichen Eliten wurden von der DVP dazu aufgefordert, ihr Handeln an moralischen Maßstäben zu messen und sich aus Verantwortung für die Gesellschaft in deren Dienst zu stellen. Die Mehrheit der Wähler war evangelisch, gehörten zur Mittel- bis Oberschicht und repräsentierte das Bildungsbürgertum. Der wichtigste Vertreter der DVD war Gustav Stresemann (Wikipedia). Die Nationalversammlung wählte 1919 Friedrich Ebert von der SPD zum Reichspräsidenten der neugegründeten Weimarer Republik.

Der Konflikt um die Reparationszahlungen des Deutschen Reiches führte zur Besetzung des Ruhrgebietes durch Frankreich und die Währung brach zusammen. Die Franzosen waren die gehassten Feinde und die Deutschen wehrten sich durch passiven Widerstand, der weitgehend von den Rechtsparteien organisiert wurde. Der bekannteste Aktivist hieß Leo Schlageter, er wurde von den Franzosen zum Tode verurteilt und 1923 hingerichtet. Mit seinem Tod wurde er zum Nationalhelden. Aus Sorge um den inneren Zusammenhalt des Landes ernannte Friedrich Ebert den Vorsitzenden der DVP, Gustav Stresemann zum Reichskanzler. Stresemann bildete 1923 mit SPD und Zentrum eine große Koalition. Das Reich hatte die Kosten des Krieges durch Steuererhöhungen, Kriegsanleihen und die Ausgabe von Papiergeld finanziert. Bodes Vater hatte sein Erspartes in Reichsschatzanleihen angelegt, die nun wertlos waren. Die Familie hatte ihren Goldschmuck zur Rettung des Reiches abgegeben und Eisenketten dafür erhalten. Im Zuge der Hyperinflation wurde Bode von der Stadtverwaltung gebeten, den Druck von Geldscheinen in Hannover zu beaufsichtigen, bis am 15. November 1923 mit der Einführung der Rentenmark durch Reichsbankpräsident Hjalmar Schacht und Reichskanzler Gustav Stresemann, die Inflation beendet war. Dies bedeutete den Verlust der persönlichen Ersparnisse, der Wechselkurs von der Papiermark zur Rentenmark war eins zu einer Billion, 4,2 Billion Papiermark entsprachen einem US-Dollar.

Alexej von Jawlensky »Variation«

Die Kestner Gesellschaft 1916–1936

Um das kulturelle Klima der Stadt zu beleben und junge unbekannte Kunst zu zeigen, wurde während des Krieges die Kestner Gesellschaft gegründet. Der Keksfabrikant Hermann Bahlsen und Fritz Beindorff von den Pelikan-Werken, Siegmund Seligmann von den Continental Gummiwerken und der Verleger August Madsack gehörten zu den Gründungsmitgliedern und spendeten Geld für die Veranstaltungen. Zum Vorsitzenden wurde der 27-jährige Paul Erich Küppers berufen, der ein junges Publikum ansprechen und schrittweise an die ungewohnte Sehweise der Avantgarde heranführen wollte. Seine Ziele beschrieb er folgendermaßen:

> *»Eine Stadt von der lebendigen Gegenwart und Bedeutung Hannovers kann sich nicht damit begnügen, nur Beispiele klassisch gewordener Kunst, nur die unantastbaren Höhepunkte der großen Entwicklungslinie zu zeigen. Will sie den Geist der Gegenwart begreifen und ein wahrhaft umfassendes Verstehen der Kunst gewinnen, so muss sie auch die Kunst der Jungen und Jüngsten, ihre Versuche und Wagnisse prüfen und kennenlernen ... Was einst als Wahnsinn oder Witz verschrien, ist jetzt gefestigter Kulturbesitz, und die Revolutionäre von gestern sind die Klassiker von heute.«*

Küppers und seine Frau Sophie führten ein offenes Haus, in dem Künstler und Kunstinteressierte aufeinandertrafen, man lernte sich kennen und nach den Veranstaltungen wurde ausgelassen gefeiert. Stanzi war mit Else Küppers, der Schwester von Erich Küppers, befreundet und Peter Bade ließ sich in den Vorstand des Kunstvereins wählen, dessen Veranstaltungen die Bades und die Bodes gemeinsam besuchten. Die Künstler Marc und Macke waren gefallen, zwei Millionen Männer waren tot und unzählige Versehrte schleppten sich auf Krücken durch die Städte. Dieser Krieg war eine Apokalypse, deren

Verarbeitung und Überwindung zu den verschiedensten Abbildern führte. Mit den Gefühlen von Schmerz, Trauer und Zorn suchten die Künstler nach neuen Ausdrucksformen, sie experimentierten mit verschiedenen Materialien und stellten Inhalt und Form der Kunst in Frage. Die Erneuerung der Künste war so radikal, dass sie bis zum heutigen Tage »modern« genannt wird.

Gegenständliche Maler wie Georges Grosz und Otto Dix ironisierten das Erlebte, sie malten an Körper und Geist Verstümmelte oder skurrile Abbilder der Nachkriegsgesellschaft. Die Malerei der neuen Sachlichkeit zeigte die Zerstörung im Formenspiel, sie war sozialkritisch und wies auf die Schattenseiten der Gesellschaft hin. Bode war betroffen, diese Kunst wollte nicht in eine wirklichkeitsfremde Romantik flüchten, sondern entblößte die grausame Realität. Er kaufte die Figurenstudie *Aufstand* von Grosz, in der drei Männer die geballten Fäuste gegen die formlose Macht erheben. Außerdem entschied er sich für eine aquarellierte Zeichnung von Dix, auf der zwei tote Soldaten, verheddert im Stacheldraht über dem Schützengraben hängen. Diese Bilder wollte Julia nicht sehen, wagte aber nicht, auf die vermeintliche Geldverschwendung hinzuweisen. Als Reaktion auf den Bilderkauf servierte sie Kartoffeln mit Löwenzahnsalat. Jeder am Tisch wusste, was die Mutter auszudrücken versuchte. Die Kinder waren aus den Wintermänteln herausgewachsen und Elsa musste die Schuhe der Schwestern auftragen, obwohl diese viel zu klein waren. Die Zehen des Kindes waren im Laufe des Krieges verkrüppelt, was scheußlich aussah und schmerzte. Julia legte dem Vater die Kinderfüße in den Schoß und sagte vorwurfsvoll: »Und du kaufst Kunst!«

Zu Beginn des Ersten Weltkrieges hatten sich viele Ausländer gezwungen gesehen, Deutschland zu verlassen. Der Künstler Kandinsky war nach Russland zurückgekehrt und Jawlensky emigrierte mit seiner Frau an den Genfer See, wo er den See und die Bäume im vorgelagerten Park in zahlreichen Ölstudien auf Karton festhielt. Die zarte Farbigkeit dieser Variationen war Ausdruck seines Gefühls und seiner Verletzlichkeit. Bode fühlte sich spontan angesprochen und erwarb eine Arbeit, bei der der Maler zu einer neuen Bildsprache gefunden hatte. In der neutralen Schweiz musste der Russe nicht um Leib und Leben bangen, aber die

Nachricht vom Tod seiner Freunde Macke und Marc und die Berichte über die Grausamkeiten des Krieges führten zu einer Verinnerlichung seiner Bildinhalte und der Darstellung des leidenden Gottessohnes. Jawlensky vertiefte sich in die Studien am menschlichen Antlitz und malte den erlösten Heiland in zahlreichen Varianten. Die Gesichtszüge wurden von Bild zu Bild abstrakter, teilweise erinnern sie an den Kinderreim: »Punkt, Punkt, Komma, Strich, fertig ist das Angesicht«. Als

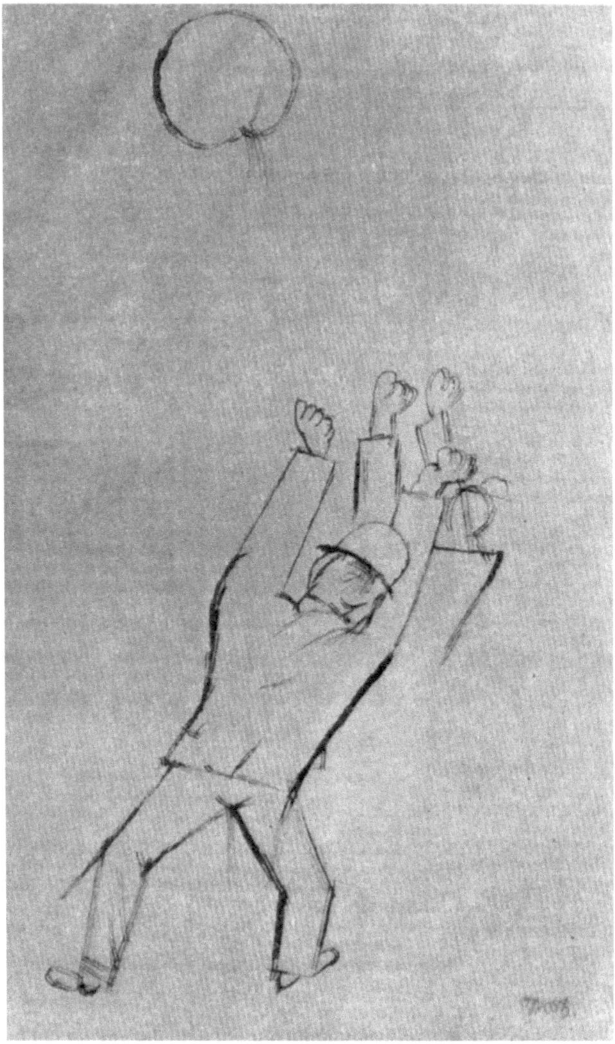

George Grosz »Aufstand«

Bode 1918 das Bild *Heilandsgesicht* erstmals sah, spürte er sofort seine sakrale Ausstrahlung. Der Titel vereint die Worte heilen und Gesicht, hier war kein leidender Gottessohn abgebildet, sondern ein abstraktes Wesen überirdischer Natur. Er kaufte das Ölgemälde, das man wie ein Vexierbild auf zwei verschiedene Arten betrachten kann. Mit geschlossenen Augen wirkt das Antlitz in sich gekehrt, andererseits blickt es sein Gegenüber mit weit auseinanderstehenden Augen an, auf der Stirn den hellen Fleck der Erleuchtung. Vergleicht man das Gemälde mit der Ikonografie der Russisch-Orthodoxen Kirche, dann begreift man die Neuartigkeit der Aussage. Dieser Heiland löst sich auf bei der Erlösung der Welt. Das Bild enthielt für Bode eine metaphysische Sehnsucht, seine Ausstrahlung entzog sich jeder Beschreibung. In einem Brief an Jan Verkade erinnerte sich Jawlensky 1938 rückblickend:

> *»Sie sind Lieder ohne Worte. Einige Jahre malte ich diese Variationen und dann war mir notwendig, eine Form für das Gesicht zu finden, da ich verstanden hatte, dass die große Kunst nur mit religiösem Gefühl gemalt werden soll. Und das konnte ich nur in das menschliche Antlitz bringen.«*

Die »sehr verehrten Mitglieder und Sponsoren« der Kestner Gesellschaft erhielten 1919 eine Einladung zur Ausstellung des Schweizer Künstlers Paul Klee und seines Kollegen Lyonel Feiniger. Die Eröffnungen fanden in einem eng begrenzten, intimen Freundeskreis statt, der nicht für jedermann zugänglich war und auch die Räumlichkeiten erinnerten an einen privaten Salon. Der Bankier Richard Oppermann unterhielt sich mit Gunda-Anna Gleichmann-Klingeling, Kommerzienrat Siegmund Seligmann sprach mit dem Unternehmer Heinrich Wilhelm Appel, der das Wort Feinkost kreiert hatte und die erste Tüten-Mayonnaise herstellte. Sophie Küppers half dem Ehepaar Brinckmann aus dem Mantel und Konsul Friedrich Hohlt entfernte die Überschuhe von seinen handgefertigten englischen Slippern. Hans Bahlsen, dessen Vater den Leibniz-Keks erfunden hatte, besprach mit dem Künstler Heinrich Vogeler die künstlerische Gestaltung von Reklamemarken. Leo Catzenstein brachte seinen Sohn Franz mit, der sich als Kunsthändler für die Avantgarde interessierte, und seine Tochter Ellen, die eine bekannte Bildhauerin war.

Ilse Beindorff, die Tochter des Direktors von Pelikan, stand neben dem Schokoladenfabrikanten August Sprengel, der seinen 24-jährigen Sohn Bernhard untergehakt hatte. Sie lachten gemeinsam über einen Scherz von Ilses Bruder Fritz, der von einem geplanten Raub des goldenen Leibniz-Kekses erzählte, welcher als Firmenlogo an der Jugendstilfassade der Fabrik hing. Hermann Bode gesellte sich zu der Gruppe und reichte Ilse ein Glas Weißwein. Er kannte die junge Frau als Patientin und wusste, dass sie zwei kleine Kinder hatte. Bei dieser Eröffnung sah er zum ersten Mal eine knabenhaft grazile Frau, deren selbstbewusste Haltung ihm gefiel. Sie hatte ihren Freund Richy untergehakt und beide überlegten lachend, wie man bei Nacht und Nebel mit einer langen Leiter an den goldenen Keks herankäme. Die Pelikan- und die Bahlsen-Fabrik lagen beide an der Podbielskistraße, nicht weit voneinander entfernt, deshalb wollte Richy mit der Werksfeuerwehr von Pelikan vorfahren, um den beiden Brezelbuben das Gebäck zu entreißen. Anschließend sollte es gegen ein Lösegeld zugunsten des Frauenvereins wieder zurückgegeben werden. Der hinzutretende Schwitters meinte lachend: »Dann müsst ihr euren Bronzepelikan an die Leine legen.«

»Du meinst wohl, an der Leine aussetzen«, spielte Fritz auf den gleichnamigen Fluss in Hannover an.

Küppers erschien mit den Künstlern im Vorraum und hielt eine erklärende Einführungsrede. Die kolorierten Zeichnungen von Klee wirkten auf den ersten Blick wie Kinderzeichnungen und waren mit hintergründigen Titeln versehen. Der primitive Eindruck, so erklärte es Klee, gehe auf eine professionelle Erkenntnis zurück und sei Ausdruck seiner Träume. Die Gemälde von Feiniger waren sehr architektonisch und zeigten schräggezogene Häuser, Bäume und Menschen. Beide Künstler waren Bode sehr sympathisch. Er suchte das Gespräch mit Klee, von dem er wusste, dass er Geige spielte. Sie unterhielten sich über die Berührungspunkte zwischen Malerei und Musik. Eine aquarellierte Federzeichnung, die mit *Luftkampf* überschrieben war, hatte es dem Zahnarzt angetan. Zarte Strichmännchen waren im unteren Teil des Blattes um einen dunklen Punkt gruppiert und wurden von einer zweiten Gruppe behaarter Geister mit fedrigen Lanzen angegriffen. Das kolorierte Blatt war auf einen orangeroten Karton montiert, was der Szene ein gewisses Feuer verlieh, deshalb konnte Hermann nicht widerstehen und kaufte das Bild. Abschließend sagte er zu dem Künstler gewandt: »In einer flüchtigen, skizzenhaften Zeichnung erkenne ich die unbewusste Umsetzung von innerpsychischen Inhalten, die in ihrer Symbolik und Ausdrucksweise dennoch allgemein verständlich sind. Die zeichnende Hand wird weniger vom Verstand geführt als von der Intuition, dem ahnenden Erfassen.«

Die Bildhauerin Ellen Catzenstein meinte: »Die Zeichnung ist Imagination, das bildhaft anschauliche Vorstellen und hinterfragen, zum Zweck der Selbstvergewisserung. Für Bildhauer sollte sie dreidimensional umsetzbar sein.«

Ilse setzte hinzu: »Das englische Wort ›Image‹ wird ja auch mit Stimmungsbild übersetzt.«

»Meine Zeichnungen fangen nur einen flüchtigen Traum ein«, ergänzte Klee. Bevor Bode die Ausstellung verließ, erwarb er noch zwei Holzschnitte auf farbigem Seidenpapier von Lyonel Feininger.

Die ausstellenden Maler wurden gebeten, Vorträge über ihre Arbeit zu halten und eine Kestner-Mappe herauszugeben. Nach dem gelungenen Abend gingen die meisten Besucher in das Privathaus von Küppers, um den Abend dort ausklingen zu lassen. Der Zahnarzt hatte den Tag damit verbracht, von Fäulnis zerfressene Zähne zu reparieren, er war müde und wollte nach Hause zu Julia. Dort angekommen schrieb er in sein Notizbuch:

»Für unsere Zeit gilt, das, was bisher für eine unzerstörbare Einheit gehalten wurde, muss zerlegt werden. Wie immer, seit es Kunst gibt, fällt ihr dabei die Aufgabe zu, Wesentliches offenbar zu machen. So wird bei Feininger eine Landschaft aufgelöst in ihre Rhythmen, bei Klee der Mensch in seine Merkmale zerlegt. Die Kunst hat die verborgenen Antriebe aller Erscheinungen sichtbar zu machen. Im Betrachter sollen Kräfte zur Selbsterkenntnis freigesetzt werden. Wo kein Auftrag der Zeit für die Kunst mehr da ist, hätte sie aufzuhören.«

Der Künstler Picasso kreierte indes mit seinem Bild *Les Demoiselles d'Avignon*, das er lange Zeit in seinem Atelier versteckt hielt, den sogenannten Kubismus. Er wollte die Natur nicht nachahmen oder Gegenstände möglichst plastisch wiedergeben, Picasso rebellierte vielmehr gegen die traditionelle Malweise, indem er die Formen zertrümmerte und dem Bildaufbau unterwarf. Die Gesichter der Demoiselles sehen aus wie afrikanische Masken und ihre kubischen Körper gliedern den

Paul Klee »Luftkampf«

Bildraum. Das auslösende Moment für die veränderte Sichtweise kam von Cézanne, der sich von der perspektivischen Darstellung abwandte.

Das Bauhaus in Weimar und Mary Wigmanns Tanzschule in Dresden

Nicht im unruhigen Berlin, sondern in Weimar tagte 1919 die verfassungsgebende Nationalversammlung, um den Geist von Weimar mit dem Aufbau des neuen Deutschen Reiches zu verbinden. Der Ort, an dem Wieland, Herder, Goethe und Schiller gewirkt hatten, stand für die Tradition der Aufklärung und des Humanismus. Auf dem Weg nach Dresden, wo Hermann mit Mary Wigman verabredet war, wollte er in Weimar Halt machen, um Geheimrat Goethe und die 1919 gegründeten Künstlerwerkstätten des Bauhauses zu besuchen. Nach der Ankunft am Bahnhof fuhr er mit einer Droschke ins Hotel »Elefant«, in dem schon Schiller, Liszt und Wagner genächtigt hatten.

Es war ein sonniger Herbsttag, an dem der Reisende den Rest des Nachmittags in Goethes Wohnhaus am Frauenplan verbrachte. Er betrat einen ockerfarbenen Eingangsbereich mit antiken Gipsabgüssen und Skulpturen und ließ sich von der Treppe nach oben geleiten, in das sogenannte Brückenzimmer, dessen Wände blaugrau getönt waren. Hier befanden sich antike und klassizistische Büsten und der Torso eines kopflosen Knaben. Das Gartenzimmer war tapeziert mit den Repliken antiker Reliefs. Über eine hölzerne Treppe gelangte man in den herbstlich blühenden Bauerngarten der Christiane Vulpius und ganz auf sich gestellt erkundete Bode die Wirtschaftsräume und den gelben Saal mit Amor und Psyche. Er schlenderte durch das Esszimmer, das Bücherzimmer und die Stube des verehrten Dichters, der ihm nach der Lektüre seiner Bücher Vorbild und Projektionsfläche geworden war. Goethe hatte sein Leben lang über alles nachgedacht, was seine aufmerksamen Augen in der freien Natur und an den Menschen sahen. In »Selige Sehnsucht« fasste er seine Erkenntnis zusammen:

Und so lang du das nicht hast dieses: Stirb und Werde!
bist du nur ein trüber Gast auf der dunklen Erde.

Im grünen Arbeitszimmer des Genius sah der Besucher das Stehpult, an dem Goethe gearbeitet hatte. Im angrenzenden Schlafraum war Johann Wolfgang am 22. März 1832 verschieden. Bode war dankbar, dass er die Räume ganz für sich hatte, er wollte das Flair, die persönliche Atmosphäre des genialen Dichters, in aller Stille auf sich wirken lassen. Goethe war ein Kunstsammler, der alles vergleichen, einordnen und verstehen wollte, er hatte Drucke, Majolika, Kleinskulpturen und Gipsabdrücke gesammelt, um zu einer höheren Betrachtung befähigt zu werden. Jetzt, fast 100 Jahre später, war die Kunstauffassung eine andere. Durch das Musikzimmer, in dem ein Hammerklavier stand, erreichte er den Ausgang und hatte das dringende Bedürfnis, sofort nach Hannover zu reisen, um an seinem eigenen Lebenswerk zu arbeiten. Nach einer schlaflosen Nacht machte er sich auf, um das umstrittene Bauhaus kennenzulernen.

Weimar hatte zwei neue Schulgebäude bekommen, die Henry van der Velde in einem auf das Wesentliche reduzierten Jugendstil geplant und fertiggestellt hatte. Der belgische Architekt ließ sich von der japanischen Architektur der Endo-Zeit inspirieren, er etablierte den Stil, für den das Bauhaus später berühmt wurde. Das Kunstgewerbe stand im Vordergrund, der Werkstattcharakter sollte verdeutlichen, dass es hier um angewandte Kunst ging. Bode traf Walter Gropius vor seinem Arbeitszimmer. Es war ein glücklicher Zufall, weil die beiden Männer schnell ins Gespräch kamen und sich in einer distanzierten Weise sympathisch fanden. Beide hatten den Krieg als Zusammenbruch der alten Welt erlebt und suchten nach einem Neuanfang.

Während sie ein Atelier betraten, sagte Gropius: »Eine kühle klare Ästhetik soll zur Entwicklung des neuen Bewusstseins beitragen, ich möchte, dass die Architektur progressiv und abstrakt wird und auf Zierrat verzichtet, den ich als Symbol erledigter Werte ablehne.«

Bode meinte: »Die nüchtern kalte Klarheit der abstrakten Ordnung greift in unser Denken ein, wir spüren die schöpferische Spannung, die unsere Welt gerade verändert.«

Gropius machte eine weit ausholende Handbewegung: »Ich beschäftige mich nicht nur mit Architektur. Der Idealismus des rein Abstrakten, in Holland ›De-Stijl‹ genannt, sollte in jeglicher Gestaltung der Umwelt zum Ausdruck kommen. Ich habe eine Schule der Erneuerung geschaffen, in der außergewöhnliche Künstler nebeneinander in ihren Ateliers arbeiten und unterrichten können.«

Bode hatte noch Goethes farbig dekorierte Räume in Erinnerung, was die Zukunftspläne des Schulleiters geradezu umstürzlerisch erscheinen ließ. In einer radikalen Abkehr von jeglichem Dekor und der Beschränkung auf das absolut Notwendige sah der Architekt die Konzentration des Geistes auf das Wesentliche. Er zeigte zum Licht und sagte: »Eine klare Gliederung der Räume durch große Fensterfronten, soll aus der Heimstatt eine Werkstatt machen, in der der Gedanke des Fortschritts in eine bessere Zukunft seine räumliche Entsprechung findet.«

Sein Gegenüber nickte: »Das sind Gedanken der Aufklärung, die Sie in einen Baukörper überführen wollen, das erinnert mich an die freitragenden Dächer von Frank Lloyd Wright, die zu schweben scheinen und eine völlig neue Weltsicht vermitteln.«

Gropius lachte: »Na ja, das Endziel aller bildnerischen Tätigkeit ist schließlich der Bau! Die Architekten, Bildhauer und Maler müssen zurück zum Handwerk, auch der Beruf des Künstlers ist eine Steigerung des Handwerks.«

Bode ergänzte: »Wahre Kunst finden wir nur, wo der Mensch vom Wesentlichen ergriffen wird, wo ein tieferer Sinn den Stoff zum Ausdruck zwingt.«

Gropius sagte sich verabschiedend: »Vielleicht kommen Sie bald mal wieder nach Weimar, dann können wir unser Gespräch vertiefen.«

Auf einer Fensterbank klappte Hermann sein Skizzenbuch auf und notierte:

»Wer im Stil vergangener Zeiten bauen will, ist wie der Reisende, der heute noch nach der Postkutsche verlangt. Wenn wir wohnen in seiner Wortbedeutung verstehen als bleiben, wo man sich wohl fühlt, so erkennen wir auch, warum der Geist des Menschen sich so stark in seiner Wohnung offenbart.«

Eine asketische Erscheinung mit abrasiertem Schädel und Nickelbrille sprach ihn an. Johannes Itten war Formmeister am Bauhaus und zuständig für die Wirkung von Farben. Er war Schüler von Adolf Hölzel, von dem er die Farben-Kontrastlehre und die Praxis der Bildanalyse übernommen und weiterentwickelt hatte. »Ein roter Kreis gleicht nicht einem roten Quadrat, jede einzelne Farbe wird beeinflusst von der Form und den Farben in der Umgebung.«

»Und vom Licht«, ergänzte Bode. »Deshalb sind Traumbilder farblos.«

Itten widersprach: »Die Imagination erzeugt auch farbige Bilder.« Bei diesem Gespräch hörte der Besucher erstmals von der Mazdaznan-Bewegung, deren Anhänger sich vegetarisch ernährten und Wert auf tägliche Atem- und Meditationsübungen legten. Es interessierte ihn, dass sich die Mazdaznan-Anhänger auf Nietzsche und einen reformierten Zarathustrismus beriefen und mit ihrer disziplinierten Lebensweise einen Zustand der Vollkommenheit erreichen wollten. Angeregt durch die vielen neuen Eindrücke fuhr Bode weiter nach Dresden.

Das Bahnhofsgebäude bestand aus einer feingliedrigen Stahlkonstruktion, deren Zwischenräume mit Glas gefüllt waren, sodass das Licht durch das hohe Tonnengewölbes eindringen konnte. *»Im Zeitalter des Wassermanns baut man mit Luft«*, hatte er selbst geschrieben und sah sich in diesem Bauwerk bestätigt. Wie eine gotische Kathedrale hatten die Architekten Koepcke und Klette das dreiflügelige Gebäude geplant, auch das Portal betonte den sakralen Charakter. Über dem Haupteingang thronte die Saxonia, mit Wissenschaft und Technik an ihren Seiten. Mary erschien in einem weißen Sommerkleid und umarmte den Freund, dann bestiegen sie eine Droschke und brachten das Gepäck in ein kleines gemütliches Gasthaus an der Elbe. Mit dem offenen Gefährt ging es weiter zu Marys Tanzschule in der Schillerstraße 17 (heute Bautzener Straße 107). Hermann war positiv angetan von der Würde des klassizistischen Gebäudes, dessen Fassade schon ziemlich angegraut war. Mary zog ihn an der Hand in den Übungssaal, der scharlachrot angestrichen war. Die Wände, die Decke und die Türen flossen in einem konturlosen Rotton ineinander, es war die reinste Hölle. Hermann war sprachlos. Nachdem er keine Reaktion zeigte, zog ihn Mary in ihr privates Wohn- und Schlafzimmer, das ganz in Gold erglänzte. Die Wände waren mit Goldpapier tapeziert, der schwarze Konzertflügel vor der Tür zum Übungsraum wirkte wie ein Sarg. Der Treppenaufgang war wolkig in Kobaltblau bemalt und der Ersatztrainingsraum erstrahlte in leuchtendem Kanariengelb.

Zum Haus gehörte ein Garten mit Rasenstück, auf dem man Freilichtübungen abhalten konnte. In einem verfallenen Waschhaus fanden die Ersatzübungsstunden statt.

Berthe Trümpy, mit der Mary die Schule gemeinsam betrieb, kam ihnen lachend entgegen und begrüßte den Freund aus Hannover. Laute Rufe und Gekicher kündigten die bevorstehende Gruppentanzstunde um vier Uhr nachmittags an, während Mary in ihrem goldenen Zimmer Tee aufbrühte. Der Besucher hörte, wie im Saal ein schlecht gestimmtes Klavier Chopins Walzer OP. 64.2 anstimmte und die Mädchen auf dem Bretterboden hüpften. Er stand auf, um einen Blick in den Übungsraum zu werfen, und sah Bibi Trümpy am Klavier sitzen, während zwölf stämmige deutsche Mädels in schwarzen Turnhosen und weißen Leibchen in einem Reigen durch das feuerrote Zimmer tanzten. Als das Musikstück zu Ende war, blätterte die Pianistin lautstark in ihren Noten, dann stampfte sie mit dem nackten Fuß den Takt aufs Parkett und gab mit einem Kopfnicken den Einsatz für den nächsten Tanz, den Bode als Opus 69.2 identifizierte. Es blieb nur wenig Zeit für die gemütliche Teerunde, weil sich der Gast noch umziehen wollte, bevor man in die Oper aufbrechen musste.

Von den Brühlschen Terrassen kommend, überquerte das Paar den Theaterplatz mit dem Reiterdenkmal von König Johann. Dahinter war das Opernhaus der Sächsischen Staatsoper hell erleuchtet und Damen in bodenlangen Kleidern eilten am Arm ihrer dunkel gewandeten Männer auf den Eingang zu. Mary deutete auf die Statuen von Goethe und Schiller, die das Portal flankierten. Sie sagte: »Das wird dich interessieren. Beide Skulpturen stammen von dem Künstler Johannes Schilling, ebenso wie das Reiterstandbild auf dem Platz und die bronzene Panther Quadriga über dem Hauptportal. Dieser Bildhauer hat mit Gottfried Semper eng zusammengearbeitet, man begegnet seinen Bronzegüssen überall in Dresden.« Das Operngebäude mit seinen historischen Formen sollte die humanistische Gedankenwelt in seinem Baukörper zum Ausdruck bringen. Bode dachte an den Bildersturm, den das Bauhaus anstoßen wollte. Die allegorischen Frauengestalten der Fantasie, der Dichtkunst und der Instrumentalmusik vor denen sie nun standen, entstammten einer vollkommen anderen Vorstellung von Kunst.

Der Dirigent Fritz Busch dirigierte Wagners *Lohengrin* ganz im Geiste des Komponisten, der in Dresden auf den Barrikaden gekämpft hatte. In der Pause wurde Mary von zahlreichen Opernbesuchern begrüßt, deshalb entflohen die Freunde durch den Haupteingang hinaus auf den Platz, um in Ruhe über die Pädagogik zu sprechen, mit der Mary aus ihren enthusiastischen Mädchen ernst zu nehmende Tänzerinnen machen wollte, um mit ihnen gemeinsam in New York auftreten zu können. Als die Oper zu Ende war, strebten die Freunde am Ufer der Elbe heimwärts und Hermann summte die Arie von Lohengrins Gralserzählung vor sich hin. »Mein lieber Schwan, was für ein orgiastischer Gesang. In der Gestalt des Schwanenritters tritt das Numinose in die Welt.« Mary meinte: »Man könnte auch sagen, ein Ideal scheitert an der aufgeklärten Frau.«

Der Freund widersprach: »Den Gral kann man nicht verstehen, er ist unergründlich, ein Erlösungsmythos.«

Mary lachte: »›Wann kommt der nächste Schwan?‹ soll Lohengrin gerufen haben, nachdem er in Berlin das Boot in Form eines Schwans versäumt hatte.«

Am nächsten Morgen reiste Bode nach Hannover zurück und als er dort ankam, gefiel ihm die Wohnungseinrichtung in geschnitzter Eiche nicht mehr. Das Althergebrachte, die düstere deutsche Bürgerlichkeit, kam ihm erdrückend vor, deshalb machte er Julia den Vorschlag, alle Möbel zu verkaufen, um stattdessen modernes Bauhausmobiliar anzuschaffen. Er sagte zu ihr: »In unserer Wohnung bewegen wir uns weder in der Verkleidung noch im Dienste vergangener Zeiten. Darum muss sie auch mit den Mitteln unserer Zeit für die Aufgaben unserer Zeit umgestaltet werden.« Julia war ganz anderer Ansicht. Sie konnte zu jedem Möbelstück eine Familiengeschichte erzählen, pflegte die Schnitzereien mit Möbelpolitur und wollte sich von keinem Erbstück trennen. Zu jeder Jahreszeit suchte sie die passenden Blüten und Gräser, die in einem irdenen Gefäß zu grazilen Sträußen gebunden, in das einfallende Sonnenlicht gerückt wurden. Auf der Jugendstilanrichte dekorierte sie mit farbigen Tüchern Früchte und Schoten, sodass Stillleben entstanden, die Cézanne nicht eindringlicher hätte malen können. Seit ihrer Studienzeit in Frankreich malte Julia mit Aquarellfarben und zeigte ihren Mädchen, wie man die dreidimensionale Realität einer Obstschale in die Fläche eine Zeichnung überträgt und den gerundeten Früchten mit Farbe Plastizität verleiht. Sie hatte eine Schwäche für dekorative Hüte und pinnte Zeitungsausschnitte mit Stecknadeln an die Wohnzimmerwand. Die Modefotos störten den Hausherrn, deshalb wurden sie stillschweigend gegen Originale von Künstlern ausgetauscht. Julia reagierte auf diese Bevormundung, indem sie ein Spielzeugschiffchen vor Noldes *Seestück* stellte oder einen Holzelefant vor die Tuschezeichnung *Seltsame Tiere* von Wilhelm Busch. Elsa verstand die Ironie der Mutter, gemeinsam lachten sie über einen aufgelösten drahtigen Küchenschaber, den sie vor dem Bild der *Grundverhexten Landschaft* von Klee positioniert hatten. Mit dem Kommentar »Das wird dem Vater nicht gefallen«, entfernte Maria die einfallsreichen Anspielungen.

Die Eheleute konnten sich über den Kunstgeschmack nicht mehr verständigen, was zu einer Sprachlosigkeit führte, die der angeschlagenen Ehe den Rest gab. Bode hatte sich verändert und wie er meinte, der Gegenwart angepasst. Nun fand er nicht mehr den richtigen Zugang zu seiner Frau, die nicht einsehen wollte, warum sie nicht so bleiben durfte, wie sie nun mal war. Sie hatte sich häuslich eingerichtet in ihrer Identität und jegliche Art von Veränderung war ihr unheimlich. Nach und nach wurde den Kindern klar, dass sich die Eltern nicht mehr verstanden. Die Mutter wirkte nervös und weinte, wenn der Vater sie zurechtwies. Wenn er ausgehen wollte, blieb sie lieber zu Hause und legte auf gesellschaftliche Anlässe und private Einladungen seiner Patienten keinen Wert. Die Anspannung zwischen den Ehepartnern übertrug sich auf die Kinder, deshalb gab es mehrmals die Woche Wortgefechte mit Maria, die eine misslaunige Mutter nicht akzeptieren wollte und stets die Ansichten des Vaters vertrat. Maria war sehr bestimmend und Elsa folgte ihr ohne Widerspruch wie einer Verbündeten. Erkengard gehörte nicht zu diesem Bündnis, sie wurde ziemlich ruppig behandelt, deshalb zog sich die Zartbesaitete in ihre Fantasiewelt zurück.

Bode verbrachte vermehrt die Abende außer Haus und blieb über Nacht in der Praxis. Mit seinem Bruder Wilhelm besuchte er den Vortrag »André Breton und der Surrealismus«, welcher im Kunstverein Hannover an der Sophienstraße 2 angekündigt war. Sie hörten, dass sich die Surrealisten als Verfechter einer revolutionären Weltanschauung sahen, in der das freie Spiel der Gedanken nicht durch die Vernunft kontrolliert werden sollte. Unwillkürliche gedankliche Verknüpfungen von Dingen, die nicht zusammengehörten, sollten zur Erkenntnis einer höheren Wirklichkeit führen, Träume, Fantasien und Sigmund Freuds Psychoanalyse, gehörten zu den surrealistischen Themen. Der ursprünglich literarischen Bewegung schlossen sich schon bald bildende Künstler aus dem Bereich der gegenständlichen Malerei an, die ihre paranoiden Wahnideen umsetzten und verblüffende Bilder malten. Breton schrieb: *»Ich glaube an die künftige Auflösung der beiden äußerlich so widersprüchlichen Zustände – Traum und Wirklichkeit – in einer Art von absoluter Wirklichkeit, der Surrealität.«*

Nach dem Vortrag schlug Wilhelm dem kleinen Bruder auf den Rücken und meinte: »Du bist doch der Schöngeist in unserer Familie, was hältst du von den Surrealisten?«

Der Angesprochene schüttelte den Kopf: »Ich mag sie nicht, diese Kunst ist für meinen Geschmack zu wenig sublimiert.«

Es hatte sich in Hannover herumgesprochen, dass Bode ein besonderer Zahnarzt war. Durch die neue Röntgentechnik konnte er die Zahnwurzeln sichtbar machen und abgebrochene Schneidezähne mit einem Stift reimplantieren. Für die Praxis suchte er eine zahnmedizinische Helferin und Ilse, die Tochter von Fritz und Elli Beindorff von den Pelikan-Werken, wollte den Posten übernehmen. Solange sie ledig die Gerätschaften zureichen musste, ging alles gut, bei einer blutigen Kieferoperation fiel sie dann in Ohnmacht und musste die Ausbildung beenden.

Bei einem Debussy-Konzert des Hannoveraner Pianisten Walter Gieseking traf man sich wieder. Ilse war voller Bewunderung für den delikaten Anschlag des Musikers und Hermann lobte den immensen Klangfarbenreichtum von Giesekings Klavierspiel. Bei der nächsten Vernissage in der Kestner Gesellschaft machte Bode den Vorschlag, dass Ilse mit ihren Brüdern für ein Segelwochenende nach Steinhude kommen sollte. Bei starkem Wind wurde die private Regatta zu einer sportlichen Herausforderung, bei der sich Hermann wie ein großer Bruder um Ilses Wohlbefinden bemühte. Nach einer Zeit der abwartenden Beobachtung kam es zu zärtlichen Berührungen. Als die 14 Jahre Jüngere auf seine Annäherungsversuche einging, verliebte sich Bode so dramatisch, dass er über seine Gefühle zutiefst erschrocken war. In der darauffolgenden Zeit trafen sich die Verliebten in aller Heimlichkeit, bis das Verlangen nach körperlicher Nähe dazu führte, dass der Zahnarzt nicht mehr konzentriert arbeiten konnte. Er wollte mit Ilse zusammenleben, obwohl ihm bewusst war, dass er damit zwei Familien ins Unglück stürzen würde. Er war fest davon überzeugt, dass es eine astrologische Erklärung dafür gab, dass er und diese vitale Frau aufeinandergeprallt waren wie zwei kollidierende Sterne, um schließlich zu verschmelzen. Ilse erging es ähnlich, sie hatte nicht geahnt, worauf sie sich eingelassen hatte. Erschwerend kam hinzu, dass ihre Eltern eine solche Beziehung nicht gutheißen würden, sie waren Patienten von Bode und Elli war mit Julia befreundet.

Für Julia war die Ehe gottgegeben und unauflösbar, deshalb kam sie gar nicht auf die Idee, dass Hermann sie verlassen könnte. Als die Situation untragbar wurde, weil zahlreiche Freunde von der Liebschaft wussten, überfiel Hermann seine ahnungslose Frau mit dem Scheidungsbegehren. Es entsprach Julias Naturell, dass sie sich still und demütig in das Unabänderliche fügte, und Bode versprach, dass er sich immer um die Mutter seiner Kinder kümmern würde.

Nachdem Ilse mit ihren Eltern gesprochen hatte, schickte Elli Beindorff an Julia einen Brief, in dem sie die Handlungsweise ihrer Tochter beklagte. Fritz Beindorff drohte damit, seine Tochter zu enterben. Trotz aller Widerstände verfolgte Hermann sein Ziel und bat Julia um eine vorzeitige Scheidung, weil er glaubte, ohne Ilse nicht länger leben zu können. Das Gesetz verlangte für ein Jahr die Trennung von Tisch und Bett, bevor man die Scheidung beim Familiengericht beantragen konnte, die Verliebten trafen sich jedoch regelmäßig bei den Veranstaltungen der Kestner Gesellschaft.

Die Sponsoren hatten durch die Geldentwertung ihre finanziellen Rücklagen verloren und konnten den Kunstverein nicht länger unterstützen. Anfang Januar 1922 starb Erich Küppers an der Spanischen Grippe. Als Nachfolger wurde der 37-jährige Eckart von Sydow eingestellt, der Fachmann für afrikanische Kunst war. Die erste Einzelausstellung des russischen Konstruktivisten El Lissitzky fiel in diese Zeit und Bode konnte die folgenden Anmerkungen zu dessen künstlerischer Entwicklung aufschreiben.

El Lissitzky »Proun 30 T«

Lissitzky hatte in Darmstadt Architektur studiert und musste bei Ausbruch des Ersten Weltkrieges nach Russland zurückkehren. An der Kunstschule in Witebsk traf er den Maler Kasimir Malewitsch, der 1915 eine Anzahl völlig gegenstandsloser Leinwände im St. Petersburger Kunstsalon ausgestellt hatte, unter anderem ein gemaltes schwarzes Quadrat auf weißem Grund. Der Russe nannte das provokante Bild die »ungerahmte Ikone seiner Zeit« und wollte mit diesem Titel einen neuen Ansatz für Spiritualität vorgeben. Das schwarze Quadrat stand für die reine Empfindung, der weiße Untergrund für das reine Nichts. Mit einem weißen Quadrat auf weißem Untergrund beendete Malewitsch seine Experimente. Das Bild war für ihn Ausdruck reinster Ungegenständlichkeit. Er schrieb: *Wir, die wir gestern noch Futuristen waren, sind mittlerweile dem Aufbau von Formen aus dem Nichts verpflichtet.* Das reine Produkt der Malerei aus Farbgebung und Oberflächenstruktur nannte er Suprematismus. In Witebsk entstand ein Gemälde mit acht roten Rechtecken auf weißem Grund, die leicht gegeneinander verschoben eine räumliche Wirkung hatten. Der Architekt Lissitzky sah in diesem abstrakten Gemälde die Brücke von der Malerei zur Architektur und entwickelte aus der neuartigen Formensprache seine eigene geometrisch perspektivische Variante. Diese Kunst entstand unabhängig von der Russischen Revolution, wegen der zahlreiche Künstler, Russland in Richtung Westen verließen.

Kurt Schwitters lernte Lissitzky in Berlin kennen und diskutierte mit ihm den philosophischen Ansatz von Malewitsch, daraufhin wurde der Russe zu einer Ausstellung in der Kestner Gesellschaft eingeladen. Seine geometrischen Bilder wirkten sehr technisch und erinnerten an Konstruktionszeichnungen aus einem Planungsbüro. Trat man näher an die einzelnen Werke heran, dann wurden Körper und Flächen sichtbar, die gegeneinandergesetzt eine erstaunliche Plastizität entwickelten und wie kubistische Gebilde im Bildraum schwebten. Perspektivisch gezeichnete Bauklötze und flache Quadrate gerieten durch ihre Schieflage visuell in Bewegung. Das Bild *Proun 30 T*, das Bode erwarb, zeigt auf zart grau koloriertem Grund ein helles Rechteck, auf dem ein schräges schwarzes Kreuz liegt. Am linken Bildrand begrenzt ein Halbmond den Bildraum, darüber schwebt ein schwarzer Kontrapunkt. Hält man diesen Punkt zu, dann wird das ganze Bild zu einem langweiligen Konstrukt. Die zeichnerische Entsprechung zur Musik veranlasste Bode, dieses Bild zu erwerben.

Nach der Ausstellungseröffnung ging es hoch her. Wild gestikulierende Fördermitglieder fragten, was man sich unter dem reinen »Nichts« in der Malerei vorzustellen habe? Bode konnte aus seinem Fundus zitieren:

»Das Nichts – bezieht sich auf das Gegenteil des Seins, die Negation und Abwesenheit des Seins, die absolute Leere. Der Eindruck von schwarz entsteht, wenn Licht auf einen Gegenstand fällt und vollständig absorbiert wird. Die Maler behaupten zwar, dass die Farbe schwarz aus vielen Farben besteht, trotzdem wird Schwarz in einigen Kulturen mit dem Nichts assoziiert.«

Richy warf ein: »Ein gemaltes schwarzes Quadrat ist nicht abstrakt, weil nichts Reales abstrahiert wurde.«

Else Küppers ergänzte: »Schwarz ist eine maltechnische Herausforderung, baut man es auf, wirkt es wie eine Vertiefung, wie ein Schatten, trägt man es pastos auf, dann bekommt es eine hervortretende Materialität.«

Von Sydow mischte sich ein: »Schwarz ist eine ziemlich unbunte Farbe, spielt aber eine wichtige Rolle in der Kunstgeschichte. Schwarz führt zu den Schattenseiten des Lebens und zu den Abgründen der Seele, Nonnen und Hinterbliebene tragen schwarz.«

Ilses Bruder Fritz sagte lachend: »Bei einem weißen Quadrat auf weißem Untergrund definiert sich das Nichts durch die Umrahmung.« Manche Ausstellungsbesucher fanden die Diskussion abgehoben und lästerten über die intellektuellen Spinner, die um jeden Preis außergewöhnlich erscheinen wollten.

Zur Ausstellung erschien eine Kestner-Mappe von Lissitzky, auf deren Deckblatt er mit dem Buchstaben »P« für »Proun« und der Zahl 1 typografisch spielte. Er sagte: »Proun ist die Umsteigestation aus der Malerei in die Architektur.« Der Russe plante wenig später einen dreidimensionalen Prounenraum und Schwitters bastelte jahrelang an einer räumlichen Konstruktion, dem sogenannten Merzbau.

Die enthusiastische Stimmung in der Kestner Gesellschaft war verkaufsfördernd. Man wollte zu den Fortschrittlichen gehören, die Avantgardekunst kaufen. Die weiße Leinwand von Malewitsch, die Nonsensgedichte der Dadaisten, Schönbergs Dodekaphonie und Mary Wigmanns Ausdruckstanz waren Avantgarde, sie trieben die innovativen Tendenzen bis zum Äußersten und waren für den überwiegenden Teil der Bürger eine Provokation. Diese Kunst konnte nicht einfach ästhetisch genossen werden, sie war nicht auf Anhieb verständlich und bedurfte einer Erklärung. Erstmals entstand eine Diskussion darüber, warum etwas als Kunst betrachtet werden kann und was Kunst überhaupt sein soll. Malewitsch hatte die Kunst infrage gestellt und ad absurdum geführt, was selbstreflektiv dazu führte, dass die Künstler die Behauptung aufstellten, dass das Kunstwerk weder Grund noch Ursache, Sinn oder Zweck bräuchte und auch ohne jede Interpretation seine Bedeutung aus sich selbst heraus definiere.

Im gleichen Jahr zeigte die Kestner Gesellschaft eine Sonderausstellung mit dem ungarischen Künstler Laszlo Moholy-Nagy, dessen Publikationen Bode ansprachen und überzeugten. Wieder war es Schwitters, der, dem Kollegen freundschaftlich verbunden, sich in völlig uneigennütziger Weise für ihn einsetzte. In Moholy-Nagys Arbeiten trafen konstruktivistische und dadaistische Impulse aufeinander, es entstanden Bildern Collagen und Skulpturen, die die Technologie des Maschinenzeitalters zum Inhalt hatten. Der Künstler, der bevorzugt im Overall eines Monteurs auftrat, sagte:

»Die Wirklichkeit unseres Jahrhunderts ist die Technologie: die Erfindung, Konstruktion und Wartung von Maschinen. Maschinen benutzen heißt, im Geist des Jahrhunderts handeln. Vor der Maschine ist Jedermann gleich.«

Walter Gropius holte Moholy-Nagy als Professor an das Staatliche Bauhaus nach Weimar, wo er sich mit dem Thema »Kunst in Beziehung zur Gegenwartsproblematik« auseinandersetzte und Bode kaufte von ihm zwei Probedrucke und später das *E-Bild.*

Kandinsky hatte von Februar bis März 1923 eine Ausstellung in der Kestner Gesellschaft. Die Kunst der russischen Avantgarde übte einen starken Einfluss auf die deutschen Künstler aus, während in der Sowjetunion zur gleichen Zeit das Dogma des sozialistischen Realismus herrschte. Sogar Malewitsch produzierte Propagandaplakate mit strahlenden Arbeiterhelden, die den Mythos einer gerechten Verteilung aller Produktionsmittel bediente. Das politische Klima führte zum »Agit-Prop«, einer Straßenkunst, deren Name von Agitation und Propaganda hergeleitet war. Mit gesprühten Schablonen und geklebten Plakaten sollten hochkomplexe politische Themen dem einfachen Volk verständlich gemacht werden. Lenin wollte der zum Teil analphabetischen russischen Bevölkerung den Widerspruch zwischen der Zunahme des Reichtums und der gleichzeitigen Zunahme des Elends vor Augen führen. Seine Anliegen waren die Arbeitslosigkeit, der Hungertod und die Forderung nach einer sozialistischen Revolution. Die von Grafikkünstlern gestalteten Plakate zeigten abstrahierte Figuren in bunten Farben, die mit auffallender Typografie unterlegt waren. Sie demonstrierten das Gegenteil der »L'art pour l'art«. Auch in Deutschland übernahm die KPD die russische Vorlage zum Zweck des Klassenkampfs und Friedrich Wolf sprach von der »Kunst als Waffe« der kommunistischen Propaganda.

Nach dem Weggang Eckart von Sydows wurde im Sommer 1923 eine Mitgliederversammlung einberufen, bei der Alexander Dorner zum ersten und Hermann Bode zum zweiten Vorsitzenden des Vereins gewählt wurden. Dorner war Kustos des Landesmuseums und Geschäftsführer der Kestner Gesellschaft. Für interessierte Mitglieder plante er einen Besuch der Bauhauswoche in Weimar. Der Kunsthistoriker stand in engem Kontakt mit den Künstlern der Kunstschule, es waren Atelierbesuche geplant und Eintrittskarten für Oskar Schlemmers Triadisches Ballett reserviert. Bode, der vordem in Weimar Goethes Wohnhaus besucht hatte, wollte dessen Gartenhaus sehen und interessierte sich für Georg Muches Musterhaus, welches erst kurz zuvor im sachlichen Bauhausstil vollendet worden war. Ilse und ihr Bruder Günther gehörten zur Reisegruppe, es war den in Trennung lebenden Verliebten jedoch nicht erlaubt, ihre Zuneigung öffentlich zu zeigen. Mit der vergnüglichen Kestnertruppe verging die Bahnfahrt wie im Fluge und als sie in Weimar ankamen, brachten sie ihre Koffer ins Hotel, um anschließend das Atelier von Wassili Kandinsky zu besuchen.

1912 hatte Hermann zusammen mit Mary die Ausstellung des *Blauen Reiter* in Berlin gesehen, er war gespannt auf die neuen Arbeiten des russischen Künstlers. Kandinsky erzählte, dass er die Kriegsjahre in Moskau verbracht hatte und in dieser Zeit Malewitsch, Tatlin und Rodtschenko, die wichtigsten Vertreter der russischen Avantgarde, kennengelernt hatte. Während der Oktoberrevolution verlor er sein Vermögen in Russland und der anschließende Bürgerkrieg führte zum Sieg der Bolschewiki. Gefragt, warum er Russland verlassen habe, erzählte der Maler, dass die Situation für ihn zunehmend unerträglich geworden war, weil die Freiheit der Kunst unter Lenins Bolschewiki stark eingeschränkt wurde. Um Repressalien zu entgehen, verließ er 1921 mit seiner Frau Nina die Heimat in Richtung Berlin. Als ihm von Walter Gropius die Stelle für Wandmalerei am Bauhaus angeboten wurde, zog die Familie nach Weimar.

Die Mitglieder der Kestner Gesellschaft standen im Halbkreis vor den Bildern von Kandinsky. Diese hatten eine expressive Wucht, die den Sammler auf Anhieb überzeugte. Ein Bild berührte ihn besonders, er wollte herausfinden, woran es lag, und wandte sich an den Maler: »In diesem abstrakten Ölbild, dem Sie den Titel *Diagonale* gegeben haben, verlaufen die linearen schwarzen Pfeile von links unten nach rechts oben, wo sie zu explodieren scheinen und wie bei einem Feuerwerk in farbige Einzelteile zerfallen. Links oben, dieser schwarz umrandete blaue Ball, erinnert mich an den Planeten Venus, den Handspiegel der römischen Liebesgöttin. In den zahlreichen Kreisen sehe ich als Astrologe kleinere Planeten oder Monde, bewegt von den Urkräften des Universums.«

Kandinsky erwiderte: »Sie sehen ein Universum, das ist legitim. Ich denke, dass Kunst nur sich selbst zum Inhalt haben kann. Wir finden in ihr nicht die Idee von irgendetwas, sondern die Idee der Kunst an sich, ihren Selbstinhalt. Die ureigene Idee der Kunst ist ihre Gegenstandslosigkeit.«

Ilse mischte sich ein: »Wir hatten vor Kurzem eine Ausstellung Ihres Kollegen El Lissitzky in Hannover, er hat sich ähnlich geäußert und Kurt Schwitters behauptet sogar, dass durch die Abstraktion ersichtlich wird, dass das Bild nur für sich alleine verantwortlich ist. Worin besteht denn der Unterschied zwischen Ungegenständlich und Abstrakt?«

Dorner erklärte: »Die abstrakte Malerei hat drei Richtungen hervorgebracht: eine geometrische mit Malewitsch und Mondrian, die man ungegenständlich nennen kann, eine konstruktiv-geometrische mit El Lissitzky und eine expressive, zu der meiner Ansicht nach Kandinsky gehört.«

Bode wandte sich an Dorner: »Abstrakt kommt von abstrahieren, also weglassen. Demnach gehört die Höhlenmalerei in Altamira ebenfalls zur abstrakten Malerei, weil sie nur die Umrisse der Tiere, in einer Reduzierung auf das Wesentliche zeigt. Das Bild *Diagonale* wirkt auf mich wie ein kleines Universum.«

Kandinsky erwiderte: »Jedes Bild tritt in eine Interaktion mit dem Betrachter und was er daraus macht, liegt nicht in der Hand des Künstlers.«

Am nächsten Tag wurde die Reisegruppe von Walter Gropius in der Empfangshalle der Kunstschule erwartet. Er begrüßte Bode und erinnerte sich an das Gespräch, das sie einmal geführt hatten. Über eine großzügige Wendeltreppe stieg die Gruppe ins oberste Geschoss, in dem sich die Ateliers befanden. Die gekrümmten Fenster ermöglichten eine optimale Beleuchtung und Alexander Dorner dozierte: »In der modernen Baukunst geht es um den Rückzug der Form gegenüber der Funktion und zwar nicht nur der klassisch idealen Form, sondern auch der subjektiven Stilform. Im Ringen zwischen der Autonomie der Funktionalität und der Autonomie der Form, muss die Form das Feld räumen. So folgt auf die funktionelle Art des Jugendstils, wie ihn van de Velde vertritt, die abstrakte Funktionalität des Stijls. Zwischen

Wassily Kandinsky »Diagonale«

beiden liegt die selbständige Entwicklung von Frank Lloyd Wright. Langsam aber sicher wird aus form follows function, Form wird Funktion. So wird auch in der modernen Architektur der Akt der Selbstveränderung zum eigentlichen Wesen des Bauens.«

Gropius meldete sich zu Wort und sprach vom neuen Künstlertypus, der sich den Herausforderungen der Zeit stellen und den drängenden Problemen des Alltags kreative Lösungen entgegensetzen sollte. Die künstlerische Gestaltung sah er als eine elementare Sache des Lebens selbst, die nicht durch nationale oder ästhetische Faktoren eingeschränkt werden durfte. Hermann gefiel, dass man sich am Bauhaus von historischen Vorbildern befreit hatte und verschiedene Gewerke in einem ganzheitlichen Denken zusammenfanden. Alles war, trotz der geistigen Freiheit, dem Funktionalen unterworfen und so entstand der Bauhausstil, der eigentlich kein Stil, sondern umgesetztes Design war, das sich auch mit dem Herstellungsprozess befasste. Es ging den Lehrern am Bauhaus um die Verwirklichung einer großen tragenden Idee.

Nach einem leichten Mittagessen besuchten die Hannoveraner den Künstler Paul Klee, der am Beispiel des Baumes, der ohne seine Wurzeln nicht wachsen könnte, die Entstehung seiner Bilder erklärte. Mit einer Schilderung der gemeinschaftlichen Arbeit am Bauhaus begründete er das Anliegen, Kunst als Handwerk zu lehren. Für die Entwicklung der Kunst ginge es nicht darum, ein Avantgarde-Künstler zu werden oder einen neuen Stil zu erfinden, die Schüler sollten mit Geduld und Genauigkeit ihre eigenen Gaben erkunden und dabei die Suche nach der Wahrheit und dem richtigen Leben nicht außer Acht lassen. Mit seinen eigenen Mythologien versuchte Klee, die ernsthaft Interessierten zu inspirieren, und schaffte einen sensiblen Raum um sich herum. Mit Nadeln waren Federzeichnungen und farbige Aquarelle an die Wand geheftet. Alexander Dorner zeigte auf einen zarten Schriftzug und sagte: »Bei Klee sind wir ohne erklärende Titel nicht mehr in der Lage, den Sinn seiner Bilder zu verstehen. Die Verständigung zwischen Künstler und Publikum ist hier auf eine völlig vage Einfühlung in die persönlichen Erlebnisse von Klee reduziert. Alle Kraft ergießt sich in der Anstrengung, den freien Flug des Traumes wieder zum Leben zu bringen. Kein Zweifel, Klees Kunsterlebnis führt noch weiter weg vom täglichen Leben als alle Romantik.« Bode vermerkte in seinem Büchlein:

»Ich entdecke in Klees Bildern musikalische Anklänge und Symbole. C. G. Jung würde von den Grundformen innerer Bilder sprechen, so ist der Engel die Grundform eines Vermittlers. Klee scheint mir ganz und gar versponnen in seinen privaten Kosmos.«

Zum Abschluss besuchten die Mitglieder der Kestner Gesellschaft die Kunstgewerbeschule mit ihren ebenerdigen Werkstätten, in denen man verschiedene Produkte erwerben konnte. Hermann kaufte einen Farbkreisel von Johannes Itten, in dem die Primärfarben Kadmium-Gelb, Cyan-Blau und Magenta-Rot, sich durch die Geschwindigkeit der Drehung visuell mischten. Mit dem Kauf von Bauhausobjekten oder Mobiliar bekannte man sich zu einer Geisteshaltung und gehörte zum Club derer, die Wert auf zeitloses Design legten. Im Laufe der Jahre entstand ein Bauhaus-Mythos, der die Werte des kultivierten Bürgertums in Gegenständen zum Ausdruck brachte. Erstmals konnte man neben der Kunst noch andere identitätsstiftende Objekte kaufen. Die Bauhauswoche endete mit einem Lampionfest, gemeinsamem Tanz und einem nächtlichen Feuerwerk.

Am nächsten Tag ging die Reise zurück nach Hannover. Auf der Bahnfahrt gab es hitzige Diskussionen über die vielen neuartigen Strömungen, die vom Bauhaus angestoßen wurden, sowohl in der Malerei als auch in der Architektur und der Musik. Bode sagte zu Dorner: »Die Kunst ist frei, während die Designgegenstände immer einem bestimmten Zweck dienen. Trotzdem wirken sie auf mich ästhetisch. Gibt es ästhetische Werteigenschaften?«

Dorner erwiderte: »Immanuel Kant spricht bei der Charakterisierung der ästhetischen Einstellung von ›interesselosem Wohlgefallen‹. Der Designgegenstand kann ästhetische Eigenschaften wie Anmut und Harmonie ausdrücken, durch seinen praktischen Gebrauchswert, durch seine Funktion, unterscheidet er sich von der Kunst, die Zweckfrei ist.« Die beiden Männer hatten sich kennen- und schätzen gelernt, deshalb wollte der Kunsthistoriker wissen, was der Zahnarzt während der letzten Tage in sein Büchlein geschrieben hatte:

»Alles, was unsere Zeit hervorbringt, steht in krassem Gegensatz zur Vergangenheit. Die Einlagerung des geschlossenen Baukörpers in den

Boden befriedigt uns nicht mehr, weil wir das Schweben der Masse erfahren haben. Auch die luftige Auflösung nach oben wie in der Gotik ist verschwunden, denn der Himmel ist nicht mehr unser Sehnsuchtsort, sondern Objekt der Forschung. Aus dem Unbewussten steigt die Natur als Vorbild unserer Gedanken und Pläne herauf, bei ihr sehen wir, dass alles Wachsende aus einer inneren Spannung heraus seine Form entwickelt. (Klees Beispiel vom Baum) Im Kosmos durchschauen wir die zeiträumliche Veränderung des Seins, die keine starren Bindungen mehr zulässt, auch nicht im Geistigen. Das Neue ist nicht aufzuhalten, je schneller wir es erfassen, umso sicherer können wir eventuellen Gefahren begegnen.«

Künstler, die von einer Galerie vertreten werden, können ihre Bilder nicht aus dem Atelier heraus verkaufen. Wo Bode das Bild *Diagonale* gekauft hat, ist nicht mehr nachvollziehbar.

Die Inflation und die französisch-belgische Besetzung des Ruhrgebietes verstärkten die Unzufriedenheit im Land. Am 8. November 1923 betrat Hitler gemeinsam mit Hermann Göring und in Begleitung von SA-Verbänden den vollbesetzten Bürgerbräukeller in München. Er stieg auf einen Stuhl und feuerte mit seiner Pistole in die Decke. Dann erklärte er, das Lokal sei von der SA umstellt und die Nationale Revolution ausgebrochen, um die bayerische Landesregierung und somit die parlamentarische Demokratie zu beseitigen. Einen Tag später marschierte die SA zur Feldherrnhalle, dabei sangen die Männer »Die Wacht am Rhein«. Es fielen Schüsse, Hitler wurde zu Boden gerissen und Göring von zwei Kugeln getroffen. Die Zuschauer flohen, viele wurden verletzt. Hitler entzog sich der Polizei durch Flucht, wurde jedoch am 11. November in Haft genommen und bei der folgenden Gerichtsverhandlung zu fünf Jahren Festungshaft verurteilt. Im Landsberger Gefängnis verfasste er anschließend das Buch »Mein Kampf«.

Ilse Beindorff und die Pelikan-Fabrik 1923–1929

Derjenige, der seine Ehe verlassen wollte, war automatisch der schuldige Teil. In Bodes Scheidungsurkunde stand: *»Am 26. Juni 1923 wurden Hermann Bode als Beklagter und Julia Bode als Klägerin geschieden. Der Beklagte wurde für den schuldigen Teil erklärt und hat die Kosten des Rechtsstreites zu tragen.«*

Julia erhielt Unterhaltszahlungen zugebilligt, die sich an den Lebenshaltungskosten orientierten. Die Zuwendungen waren nicht hoch und Julias Ansprüche gering, sie beklagte sich nie. Das Gesetz erlaubte eine Wiederverheiratung von Geschiedenen erst nach einer Sperrfrist von zwei Jahren, dessen ungeachtet wurde Bodes zweite Ehe mit Ilse Beindorff bereits zwei Monate nach seiner Scheidung, im September 1923, auf dem Standesamt Hannover Mitte beurkundet. Um kein Aufsehen zu erregen, fand die Zeremonie in aller Stille statt.

Das frischvermählte Ehepaar zog nach der Hochzeit mit Ilses Kindern Anna und Kurt in ein Haus an der Walderseestraße 25. Vater Beindorff beschenkte seine einzige Tochter mit einer großzügigen Aussteuer. Für die drei Bode-Mädchen war es schrecklich, mit ansehen zu müssen, dass der Vater mit seiner neuen Frau glücklich war, während ihre Mutter einsam und verlassen zurückblieb. Maria und Erkengard packten ihre Sachen und zogen zum Vater. Es wurde vereinbart, dass abwechselnd immer eines der Kinder bei der Mutter wohnen sollte und Elsa die Erste war. Ein Austausch fand jedoch niemals statt.

Maria war 16 Jahre alt und klein gewachsen, sie hatte lange blonde Zöpfe und musste wegen ihrer starken Kurzsichtigkeit eine runde Nickelbrille mit dicken Gläsern tragen. Die Anerkennung und Liebe des Vaters machten sie trotz der Behinderung zu einer selbstbewussten Person, die mit strenger Selbstzucht versuchte, dem Ideal des Vaters zu entsprechen. Sie empfand die zehn Jahre ältere, gleichgroße Stiefmutter als Konkurrentin. Ilse löste den Konflikt, indem sie Maria zu ihrer Freundin und engen Vertrauten machte und häufig in ihre Entscheidungen mit einbezog. Sie hatte ihre langen schwarzen Haare als Zopf um den Kopf getragen und Bode war enttäuscht, als seine Frau mit kurz geschnittenem Bubikopf nach Hause kam und plötzlich wie ein Junge aussah. Wenige Tage später erschien Maria mit dem gleichen Haarschnitt. Nach der Frauenfachschule machte sie eine Gärtnerlehre in Berlin, eine Weiterbildung in Köln und wurde schließlich Gartenarchitektin in Düsseldorf.

Die 15-jährige Erkengard war ein empfindsames Mädchen mit zarter Konstitution, das sich gerne in eine Traumwelt zurückzog. Mit einem Fotoapparat, den der Vater ihr geschenkt hatte, entdeckte sie ihre Begabung für Fotografie. Nach der Schulzeit studierte sie an der Fotofachschule in München und wurde Trickfilmoperateurin bei der Ufa in Berlin.

Elsa war sportlich und besuchte mit ihren 13 Jahren den Turnverein. Unterstützt von Mary versuchte sie sich im Ausdruckstanz und wollte am Ende der Schulzeit Gymnastiklehrerin werden. Es gefiel ihr, mit vier Geschwistern um einen Tisch zu sitzen, und sie beneidete ihre Schwestern um das familiäre Zusammenleben. An den Wochenenden oder während der Ferien durfte Elsa den Vater besuchen. Dann nahm sie ihr Köfferchen und ging noch traurig vom Abschied der Mutter den Wald entlang, setzte sich auf eine Bank und weinte. Nach einer fröhlichen Zeit mit vier Geschwistern packte sie erneut das Köfferchen und ging durch die Eilenriede zurück zu Julia. Hin- und hergerissen saß das Kind weinend auf der Parkbank, weil es nicht selbst entscheiden durfte, bei wem es leben wollte. Julia schenkte der einzig verbliebenen Tochter ihre ganze Liebe, nahm ihr alle Entscheidungen ab und verursachte dadurch eine lebenslange Abhängigkeit bei Elsa.

Der eineinhalbjährige Kurt war ein unkompliziertes Kleinkind mit Windelpaket, während sich die dreijährige Anna an die veränderte Situation und den Stiefvater nur schwer gewöhnen konnte. Fühlte sie sich zwischen den großen Mädchen zurückgesetzt, dann schmollte sie in ihrem Zimmer.

Der neue Wohnsitz der Familie war von außen mit Holzschindeln verkleidet und das Walmdach war mit schwarzem Schiefer eingedeckt, deshalb wirkte das großbürgerliche Anwesen etwas düster. Den Garten umgab eine hohe Mauer, die an der Südseite als rosenüberwachsener Laubengang angelegt war. Ilse notierte:

»Mit der Gartenanlage werden wir heute wahrscheinlich fertig. Sie verteilen den Porphyrkies auf den Wegen. Der Rosengarten, der Platz um den Springbrunnen und die beiden Plätze an der Moor entlang sind aufgeschüttet und mit Kantsteinen eingefasst worden. Wenn die Rechnung kommt, lege ich mich vor Schwäche ins Bett.«

Von der holzgetäfelten Diele gelangte man in einen Salon, der auch als Musikzimmer genutzt wurde, außerdem in ein großzügiges Esszimmer, das neben Bodes Arbeitszimmer mit Bibliothek lag. Die Schlafräume befanden sich im ersten Stock und im ausgebauten Dachgeschoss. Die Eheleute kauften elegante Möbel im Bauhausstil, Stahlrohrsessel von Marcel Breuer und Lampen, die von Hans Wagenfeld entworfen waren. Das von Gropius entworfene Designgeschirr kam aus der Porzellanmanufaktur von Philipp Rosenthal. Die Wände erhielten einen cremefarbigen Anstrich, auf dem die repräsentativen Bilder aus Bodes Sammlung gut zur Geltung kamen. Die Kinder brachten zahlreiche Freunde mit in ihr neues Zuhause, es war erfüllt von fröhlichen Kinderstimmen und Klavierspiel, das aus den geöffneten Fenstern zu hören war. Das neuvermählte Paar wirkte strahlend und glücklich, man sah es bei Ausstellungen und Konzerten und schon bald hatten sich die Hannoveraner an ihren Anblick gewöhnt. Ilse schreibt:

»Unsere Hochzeitsreise war ganz wundervoll und wir haben in den zweieinhalb Wochen unglaublich viel gesehen. Den Bodensee, den Zürich-, Vierwaldstätter-, Genfer-, Thuner- und Brienzer-See. Dazwischen sind wir steile Passstraßen gefahren, haben uns an Gletschern berauscht und sind auf Berge gestiegen. Wir haben Jugenderinnerungen aufgefrischt und uns mächtig über die schöne Schweiz gefreut.«

Zur Einweihungsfeier des neueingerichteten Hauses kamen die Eltern Beindorff und Ilses Brüder Günther, Fritz und Kurt mit ihren Ehefrauen. Auffallend an Vater Beindorff waren seine wachen Augen hinter einer randlosen Brille. Der Grandseigneur mit Oberlippenbart war meist in einen schwarzen Nadelstreifenanzug mit Weste gekleidet und beherrschte mit seiner dominanten Persönlichkeit jede Gesellschaft. Mit ihrer freundlichen und zugewandten Art war Elli Beindorff hoch angesehen und fand für jeden Gast ein persönliches Wort. Im Gefolge der Familie kamen zahlreiche Freunde und Künstler zu Bodes Einladung. Die meisten Gäste kannten sich, sie reichten ihre Mäntel den

Dienstboten, die in weiße Schürzen gekleidet bereitstanden. In der geräumigen Diele fanden sich Bekannte zu Gruppen zusammen, jeder hielt ein Glas Weißwein in der Hand, dazu wurde Gebäck gereicht. Hans Bahlsen, der Sohn des Firmengründers, hatte eine Schmuckdose mitgebracht und erklärte den Umstehenden das aufgedruckte Firmenlogo: »Unseren Leibniz-Keks haben wir nach dem Hannoveraner Philosophen Gottfried Wilhelm Leibniz benannt. Er hatte seinerzeit nach einem haltbaren Produkt zur Verpflegung der Soldaten gesucht und war auf den Zwieback gestoßen, seitdem heißt es: Was isst die Menschheit unterwegs? Na, selbstverständlich Leibniz-Keks!« Ilse wollte von ihm wissen, was die komische Schlange auf der Verpackung bedeutet, und der Gast erläuterte: »Auf einer Ägyptenreise entstand die Idee für das Logo TET, das von der altägyptischen Hieroglyphe für ›ewig dauernd‹, oder ›dauerhaft haltbar‹ abgeleitet ist. Das Wort ›Keks‹ ist eine Neuschöpfung aus dem englischen Wort ›Cakes‹.« Ilse entfernte das Stanniolpapier von der Geschenkdose und bot den Inhalt mit dem Werbeslogan von Bahlsen an:

»Mehl und Eier, Milch von der Kuh, würzige Butter und Zucker dazu, rühren und backen, sauber verpacken, fertig zur Reise in alle Welt, himmlische Speise für wenig Geld.«

Ilses Bruder Kurt und seine Frau Martha planten eine Autorallye nach Berlin, um die neuesten Fundstücke aus Ludwig Borchardts Grabung im ägyptischen Tell el-Amarna anzusehen. Die Malerei und Reliefkunst in Amarna war einzigartig, sie zeigten des Königspaar Echnaton und Nofretete, außerdem erstaunlich lebendige Szenen des täglichen Lebens im alten Ägypten. Die Grabungen finanzierte James Simon, der dem Museum, neben anderen Stücken, auch die Büste der Nofretete geschenkt hatte. Zum Kunststudium hatte Bode eine Woche in den staatlichen Kunstsammlungen Berlin verbracht und dabei James Simon persönlich kennengelernt. Er sprach mit großer Sympathie von der Großzügigkeit des jüdischen Mäzens.

Ilses Bruder Günther war ein zurückhaltender Mann, er hatte streng nach hinten gekämmtes Haar und eine runde Brille auf der Nase. Mit seinem Schwager sprach er über die Spaltung der Hannoveraner Anthroposophie, bei der es um machtpolitische Konflikte und die Entwicklung weltanschaulicher Ansichten ging. Die jüngeren Mitglieder wandten sich von Rudolf Steiner ab und gründeten die Freie Anthroposophische Gesellschaft.

Fritz Beindorff hatte ein schmales bartloses Gesicht und einen dunklen Haarkranz im Nacken. Er erzählte, dass er mit der archäologischen Gesellschaft nach Südfrankreich gereist war, um an einer Grabung in Aix-en-Provence teilzunehmen, das die Römer schon 100 v. Chr. besiedelt hatten. Bei sengender Hitze fanden sie lediglich Scherben, die zusammengefügt kein Ganzes ergaben, deshalb war die Enttäuschung der Freizeitarchäologen groß. Fritz besorgte auf dem Markt ein irdenes Gefäß, welches er des Nachts innerhalb der abgesteckten Grabungsstelle versenkte. Am nächsten Morgen wurde der erdverkrustete Krug gefunden, was zu einem Freudengeschrei führte, bis man am oberen Rand die Inschrift entzifferte: »Von Tacitus für seinen geliebten Dinglinger.« Der Scherz löste brüllendes Gelächter aus, Richy hielt sich den Bauch vor Lachen und ließ sich rückwärts in einen Sessel fallen.

Der Hausherr klatschte in die Hände und bat die Gesellschaft zu einer musikalischen Einlage in den Salon, in dem Stühle für die älteren Herrschaften bereitstanden. Die anfängliche Unruhe legte sich sofort, als die Gastgeberin in einem bodenlangen Silberkleid den Raum betrat und am Konzertflügel Platz nahm. Nachdem Ilse sich gesammelt hatte, spielte sie die Piano Sonate Nr. 8, »Pathetique« von Beethoven. Hermann spürte die emotionale Durchdringung des Kunstwerks und war so hingerissen vertieft in den Anblick seiner Frau, dass er erschrocken aufblickte und leicht errötete, als das Publikum ihr Beifall zollte.

Nach dem kleinen Konzert bildeten sich Gesprächsgruppen, die Gäste unterhielten sich mit dem Weinglas in der Hand über den Bolschewismus in Russland und den Dirigenten Wilhelm Furtwängler, der die Leitung des Leipziger Gewandhausorchesters übernommen hatte. Die dienstbaren Geister sorgten lautlos für das Wohlbefinden der Gäste und der Hausherr stand den ganzen Abend neben seiner Frau und hatte den Arm um ihre Hüfte gelegt. Es war eine Demonstration für Ilses Freunde, dass diese Frau nun die seine war. Man sprach über Politik und über den 77-jährigen Paul von Hindenburg, der seit fünf Jahren in Hannover wohnte. Bode hatte den Reichsmarschall als Patient in seiner Zahnarztpraxis kennengelernt und schätzte seine politischen Ansichten. Der Sieger von Tannenberg verkörperte die preußischen Tugenden und war zum politischen Mythos geworden, man wähnte die Zukunft des Landes in zuverlässigen Händen.

Ilses Freunde äußerten ungeniert ihre Verwunderung darüber, dass sie den 14 Jahre älteren, etwas steifen Zahnarzt geheiratet hatte, von dem man sich erzählte, dass er die Frauen mit seiner Poesie umgarnte, wobei sie die Silbe »Po« betonten. Es wurde getuschelt, dass man seinen PKW vor der Wohnung dieser oder jener Frauensperson gesichtet habe, deshalb trafen sich die Freunde nach einer feuchtfröhlichen Feier und schlugen das Verdeck von Bodes Cabrio zurück. Sie lösten die Handbremse und schleppten das Auto bis ans andere Ende der Stadt. Der Spott über den gelungenen Streich machte die Runde und Hermann suchte tagelang vergebens nach seinem Fahrzeug. Er war in den Fokus der reichen Hannoveraner geraten, was ihm gar nicht behagte. Ilse sagte zu ihm: »Wenn du dich über die Streiche meiner Brüder sichtbar ärgerst, dann fällt ihnen sofort der nächste ein.« Das Haus an der Walderseestraße war schon bald ein beliebter Treffpunkt für Künstler und Freunde der Familie.

Im Jahr 1924 wurde nach der Inflation die Rentenmark eingeführt, was zu einem wirtschaftlichen Aufschwung in Deutschland führte. Im gleichen Jahr fanden Reichstagswahlen statt und nach dem plötzlichen Tod Friedrich Eberts ernannte man den greisen Generalfeldmarschall Paul von Hindenburg zum Reichspräsidenten. Die folgenden Jahre wurden die »Goldenen Zwanziger« genannt. Kriegsbedingt gab es einen Frauenüberschuss, der sich im Straßenbild bemerkbar machte. Bei den Kleidern rutschte die Taille unter die Hüften, man zeigte sich mondän mit Federboas, langer Zigarettenspitze und Stirnband, die Trendfrisur hieß Bubikopf. Bei den Männern waren Knickerbocker und Schiebermütze in Mode, man besuchte Autorennen und wer es sich leisten konnte, fuhr ein Cabriolet. Im ganzen Reichsgebiet entstanden Lichtspielhäuser, in denen Stummfilme und später Tonfilme gezeigt wurden. Die Jugend wollte nicht mehr an das gute Alte anknüpfen, sondern lieber an das schlechte Neue.

Im Januar 1925 starb Friedrich Bode im Alter von 77 Jahren. Karl hielt eine bewegende Predigt, in der er die Verdienste des Vaters würdigte. Mutter Auguste konnte den Tod ihres Mannes nicht verwinden und wurde immer zerstreuter und vergesslicher. Manchmal ging sie spazieren und fand den Weg nicht mehr zurück nach Hause, bis Hermann sie in der Walderseestraße einquartierte. Die Zahnarztpraxis brachte genügend Geld ein, sodass die ganze Familie im Wohlstand leben konnte. Das frisch vermählte Paar besaß zwei Häuser, ein Automobil und hatte einen privaten Telefonanschluss. Ilse war eine der ersten Frauen mit Führerschein und gehörte zum Inner Wheel Club-Tiergarten, ihre Schwägerin Martha war Vizepräsidentin des Deutschen Damen Automobilclubs.

Fritz Beindorff nahm seinen Schwiegersohn mit in die Freimaurerloge »Zum Schwarzen Bär«. Der Fabrikbesitzer war von 1923 bis 1930 Meister vom Stuhl. Die Brüder unterstützten zahlreiche Witwen, Waisenkinder und Bedürftige mit Geld. Auf den Fotos der Tafelloge sieht man über 50 Männer an langen weißbetuchten Tischen sitzen, vor sich einen Teller mit Essen, dahinter eine lange Reihe von Weißweinflaschen. Die Herren tragen alle einen schwarzen Anzug mit Weste und weißem Hemd, das mit Orden dekoriert ist. An den Wänden erkennt man düstere Ölbilder von Logenbrüdern, gefasst in wuchtige Goldrahmen, den Raum erleuchten fünf riesige Kandelaber. Unabhängig von Stand oder Religion pflegte man in der Bauhütte die Freundschaft, das Vertrauen und die enge Bindung unter den Mitgliedern. Es gefiel Bode, an der Seite des reichen Schwiegervaters zu den Honoratioren der Stadt zu gehören, was zu einer Steigerung seines Selbstwertgefühls beitrug.

1926 bekam Ilse ihr drittes Kind. Es war ein Junge, dem sie den Namen Sindbert gaben. Der Vater war froh darüber, dass es endlich ein Sohn war, der seinen Namen und die Tradition der Familie weiterführen sollte. Ilses Eltern, die sich in der Anfangszeit distanziert gegenüber dem Schwiegersohn verhalten hatten, freuten sich über den Enkel. Die Spannung löste sich und Vater Beindorff stellte fest, dass er mit dem Schwiegersohn ganz gut zurechtkam.

An den Wochenenden traf sich die Familie auf dem Gutshof Auermühle am Rande der Lüneburger Heide. Das dreiflügelige Herrenhaus war im Jugendstil erbaut, davor war ein Ziergarten mit Buchsbaumhecken angelegt und ein Staudengarten, in dem Blühpflanzen für die Vase gezogen wurden. Das Agrarland, das der Vater durch

Zukäufe erweiterte, galt als landwirtschaftlicher Musterbetrieb mit eigener Wald- und Forstwirtschaft, einem Wirtschaftsgebäude, Gartenanlagen, Gewächshäusern und einem Mühlenteich mit Seerosen. Es wurde Milchvieh gehalten, daneben gab es eine Schweine- und eine Pferdezucht, die von Landwirt Gemmeke betreut wurde. In eigenen Teichen vermehrte er Fische und die Hühnerfarm nach amerikanischem Vorbild versorgte die Großfamilie mit Hähnchen und Eiern. Die männlichen Beindorffs waren leidenschaftliche Jäger und gingen im eigenen Jagdrevier mit Vorstehhunden auf die Pirsch, an der sich Bode nicht beteiligen wollte. Er sagte: »Jage nicht, was du nicht töten kannst.«

Die Pelikan-Werke, 1863 von Ilses Großvater Günther Wagner gegründet, stellten Tinte, Farbe und Bürobedarfsartikel her. Der Pelikan aus Wagners Familienwappen wurde als eines der ersten Warenzeichen in Deutschland angemeldet. Ilses Vater Fritz Beindorff kam 1881 in die Firma und erschloss als Handelsreisender neue Absatzmärkte in Italien, Russland, in Österreich-Ungarn, der Tschechoslowakei, der Schweiz und im Orient. 1888 heiratete er Elli, die älteste Tochter des Firmengründers, und übernahm die Leitung der Fabrikation. Günther Wagner trat aus der Firma aus, um sich der Anthroposophie zu widmen. Der Schwiegersohn wurde zum alleinigen Inhaber der Pelikan-Fabrik. Der jüdische Bankier Alexander Simon, der später die Dresdner Bank gründete, versorgte Beindorff mit Geld, das Geschäft florierte. 1906 erbaute er an der Podbielskistraße ein neues Fabrikgebäude mit Jugendstilfassade, das von der Bevölkerung Tintenschloss genannt wurde. Die Firma unterstützte den Malunterricht an den Schulen und wandte sich mit einer Zeitung an Künstler und Kunstgewerbler. Die Zahl der Arbeiter und Angestellten stieg auf 1000 und der Umsatz auf 4,4 Million RM. Der Direktor galt als Pionier der betrieblichen Sozialleistungen. Das Unternehmen gewährte den Arbeitern einen achttägigen Erholungsurlaub bei voller Bezahlung und richtete eine Betriebskrankenkasse, eine betriebliche Altersversorgung sowie eine Unterstützungskasse für Hinterbliebene und Pflegebedürftige ein. Zur Geburt eines Kindes bekamen die Mitarbeiterinnen eine Babyausstattung geschenkt. Es gab Ruheräume, einen Sportplatz und eine Bücherei für die Belegschaft, die einmal pro Woche während der Arbeitszeit baden konnte. Die »Pelikaner« schätzten ihren Firmenchef als eine einfühlsame und wohlmeinende Führungspersönlichkeit und waren stolz auf ihre Zugehörigkeit zu diesem Unternehmen.

Die Firma Günther Wagner hatte Zweigstellen in München, Zürich, Paris und New York, später kamen Bukarest, Mailand, Amsterdam und Barcelona hinzu. Sie war ein industrielles Großunternehmen, das als führend in der Branche anerkannt war. In der Kaiser-Wilhelm-Gesellschaft lernte Beindorff den Backpulverfabrikanten Dr. August Oetker aus Bielefeld kennen, der ihm für seine Fabrikbauten 500 000 RM lieh. Auf einem Hausball bei Stadtdirektor Tramm traf er Geheimrat Siegmund Seligmann, den Generaldirektor der Continental Gummiwerke. Er bekam von ihm 300 000 RM, um seine Schulden bei der Dresdner Bank zu begleichen.

Das Versprechen, meinen Freunden die gelieferten Summen bald zurückzuzahlen, konnte ich schnell erfüllen, da die Deutsche Bank gern und willig bereit war, mit der ›Weltfirma‹ Günther Wagner die Verbindung einzugehen, und ihr einen offenen Kredit, in der von mir gewünschten Höhe einzuräumen. Die Firma zahlte stets bar und dass das möglich war, verdanke ich meinem offenen, festen Bankkredit und meinem Prinzip, keinerlei Papierwerte zu kaufen, sondern alle verdienten Gelder in Sachwerten anzulegen.

1923 ernannte der Vater seinen ältesten Sohn Günther zum Geschäftsführer der chemischen Betriebe, und sein Sohn Fritz übernahm neben dem Vater die kaufmännische Leitung des gesamten Unternehmens. Der jüngste Sohn Kurt führte das Blechwerk, in dem Pinselkästen und Verpackungen hergestellt wurden, mit den Mittelland-Gummiwerken kam die Fabrikation von Radiergummis hinzu. 1927 reiste Vater Beindorff nach Südamerika und gründete Filialfabriken in Rio de Janeiro, Buenos Aires, Sao Paulo und Valparaiso. Diese Niederlassungen waren erfolgreich, sodass die Pelikan-Werke zu einem globalen Unternehmen mit 2500 Mitarbeitern aufstiegen.

1929 kam der erste Füllfederhalter auf den Markt und wurde das Markenzeichen der Fabrik. Bis dahin hatte man mit Federhalter und aufgesteckter Feder geschrieben. Wenig später folgt der Deckfarbenkasten für die Schulen, der den Aquarellkasten fast vollständig aus dem Unterricht verdrängte. Nahezu jeder Schüler in Deutschland benutzt Produkte der Marke Pelikan. Mit seinem analytischen Weitblick für wirtschaftliche und gesellschaftspolitische Vorgänge verlieh Fritz Beindorff dem Familienunternehmen ein zeitgemäßes Gesicht. In seinen Lebenserinnerungen schreibt er: *Ich habe mir nie das Verdienst beigemessen, diese Ergebnisse allein errungen zu haben. Ich schreibe hier aus voller Überzeugung, dass ich mir nur die Veranlagung zum praktischen Kaufmann mit richtigem Erwerbssinn, erfüllt von Selbstvertrauen, Wagemut und Energie, und den nötigen Blick für Erkennung tüchtiger Mitarbeiter beimesse.*

Für sein der Gemeinschaft verpflichtetes Handeln erhielt er den Titel eines preußischen Kommerzienrates.

Große Kunst braucht den Dialog zwischen dem genialen Künstler und seinem anspruchsvollen Auftraggeber. Der Gebrauchsgraphiker Hadank entwarf das Pelikan-Signet und zahlreiche Plakate, die der Fabrik zu einem marktbeherrschenden Einfluss verhalfen. Die Bildmarke Pelikan wurde zum Gütesiegel für Schreib- und Malutensilien, man traf das Wappentier an Hauswänden und Ladenschildern, es war auf Radiergummis, Klebstoff- und Farbbanddosen geprägt und zierte Füllfederhalter und Tintenfässer. Fritz Beindorff war einer der ersten Unternehmer, der die Zusammenarbeit mit Künstlern suchte. Er schrieb zehn Kunstpreise aus und kaufte 251 Gemälde, die mit Pelikan-Farben gemalt waren, dabei investierte er die unglaubliche Summe von 105 000 Goldmark. Mit diesen Ankäufen legte Beindorff den Grundstock für die Pelikan-Sammlung, die er in den Räumen der Firma aufhängen ließ, »um den Arbeitern und Angestellten den lebendigen Zusammenhang der hier zu leistenden Arbeit mit dem künstlerischen Schaffen in aller Welt vor Augen zu halten.«

Aufsehen erregte der Mäzen, als er in der Kestner Gesellschaft sämtliche Gemälde der Adolf Hölzel-Ausstellung erwarb und den Künstler beauftragte, ein farbiges Glasfenster für den Konferenzraum der Fabrik zu entwerfen. Beindorff sammelte Bilder von Cranach, Rembrandt, Rubens und Corinth, in späteren Jahren kamen die Werke von Marc, Macke und Heckel dazu, um nur die bekanntesten zu nennen. Die Kunst hatte einen derart hohen Stellenwert in seinem Leben, dass er immer ein Bild in seinem Automobil dabei hatte, wenn er sich zur Erholung auf seinen Landsitz zurückzog. El Lissitzky entwickelte eine Werbung für Pelikan, die in die Designgeschichte einging, und die liegende Tintenflasche von Hans Wagenfeld wurde zum Designklassiker. Kurt Schwitters benutzte Pelikanol-Fehldrucke aus der Firmenwerbung für seine Collagen. Kunst und Gebrauchsgrafik gingen in der Werbung für industriell gefertigte Produkte, eine sinnvolle Verbindung ein. Corporate Collections werden die Kunstsammlungen von Firmen genannt. Die Kunstwerke können in der Öffentlichkeit gezeigt oder an Museen verliehen werden, wird ein Kredit benötigt, dann dienen sie als Sicherheit. Die Kunst demonstriert, wie fortschrittlich und kreativ der Konzern ist, und bei einem Vergleichsverfahren ist die Sammlung in der Regel nicht betroffen und ihr Wert bleibt dem Firmeninhaber erhalten.

Fritz Beindorff

Alexander Dorner und die Abstrakte Kunst

Nach seiner Promotion zum Dr. phil. kam Alexander Dorner nach Hannover und wurde 1925 Direktor der Kunstsammlungen des Provinzialmuseums und fünf Jahre lang künstlerischer Leiter der Kestner Gesellschaft. Er erkannte als einer der ersten Museumsdirektoren das bahnbrechend Neue der Abstrakten Kunst-Bewegung und ihre Bedeutung für die Zukunft. Ihm ist es zu verdanken, dass die Stadt Hannover für etliche Jahre zum Zentrum der Abstrakten wurde. Der Kunsthistoriker war eine auffallende Erscheinung, mit selbstbewusstem, sogar herrischem Auftreten. Sein bartloses Gesicht wurde durch eine große Narbe auf der linken Gesichtshälfte dominiert, die er sich bei der Mensur einer schlagenden Verbindung zugezogen hatte. Als freiwilliger Soldat im Weltkrieg wurde Dorner im Schützengraben verschüttet, die daraus resultierenden Symptome ließ er sich nicht anmerken. Sowohl Bode als auch Dorner hatten ein Todeserlebnis. Man sprach nicht über diese Dinge, wenn überhaupt, dann nur mit Kameraden, die durch die gleiche Hölle gegangen waren. Die Männer tauschten sich über ihre Kriegserlebnisse aus, vornehmlich über die Erkenntnisse, die sie aus dem Erlebten gezogen hatten. Sie hatten die Hölle hinter sich und wollten anderen diese Hölle ersparen. Der Museumsdirektor war ein unbeugsamer Charakterkopf, er wollte seine Sicht auf die Zukunft der bildenden Kunst im Hannoveraner Museumsbetrieb umsetzen. Die einen bewunderten ihn wegen seines Engagements für die Moderne, die anderen lehnten ihn ab, weil sie sich das Weltbild einer göttlichen Ordnungsidee und das Ideal der Schönheit in der Kunst nicht nehmen lassen wollten.

Die Sammlung des Provinzialmuseums umfasste archäologische und naturhistorische Stücke, außerdem Expressionisten und Konstruktivisten, die in der Sankt Petersburger Hängung, also über- und untereinander gezeigt wurden. Dem Anspruch, dass das Museum ein

Tempel sei, trat Dorner entgegen, indem er Alltagsgegenstände mit Kunst mischte und mit flexiblen Wänden eine Erlebniswelt im Museum schuf. Er wollte die »Entwicklung des menschlichen Geistes, anhand von lebendiger und unabhängiger Kunst« zeigen und erdachte ein Museumskonzept, bei dem die Ausstellungsräume so umgestaltet waren, dass die Bilder, Möbel und Objekte den Lebensstil der jeweiligen Epoche erlebbar machten. In einer Art Zeitreise sollte der Besucher verstehen, wie aus der subjektiven Ausdruckskunst die Bewegung der Abstrakten und des neuen Realismus hervorgegangen waren. Dorner schrieb:

»Seit der Antike verstehen wir unter Kunst die Erzeugung eines ästhetisch wirksamen Gebildes: Ästhetisch wirksam aber ist das Schöne, das das Vielartige zu einer harmonischen Einheit, zu einer Form zusammenfasst. Kunst ist nur das, was uns die Existenz eines Seins bestätigt, das über allem veränderlichen Handeln steht.«

Der Weg der Aufklärung führte laut Dorner vom Glauben an die Existenz einer letzten Einheit zum Zweifel an ihrer Existenz und dazu, an die Kräfte der Veränderung zu glauben.

»Der Impressionismus zeigt, dass die Welt aus einer unendlichen Vielfalt materieller Partikel besteht. Die Impression ist ein Augenblicksquerschnitt durch die Bewegung im Raum. Der Impressionist rührt nicht an das Prinzip der Perspektive und ihres gegenständlichen Rahmenwerks. Die Veränderungskraft erstreckt sich auf die Veränderungen, die die Reflexion des Sonnenlichtes auf den Teilchen bewirkt. Impressionismus und Pointilismus sind formal wie inhaltlich Auflösungsstadien der dreidimensionalen Wirklichkeit.«

Durch seine Vorträge konnte Dorner einen Großteil des Publikums davon überzeugen, dass sich die Kunst zur Abstraktion hin entwickeln musste und in der Zukunft darüber hinaus Film, Foto und andere Medien die künstlerische Weltsicht verändern würden:

»Die formgebundene Welt entgleitet ins Sublime. Gott ist immer noch der letzte einigende Zustand der Welt, aber er ist zugleich die Kraft der Umbildung. Jedes romantische Bild ist eine Bewegung und die Romantiker zeigen das Eindringen der Zeit in die alte Raumvorstellung. Sie schufen das Milieu, aus dessen innerer Spannung die neue Bewegung erwuchs, die die Reste der unangefochtenen Grundsätze aufgab und in die größere Tiefe einer selbstveränderlichen Welt vorstieß.«

Im Provinzialmuseum endete die Reise durch die Kunstgeschichte im Abstrakten Kabinett, das El Lissitzky zusammen mit Dorner entwickelt und gebaut hatte. Er schrieb dazu:

> *»In die Wände waren schmale Zinnstreifen eingelassen, die rechtwinklig zur Wandfläche standen. Da diese Streifen auf der einen Seite schwarz bemalt waren, auf der anderen grau und weiß an den Kanten, änderte die Wand ihren Ausdruck mit jedem Schritt des Besuchers, sodass eine überräumliche Umgebung für Bilder entstand. Diese optische Beweglichkeit wurde durch Archipenkos Skulptur vor einem Spiegel fortgesetzt. Der Spiegel warf die Kehrseite der Metallstreifen zurück, nicht die Seite, die dem Beschauer zugewendet war, dadurch änderte die Konstruktion ihre Identität. Der vorganghafte Charakter drängte die abstrakte Malerei von selbst zum Film, ein Film, in welchem Formen und Farben ihre Identität in einem Akt wechselseitiger Durchdringung fortwährend ändern. Die Abstrakte Kunst ist nicht mehr ›Kunst‹ im überlieferten Sinne, weil sie zum ersten Mal in der Geschichte die alte Polarität zwischen reiner Form und fließender Energie aufgehoben hat.«*

Von Bode hingen zwei Arbeiten im Abstrakten Kabinett, *Proun 30 T* von Lissitzky und das *E-Bild* von Moholy-Nagy. Dorner überredete den Freund immer wieder, Bilder und Skulpturen zu kaufen, weil er überzeugt war, dass die von ihm geförderte neuartige Kunst Impulse für die Zukunft geben und eine neue Ära in Gebrauchsgrafik und Architektur anstoßen würde. Um einen finanziellen Zugewinn ging es den beiden Kunstenthusiasten nicht, die Arbeiten waren vielmehr ein Spiegel, in dem sich Künstler und Käufer täglich aufs Neue begegnen konnten, um neue Möglichkeiten zu erkunden. Der Astrologe glaubte zu wissen, was kommen würde, und die befremdenden Erscheinungen in der Kunst waren ihm die Vorboten einer geistigen Verwandlung. Deshalb kaufte Bode das Bild *Blitzschlag* von Klee, auf dem ein Pfeil aus dem oberen Bildrand auf einen zu Boden stürzenden Menschen trifft. Der Sammler sah in dem Bild die Darstellung der Inspiration, die wie ein Blitz aus heiterem Himmel kommt.

Die Kestner Gesellschaft bot am Ende eines jeden Jahres Weihnachtsgaben an. Das waren preisgünstige Werke von Künstlern, die dem Kunstverein nahestanden oder dort ausgestellt hatten. Es wurden Grafiken, Radierungen und Zeichnungen angeboten und Hermann beglückte sich selbst alljährlich zum Christfest mit einem solchen Geschenk. 1925 kaufte er die Weihnachtsgabe *Hundsteufel*, auf die Klee mit zartem Stift eine Widmung schrieb: »Für Herrn Dr. Bode mit besten Wünschen Klee.« Bei dieser Gelegenheit erfuhr der Sammler, dass das Bauhaus im neuen Jahr nach Dessau umziehen würde, wo der Flugzeugbauer Hugo Junkers seine Unterstützung angeboten und Gropius neue Meisterhäuser entworfen hatte. Bode gab Klee seine Visitenkarte mit den Worten: »Wenn Sie wieder nach Hannover kommen, dann würde ich mich freuen, wenn Sie uns besuchen.«

Paul Klee »Znull« Sechsbeiniger Hundsteufel, 1925

In der Hannoveraner Gesellschaft gehörte es zum guten Ton, Musik zu machen, sich für Literatur und Kunst zu interessieren und sich im Staats- und Gemeinwesen zu engagieren. Das Bildungsbürgertum pflegte die Tradition des Salons, in dem junge Talente gefördert wurden. Bei der Einladung ins Privathaus wollte man wissen, wer sonst noch eingeladen war, um abschätzen zu können, ob die Gesellschaft konvenierte. Wer etwas auf sich hielt, dachte nicht daran, seine kostbare Zeit mit Kreti und Plethi zu verbringen. Sowohl die Kleidung als auch das Auftreten hatten tadellos zu sein und die Gespräche geistreich. Der Freundeskreis wollte nicht nur verköstigt werden, bei anregender Atmosphäre durfte die geistige Nahrung nicht fehlen. Bode plante zweimal im Jahr eine Abendveranstaltung, bei der er Freunde, Künstler, Patienten und Industrielle in sein Haus bat. Er hatte in Kurt Schwitters Prosasammlung »Anna Blume« ein Gedicht gelesen, das ihm ausnehmend gut gefiel: »O du, Geliebte meiner siebenundzwanzig Sinne, ich liebe dir! – Du deiner dich dir, ich dir, du mir. – Wir? ....«. Eine Lesung der Gedichte um ANNA, die von hinten und von vorne schön war, das würde ein inspirierender Einstieg für seine Einladung sein. Der Sammler rief bei Schwitters an und bat darum, ihn in seinem Atelier besuchen zu dürfen. Sie vereinbarten einen Termin und Maria, die gerade zu Besuch bei den Eltern weilte, nutzte die Gelegenheit, den Vater zu begleiten. In einem Brief hielt sie die Begegnung fest.

Schwitters empfing uns in der Waldhausener Straße, es standen Pappschachteln herum, die angefüllt waren mit farbigen Papierschnipseln und Bedrucktem. Auf dem Arbeitstisch lagen Pappdeckel, die beklebt waren mit Fahrkarten, Wortfetzen und verschiedenfarbigem Papier. Vati wollte wissen, warum er die gegenständliche Malerei aufgegeben habe und bekam zur Antwort: ›Erst durch die Abstraktion wird ersichtlich, dass das Bild für sich alleine verantwortlich ist.‹ Eines von den Kleisterbildern war mit Glas bedeckt und mit braunem Packpapier umrahmt. Der Künstler hielt es hoch und sagte: ›Der Rahmen ist MERZ, das Material ist wichtig für die Komposition und ihre künstlerische Bedeutung, ich male mit verschiedenfarbigen Materialien, wie andere mit Farben.‹ Wir haben zwei MERZ-Bilder gekauft. Vati findet alles, was Schwitters macht, einzigartig und eigenwillig. Er sieht in ihm einen Till Eulenspiegel, für den die Kunst eine Form von Freiheit und Selbstbestimmung ist.

Zu der angekündigten Abendeinladung strömten die Besucher zur Tür herein, wo ihnen Maria die nassen Mäntel abnahm. Im grauen Anzug mit einer Perle an der lichtblauen Krawatte, begrüßte Bode die Damen mit einem angedeuteten Handkuss. Ihren Duft in der Nase, erwies er dem dazugehörigen Herren mit einem leichten Kopfnicken die Reverenz. Die hinter ihm stehende Ilse wechselte mit jedem Gast ein paar persönliche Worte, so wie sie es aus ihrem Elternhaus kannte. Nach den Eltern Beindorff kamen die Künstler Kandinsky und sein russischer Kollege El Lissitzky, Schwitters hatte seine Frau und den Maler Carl Buchheister mitgebracht, den der Hausherr noch nicht kannte. Peter Bade kam in Begleitung des Urologen Georg Praetorius vom Klinikum Siloah zu Linden und dem Frauenarzt Axel Dohrn, nach ihnen betrat Mary mit Richy das Haus. Dorner und seine Frau Lydia brachten Mutter Valentin, die Elsbachs und die Stichwehs mit, denen die erste chemische Reinigungsfirma gehörte. Das Dienstmädchen reichte jedem ein Glas Wein, während Erkengard Teller mit bunt belegten Brötchen durch das Gedränge balancierte.

Man unterhielt sich über die Herbsttagung des Völkerbundes. Vater Beindorff sagte: »Es ist unserem Außenminister Gustaf Stresemann gelungen, dass Deutschland nun wieder ein vollwertiges Mitglied der Staatengemeinschaft ist. Acht Jahre nach diesem schrecklichen Krieg wird die Rheinlandbesetzung beendet und das Saargebiet an Deutschland zurückgegeben. Es soll wieder Handelsbeziehungen zwischen Deutschland und Frankreich geben.«

Bode erwiderte: »Ich habe gehört, Aristide Briand und Gustaf Stresemann sollen dafür den Friedensnobelpreis bekommen.«

Dorner mischte sich ein: »Was für uns eine Verständigungspolitik ist, wird von den Nationalsozialisten als Erfüllungspolitik bezeichnet. Das Auswärtige Amt beurteilt die bilateralen Abkommen kritisch. Absprachen mit allen Siegermächten hätten eine ganz andere Bedeutung für unser Land.«

Günther trat hinzu und meinte: »Es ist doch ein erster Schritt, wenn sich Deutschland und Frankreich versöhnen.«

Bode sagte aufmunternd: »Das Gästebuch liegt auf dem Flügel, ich möchte alle Besucher bitten, sich mit einem Reim oder einer Zeichnung darin zu verewigen.«

Mary wollte wissen: »Was soll ich denn schreiben?«, und Hermann gab zur Antwort: »Vor das Gästebuch gezerrt, fühlt man sich wie ins Klöchen eingesperrt, auch wenn man gar nicht muss.« Die Umstehenden lachten, woraufhin Kandinsky nach einem Lineal verlangte, um eine abstrakte Zeichnung anzufertigen. Darunter schrieb er die Widmung: »Dem verehrten Dr. Bode Herzlichst Kandinsky.«

Zwischen dem Wohnzimmer und dem Esszimmer waren die gläsernen Flügeltüren zurückgeschlagen, in beiden Räumen waren Sitzgelegenheiten aufgereiht. Als endlich Ruhe eingekehrt war, bedankte sich der Gastgeber bei Ilse für die kulinarischen Vorbereitungen und erzählte anschließend, dass er durch Mary erstmals vom Dadaismus gehört hatte.

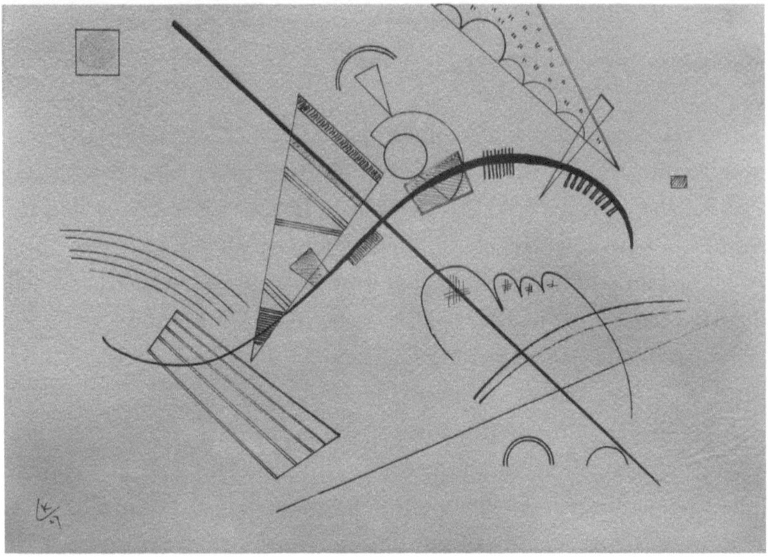

»Stil ist die besondere Ausdrucksform einer Persönlichkeit, einer Personengruppe oder einer Zeit. Wer nach Stil sucht, ist nicht fähig, ihn zu schaffen. Nur wer dem Wesen der Gestaltungsaufgabe bis ins Letzte nachgeht, findet den Stil als Nebenerscheinung. So verhält es sich mit der Lautmalerei des Dadaismus.

Kurt Schwitters, von dem ihr das Gedicht Anna Blume kennt, wird heute seine Ursonate vortragen und wir sind voller Erwartung, seine Komposition zu hören.« Der Redner verneigte sich, brachte das erste Klatschen mit einer abwehrenden Handbewegung zum Schweigen und wies auf den Interpreten.

Fümms bö wö tää zää Uu,
pögiff, kwii Ee.
Oooooooooooooooooooooo,
dll rrrrr beeeee bö, dll rrrrr beeeee bö fümms bö,
rrrrr beeeee bö fümms bö wö, beeeee bö fümms bö wö tää,
bö fümms bö wö tää zää, fümms bö wö tää zää Uu:

Fümms bö wö tää zää Uu, – pögiff, – Kwii Ee.
Desdesnn nnrrrrr, – Ii Ee, mpiff tillff, too, tillll, Jüü Kaa?

Rinnzekete bee bee nnz krr müü? – ziiuu ennze, ziiuu rinnzkrrmüü, rakete bee bee, – Rrummpff tillff toooo? ......

Durch den rhythmischen Vortrag und die Ernsthaftigkeit in der Physiognomie des Künstlers wirkte der Vortrag nicht albern, trotzdem meinte Ilse. »Ist das jetzt der akustische Aspekt einer kulturellen Revolution, eine künstlerische Blödelei oder ein Witz?«

Maria bemerkte: »Schwitters hat unseren Vater verbessert, er ist kein Dadaist, sondern Kuwitters, er sieht einen Sinn im Unsinn.«

Martha Beindorff wiederholte: »Einen Sinn im Unsinn, das ist Blödsinn.«

Mary sagte: »Um DADA anschaulich zu machen, hat Marcel Duchamp ein Pissoir als Skulptur im Grand Central Palace eingereicht. Die Jury wollte seinen Brunnen nicht ausstellen, daraufhin hat Duchamp einen riesen Wirbel um die Ablehnung gemacht und erklärt, dass der Künstler einzig und allein durch seine persönliche Auswahl einen Gegenstand zum Kunstwerk erheben kann.«

Bode trat in den Kreis: »Die Kunst sprengt das gesellschaftliche Korsett, um überholte Regeln aufzuzeigen, diese können dann bei Bedarf überwunden werden. Die künstlerische Freiheit, mit der Schwitters Althergebrachtes infrage stellt, bedroht unsere Kultur nicht. Lasst doch bitte die Kloschüsseln auf dem Örtchen!«

Buchheister versuchte zu vermitteln: »Im Museum wirken Alltagsgegenstände plötzlich ganz anders, deshalb spricht Duchamp vom Objet trouvé.«

Dorner grinste: »Es soll herausgefunden werden, was Kunstwerke von Gegenständen unterscheidet, die keine Kunstwerke sind. Wenn die Jury eine Kloschüssel als Kunstgegenstand anerkennt, dann werden zukünftig irgendwelche Gegenstände, durch den Willen des Künstlers und durch die Akzeptanz der Kunstsachverständigen, zu einem Kunstwerk erklärt. Das würde die Philosophie der Ästhetik auf den Kopf stellen.«

Martha Beindorff wandte sich ab und murmelte: »Ihr Künstler seid ganz schön elitär geworden.«

Es war ein gelungener Abend, an dem der exotische Vortrag Anlass zu streitbaren Gesprächen gab. Der Gastgeber klatschte in die Hände und verlas zum Abschied folgenden Text:

Jenseits von Urteil und Glauben, in sich ruhen; die geheimnisvolle innere Zeugung nicht stören durch zersplitterndes Wollen; warten, – bis der eigene Sinn sich regt, bis es sich drängt aus dem Gefühl empor zur Bewusstheit, aus Gärung zur Klarheit, das eigene Wesen weitend zur gestaltenden Erscheinung.

Wenige Tage nach der Veranstaltung kam Mary zu Besuch. Es machte ihr Sorgen, dass so viele Künstler arbeitslos waren und sich die teuren Leinwände und Farben nicht mehr leisten konnten. Sie erbat sich von Ilse Schulmalkästen, Farben und Pinsel, um sie befreundeten Malern zu schenken. Der weltweite Konjunktureinbruch und die Weltwirtschaftskrise hatten die Mittelschicht in Deutschland erreicht. Durch den Rückgang der Industrieproduktion und des Welthandels verarmten große Teile der Bevölkerung. Schwitters behalf sich mit Materialien aus der Druckindustrie, seine Collagen waren der Ausdruck von künstlerischer Armut und Bescheidenheit. Wortfragmente, vergilbte Fahrscheine, verbrauchte Papierfetzen oder Eintrittskarten verbanden Kunst und Leben, sie zeigten den Wert des Wertlosen. Unbeirrbar verfolgte er seine Vision, den Abfall des täglichen Lebens in Kunst zu transformieren.

Während Mary die Farben in einen Korb packte, erzählte sie: »Käte Steinitz hat Schwitters im Keller der Druckerei Molling erlebt. Er kniete am Boden und sortierte farbig bedrucktes Papier, als über ihm eine Klappe aufging, durch die eine Papierlawine herunter kam. Schwitters stand auf und griff mit beiden Händen nach den farbigen Schnipseln.«

Hermann nickte: »Das romantische Bild vom Künstler, der von der Muse geküsst, mit der Rotweinflasche in der einen und dem Pinsel in der anderen Hand, malend vor seiner Staffelei steht, entspricht nicht mehr der Realität. Häufig rackern sich die Genialen mit unbegabten Schülern ab oder nehmen eine stumpfsinnige Arbeit an, um ihr täglich Brot zu verdienen.«

Mary meinte: »Es ist schon so, wer einmal dem gestaltenden Schaffensrausch verfallen ist, wird zum Getriebenen seiner eigenen Genialität. Ich kenne Schriftsteller und Maler, die drehen durch, wenn sie bei der Arbeit gestört werden. Wirklich neue inspirierte Ideen entstehen nur dann, wenn man ungestört und ohne Ablenkung auf die Sache konzentriert arbeiten kann, fast wie in Trance. In Amerika spricht man vom Flow.«

Ilse brachte eine Flasche Rotwein und Gläser, während ihr Mann dozierte: »Nur in der Stille kann aus der Koinzidenz vieler verschiedener Gedanken und Vorstellungen eine Eingebung entstehen, die uns Menschen weiterbringt. Der kreative Mensch ähnelt dem Schöpfergott.«

Mary lachte: »Das hättest du wohl gerne, nachdem auch Atheisten Zugang zu den unerschöpflichen Quellen der Kunst haben und besonders von weiblichen Musen stimuliert werden, stelle ich die Behauptung auf, dass ein Gegenüber, ein mitdenkender Gesprächspartner, für die Kreativität förderlich ist.«

Bode reagierte ein bisschen beleidigt: »Albert Einstein sagt, Kreativität ist Intelligenz, die Spaß hat«, und Ilse setzte hinzu: »Wenn Kunst und Spaß zusammenkommen, na dann Prost.«

Mary und Hermann waren sich einig darüber, dass die Prädisposition zum Künstlerberuf in der Sternkonstellation des Geburtshoroskopes zu finden war und der Freund sagte: »Dem Kreativen wird die Begabung und seine Sonderstellung in die Wiege gelegt. Begabt sind viele Menschen, aber die Disziplin, etwas daraus zu machen, haben nur wenige. Die Kunst ist ein eigenes Universum, das parallel zur Wirklichkeit existiert. Interessant ist die Verbindung zwischen diesem Universum und dem Leben, die Energie die überspringt.«

Mary setzte hinzu: »Der Stern leuchtet nur wenigen. Ob etwas einen hohen künstlerischen Wert hat, können nur Eingeweihte sehen oder hören, weil wir nur sehen oder hören, was wir auch verstehen können.«

Zu diesem Thema hatte Bode einiges aufgeschrieben. Er stand auf und holte sein Notizbuch, aus dem er vorlas: »Vor jedem neuartigen Kunstwerk scheiden sich die Menschen in zwei Gruppen. Die einen wollen verstehen und gewinnen im andächtigen Betrachten die Ausweitung ihrer Sinneswahrnehmung. Die anderen wollen urteilen und finden im Suchen nach wirkungsvollen Worten, den beschränkten Spiegel ihrer Eitelkeit.«

Ilse lachte: »Das konnte man beim Vortrag der Ursonate gut beobachten. Die einen waren brüskiert und die anderen waren froh, etwas Neuartiges zu erleben, die Reaktionen sind für den Künstler nicht immer schmeichelhaft.«

Mary entgegnete: »Begabte sind leidensfähig, sie folgen ihrer Berufung oder ihrem Schicksal. Die Künstler beobachten genau, was ihre Kollegen machen, so hat sich Kandinsky einiges bei Lissitzky abgekuckt.«

Der Hausherr blätterte in seinen Aphorismen und las vor: »Ob ein Kunstwerk erstmalig oder einmalig ist, bestimmt seine Bedeutung vor dem urteilenden Verstande, vor der Seele des Menschen gilt allein sein geistiger Wert.« Er sah von seinen Notizen auf und fuhr fort: »Die Künstler, die im persönlichen Ausdruck zu sich selbst finden, sind für mich als Sammler entscheidend. Mich überrascht manchmal die Ähnlichkeit zwischen dem Maler und dem Gemalten, deshalb kaufe ich nur Arbeiten von Persönlichkeiten, die mir sympathisch sind. Mit jedem Bild, das ich in unserem Haus aufhänge, veränderte sich die Stimmung im Raum«, und Ilse setzte flüsternd hinzu: »Er spricht vom mystischen Einfluss der Kunst auf sein Leben.«

Bei einer Versteigerung von Kunstwerken in den Räumen der Kestner Gesellschaft konnte Bode Anfang 1927 zwei Aquarelle von Kandinsky ersteigern. Im gleichen Jahr gründeten Kurt Schwitters, Carl Buchheister, Rudolf Jahns, Hans Nitschke und Friedrich Vordemberge-Gildewart die Künstlergruppe »die abstrakten hannover«. Aus diesem Anlass besuchten Dorner und Bode gemeinsam das Atelier von Carl Buchheister in der Weidetorstraße. Die relativ kleinformatigen Werke, meist in Öl auf Karton gemalt, zeugten von großer Experimentierfreude. Aus Chemikalien und neuen Farben waren alchemistisch anmutende Gebilde entstanden, bei denen die Pigmente in den Karton ausbluteten. Bode kaufte die *Komposition P16*, bei der eine weiße Wolke auf schwarzem Grund, mit Ocker rot und grün umrandet, nach oben schwebt. Bei einem weiteren Bild, der *Komposition in drei Ebenen,* war ein gewellter Pappkarton auf ein Holzstück montiert, aus dessen Mitte ein öliges Farbgemisch quoll. Bode fand das Objekt nicht schön, aber interessant, weil er etwas derartiges noch nie gesehen hatte. Gerade weil es ihm unerklärlich schien, erwarb er das sperrige Kunstwerk, um herauszufinden, was es auszulösen vermochte. Diese formlose Malerei, bei der die Farbe geschüttet, gespritzt, vermengt und dem Zufall überlassen wird, erhielt später die Bezeichnung »Informel«. Der Künstler und der Sammler fanden im Gespräch schnell zueinander und Buchheister lernte seine spätere Frau bei einer Abendeinladung von Bode kennen. Als dieser die beiden Neuerwerbungen zu Hause aufstellte, herrschte ratloses Schweigen. Keiner, nicht einmal Ilse, wagte zu sagen, was sie von diesen Bildern hielt. War das Kunst oder ein missglücktes Experiment? Buchheister sprach bei den ungegenständlichen Arbeiten von einer Naturbeobachtung. Demzufolge kam die *Komposition auf drei Ebenen* nach Steinhude, um sie vor der Natur besser einschätzen zu können.

In Steinhude war das Nachbargrundstück mit einem kleinen Häuschen zum Verkauf angeboten und Bode verhandelte über Monate mit der Besitzerin, bis er es für Julia erwerben konnte. Von nun an verbrachten die Geschiedenen ihre Freizeit in zwei Häusern nebeneinander. Ilse wollte die erste Frau ihres Mannes in das gemeinsame Familienleben miteinbeziehen, hatte aber Verständnis dafür, dass Julia ihr zurückgezogenes Leben schätzte und einer ständigen Gegenüberstellung mit ihrem ehemaligen Mann aus dem Weg ging. Mit einem Stück Kuchen erschien Ilse im Nachbarhaus und die beiden Frauen unterhielten sich über den gemeinsamen Ehemann. »Du kannst froh sein, dass ich dir den anspruchsvollen Dragoner abgenommen habe«, sagte Ilse abschließend und dieser Ausspruch wurde häufig wiederholt.

Julia und Elsa gehörten zur Christengemeinschaft Hannover, die sich im Künstlerhaus an der Sophienstraße 2 zusammenfand, um die Anthroposophie von Rudolf Steiner zu lehren. Man traf dort liebenswerte und zugewandte Menschen, auch Ilses Bruder Günther gehörte zu dieser Gemeinde. Man sprach über die Waldorfpädagogik, die anthroposophische Medizin und die biologisch-dynamische Landwirtschaft. Julias Trennungsschmerz verging, sie wurde allmählich wieder fröhlich und konnte herzlich lachen. Sie hatte Zeit, sich ihren eigenen Interessen zu widmen, hörte Kunstgeschichtsvorlesungen und fuhr mit den Arthur Kutscher-Kunstreisen nach Italien. Der innere und äußere Abstand half der Geschiedenen, sich selbst und das Verhältnis zu Hermann mit anderen Augen zu sehen. Von ihm stammte der Satz: »Klar sieht, wer von Ferne sieht, und nebelhaft, wer Anteil nimmt«, das konnte Julia vollinhaltlich bestätigen.

Es ergab sich ganz zwanglos, dass Elsa die jüngeren Geschwister mit nach Hause brachte. So lernte Julia den kleinen Sindbert kennen, der sich zu einem aufgeweckten Kind entwickelte und dem Vater ähnlich sah. Er hatte dessen blaue Augen und seine feingliedrigen Hände, jedes alberne Wort aus dem Mund des Knaben war DADA und wurde notiert und seine Kinderzeichnungen hingen gerahmt neben denen von Paul Klee und Wilhelm Busch. Maria benahm sich wie die Mutter des Jungen, schleppte ihn auf dem Arm herum und war in übertriebener Weise um das Wohl des Bruders bemüht. Der Vater schenkte dem Sohn viel Aufmerksamkeit, sowohl den Klavier- als auch den Kompositionsunterricht übernahm er persönlich. Zu Besuch bei Julia setzte sich der Bub ans Klavier und übte seine Fingersätze, bis Elsa mit ihm vierhändig spielte. Schon bald hieß es, der Kleine kommt um kein Klavier herum, ohne zu spielen. Als der Sechsjährige sein erstes Musikstück in ein Notenbüchlein kritzelte, sprach man vom Wunderkind. Er wollte nicht bevorzugt werden und wehrte sich gegen das Übermaß an Zuneigung.

Kurt war ein impulsiver und übermütiger Junge, er besuchte zusammen mit seinem Cousin das Landschulheim Solling bei Holzminden. Theophil Lehmann war der Schulleiter, er kämpfte bis zu seinem Tod um die politische Unabhängigkeit seiner Schule, deren Sinnspruch lautete:

»Die Freideutsche Jugend will nach eigener Bestimmung, vor eigener Verantwortung, in innerer Wahrhaftigkeit ihr Leben gestalten. Für diese innere Freiheit tritt sie unter allen Umständen geschlossen ein.«

Zu den Ritualen der Internatsgemeinschaft zählten kulturelle Veranstaltungen mit Musik, Theater und Vorträgen, die aus eigenen Reihen, aber auch mit Gästen von außen gestaltet wurden. Die Teilnahme war verpflichtend und vereinte alle Schüler in der Aula. Ilse schrieb:

»Morgen früh fahre ich mit meinem Bruder Fritz nach Holzminden, wir wollen Beide unsere Söhne abholen und ich freue mich riesig auf die Fahrt, denn Fritz liebe ich sehr. Übermorgen fahre ich dann mit Kurt nach Auermühle, um das große Schwein zu schlachten, und ich will Kurt dann einige Tage bei seinem Großvater lassen.«

In Steinhude machte Kurt mit einer Horde von Freunden die Strandhausreihe unsicher. Er war für jeden Unfug zu haben und immer auf der Jagd nach aufregenden und prickelnden Abenteuern. Julia rief: »Achtung, die Hunnen kommen«, wenn sie den Trupp an ihrem Steg anlanden sah. Der angebotene Kuchen und die Limonade verschwanden innerhalb kürzester Zeit in den hungrigen Mäulern. Es wurde gerauft und geboxt, bis die Buben unvermittelt auf ein selbstgebautes Floß sprangen und zur nächsten Schatzinsel stakten.

Alle Kinder waren für die Ferien irgendwo untergebracht, deshalb nutzte das Ehepaar Bode den Freiraum und begab sich im Juli zu den Salzburger Festspielen. Sie wohnten in der Pension Vogelweidstraße 98, wo sie alljährlich wie Familienangehörige begrüßt wurden. Max Reinhard hatte ganz Salzburg zur Bühne erklärt und inszenierte Hofmannsthals Mysterienspiel *Jedermann* auf dem Domplatz. Auf der Bühne der Felsenreitschule kamen, getreu dem Salzburger Slogan »von allem das Höchste«, die Inszenierungen *Diener zweier Herren* und die legendäre Aufführung von Goethes Faust zur Aufführung. Salzburg galt als stilbildend, insbesondere die Opern wurden als Gesamtkunstwerke konzipiert, das bedeutete, dass die Grenze zwischen dem Ästhetischen und der Realität verwischt wurden, wodurch eine zeitgemäße Aussage entstand. Wer gesellschaftlich mitreden und sich ein Urteil über die heimischen Bühnen erlauben wollte, musste in Salzburg gewesen sein.

Die darstellenden Künste wie Tanz, Theater und Musik sind flüchtig, weil sie sich in einem zeitlichen Ablauf vollziehen. Im 20. Jahrhundert veränderte sich der Kunstbegriff, Zeit und Raum sollten für den Betrachter erfahrbar und die Hintergründe der Entstehung eines Kunstwerks mit einbezogen werden. Der Schauspieler verwandelt sich in eine längst verstorbene Figur, er holt sie in unsere Gegenwart und inszeniert die Probleme einer anderen Epoche, um sie im Hier und Jetzt sichtbar zu machen. Ein guter Interpret kommt dabei einem anderen Leben möglichst nahe, man könnte von einer Wiedergeburt auf der Bühne sprechen. Gesellschaftliche Einflüsse aus Politik und Wirtschaft fließen in die darstellenden Künste mit ein, in die Aufführung klassischer Bühnenwerke werden aktuelle Probleme implantiert, um eine neue Sichtweise auf den Stoff zu ermöglichen. An dieser Vermischung von klassischen Stoffen mit aktuellen Themen, an der Zeitlosigkeit darstellender Kunst war Bode besonders interessiert.

Die Bayreuther Festspiele fanden alljährlich unter der Leitung von Siegfried Wagner statt. Das Ehepaar Bode wählte eine oder zwei Opern aus und studierte schon im Vorhinein die Partitur. Sie lasen sämtliche

Hintergrundinformationen und erschienen gut vorbereitet auf dem grünen Hügel. Durch die Klangfülle der Opernchöre hatte Hermann Zugang zu Wagners Musik gefunden und schätzte die Dramatik, mit der der Komponist seine Figuren musikalisch scheitern lässt und mit einem Crescendo in den Tod schickt. Die verwischten Grenzen zwischen dem Wirklichen und dem Visuellen, emotional unterlegt durch Wagners Musik, führten zu einer Spannungsdramaturgie, die nicht von dieser Welt zu sein schien. Es war der Traum dieses Tonkünstlers, die Menschen mit allen Sinnen in eine Sphäre zu entführen, in der sie die Illusion für Wirklichkeit hielten. Trotz der harten Sitzplätze und einer schlechten Belüftung war der Besuch in Bayreuth jedes Jahr ein Höhepunkt. Wagners Klänge berührten verschlossene Bereiche des Gemüts, weil menschliche Emotionen universell sind. Ilse und Hermann schätzten besonders die Dirigenten Arturo Toscanini und Wilhelm Furtwängler, deren Interpretation von Wagners Mysterienspielen sie auf Schellackplatten besaßen und häufig anhörten. Nach dem Schlussapplaus wurde an diesem Weiheort stehend das Deutschlandlied gesungen.

Auf der Rückreise von Bayreuth wollten Bode in Loheland anhalten, um Elsa zu besuchen, die dort eine Ausbildung zur Gymnastiklehrerin machte. Die anthroposophische Schule für Frauen lag einsam in den Hügeln der Rhön und Julia wohnte in einem nahegelegenen Bauernhof, sodass sie Elsa jederzeit besuchen konnte. Hedwig von Rohden und Louise Langgaard hatten die Schule gegründet. Die Gebäude waren im anthroposophischen Baustil nach Steiners Vorstellungen erbaut und lagen verstreut in der hügeligen Landschaft der Rhön. Das Ausbildungskonzept umfasste künstlerische, handwerkliche und gartenbauliche Tätigkeiten. Die Studentinnen erlernten eine Gymnastik, bei der sie sich im Einklang mit der Natur rhythmisch bewegten. Man übte alte überlieferte Volkstänze ein, um dieses Kulturgut vor dem Aussterben zu bewahren. In den Werkstätten wurde getöpfert, Holz bearbeitet und in der Hofstatt Gemüse angebaut. In einem hölzernen Zentralbau fand an jedem Sonntag der anthroposophische Gottesdienst statt, dessen Höhepunkt ein Konzert des Schulorchesters war.

Elsa überraschte den Vater mit einem Konzert des Cellisten Pablo Casals, der zwei der sechs Suiten für Violoncello solo von Johann Sebastian Bach spielen würde. Im zentralen Versammlungsraum saßen unter einer hohen Kuppel aus Holzgebälk die Zuhörer im Kreis um den Solisten herum. Die Stimme des Cellos erzeugte Klänge, in denen man Raum und Zeit erfahren konnte, sie schwang sich mit Grazie in erstaunliche Höhen und versank wenig später in der Tiefe eines Klangs, der alle Körper in Schwingung versetzte. Nie zuvor hatte Bode ein solches Cellospiel gehört. Von der Musikalität des Spaniers waren die Zuhörer derartig berührt, dass tiefe Stille herrschte, nachdem er geendet hatte. Durch die geöffneten Fenster hörte man Vogelstimmen und viele Zuhörer saßen mit geschlossenen Augen da, bis Langgaard aufstand, um dem Musiker zu danken. Dann bat sie die Cellistinnen aus dem Schulorchester, zu einer Meisterstunde in den zentralen Kreis. Es wurden Notenblätter verteilt und zwanzig junge Mädchen in handgewebten Röcken, das Cello zwischen den Knien, spielten einen Satz aus Anna Magdalenas Cellosuiten. Der Maestro meinte: »Ich glaube, dass die Interpretation dem Werk ziemlich oft überlegen ist, entscheidend ist die Intuition, die nicht nur die schöpferische, sondern auch die nachschöpferische Arbeit leitet. Alles, was ich tue, geschieht aufgrund intuitiver Erleuchtungen.«

Eine Loheländerin erwiderte: »Ravel verlangt, dass man nur das spielt, was in den Noten steht.«

Casals lachte: »Das ist Unsinn, die Aufgabe des Interpreten besteht darin, die von einem anderen geschaffene Form mit seinem eigenen Wesen zu erfüllen.«

Der Maestro spielte dann das Prélude aus der Cello Suite Nr. 3 und sagte: »Bach hat alle Gefühle zutiefst empfunden und sie in der vollkommensten Form ausgedrückt. Dieser Mann, der alles weiß und alles fühlt, kann keine Note niederschreiben, wie unbedeutend sie auch erscheinen mag, ohne dass diese Note Anteil am Unendlichen hätte.« Für Casals war Bach ein musikalischer Übermensch.

Der Kunstunterricht in Loheland entsprach anthroposophischen Grundsätzen und befasste sich mit Goethes Farbenlehre. Man hielt die Schülerinnen dazu an, ihr Umfeld künstlerisch zu behandeln und mit harmonischen Farben eine freundliche Atmosphäre im Wechsel der Jahreszeiten zu gestalten. An der Schule gab es Feministinnen, die ihre Schülerinnen dazu ermutigten, ihr Leben selbst zu bestimmen und ihre Sexualität frei auszuleben. Elsa erzählte dem Vater, dass sie

Lehrerinnen kannte, die ein Liebesverhältnis mit Schülerinnen hatten. Bode wollte besorgt wissen, wie seine Tochter dazu stand und war erleichtert, als sie sich für die gleichgeschlechtliche Liebe unempfänglich zeigte. Nach ihrer Ausbildung zur Gymnastiklehrerin fand Elsa ihre erste Anstellung in einem Kinderheim am Bodensee. Unter dem Begriff »Kinderlandverschickung« wurden hier bedürftige und gesundheitlich gefährdete Buben aus Berlin betreut.

Philosophische Selbstgespräche

Nachdem die meisten Kinder das Haus verlassen hatten, fand der 48-jährige Bode endlich die Zeit, sich um seine unbeantworteten philosophischen Fragen zu kümmern. Er wollte die Kriegserlebnisse verarbeiten und sein Nahtoderlebnis verstehen. Schon als Schüler zeigte er ein starkes Interesse an der Astronomie und der Kosmologie, die ein Teil der Metaphysik ist und sich mit dem Ursprung und der Entwicklung des Kosmos und dem Universum als Ganzes befasst. Mit großer Wissbegier las er Biographien von Kopernikus, Galilei, Kepler und Newton. Die Erkenntnisse dieser Wissenschaftler hatten einen starken Einfluss auf die rationale Theologie, die aus den natürlichen Quellen und mithilfe der Logik auf Gott als letzte Ursache zu schließen sucht.

Der Junge wuchs mit dem lutherischen Glauben auf, zu dessen Grundsätzen die Konzentration auf die Bibel und die Anerkennung von Jesus Christus als einzige Autorität der Kirche gehören. Nur durch Gnade und durch den Glauben konnte der Mensch errettet werden. Die Protestanten bekannten sich zu einem Lebensstil, der durch Fleiß, Selbstdisziplin, Pflichtbewusstsein, Ehrlichkeit und Genügsamkeit geprägt war. Im Geiste dieser Tugenden wurden die vier Bode-Söhne von ihren Eltern erzogen. Die Kinder von Juden und Christen werden zum täglichen Gebet angehalten, einem Gespräch mit Gott. Der Gott ist unsichtbar, er antwortet nicht, trotzdem werden ihm alle Sorgen und Nöte anvertraut. Wer von klein auf zu dieser innerlichen Auseinandersetzung erzogen wird, tut sich schwer damit, die Stimme in seinem Inneren zum Schweigen zu bringen.

Als Folge der Aufklärung traten die Lutheraner für die Trennung von Kirche und Staat ein und evangelische Wissenschaftler durften uneingeschränkt über die Schöpfung nachdenken. Die geistige und soziale Reformbewegung führte zu einer Pädagogik, die die gesamte Bildung in Preußen schrittweise erfasste. Schon im Gymnasium lernte

Hermann die Denkweise von Sokrates und Platon kennen, er erkannte im Wissen eine Machtoption und wollte ein Gelehrter werden. Als Student las er den Zarathustra von Nietzsche, der seine Einstellung nachhaltig beeinflusste.

Der Vater von vier Kindern, der sein halbes Leben hinter sich hatte, suchte nach einem eigenen Standpunkt im weltanschaulichen Durcheinander seiner Zeit. Von seinem Bruder Karl kam die Empfehlung, das Buch »Bekenntnisse Gottesstaat« von Augustinus zu lesen. Der frühmittelalterliche Philosoph wurde für Bode ein langjähriger Begleiter und Vorbild für den Umgang mit der inneren Stimme. »Mihi quaestio factus sum« – ich bin mir zur Frage geworden, klagte der Kirchenlehrer und machte die Suche nach einer Antwort zum Inhalt seines Lebens. Er beschrieb die Illumination oder Erleuchtung als Präsenz des göttlichen Lichtes in der Seele. Das Licht sollte das Innerste des Menschen darstellen, die Hinwendung zu diesem Innersten bedeutete für Augustinus die Rückkehr zum eigentlichen Ursprung.

Als Schüler der Stadt Hannover befasste man sich mit dem Mathematiker und Philosophen Gottfried Wilhelm Leibniz. Er war einer der letzten Universalgelehrten, der nach dem Unsichtbaren hinter dem Sichtbaren suchte, um die Herrlichkeit von Gottes Schöpfung zu verstehen. Kunst und Kultur waren zu seiner Zeit ein Spiegelbild der Natur. Leibniz fragte sich, wie das Leiden und das Übel dieser Welt mit der Allmacht und Güte Gottes zu vereinbaren sei, und kam zu dem Schluss, dass Gott als erste Ursache über das Leiden der Kreatur erhaben ist. Mit dem Kosmos hatte der Allmächtige »die beste aller möglichen Welten« hervorgebracht und das Gute war ohne das Üble nicht zu haben. Leibniz forderte das abendländische Denken mit der Frage heraus: »Warum gibt es überhaupt etwas und nicht vielmehr nichts?«

In seiner Monadenlehre beschreibt er Gott als Einheit Monas, die weitere Monaden erzeugt, von denen jede Lichtenergie der Erstmonade enthält. Im Zentrum der Monade befindet sich die Entelechie oder Seele, die über die Fähigkeit der Wahrnehmung verfügt. In den Schriften von Leibniz fand Bode eine Bestätigung seines Nahtoderlebens, die Energie hatte demnach seinen Körper verlassen und schwebte als reine Wahrnehmung im Raum. Aus seiner Praxis wusste er aber auch, dass der Körper mit der Seele eine Einheit bildet und starke Gefühle wie Angst oder Glück unbegreifliche körperliche Reaktionen auslösen können.

Isaak Newton sprach vom »geistigen Prinzip«, das in der Wechselwirkung aller Körper präsent sei. Dem wollte sich Bode mit Hilfe denkerischer und logischer Methoden nähern. Er vertiefte sich in die Schriften von Immanuel Kant, der in der Nachfolge von Leibniz Newtons Naturphilosophie studierte und das vernunftgeleitete Denken als Quelle der Erkenntnis nutzte. Bode studierte die drei Hauptwerke von Kant, was ihm wichtig erschien, wurde rot unterstrichen, wie der Satz: *Die Kunst ist das Werkzeug der Philosophie.* Die Metaphysik ist die Wissenschaft vom Übersinnlichen und Immateriellen und ein Ziel von Kant war es, in der Metaphysik zu wissenschaftlichen Aussagen zu kommen. Er befasste sich mit den Grenzen des Wissens und Erkennens, die nur unter der Voraussetzung von »Raum und Zeit« möglich sind. Nach der kopernikanischen Wende in der europäischen Geistesgeschichte war klar, dass wir Menschen nicht die »Sache an sich« erkennen, sondern nur ihre von der Wahrnehmung und dem Verstand geformten Erscheinungen. Gottes Existenz war durch bloßes Denken nicht zu beweisen, deshalb kam Kant zu dem Schluss: »Man kann an Gott glauben, ihn aber nicht beweisen.« Mit dieser Logik hatte er den »absoluten« Wahrheiten von Philosophie und Religion den Boden entzogen, Hermann erschienen seine Zwiegespräche mit Gott plötzlich wie Selbstgespräche, die im Nichts des Universums verhallten, so wie Kants Satz: »Was auf das Leben folgt, deckt tiefe Finsternis!«

Die Weltwirtschaftskrise, auch »Große Depression« genannt, führte zusammen mit dem Zweifel an der Existenz Gottes bei vielen Menschen zu einer Aussichtslosigkeit, die in dem Ausspruch gipfelte: »Gott ist tot.« Die Nihilisten bezogen sich auf Nietzsche, der geschrieben hatte: »Gott ist tot! Gott bleibt tot! Und wir haben ihn getötet!« Nietzsches Zarathustra hatte eine Botschaft für »die letzten Menschen«. Er prophezeite ihnen die Geburt des Übermenschen. Ein Überschuss an Lebenskraft und der »Wille zur Macht« sollten den Übermenschen zur Selbstbeherrschung befähigen und mit seiner Lebensbejahung war er der Überwinder des Nihilismus. Der Übermensch sollte der Schöpfer neuer Werte werden, die er aus sich selbst bezog, seine Bestimmung war es, aus der Menschheit ein Kunstwerk zu formen. Die Kunst sollte dem Leben neue Energie zuführen, nur so konnte die lähmende Lethargie überwunden werden. Zarathustra prophezeite:

> *Die Kunst und nichts als die Kunst! Sie ist die große Ermöglicherin des Lebens, die große Verführerin zum Leben, das große Stimulans des Lebens.*

Durch Nietzsche wurde Kants Erkenntnis populär, der Übermensch war die Antwort auf den Tod Gottes. Um dem Niedergang der Kultur und dem Werteverlust zu begegnen, wollte Nietzsche mit dem »Willen zur Macht« als treibender Kraft dem Leben einen neuen Sinn geben und eine Herrenrasse züchten, welche dazu berufen war, Europa zu beherrschen. Dieser Künstlerphilosoph vereinte die Aufklärung mit der Romantik und hatte einen unglaublichen Einfluss auf das Lebensgefühl der Avantgarde, die ihn gerne zitierte: *Man muss noch das Chaos in sich haben, um einen tanzenden Stern zu gebären.* Unter dem Begriff Sezession entstanden im deutschsprachigen Raum zahlreiche Kunstvereine. An der Fassade der Wiener Sezession prangte der Spruch: *Der Zeit ihre Kunst, der Kunst ihre Freiheit.* Neben dem Eingang stand in goldenen Lettern: *Ver Sacrum*, was auf einen antiken Brauch verweisen sollte, bei dem die jungen Männer eines ganzen Jahrgangs aus dem Stammesverband ausgestoßen wurden, um Neuland zu erobern.

Um zu neuen Ufern vorzustoßen, wird von jedem Einzelnen Übermenschliches verlangt. Bode überlegte, ob der Übermensch bereits in der Genesis angekündigt wurde, in der es heißt: »Ihr werdet sein wie Gott und wissen, was gut und böse ist.« Kant hatte den Satz aufgegriffen und geschrieben: »Ihr werdet das Gute und Böse nicht bloß unterscheiden, sondern entscheiden, feststellen und schaffen.« Die Kantsche Autonomie des Menschen übertraf die biblische, er hatte sich von der Übermacht der Natur emanzipiert. Bode schrieb in den Buchdeckel: »*Der von Kant postulierte Tod Gottes hat auch die Kunst verändert.*«

Um den Wandel in der Ästhetik zu verstehen, wollte sich der Kunstsammler den klassischen Aufbau der Philosophie von der Metaphysik zur Ästhetik noch einmal klar vor Augen führen. Bei Platon behandelt das Wahre die theoretische und das Gute die praktische Philosophie, während das Schöne zur Disziplin der Ästhetik gehört. Alle drei hatten ihre Urquelle in dem Urwahren, Urguten und Urschönen, im Göttlichen. Die Kunst musste sich an der von den Göttern geschaffenen Natur orientieren und wahrhaftig sein. Das Tun der Künstler stand unter dem Gesetz der Moral, sie waren weder autonom noch durften sie unsittlich sein. Die Kunst war die Bildnerin und Veredlerin der Menschen. Platon erhöhte das Schöne zu einer Idee, nach der die sinnlich wahrnehmbare Welt das Abbild einer unveränderlichen geistigen Welt der idealen Formen ist. Der Erkennende wird das Schöne selbst schauen als etwas »*ewig Seiendes und Unveränderliches, das weder wächst noch hinscheidet.*«

Die Welt der Renaissance und die von Leibniz (1646–1716) war wie bei Platon wohlgeordnet, es gab einen Schöpfer, der mit verschwenderischer Hand eine unermessliche Fülle von Schönheit über die sichtbare Welt ausgestreut hatte. Am Himmelsgewölbe funkelten die Sterne, das Veilchen blühte am Bache und selbst die Vögel sangen das Lob Gottes. Diese Welt, hervorgegangen aus Gottes Meisterhand, galt als Vorlage für die menschliche Kunst. In erhabenem Geistesfluge schuf Friedrich Schiller das Gedicht an die Freude, dessen Text Ludwig van Beethoven in seiner 9. Sinfonie vertonte. Der Chor »Freude schöner Götterfunken« drückt die tief empfundene Ästhetik dieser Zeit, ihre Metaphysik und Ethik aus.

Die Künstler der Romantik wandten sich mit Novalis und dem Hannoveraner Friedrich Schlegel von der Antike und den klassischen Vorbildern ab und übertrugen die Philosophie von Kant auf das Gebiet der Ästhetik. Der selbstbewusste Künstler, das freischaffende Genie, befreite sich vom Vorbild Gottes und schuf das Schöne oder das Hässliche, ohne dass er Rücksicht auf die Natur, eine vorgeschriebene Idee des Schönen oder eine einheitliche Harmonie nehmen wollte oder musste. Das Pferd durfte blau sein und niemand hatte das Recht, sich einzumischen. Novalis schrieb: »Wir wohnen hier der Geburtsstunde einer neuen Produktionsästhetik bei, die die traditionelle Nachahmungslehre ablöst. Der Künstler selbst, nicht die Natur, produziert das Schöne.« Die Kunst befreite sich auch von den Gesetzen der Moral, sie gab sich selbst ihre Gesetze, sie wurde souverän und autonom und zum Selbstzweck. L'art pour l'art, Kunst um der Kunst willen. Inspiration, Imagination und Freiheit gehörten zur schöpferischen Individualität des Künstlers und seine Werke waren umgeben von einer sakralen Aura. Bodes Kunstverständnis entsprach bis 1918 den klassischen Vorstellungen der Ästhetik. Dass er den Gedankensprung in die Moderne, die Befreiung der Kunst vom Gottesbegriff, mitmachte und für richtig hielt, war seine größte Leistung und blieb sein größter Zweifel.

Nietzsche fordert dazu auf: »Werde, der du bist.« Philosophie ist die persönliche Art und Weise, das Leben und die Dinge zu betrachten, sie beginnt mit der Selbsterkenntnis und bildet über das Selbstbildnis die Verbindung zur Kunst. Jedes Bild, auch das Selbstbildnis ist etwas Gewachsenes und trägt die Veränderung in sich. Es wird geformt von dem Blick in den Spiegel und den Rückmeldungen und Signalen, die man von anderen Menschen empfängt. Es wird geprägt von der Kultur, in der wir leben, und von der Gesellschaft, die eine ständige Anpassung an die vorherrschende Meinung und die aktuelle Sicht der Dinge verlangt. Bei der Suche nach dem Selbst, dem angeborenen und unveränderlichen Charakter, hilft uns die Kunst, weil wir uns in ihr wiederfinden und sehen können. Unsere Augen suchen das, was uns gefällt und der Verstand bewertet es, dann weiß das Ich, was es will. Vor diesem Hintergrund sah Sigmund Freud im biblischen Bilderverbot »Du sollst dir kein Gottesbild machen« die Zurücksetzung der sinnlichen Wahrnehmung zugunsten einer abstrakten Vorstellung von Gott. Dies veränderte das Erleben und Verhalten im Judentum, das daraufhin viele Musiker und kaum einen Maler hervorbrachte.

Heidegger formulierte entgegen den traditionellen Antworten, was Kunst ist oder zu sein hat, in seiner Schrift zur »Überwindung der Ästhetik«, dass Wahrheit durch ein Kunstwerk geschehen kann, indem es Verborgenes im Bewusstsein des Beschauers »entbirgt«. Der Philosoph interessierte sich für das Rätsel der Kunst, ihren Zauber. Um das Geheimnisvolle zu umschreiben, benutzen wir Begriffe wie Sinnbild, Allegorie, Metapher oder Gleichnis, das Kunstwerk wird zum Träger einer geistigen Bedeutung, die über es selbst hinausweist. Die sinnstiftende Kraft von Kunst wollte Heidegger mit Worten einfangen und setzte sich intensiv mit Nietzsche auseinander. Um eine Antwort auf die drängenden Fragen im »Weltzeitalter des Nihilismus« zu finden, fand er es erforderlich, dass sich die Auffassung, die der Mensch von der Welt hat, und diejenige, welche der Mensch von sich selbst hat, neu überdacht würden.

Durch den Verlust der göttlichen Ordnung und der gedanklichen Orientierung am Nichts war dem nihilistischen Individuum alles erlaubt und somit die Grenze zwischen Fortschritt und Barbarei fließend geworden. Der Erste Weltkrieg wurde in einer Zivilisation möglich, die von Aufklärung und Religion geprägt war, und stellte alle bis dahin gültigen Grundsätze infrage. Bode war davon überzeugt, dass man aus den Fehlern der Vergangenheit lernen konnte, um die Zukunft besser zu gestalten. »Für uns Physiker ist die Unterscheidung zwischen Vergangenheit, Gegenwart und Zukunft nur eine Illusion, wenn auch eine hartnäckige«, sagte Albert Einstein und Foucault wollte wissen: »Kann es sein, dass uns Menschen die Vergangenheit noch bevorsteht, weil sie immer wiederkehrt? Ist eine Erlösung oder Befreiung von allem Negativen in der Zukunft möglich, so wie es die Bibel verspricht, oder vernichtet sich die Menschheit selbst?« All diese Überlegungen besprach Bode mit seiner Frau und sagte: »Meine Filme kann ich vorwärts oder rückwärts laufen lassen, sie haben eine eindeutige Richtung. Wir wissen nicht, was in der Zukunft passiert, nur die Bewegung der Planeten und die Astronomie geben uns Einblick in das Uhrwerk der Zeit. Mit der Astrologie deuten wir die bevorstehende Zeit und können somit die Gegenwart in weiser Voraussicht gestalten.« Ilse hörte ihrem Mann zu, im Gespräch mit ihr entwickelte er sein Selbstbild und sein von der Astrologie beeinflusstes Weltbild, das sich durch eine existentielle Krise im Zweiten Weltkrieg noch einmal grundsätzlich verändern sollte.

In den Zwanzigerjahren befassten sich zahlreiche Intellektuelle mit den verschiedenartigen Weltanschauungen des Ostens. Reisende schrieben Bücher über die Praxis der Meditation und des Yoga. Hermann Hesse hatte das vielbeachtete Buch Siddhartha herausgebracht und Bode wollte mehr über das Leben des Buddha erfahren. »Die Philosophie der Inder« von Helmuth von Glasenapp widmet der gegenseitigen Beeinflussung der indischen und abendländischen Philosophie ein Kapitel, in dem die geistesgeschichtlichen Berührungspunkte von der Antike bis zur Besetzung Indiens durch die Engländer aufgezeigt werden. Buddhas Lehre, dass alle Ursachen des Leidens aus dem Geist entfernt werden müssen, um Frieden zu finden, konnte Bode aus eigener Erfahrung bestätigen. Er lernte, dass die Praxis des hinduistischen Yoga die völlige Ruhe des Geistes zu erreichen sucht, indem die Mönche das Mantra »Om Mani Padme Hum« in den leeren Raum des Universums flüstern. Diese vier Worte aus dem Sanskrit, mit dem Urlaut »Om« am Anfang und dem Urlaut »Hum« am Ende, symbolisieren diese Welt, ihr Entstehen, ihr Dasein und ihr Verlöschen. Ein Mönch, der auf Erden die vollkommene Leidenschaftslosigkeit erreicht hat, wird Arhat genannt. Das Foto eines Arhat stand auf Bodes Schreibtisch und zeigte einen sitzenden Mönch mit leerem Blick und heruntergezogenen Mundwinkeln. War die vollkommene Leidenschaftslosigkeit für einen westlichen Menschen erstrebenswert?

In einem persönlichen Schreiben wandte sich Bode an v. Glasenapp, der als Professor an der Universität Königsberg in Ostpreußen lehrte und sich wegen seiner Studien häufig in Indien aufhielt. Durch die Vermittlung von Frau de Hain kam schließlich ein Yogi mit seinem Begleiter in Hannover an. Der Inder hatte einen rasierten Schädel und war in orangefarbene Tücher gehüllt, in denen er erbärmlich fror. Er verneigte sich mit gefalteten Händen vor Ilse und Hermann und folgte ihnen barfüßig in Gummilatschen bis zum Automobil. In der Walderseestraße erhielt er gestrickte Wollsocken und ein wärmendes Umschlagtuch, dann zog sich der Mönch ins Gästezimmer zurück. Als Ilse vorsichtig an die Türe klopfte, saß der Gast im Schneidersitz auf dem Bett und schlief. Sie berührte ihn zart an der Schulter und bat ihn, an den Frühstückstisch zu kommen. Der Swami nahm nur Reis oder gedünstetes Gemüse zu sich und trank Wasser mit Tee. Ilse notierte:

»Gestern war bei uns die von Frau de Hain angesagte Veranstaltung des indischen Yogi. Vati hat sehr schöne teilnehmende Worte gefunden und seine Vorführung erklärt. Es handelt sich um Atemübungen und Konzentrationsübungen, die uns zeigen, wie sehr diese Menschen ihren Körper durch den Geist beherrschen können. Der Yogi saß im Musikzimmer auf einem Podium, das mit einem farbigen Teppich belegt war. Die verschiedenen Stellungen sahen wundervoll aus, wie auf einem al-

ten Gemälde. Er will mit seinem Begleiter einige Tage bei uns wohnen, weil es ihm so gut gefällt, das Haus, der Garten und wir Menschen. Er fühlt sich wohl. Morgens machen wir mit dem Yogi Übungen, sogar Grete steht auf und macht mit und ich glaube, es bekommt ihr gut. Ich hole Kurt aus Holzminden, damit er den Inder genießen kann. Montag früh um 4 Uhr fahren der Yogi und sein Begleiter weiter nach Antwerpen, wegen der Fahrkosten haben wir allerhand Scherereien. Sie wollen nach London und das dürfen sie als Ausländer nicht. Ich quäle mich mit den Dienststellen herum, hoffentlich mit Erfolg.«

Bode verschwand mit dem Yogalehrer im Arbeitszimmer, um spezielle Atemübungen und die Kunst der Meditation zu erlernen. Elsa beschreibt die Situation wie folgt:

»Als ich den Männern eine Schale Reis brachte, hockte der Mönch mit geschlossenen Augen auf einer Decke, hatte die Arme hoch über den Kopf gestreckt und schluckte einen langen Streifen Verbandmull. Als die Gaze wie eine weiße Schlange in seinem Körper verschwunden war, bewegte er den nackten Bauch in kreisenden Bewegungen und zog dabei den verschmutzten Stoffstreifen wieder aus dem Mund heraus und sagte in schwer verständlichem Englisch, dass dies ein Reinigungsritual sei, um Schadstoffe aus dem Körper zu entfernen. Ein anderes Mal saßen sich Lehrer und Schüler gegenüber, der Mönch im Lotussitz auf einer Decke und unser Vater auf einem Hocker. Sie hielten sich jeweils ein Nasenloch zu, durch das andere wurde lautstark ein- und ausgeatmet, dann der Atem angehalten. Der Mönch sagte: ›Alles fließt aus und ein, alles hat Rhythmus und Schwingung.‹ Dazu bewegte er die Arme im Zeitmaß der Atmung auf und ab. ›Alles, was du denkst oder tust, kommt zu dir zurück.‹ Er drehte die Hände hin und her. ›Alles hat zwei Seiten, die sich gleichen, wie hell und dunkel, wie männlich und weiblich, wie Mikrokosmos und Makrokosmos.‹«

Durch die Meditationsübungen, die Bode an Selbsthypnose erinnerten, erschloss sich ihm eine Sicht auf die Realität als Illusion. Die subjektive Wahrnehmung ist beeinflussbar durch die Gedanken, ändern wir die Einstellung, ändert sich die Sicht auf die Realität, deshalb können Fakire über glühende Kohlen gehen. Damit, dass die Seele nach dem Tod den Körper verlässt und außerhalb von Raum und Zeit in einem neuen Leib wieder geboren wird, um ein kosmisches Gesetz zu erfüllen, erklärte der Buddhist das Rätsel von unverschuldetem Leid und der Ungleichheit unter den Menschen. Er sagte: »*Finde dein wahres Selbst und folge deiner Begabung, den Rest überlass dem Universum.*« Bode hatte eine neue Spiritualität kennengelernt, den transzendenten Teil würde er sich mit täglichen Übungen begreiflich machen. Nachdem der Yogi abgereist war, machte er täglich vor dem Frühstück seine Atemübungen und vertiefte sein Wissen über den Buddhismus mit den Publikationen des Indologen v. Glasenapp.

Bei den folgenden Studien las Hermann die Bhagavad Gita der Hindus und kam zu den Wurzeln des Buddhismus in China. Er hörte von Laudsi, der 600 v. Chr. gelebt haben soll und mit dem Buch Dao-dö-jing (Dao, das Weltganze) den Daoismus begründete. Um die chinesische Naturphilosophie besser zu verstehen, erlernte Bode die Deutung der chinesischen Schriftzeichen und übersetzte anschließend die 5000 Wortbilder des Dao-dö-jing aus dem Urtext ins Deutsche. Sein handschriftliches Manuskript vergleicht andere Übersetzungen wie die von Ular mit der Urschrift. Bodes endgültige Fassung, enthält die chinesischen Schriftzeichen, daneben astrologische Kürzel und die mit Schreibmaschine geschriebene Nachdichtung der Verse in deutscher Sprache. Das Buch ist von Hand gebunden und über die Jahre restlos vergilbt. Im Text verfolgt der Verfasser die Auswirkungen der Lehren von Laudsi, auch Laozi genannt, über die Griechen bis ins Christentum. Das Dao-dö-jing übernimmt gleichnishafte Bilder aus der Natur von dem älteren »I Ging«, dem Buch der Wandlungen. Nachdem der indische Buddhismus ursprünglich aus China kam, entdeckte Bode all die Weisheiten, die ihm der indische Mönch beigebracht hatte, im Dao-dö-jing wieder. Einer der von ihm übersetzten Sprüche lautet:

Wenn alle Menschen das Schöne erkennen,
so wissen sie auch, was hässlich ist.
Wenn alle Menschen das Gute erkennen,
so wissen sie auch, was böse ist. Denn es ist gesagt:
Aus dem Nicht-sein offenbart sich das Sein.
Aus dem Schweren ergibt sich das Leichte.
Am Großen erkennt man das Kleine.

Am Hohen sieht man, was niedrig ist.
Aus dem Ton bildet sich die Stimme.
Aus dem Vergangenen geht das Zukünftige hervor.
Danach handelt der Vollendete:
Er sieht seine Aufgabe in dem, was zu unterlassen ist.
Im Hinausschreiten über sein Werk wird es ihm innerer Besitz.

In der Weisheit der altchinesischen Schriften fand Bode, was er all die Jahre gesucht hatte. Aus seinem Wissen über die griechische und christliche Philosophie und die Astrologie in Verbindung mit den Lehren von Laudsi entwickelte er seine eigene Weltanschauung. In seinem »Buch von Spur und Sinnkraft«, finden sich zahlreiche Wortschöpfungen. Von Kant übernahm er den Begriff der *Allheit*, die dieser aus der Einheit und der Vielheit herleitet. Das Wort *Sinnkraft* benutzte er für die Kraft, mit der jedes Wesen in seiner Eigenart lebt. *Sinn*: für die Frage nach dem Sinn des Lebens, nach der Bestimmung des Menschen, die eng mit den Fragestellungen »Woher kommen wir? Wohin gehen wir? Warum sind wir hier auf Erden?« verbunden ist. *Kraft*: für eine physikalische Kraft, die einen festgehaltenen Körper verformen und einen beweglichen Körper beschleunigen kann.

Um sich in Ruhe auf die Niederschrift seiner philosophischen Gedanken zu konzentrieren, reiste Bode jedes Jahr Anfang März ohne seine Familie nach Jochberg-Vorderreit in Tirol, um in mönchischer Abgeschiedenheit die verschneiten Berge zu erleben. Der Schnee verdeckte die Vielgestaltigkeit der Natur, dadurch traten die Flächen und Linien der Landschaft wie bei einer Zeichnung hervor. Der Rückzug der Natur entsprach der Reduzierung auf das Wesentliche, die Bode für seine Studien suchte. Er wohnte bei einem Bergbauern und fand es reizvoll, mit ihm das einfache Leben zu teilen. Es machte ihm nichts aus, in einem ungeheizten Zimmer unter einem schweren Federbett zu schlafen. Abends, wenn er hungrig und durchgefroren von seiner Skitour zurückkam, servierte ihm der Bauer fetten Speck mit Eiern, dazu gab es die kuhwarme Milch aus dem Stall. Hier mit Blick auf die Hochalpen, vom Großglockner bis zum Großvenediger, unternahm der Hannoveraner lange Skitouren und bestieg so manchen Berg.

Jeden Morgen nach dem Frühstück plante Hermann anhand der Karte einen Tagesausflug. Seine Skier waren aus verleimter Esche hergestellt und hatten ein Loch an der Spitze. Je nach Schneebeschaffenheit wurden sie morgens mit dem passenden Wachs bearbeitet und mit einem Korkblock geglättet. In den Rucksack aus beigem Tuch packte er eine Thermoskanne mit heißem Tee, ein Päckchen Traubenzucker, zwei Käsestullen verpackt in Pergamentpapier, das Erste-Hilfe-Päckchen und die Seehundsfelle, die man für den Aufstieg unter die Tourenskier schnallen konnte. Bodes Kleidung stammte aus England und bestand aus mehreren Lagen. Über das Unterhemd kam das Flanellhemd mit Krawatte, dann ein weißer Shetlandpullover und darüber der imprägnierte beige Popelinanorak mit Kapuze, der ihn gegen Wind und Wetter schützen sollte. Seine Schirmmütze war mit Lammfell gefüttert und hatte Ohrenklappen gegen die Kälte. Die braunen Breeches aus englischem Wolltuch fielen am Knie über zugeschnürte wasserabweisende Gamaschen, die über die handgenähten Skischuhe mit Innenschuh reichten. Wegen der extremen Helligkeit setzte der Skifahrer eine kreisrunde Umbral-Sonnenbrille auf und schützte die empfindlichen Lippen mit Labiosan, einer weißen Paste, die ihm ein gespenstisches Aussehen verlieh.

Durch die Winterlandschaft mit ihren tief verschneiten Bäumen stapfte er ganz alleine bergauf, während es von den Ästen eisig herabrieselte und die Schneefläche glitzerte, als hätte man Sterne ausgesät. Für den anstrengenden Aufstieg motivierte sich der Wanderer mit dem Gedanken an den Gipfel und die Belohnung einer langen berauschenden Abfahrt. Er beherrschte den Kristiania- und den Telemarkschwung, bei dem ein Ski vor den anderen geschoben wird. Mit diesem Fahrstil zog er seine langgezogenen Spuren durch den unberührten Schnee.

An einem frühen Märztag bemerkte Bode beim Aufstehen, dass sich Eisblumen an der Scheibe des ungeheizten Schlafzimmerfensters gebildet hatten. Die Feuchtigkeit seines Atems kristallisierte über Nacht zu wunderlichen Traumbildern, die wie Pflanzen auf dem Glas emporwuchsen. Er warf das dicke Federbett zur Seite und stand auf. Auch das Wasser in der Waschschüssel bedeckte eine durchsichtige Eisschicht und der Atem bildete Dampfwolken. Er machte das Fenster auf. Es schneite. Dicke weiße Flocken fielen sachte vom Himmel und jedes einzelne Eiskristall war einzigartig, keines glich dem anderen. Frau Holle schickte ihm Pulverschnee, deshalb zog er sich schnell an und holte warmes Wasser aus dem Schiff des Küchenherdes, um seine Zähne zu putzen. In der stickig-warmen Küche war der Frühstückstisch mit einem Laib Brot, Butter und Käse gedeckt. Der Bauer fütterte wie jeden Morgen die Kühe, seine stinkenden Socken hingen über dem Herd, auf dem eine Metallkanne mit dünnem Kaffee stand. Hermann griff sich die dicken Fäustlinge und seine Lammfellkappe und trat aus der Hoftür, die geruchlose Luft wirkte erfrischend und sauber. Der Altschnee war zu Harsch gefroren und darüber lag ein Teppich aus Pulverschnee, dessen makellose Weiße sich in der Nähe der Stalltüre braun verfärbte. Er schmierte ein spezielles Kandahar-Wachs auf seine Bretter, schulterte den Rucksack und freute sich auf eine Skitour, bei der sich seine Spuren in der reinen weißen Fläche abzeichnen würden, ins scheinbar Unendliche hinein.

Gegen Mittag hörte es auf zu schneien, die Sicht wurde merklich besser. Bode nahm die Seehundsfelle von den Skiern und suchte mit den Augen nach dem besten Weg für die Abfahrt. Der Pulverschnee stob bei jedem Schwung zur Seite, auf dem gefrorenem Untergrund glitten die Bretter schneller und schneller bergab, bis der Skifahrer in den Rausch des Abwärtsfliegens geriet. Die körperliche Anstrengung an der frischen Luft führte zu einem Glücksgefühl, das ihn restlos erfüllte. Die Sonne ließ den Schnee glitzern. Er machte halt, schnallte die Skier ab und steckte die Spitzen durch die Handschlaufen der Stöcke. So entstand eine schräge Fläche, auf der er sich mühelos ausstrecken konnte. Tiefrot durchglühte die wärmende Märzsonne seine geschlossenen Augenlider und außer dem schmelzenden Schnee, der von den Skiern tropfte, war kein einziger Laut zu hören. Dies war der ideale Moment, um die Gedanken anzuhalten und an nichts mehr zu denken. Die ständigen Selbstgespräche kamen zur Ruhe, die Intensität, die Kraft, mit der die Sonne wirkte, erfüllte das Sein und das Nichts konnte nichten. Bode war mit sich und der Welt im Gleichgewicht. Den himmlischen Moment beendete eine Wolke, die sich vor den Stern schob und einen plötzlichen Kälteeinfall auslöste. Ohne die wärmende Märzsonne stieg bald der Bodennebel auf und tauchte die weißen Schneeflächen in ein milchiges Grau. Baumspitzen und Berge in großer Höhe hoben sich klar konturiert vor dem stahlblauen Himmel ab wie bei einer chinesischen Tuschezeichnung.

Bei seinem Studium der Kalligraphie hatte der Sammler die Tuschemalerei auf Rollenbildern zu lesen gelernt. Sie enthielt viel versteckte Symbolik und sollte »Qi« sichtbar machen, was man mit Energie übersetzen kann. Die verschneite Landschaft im Nebel hatte dieses »Qi«, und der Erkennende nahm sich vor, in Hannover nach entsprechenden Bildern zu suchen. Den letzten Hügel bis zum Bauernhof überwand der Skifahrer allabendlich in rasender Schussfahrt und schob jeden inneren Einwand beiseite, um mit einem schneestiebenden Schwung zum Stehen zu kommen. Am Rande der Erschöpfung erreichte er den von allen Yogis angestrebten Zustand der Leere, des nichts mehr Denkens und Wollens. Ganz im Augenblick des Hier und Jetzt war für kurze Zeit die Durchdringung von Körper und Welt zu spüren. Hermann setzte sich an den warmen Kachelofen und hängte die tropfnassen Wollsocken an einer Stange auf, dann holte er sein Büchlein hervor und philosophierte über die Winterweisheit.

Alle Pflanzen sind heimgekehrt in die mütterliche Erde
alle Wasser stehen still und die Farbenlust des Lebens
hat sich verhüllt und eingeschlossen in das winterliche Weiß.
Wasser wurde Kristall, Pflanze im Erdenschoß wurde Keim:
Äußerste Ordnung, äußerste Lebensbereitschaft.

Die persönlichen Einsichten, die Bode aus seinen Studien gewonnen hatte, notierte er in Schulheften. Zu Hause wurde der Text abgetippt und an die Töchter verschickt. Das Deckblatt versah er stets mir einer liebevollen Widmung und der Jahreszahl. Die verwendete Sprache war der Romantik entlehnt, sie wirkte altertümlich und belehrend. Die langen Sätze waren inhaltlich schwer zu erfassen, sodass die kleinen Hefte häufig ungelesen in einem Bücherschrank verstaubten. Ilse war stets bemüht, den Gedankengängen ihres Mannes zu folgen, es gefiel ihr, wenn er im Freundeskreis mit seinem Wissen glänzen konnte.

Die Kaufleute der Familie schätzten Bodes Kenntnisse in Philosophie und Kunst. Als Folge dessen kam es 1935 zu einem Gespräch mit Vater Beindorff. Es war genügend Geld da, der Schwiegersohn konnte die Zahnarztpraxis schließen und sich als Privatgelehrter betätigen. Als er die tägliche Arbeit in der Praxis beenden konnte, um sich seinen wahren Interessen und Studien zu widmen, fühlte sich Hermann wie von einer schweren Last befreit und fasste in den folgenden Jahren alles, was er bisher notiert hatte, für ein Buch zusammen. Das »Buch der Weisheit unserer Zeit« enthält mehrfach überarbeitete Spruchsammlungen. Es beginnt mit der Geburt der Weisheit und endet mit dem Tod, aus dem neues Leben hervorgeht. In einem Brief an Maria steht: »Ich habe mein Buch nach Aufzeichnungen zusammengefasst, die ich in Jochberg niedergeschrieben habe. Als kleines Pappbändchen wurde es an Freunde verteilt und jetzt soll es als Buch gedruckt werden.«

»Der Mensch unserer Zeit wird in seiner Leistungsfähigkeit so überfordert, dass er zwischen Arbeit und Zerstreuung nicht mehr zur Ruhe kommt. Und doch weiß jeder, dass er die Stunde der Besinnung nicht entbehren kann, wenn er die gelassene Kraft gewinnen will, die allein im Leben zu Erfolgen führt. Viele Menschen spüren, dass die Unruhe, das Vertrauen in den Sinn des Daseins bedroht und die Flucht vor den eigenen Gedanken und den Forderungen des Lebens beginnt. Wir alle spüren, dass in der geistigen Haltung der Menschen eine Veränderung vor sich geht und verlangen nach Vorbildern, die unseren Sinn für richtiges und wesentliches Handeln schärfen. Jeder Mensch ist mit seinen Gaben zum Weiterbau am Gefüge der Welt verpflichtet. Das Buch der Weisheit zeigt wie dieser Weg sich einleuchtend aus dem Verhalten der lebendigen Natur ergibt«.

Das »Dritte Reich« 1933–1945

Augustinus sprach von dem Kampf zwischen Gut und Böse, aus dem das dritte Reich hervorgehen würde. Das erste Reich war das alttestamentarische des alten Bundes mit dem Vater, das zweite Reich das christliche mit dem Sohn und das dritte Reich sollte das der Erlösung, das Friedensreich des Heiligen Geiste werden. Die Nationalsozialisten benutzten das romantische Weltbild einer geistigen Erneuerung und propagierten das »Dritte Reich« unter der Führung von Adolf Hitler. Hitler selbst wählte die Swastika, das Hakenkreuz, als »Symbol von großer plakatmäßiger Wirkung«, um die Deutschnationalen und die Christen anzusprechen.

Die Goldenen Zwanziger Jahre waren nur für die Oberschicht golden, die sozial Benachteiligten in den Städten verarmten. Bei einem Berlinbesuch 1930 war Bode betroffen, wie schmutzig und heruntergekommen die Stadt aussah. An den Straßenrändern saßen bettelnde Kriegsversehrte, andere versuchten mit einer Drehorgel oder einem Bauchladen ein paar Münzen zu verdienen. Die steigenden Preise führten dazu, dass viele Arbeiter ihre Familie nicht mehr ernähren konnten, es gab sechs Millionen Arbeitslose und die Regierung fand keine Lösung für die zahlreichen Probleme. Den Sozialdemokraten und dem internationalen Judentum gab man die Schuld an dem verlorenen Krieg und der Zerstückelung des Landes in einem aufgezwungenen Friedensvertrag. Das »Diktat von Versailles« wurde für den Niedergang der Wirtschaft und die allgemeine Not verantwortlich gemacht. Die Intellektuellen zitierten Nietzsche und seine Vision vom Übermenschen, der zukünftig aus diesem gärenden Brei hervorgehen sollte.

Im Deutschen Reichstag saßen 37 Parteien und alle paar Monate wechselte die Regierung. Viele Deutsche hatten Angst vor einer kommunistischen Diktatur wie in Russland und hielten Adolf Hitler für den richtigen Mann, um die zahlreichen Probleme zu lösen. Mit der sogenannten »Industrielleneingabe« wollten führende Persönlichkeiten einen Regierungswechsel ermöglichen. Im November 1932 unterzeichnete Fritz Beindorff, zusammen mit 18 weiteren deutschen Unternehmern und Bankiers, eine von Reichsbankpräsident Hjalmar Schacht entworfene Eingabe an Paul von Hindenburg, in der sie die Kanzlerschaft Hitlers forderten. Die unterzeichnenden Unternehmer waren frei von jeder parteipolitischen Bindung, sie hielten die nationale Bewegung für den verheißungsvollen Beginn einer besseren Zukunft. Der jüdische Künstler Max Liebermann soll beim Fackelzuges zu Hitlers Machtübernahme gesagt haben: »Ich kann gar nicht so viel fressen, wie ich kotzen möchte.«

Die DVP, der Bode angehörte, wurde auf Druck der Nationalsozialisten am 4. Juli 1933 aufgelöst, als Folge dessen war er nicht bereit, der NSDAP beizutreten. Der Astrologe erstellte ein aktuelles Horoskop der politischen Lage und kam nach Auswertung der Daten zu dem Schluss, dass Deutschland unter einer kraftvollen Führung als aufstrebende Industrienation einen tonangebenden Einfluss auf Europa und die Welt nehmen könnte. Ilse schrieb:

> *»Vati ist den ganzen Tag zu Hause, er arbeitet sehr angestrengt mit schönen Erfolgen. Alles was er ausarbeitet, trägt dazu bei, das gesamte Leben klar und wissend zu gestalten und es sind fabelhaft weittragende Erleuchtungen darunter. Fast jeden Abend ist jemand da, Vati braucht abends Ablenkung, Anregung und aufmerksame Zuhörer, d. h. Menschen, die sich gerne von seiner Sonne anstrahlen lassen wollen. Gott sei Dank reitet er jetzt auch wieder, was seinem Körper sehr gut tut.«*

Hitler legte dem Reichspräsident das Ermächtigungsgesetz vor, der 86-jährige Hindenburg unterschrieb. Nachdem die Nationalsozialisten die Gemeinderatswahlen in Dessau gewonnen hatten, wurde die Bauhausakademie als »Kirche des Marxismus« zur Selbstauflösung gezwungen. Die zeitgenössische Architektur der Bauhausarchitekten galt in weiten Teilen der Bevölkerung als undeutsch, die Entwürfe hatten nur noch bei Industriebauten Erfolg. Mies van der Rohe wollte sich mit den neuen Machthabern gut stellen, aber seine Auffassung von Architektur passte nicht in das Konzept der Nazis, deshalb ging er nach Chicago. Walter Gropius emigrierte nach Cambridge in den USA, wo er als Professor für Architektur an der Harvard University einen Lehrstuhl erhielt. Für alle im Kulturbereich tätigen Deutschen wurde die Reichskulturkammer gegründet. Die Regierung reagierte auf die schlechte Situation der bildenden Künstler und bestimmte, dass bei öffentlichen Gebäuden ein angemessener Prozentsatz der Bausumme für Kunst am Bau, an Künstler und Kunsthandwerker zu vergeben sei, bevorzugt an solche, die verbeamtet oder angestellt waren. In ausdrücklicher Abgrenzung zur Moderne forderte Goebbels einen neuen inhaltlichen Zusammenhang von Kunst und Bau. Die programmatische Einbindung der Kunst in die Architektur war das Ziel, die Forderung nach einer kontextbezogenen Kunst bemerkenswert neu. Die Reichskulturkammer diente der Gleichschaltung der Kunst, es konnten nur Kunstschaffende mit Ariernachweis aufgenommen werden, was einem Berufsverbot für Nichtarier gleich kam. Künstler, die aus Sicht des Regimes entartete Kunst produzierten, waren ausgeschlossen. Die Staatskunst verherrlichte die heroische Leistung der Zeit und verdrängte die widerständige Moderne, die von weiten Teilen der Bevölkerung sowieso weder verstanden noch akzeptiert wurde. Die beliebtesten Kunstwerke, die ordentlich gerahmt in deutschen Wohnzimmern hingen, waren die *Betenden Hände* von Albrecht Dürer und *Der arme Poet* von Carl Spitzweg.

Elisabeth Förster-Nietzsche, die Schwester des Philosophen, erwarb die Villa Silberblick in Weimar für ein Nietzsche-Archiv. Ähnlich wie ihre Freundin Cosima Wagner entwickelte sie Strategien für die Vermarktung ihres berühmten Bruders und veränderte damit den Blick auf sein Werk. Durch die Verbreitung seiner Schriften erreichte sie nationalistisch gesinnte Deutsche und konnte sie für den Gedanken einer Überwindung des Nihilismus durch den Nationalsozialismus gewinnen. Den Begriff des Übermenschen übertrug man auf die Herrenrasse der Arier und die Untermenschen fand man bei den slawischen Völkern des Ostens. Hitler betonte in zahlreichen Reden, dass er lieber Architekt oder Künstler geworden wäre, sich aber nun gezwungenermaßen um die Ordnung im Reich kümmern müsse. Er sprach sich gegen Künstler aus, die sich bei den Ressourcen anderer Kulturen bedienten, sie sollten vielmehr das »Dritte Reich« wie einen Mythos zu verherrlichen. Das Hakenkreuz sollte vor Missbrauch in Form von Kitsch bewahrt werden. Es durfte als Weihnachtsbaumspitze, auf Postkarten und als Emblem unter dem Reichsadler verwendet werden, die

Wiedergabe auf Pralinen- und Zigarettenschachteln, auf Fußbällen oder Bratwürsten wurde ausdrücklich verboten.

Die Architekten und die progressiven Künstler reagierten schon bald auf die veränderte Situation und die Einschränkung der künstlerischen Freiheit. El Lissitzky kehrte zurück nach Moskau, wohin ihm seine zweite Frau Sophie Lissitzky-Küppers folgte. Die Witwe des ersten Direktors der Kestner Gesellschaft konnte ihre umfangreiche Kunstsammlung nicht nach Russland mitnehmen und deponierte sie in Holzkisten verpackt bei Alexander Dorner im Keller des Provinzial Museums. Als Lissitzky an Tuberkulose starb, wurden seine deutsche Frau und sein Sohn Jen als feindliche Ausländer von Stalin nach Nowosibirsk in Sibirien verbannt, wo sie in ärmlichen Verhältnissen lebten. Wassily Kandinsky verließ 1933 Dessau und zog nach Neuilly-sur-Seine bei Paris. Alexej von Jawlensky trennte sich von Marianne von Werefkin, wurde deutscher Staatsbürger und residierte umsorgt von zwei Frauen in Wiesbaden. Wegen einer rheumatoider Arthritis versteiften seine Hände, deshalb reduzierte er seinen Malstil und malte abstrakte Köpfe, die er *Meditationen* nannte. Carl Buchheister konnte nicht auswandern und malte wegen der Ablehnung seiner informellen Bilder wieder gegenständliche Landschaften und Portraits. Emil Nolde war deutschnational eingestellt und äußerte sich positiv über den Führer. Er sprach sich gegen die jüdische Vorherrschaft in allem Künstlerischen aus und seine Fürsprecher und Sammler hießen Joseph Goebbels und Albert Speer. Mit einem Machtwort stufte Hitler sein Lebenswerk als entartet ein, daraufhin fühlte sich der Maler missverstanden und ungerecht behandelt.

Eine eindeutige Trennung zwischen Nazi-Kunst und entarteter Kunst war deshalb nicht möglich, weil keine spezifische Verbindung bestimmter Malstile mit der politischen Haltung auszumachen war. Die Grenze zwischen einer vorteilhaften Anpassung an das politisch Gewünschte und einer Malerei, die mit Ironie oder in Form einer Metapher ihre stille Kritik am System zu formulieren suchte, konnte nie gezogen werden. Die Reichskammer für Bildende Künste benutzte eine Liste, auf der die sogenannten »Entarteten« vermerkt waren. Einige Künstler, die zu den Geächteten gehörten, gingen in die innere Emigration, sie suchten sich einen anderen Broterwerb und stellten ihre Werke nicht mehr aus, andere wurden gegen ihren Willen vereinnahmt oder sogar instrumentalisiert. Ilse schreibt:

»Morgen steigt bei uns ein Hauskonzert, dafür muss die halbe Wohnung umgeräumt werden. Von der Partei werden im Winter an jedem 15. des Monats 50 Hauskonzerte in Hannover gegeben, man kriegt Künstler nebst Programm zugeschickt und kann sich Leute einladen, soviel man will. Außerdem bekommt man 4 Nazis zugewiesen, sorgt für Thee und Gebäck, liest nach dem Konzert aus guten Büchern vor und erklärt anschließend die Bilder und Plastiken in der Wohnung. Auf diese Weise trägt man dazu bei, alle Künste dem Volke zu übermitteln.«

Bode war den ganzen Tag zu Hause, saß an seinem Schreibtisch und philosophierte, während seine Frau damit beschäftigt war, den großen Haushalt zu führen und den Wünschen ihres Mannes gerecht zu werden.

»Friedel ist ganz entsetzlich langsam und dämlich. Lieschen muss immer angefeuert werden, nur Mimi arbeitet flink. Wenn ich Friedel eines Tages an die Luft setzen sollte, weil ich explodiere, bleibt natürlich die gesamte Kocherei an mir hängen, jetzt nur die halbe. Da man aber doch zu nichts anderem mehr kommt, ist es ja schließlich auch schnuppe, wenn man ganz in dem dusseligen Haushalt untergeht.«

Ilse half ihrem Mann bei den astrologischen Berechnungen der Sternkonstellationen. Um mehr über das Zusammenwirken der Planeten zu lernen, wurde Frau Bendix aus Ascona eingeladen. Die Astrologin war eine versierte Astronomin und befasste sich mit der Eigenbewegung der Planeten innerhalb der Milchstraße. Wenn es um menschliche Probleme in einem Horoskop ging, dann verließ sich Bode auf seine Intuition, seine Prognosen waren von einer erstaunlichen Treffsicherheit. Es kamen immer mehr Freunde mit ihrer Geburtsurkunde, um sich von ihm beraten zu lassen, und Ilse hatte viel zu tun. Ende des Jahres 1935 notierte sie:

»Ich sehe mich schon als Oberschwester in diesem Erholungsheim! Die verwirrte Großmutter bewohnt Kurts Kinderzimmer und muss immer beschäftigt und unterhalten werden. Ich suche jetzt ein Altersheim für sie, weil es so nicht weiter gehen kann. Anna ist seit Mittwoch hier, ich habe sie mit dem Krankenwagen geholt, nun liegt sie in meinem Zimmer und leidet. Es stellte sich heraus, dass sie Gelenkrheumatismus

hat. Onkel Karl geht es nicht gut, sie haben ihn wieder operiert. Er hat eine Lungenentzündung dazu bekommen und ist recht jämmerlich. Außerdem ist mein Vater im Krankenhaus in Linden, er hat eine eitrige Blasenentzündung mit hohem Fieber und wird von dem tüchtigen Dr. Prätorius behandelt, trotzdem will er zurück in seine gewohnte Umgebung. Also teile ich mich zwischen drei Kranken auf und heute erwarten wir auch noch Besuch übers Wochenende. Vati kommt fein vorwärts mit der Astrologie und den Vorträgen, sodass alles ins Reine geschrieben werden kann. Wir haben immer Abwechslung und können nicht über Langeweile klagen.«

In einem Ferienlager war Anna an chronischer Polyarthritis erkrankt. Ihre Gelenke waren derart entzündet, dass sie sich verformten und versteiften, auch die inneren Organe und die Sehnenscheiden waren befallen. Das Kind musste schreckliche Schmerzen ertragen und Ilse pflegte ihre Tochter so gut es ging zu Hause.

»Anna wird von allen Seiten behandelt, sie wird massiert, eingestrahlt und künstlich ernährt. Es ist eine entsetzliche Geduldsprobe. Ihr Befinden ist eher wechselnd, mal gut und ich denke, ich schaffe es spielend allein, alles geht fröhlich und vergnügt ab; und dann wieder tut alles weh, nichts ist richtig, kein Griff klappt und ich werde ganz hoffnungslos, am liebsten würde sie mich an ihr Bett binden. Eine Weile hält man das aus, auf die Dauer wohl kaum. Ich muss mich nach einer Pflegerin umsehen, die überlegen, geduldig, kräftig, fröhlich, klug und nicht empfindsam ist. Kurt ist noch immer wüst, auch wenn er sich Mühe gibt, es nicht sein zu wollen. Sindbert ist und bleibt der Lichtpunkt, er übt Klavier, reitet, arbeitet und ist fröhlich und guter Dinge.«

Anna wehrte sich gegen ihr Schicksal und stellte immer wieder die Frage, warum gerade sie so leiden musste, während ihre Geschwister gesund waren. Sie suchte nach einem Schuldigen, nach einer Erklärung, nach dem großen Warum. Bode war davon überzeugt, dass Ungerechtigkeit zum Leben gehört. Er sagte zu Anna: »Nichts ist warum.« In ihr Poesiealbum schrieb er:

»Die Grenzen, die uns das Schicksal zieht, sind unerbittlich, aber zwischen diesen Grenzen liegt ein weiter Raum, in dem wir mit freiem Willen unser Wesen und unser Leben gestalten können. Hierfür gilt die Regel: Wie du dein Wesen gestaltest, so gestaltet sich dein Leben. Es bedarf der wohlgepflegten Beherrschung, denn jede Triebkraft im Menschen

hat zwei Seiten, eine aufbauende und eine zerstörende. Wer den Trieb beherrscht, baut auf, wer vom Trieb beherrscht wird, zerstört. In dieser Erkenntnis liegt der Schlüssel zur höchsten Entfaltung der menschlichen Kraft. Jene Antriebe, die den Menschen in Schwierigkeiten bringen, die ihn bedrücken oder zur unbedachten Tat vorwärtstreiben, die Antriebe, an denen wir leiden, oder mit denen wir andere Leiden machen, sind die stärksten Kraftquellen unserer Begabung. Sie zu erkennen und bewusst einzusetzen für unsere Lebensarbeit, ist das größte Glück, das einem Menschen zu teil werden kann. Wir müssen uns darüber klar sein, dass das Glück nicht von außen an uns heran tritt, Glück ist allein, die gesteigerte und erfolgreich bestätigte eigene Lebenskraft.«

An den Wochenenden traf sich die Familie auf dem Landsitz der Beindorffs in Auermühle, wo es zahlreiche Hilfskräfte gab. Kurt streifte mit dem Großvater durch die Natur und interessierte sich für die Jagd, während Sindbert bei Rittmeister Mönnich Reitunterricht bekam, voltigieren lernte und bei kleineren Turnieren mitmachen durfte. Die Angst davor, dass eines ihrer Sprösslinge vom Pferd stürzen könnte, ließ sich Ilse nicht anmerken, obwohl ihre fünf Jahre jüngere Schwester Elli nach einem tragischen Reitunfall in Auermühle gestorben war.

»Kurt kommt am Mittwoch und am Freitag fahren wir mit ihm nach Auermühle zum Schlachten. Wir möchten ihn beim Großvater lassen, der ganz allein dort ist. Anschließend wollen wir, d. h. Vati, die beiden Jungen und ich eine Fahrt machen, die wir mit Wanderungen vermischen. Es könnte dies Unternehmen sehr nett werden, wenn wir uns alle Mühe geben. Ich möchte etwas unternehmen, weil die Ferien sonst nicht zu ertragen sind. Kurt ohne eigenes Zimmer, die kranke Anna, die verwitwete Großmutter, Sindbert in seinen von Kurt gestörten Kreisen, das ist alles recht schwierig und mit dem Wanderplan herrlich zu lösen. Anna geht es jetzt langsam besser, sie isst jetzt und äußert Wünsche und wird auch ein ganz klein wenig beweglicher, und so sehe ich etwas hoffnungsvoller in die Zukunft.«

Als Anna das Bett verlassen konnte, wollte sie zu ihrem Bruder ins Internat.

»Anna übersiedelt nach Holzminden. Sie hat es nun doch erreicht, dass sie dort hinkommt, es sprechen allerhand Gründe dafür. Wenn ihr drei

Schwestern an Pfingsten kommt, dann könnt ihr Euch ganz in Ruhe dem Genuss Eures Vaters hingeben und werdet durch niemanden gestört.«

Bode erhielt eine Einladung zum Vortrag in der Philosophischen Gesellschaft Zürich. Zudem wollte er im Psychologischen Klub von C. G. Jung vorsprechen. Um die Genehmigung für diesen Auslandsaufenthalt zu bekommen, beantragte er die Aufnahme in die Reichsschrifttumskammer. Hierfür musste er den Ariernachweis, ein polizeiliches Führungszeugnis, die Genehmigung der geheimen Staatspolizei und der NSDAP einholen. Kommerzienrat Fritz Beindorff und Dr. Fritz Erler wurden als Bürgen genannt, sie sollten »erschöpfende Auskunft erteilen«. Alle Ämter bestätigten, dass der Volksgenosse Dr. Hermann Bode ein unbescholtener Bürger sei und gegen die Aufnahme keine Bedenken bestünden. Er erhielt die Genehmigung für zwölf Veröffentlichungen mit höchstens 16 Seiten jährlich und die Erlaubnis, für einen Vortrag nach Zürich zu reisen.

Mit den aktualisierten Reisedokumenten und der Skiausrüstung brachen die Bodes nach Arosa auf. Sie fuhren in einem neuen BMW mit einem dunkelblauen Verdeck und kornblumenblauen Ledersitzen. Auf der heckseitigen Kofferbrücke waren die Skier und ein Schlitten festgeschnallt. Bode saß am Steuer, Ilse auf dem Beifahrersitz und die beiden Jugendlichen, Kurt und Sindbert, teilten sich die Rückbank. Als sie an die Schweizer Grenze kamen, wehte dort eine rote Fahne, in deren Zentrum sich eine weiße Scheibe mit dem rechtsdrehenden Hakenkreuzemblem befand. Daneben hing die deutsche Nationalflagge in Schwarz, Weiß und Rot. Ilse sagte: »Vor Zollbeamten müsst ihr Respekt haben, sie repräsentieren eine Staatsmacht. Immer schön lächeln und die Pässe mit der aufgeschlagenen Lichtbildseite vorweisen, sonst wird man wegen einer Kleinigkeit zurückgewiesen.« Bode kurbelte das Fenster herunter, der deutsche Zöllner blätterte in den Pässen und verglich die Lichtbilder mit den Personen, dann reichte er den Ausweis durch ein kleines Fenster ins Zollhäuschen, wo ein weiterer Beamter die Namen mit einer Fahndungsliste verglich, bevor er seinen Stempel auf das letzte Ausweisblatt drückte. Am Schweizer Zoll flatterten rote Fahnen mit einem weißem Kreuz im Föhnwind und die vier im offenen Wagen zückten wie auf Kommando ihre Pässe. Der Zöllner lächelte, wünschte eine gute Reise und stellte den Schlagbaum auf, dann ließ er das Cabrio passieren. Die gut gelaunten Urlauber grüßten jedes entgegenkommende Automobil, indem sie winkten und hupten, aber das höchste der Gefühle war, wenn sich der Wagen den Berg hinunter, mit 60 Stundenkilometern in die Kurven legte, was die Jugendlichen mit lauten Jubelrufen honorierten.

Das Hotel im alpenländischen Stil bot saubere, sparsam beheizte Zimmer mit Waschbecken und ein reichhaltiges Frühstück. Die Sonne, der Schnee und die Bewegung in der frischen Luft taten den blassen Hannoveranern gut. Ilse fand sich attraktiver, wenn sie braun gebrannt war, deshalb legte sie sich zur Mittagszeit nahezu unbekleidet in eine einsame Schneekuhle. Ein privater Skilehrer brachte ihr abseits der Piste den Schneepflug und den Stemmbogen bei, während die Jugendlichen einen Skikurs besuchten. Ilse schrieb:

> *»Es freut uns, dass Sindbert so fein mitkommt, der Aufstieg und die Abfahrt machen ihm keine Schwierigkeiten. Es ist richtig nett, wenn wir so die Berge herunter flitzen und alle immer beisammen bleiben. Erkengard ist bei Anna, sie lassen es sich gut gehen und das Haus wird sauber gemacht.«*

Bei diesem Skiurlaub trafen die Bodes Menschen aus ganz Europa, mit denen sie ins Gespräch kamen. Nach dem Abendessen genehmigte sich Hermann an der Hausbar ein Glas Rotwein und eine Zigarette, während Ilse die Söhne ins Bett brachte. Der Deutsche wurde von Gästen angesprochen, die die Politik der Nazis lobten, andere bemängelten den Antisemitismus, weil er dazu führte, dass Juden in die Schweiz kamen, was manchen Einheimischen nicht gefiel. Bode hielt sich bedeckt und äußerte weder in der einen noch in der anderen Richtung seine Zustimmung, geschickt lenkte er die Gespräche auf den aktuellen Wetterbericht und ließ sich Tiefschneeabfahrten erklären. Auf die Rückseite einer Gebirgspostkarte an Maria schrieb er:

> *»Die Wahrheit finden wir nur in uns selbst, wir können die Welt und unsere Mitmenschen nicht ändern, wir können nur uns selbst ändern. Wir müssen aufhören, über andere bestimmen zu wollen, in dem wir glauben zu wissen, was für sie richtig ist.«*

Nach dem Skiurlaub fuhr die Familie nach Zürich, wo Bode vor der Philosophischen Gesellschaft der Universität Zürich einen Vortrag hielt zum Thema: *Welcher Zusammenhang besteht zwischen dem irdischen und kosmischen Geschehen und dem Gestaltungstrieb des Menschen?*

Einen Tag später besuchte er den Psychologischen Klub. Der Klub war eine Vereinigung von Anhängern Karl Gustaf Jungs Analytischer Psychologie. Jung befasste sich zu dieser Zeit mit Daoistischer Alchemie und schrieb an einer psychologischen Einführung über dieses Thema. Es ging ihm um die Erneuerung des kulturellen Bewusstseins, aus den Tiefen des kollektiven Unbewussten. Als Übersetzer des Dao-dö-jing konnte Bode einiges zu diesem Thema beitragen. Die Auseinandersetzungen innerhalb der Deutschen Psychoanalytischen Gesellschaft wurden auch in Zürich thematisiert. Deutsche Kollegen wurden wegen ihrer jüdischen Herkunft verfolgt, nicht wegen ihres Berufes. Sollte man aus Solidarität mit den Juden die Vereinigung auflösen oder mit den Nationalsozialisten zusammenarbeiten? Die Mehrzahl der nichtjüdischen Psychiater sprach sich für das Weitermachen aus. Angeregt durch die vielen Gespräche mit Gleichgesinnten, kehrte Bode glücklich und erfüllt nach Hannover zurück.

Ein Jahr später überredete Ilse die Dorners zum gemeinsamen Winterurlaub in Arosa. Sie konnten keine Devisen bekommen und hätten die Reise beinahe absagen müssen, aber Elsas Freundin aus Zürich konnte mit Schweizer Franken aushelfen. Während die Bodes den ganzen Tag in den Bergen Ski fuhren, ließen sich die Dorners mit einem Pferdeschlitten durch die weiße Gebirgslandschaft kutschieren und machten ausgedehnte Spaziergänge.

An einem frostig kalten Nachmittag fuhren sie in Felle gehüllt zum hochgelegenen »Erfrischungsraum zur lachenden Frau«, wo sie mehrere Becher Jägertee konsumierten und Postkarten beschrieben. Die Freunde verlebten eine unbeschwerte und glückliche Zeit und waren sich ihrer privilegierten Stellung bewusst.

Nach dem Essen unterhielten sich die Männer über Kunst und Bode sagte: »Die hitlerschen Künstler mit ihrer konservativen und mythologisch aufgeblähten Malerei können sich international nicht durchsetzen, die allgemeine Tendenz drängt zur Abstraktion.«

Das sah der Freund anders: »Mit Unterstützung des Führers und ihrer Parteizugehörigkeit können sich die Günstlinge über alles hinwegsetzen und sich im Gegensatz zu den Ungegenständlichen behaupten. Schau dir den Sozialistischen Realismus in Russland an, vor dem Kandinsky und Lissitzky geflohen sind. Genau wie Stalin will der Führer Bauern auf dem Felde sehen, arische Mütter mit Kindern und Soldaten mit Stahlhelm, deshalb spricht man von Scholle, Schamhaar, Schützengraben, andere Sujets gelten als entartet und werden aus den Museen geholt und verbrannt!«

Bode versuchte zu beschwichtigen: »Kein Mensch weiß, wie lange sich diese Regierung an der Macht halten kann. 1930 hatten wir Brüning als Reichskanzler, 1932 v. Papen, sechs Monate später Schleicher der nur zwei Monate auf dem Posten blieb und 1933 von Hitler abgelöst wurde. So konnte es nicht weitergehen, diese Zustände mussten beendet werden, um unsere Wirklichkeit neu zu interpretieren. Der Kampf gegen gesellschaftliche Zwänge sollte zu einer Weiterentwicklung in der Kultur führen. Für die Kunst ist entscheidend, ob sich der einzelne Künstler von seiner inneren Freiheit leiten lässt oder den Geschmack der Regierenden bedient. Zu einem Künstler, für den ich mich interessiere, gehört das Individuelle und der Widerspruchsgeist. Die Wahrheit ist der Wesenskern der Kunst, sie lässt sich nicht unterdrücken, du wirst es erleben, die Abstrakten werden sich durchsetzen.« Gemeinsam überlegten die Freunde, wie man befreundeten Künstlern helfen könnte, dabei war Dorner bereit, sich unbeliebt zu machen, während Bode zur Vorsicht mahnte.

Überraschend tauchte Elsa vor ihrem Tisch auf und beendete das Gespräch. Sie wurde von den Geschwistern mit lautem »Hallo« begrüßt und der Vater wollte wissen: »Wie lange kannst du bleiben, hast du die Skier dabei?«

»Ich habe vier Tage Zeit und zu den Skiern meinen Freund mitgebracht, den ich Euch vorstellen möchte.«

»Da sind wir aber gespannt!«, meinte Ilse, während sich der neunjährige Sin an den Hals der Schwester hängte und der 12-jährige Kurt wegen seines Stimmbruchs knurrte: »Der kann sich auf was gefasst machen!«

Elsa blickte sich suchend um. »Wo habt ihr Anna gelassen?«

Ilse bedauerte: »Die ist für eine Bewegungskur in einem tschechischen Sanatorium.« In diesem Moment betrat der großgewachsene Hans Gluud den Raum.

Der Luftschiffer trug die dunkelblaue Uniform der Reederei, am Revers das Parteiabzeichen der NSDAP. Auf der weißen Schirmmütze mit schwarzem Schirm befand sich eine von Eichenlaub umkränzte Erdkugel, darunter das Hakenkreuz. Elsa hatte eine Anstellung als Gymnastiklehrerin in Friedrichshafen am Bodensee, wo sie Hans kennengelernt hatte. Er war der Patensohn von Graf Zeppelin und Ingenieur bei der Deutschen Zeppelin Reederei in Friedrichshafen, wo er als Steuermann auf dem LZ 129 »Hindenburg« um die ganze Welt fuhr. Das junge Paar wollte die Gelegenheit nutzen, um von Bode die Genehmigung für ihre Verlobung einzuholen. Die erste Begrüßung der Männer war distanziert, während Ilse sich bemühte, zwei Einzelzimmer für die unerwarteten Gäste zu bekommen. Nach dem Frühstück am nächsten Morgen wanderte die ganze Familie an den Hausberg, um ihre Skikünste vorzuführen. Hans stammte aus Bremen und hatte noch nie auf den rutschigen Brettern gestanden, deshalb war Elsa bemüht, ihm die Grundbegriffe des Abwärtsgleitens beizubringen. Zum Gespött der Brüder fiel Elsas Freund immer wieder in den Schnee, trotzdem versicherte er tapfer, dass ihm das Skifahren unheimlichen Spaß mache, und Bode hielt seine spektakulären Stürze auf einem 8-mm-Film fest. Bei einem Vieraugengespräch wollte Bode dann wissen, wie sich der Luftschiffer die gemeinsame Zukunft mit Elsa vorstellte.

Hans war zwei Jahre jünger als Elsa, er war ein Anhänger von Adolf Hitler und gehörte zur SA. Die Männer sprachen über die »Nacht der langen Messer«, bei der die Nationalsozialisten die Führungsebene der SA einschließlich des Stabschefs Ernst Röhm ermordet hatten. In den Zeitungen wurden die Morde als Maßnahme gegen einen Putsch dargestellt, aber Hans wusste, dass ideologische und machtpolitische Differenzen zwischen NSDAP und SA zur Beseitigung Röhms geführt hatten. Bode gefiel, dass ihm der junge Mann mit großer Ehrerbietung entgegentrat, außerdem verdiente er genügend Geld, um eine Familie zu ernähren. Hans vermisste seinen verstorbenen Vater und erbat sich von Bode die Erlaubnis, ihn mit Vater ansprechen zu dürfen. Der 24-Jährige kam bei seinem zukünftigen Schwiegervater gut an. Wieder allein, rief er nach Elsa: »Hans hat um deine Hand angehalten, ich gehe davon aus, dass er dein Einverständnis hat. Hast du dir diesen Schritt gründlich überlegt?«

Elsa nickte: »Ja, ich möchte Hans heiraten und bitte um deine Zustimmung.«

Der Vater wiegte den Kopf hin und her: »Wir leben in einer Zeit, in der die Frauen selbst entscheiden, mit wem sie ihr Leben verbringen wollen. Kannst du mir die Geburtsdaten von Hans geben, damit ich sein Horoskop erstellen kann?« Ilse berechnete die Sternkonstellationen und Hermann machte sich an die Auswertung der Daten. Am nächsten Tag ließ er die Tochter zu sich kommen und sagte: »Nach meinen astrologischen Berechnungen wird dein Freund nicht alt, bitte überlege dir, ob du ihn trotzdem heiraten willst und notfalls alleine zurechtkommst?« Elsa sah ihren Vater erschrocken an, sie konnte und wollte diese Vorhersage nicht glauben und war fest entschlossen zu heiraten. In den verschneiten Bergen wurde die Verlobung gefeiert und ein Hochzeitstermin festgelegt. Zwei Tage später war Hans schon wieder auf dem Weg nach Kapstadt.

Erkengard verlobte sich mit dem Filmregisseur Karl Römer, der an den UFA-Filmstudios in Babelsberg beschäftigt war. Die beiden Paare planten eine Doppelhochzeit und benötigten hierfür zahlreiche Papiere. Für den Ariernachweis bemühte Bode die luthersche Familienbibel, in der die Eheschließungen und Taufen seiner Vorfahren vermerkt waren. Neben den Geburtsurkunden wurde ein Ehetauglichkeitszeugnis verlangt, das Menschen mit Erbkrankheiten von der Ehe ausschloss. Julia wollte an der Hochzeitsfeier ihrer Töchter nicht teilnehmen, sie wünschte sich lediglich, die zukünftigen Schwiegersöhne beim Tee kennenzulernen. Ilse schrieb:

»Heute war ich bei Julia und habe mit ihr die verschiedenen Möglichkeiten der Hochzeit durchgesprochen. Sie will nicht zu einer Feier in unser Haus kommen, deshalb wollen wir das Fest in Kastens Hotel Luisenhof verlegen. Wenn jemand was darbieten will, dann wird das zwischen die verschiedenen Gänge gelegt, und Vatis Rede findet bei Tisch statt. Dann ist man noch irgendwie beisammen und dann verkrümelt sich alles langsam. Erkengard und Karl wollen nach Italien, Elsa und Hans nach Steinhude und die anderen Gäste fahren alle nach Hause, so verläuft die Feier harmlos und nett. Der schwierigste Punkt ist und bleibt immer Julia. Sie hat mir neulich wieder scheußlich leid getan, und trotzdem war sie an einem Punkt unmöglich in der Verhandlung, unlogisch und verbohrt. Arme Frau!«

Mit der perfekten Organisation der Olympischen Spiele 1936 in Berlin wollten die Nationalsozialisten der ganzen Welt zeigen, dass Deutschland unter der neuen Führung ein friedliches, soziales und wirtschaftlich aufstrebendes Land war. Die internationalen Gäste sahen eine gereinigte Stadt ohne Rassendiskriminierung, die Spiele glänzten mit eindrucksvollen Inszenierungen und einem reibungslosen Ablauf. Die Weltpresse war voll des Lobes und die Wochenschau, die im Vorprogramm der Lichtspielhäuser gezeigt wurde, ließ die ganze Nation an den entscheidenden Momenten teilhaben. Leni Riefenstahls Fotos von den Athleten und ihr Olympia-Film griffen den Mythos vom antiken Griechenland und den friedlichen Wettkämpfen der Jugend auf, bei denen der Beste oder Stärkste als Sieger hervorgehen sollte. Riefenstahls Olympia-Film verherrlichte in eindrucksvoller Weise das Ideal des »arischen Übermenschen« und lieferte die perfekte Propaganda für das Regime. Am 11. August 1936 schreibt Ilse:

> *»Kurt kommt die Tage zu seinem Pappi und Sindbert bleibt in Steinhude. Neben Olympia haben wir allerhand Schönes vor. Freitagnachmittag Deutschland-Ausstellung, abends große Festvorstellung im Stadion. Sonnabend Faust I. Teil mit Gründgens als Mephisto, Sonntag um 15:30 die Schlusskämpfe der Reiterei, Preisverleihung und dann Ausmarsch der Nationen. Abends sehen wir den Herakles auf der Dietrich Eckard Bühne und dann sind wir wahrscheinlich voll von Erlebnissen, sodass wir erschöpft und hoffentlich befriedigt in die Betten sinken. Wie lange Vati dann noch in Berlin bleiben will, weiß ich nicht. Wir feiern am 20.8. seinen Geburtstag und beginnen mit den Vorbereitungen für die Hochzeit. Vati hält eine Rede, sie soll ein Bekenntnis seiner Lebenseinstellung werden.«*

Die Boxer und Ringer inspirierten die Buben, sich zu Hause zu boxten und zu balgen, bis ein konstruktiver Kopf von Naum Garbo von der Anrichte fiel und zerbrach. Ilse versuchte das kostbare Stück erst mit Pelikan-Klebstoff zu reparieren, dann verwendete sie den neu entwickelten Tesa-Klebefilm, was das Aussehen des Kopfes erheblich verschlimmerte. Als Bode den Schaden entdeckte, war er sprachlos, das Blut wich aus seinem Gesicht, dann drehte er sich um und verschwand in seinem Zimmer. Ilse eilte ihm nach und versuchte zu erklären, was passiert war, dabei stellte sie sich schützend vor ihre Söhne. Es half alles nichts, der beleidigte Vater sprach drei Tage lang kein einziges Wort mit den Kindern und erwähnte den Vorfall noch Jahre später.

Am 10. September 1936 war es dann soweit, die Trauzeugen und die ganze Bodefamilie standen vor dem Standesamt in Hannover. Die Schwestern hatten schlichte cremefarbene Kleider an, einen Schleier lehnten sie ab, weil eine kirchliche Trauung nicht vorgesehen war. Zur Hochzeit kamen nur wenige Gäste. Hans Mutter und die Schwester seines Vaters waren angereist, ebenso die Eltern von Karl und sein Bruder. Der Einzige, der fehlte, war Elsas Hochzeiter. Erkengard und Karl saßen schließlich alleine vor den Standesbeamtem und steckten sich die Ringe an, während Elsa wartend auf der Straße stand. Das Paar strahlte vor Glück, als der Vater das Hochzeitsfoto arrangierte. Kurt rief mit brüchiger Stimme: »Der Hans hat Muffensausen bekommen, der ist in Afrika geblieben«, woraufhin Elsa zu weinen anfing und Ilse ihr ein großes weißes Taschentuch reichte. Nach einer angemessenen Wartezeit packte Bode seine Filmkamera ein und die Verwandten bestiegen die Autos. Zum Abschied legte Hermann fürsorglich den Arm um seine verheulte Tochter, als plötzlich ein schwarzer Ford mit quietschenden Reifen um die Ecke bog. In einer verschwitzten Uniform entstieg Hans dem Fahrzeug und bat um Entschuldigung für seine Verspätung. Der Standesbeamte erledigte die Zeremonie im Eilverfahren, das Paar sprach die bindende Formel und tauschte die Ringe, dann bekam es ein Familienstammbuch überreicht. Erleichtert fuhr die mit Blumen dekorierte Wagenkolonne zu Kastens Hotel Luisenhof, wo Bode an der prächtig geschmückten Hochzeitstafel eine langatmige und tiefschürfende Rede hielt. Danach konnte Hans berichten, was ihn so lange aufgehalten hatte:

»Von Kapstadt sind wir mit dem LZ 129 über Deutsch-Südwest-Afrika nach Angola geflogen. Als wir die Grenze zum Belgisch-Kongo überquert hatten, stellten wir fest, dass der Gasdruck abfiel und das Luftschiff immer weiter absank. Die Baumspitzen des Urwaldes rückten bedrohlich näher und wir hofften, durch den Abwurf von Ballast wieder an Höhe zu gewinnen. Plötzlich sah der Steuermann in der Ferne Flammen aus dem Urwald schlagen und unser Zeppelin hielt direkten Kurs auf den Funkenflug. Das Luftschiff ist mit Wasserstoff gefüllt, deshalb kann jeder Funke eine Explosion auslösen. Wir stellten alle Motoren ab und ließen an der Spitze des Schiffs ein Tau hinunter, an dem wir einen Mann auf den Urwaldboden abseilen konnten.

Unten angekommen rannte er auf die Brandstelle zu und sah, dass eine dicke Schwarze in einem großen Kochtopf rührte, welcher über den lodernden Flammen eines Holzfeuers hing. Der weiß gekleidete Offizier kippte den Inhalt des Kessels in die Feuerstelle, sodass die Flammen verlöschten. Nur wenige Minuten später schwebte unser LZ 129 lautlos über die Szene hinweg. Der mutige Mann ergriff das Seil am Ende des langen Zeppelins und ließ sich von der Mannschaft zurück an Bord ziehen, wo er lautstark gefeiert und mit Sekt begossen wurde. Erleichtert darüber, dass alles gut verlaufen war, malten wir uns die gespenstische Szene in allen Farben aus. Was glaubt ihr wohl, was die schwarze Mammi ihrem Stamm erzählt hat? Aus einer fliegenden Untertasse steigt ein weißer Gott herab und kippt mein Essen ins Feuer!« Die Hochzeitsgesellschaft lachte und Elsa strahlte vor Stolz auf ihren heldenhaften Mann, der seine Geschichte zu Ende erzählte: »Bei einem Zwischenstopp in Tanger tankten wir neues Gas und ich konnte mir ausrechnen, dass es mit meiner Hochzeit knapp werden würde. Mit einem Tag Verspätung erreichten wir Friedrichshafen, wo meine Kameraden bereits eine Militärmaschine organisiert hatten, um mich nach Hannover zu bringen. Es hat ja man gerade eben noch gereicht.« Der Brautvater schüttelte den Kopf und meinte: »Das sind mir mal lögenhafte Vortellen?«

Nach der Hochzeit musste Hans Abschied nehmen, er war eingeteilt für einen Flug nach Lakehurst in den USA, deshalb nahm Elsa ihre Schwiegermutter mit nach Steinhude. Hans' Vater Ferdinand Gluud war beim Norddeutschen Lloyd Segelschulschiffkapitän gewesen, bis er Graf Zeppelin kennenlernte und in den Dienst der Zeppelingesellschaft wechselte. Als 1913 das Luftschiffs L2 in Johannisthal bei Berlin explodierte, fand Kapitän Gluud unter tragischen Umständen den Tod. Der einzige Trost der Witwe waren ihre beiden Kinder. Luise war drei und Hans erst ein Jahr alt, als der Vater verunglückte. Das Mädchen erkrankte in jungen Jahren an Tuberkulose und starb, deshalb war Hans der einzige Lebensinhalt seiner Mutter. Ida Gluud war eine konventionelle Bremerin, die das Haus niemals ohne Mantel, Hut und Handschuhe verließ. Sie verehrte Adolf Hitler und wünschte sich eine blonde arische Schwiegertochter. Ohne darüber nachzudenken, wiederholte sie die Parolen der Nazis und zeigte sich wenig erfreut, als der Sohn die zwei Jahre ältere, schwarzhaarige Elsa mit nach Hause brachte. Wenn Hans von seinen Weltreisen nach Deutschland zurückkam, besuchte er seine Verlobte in Friedrichshafen. Nur selten fand er Gelegenheit, nach Bremen zu kommen und wenn er kam, dann stets in Begleitung von Elsa. Als sich die Mutter bei ihm beschwerte, drohte er ihr: »Wenn du uns nicht gemeinsam haben willst, dann besuche ich dich gar nicht mehr.«

Julia hörte von dem Vorfall und hatte Verständnis für die Sehnsüchte der schwer geprüften Frau. Um familiäre Bande zu knüpfen, machte sie den Vorschlag, Frau Gluud nach Steinhude einzuladen. Hans und sein verstorbener Vater waren begeisterte Segler, deshalb hielt es Elsa für eine gute Idee, mit ihrer Schwiegermutter über das Steinhuder Meer ans andere Seeufer zu segeln, um dort den Tee einzunehmen. Sie holte die Rennjolle längsseits zum Steg, ließ das Schwert hinunter und zog die Segel hoch, dann rief sie Mutter Ida zu: »Geh doch schon mal an Bord, ich hole noch warme Sachen für die Rückfahrt.« Bode stand am Fenster seines Häuschens und sah Frau Gluud, gekleidet wie eine Gouvernante, mit schwarzem Hütchen, schwarzer Bluse und einem bodenlangen Rock, auf den Steg zuschreiten. An ihrem Arm baumelte eine kleine schwarze Handtasche. Am Tau zog sie das Schiff näher heran, griff sich eine Wandte und zögerte, bevor sie den rechten Schuh auf die Planken setzte. Bode wusste, was nun kommen würde, er blickte gebannt aus dem Fenster und rührte sich nicht von der Stelle. Ein Bein an Deck, das andere auf dem Steg, entfernte sich der Schiffsrumpf in Zeitlupe vom Steg und die Beine der Frau grätschten sich weiter und weiter, bis der gespannte Rock an der Naht aufplatzte und ein weißer Schlüpfer zutage trat. Mit einem Aufschrei plumpste die Witwe ins kalte Wasser. Bode konnte sich das Lachen nicht verkneifen und rief: »Wer den Schaden hat, braucht für den Spott nicht zu sorgen.« In diesem Moment kam Elsa um die Ecke, sah die Bescherung und schlug die Hände entsetzt vors Gesicht. Aus den Fluten tauchte Idas Kopf auf, ihr Knoten hatte sich gelöst, das lange gräuliche Haar hing ihr strähnig ins Gesicht, während sie weinend nach Luft schnappte und ihr Hütchen auf den Wellen dahin dümpelte. Es war melodramatisch, weil Elsa in voller Montur ins Wasser sprang und versuchte, ihre Schwiegermutter zurück auf den Steg zu wuchten, was aber erst mit Unterstützung des Vaters gelang. Wortlos verschwand Ida Gluud in Julias Häuschen und erschien wenig später abgetrocknet und frisch eingekleidet mit ihrem gepackten Koffer in Bodes Wohnzimmer. Elsa und ihr Vater chauffierten die vorwurfsvolle Frau an den Wunstorfer Bahnhof, von dem sie grußlos und auf Nimmerwiedersehen in Richtung Bremen entschwand. Auf dem Rückweg meinte Hermann: »Wilhelm Busch hätte aus diesem Missgeschick eine herrliche Karikatur gemacht.«

Wenige Monate nach der Doppelhochzeit stellten die Schwestern fest, dass sie beide ein Kind erwarteten. Erkengard kam als Erste nieder. Ihre Tochter Frowis wurde 1937 geboren. Das blonde, blauäugige Mädchen stand dem Großvater von Anfang an sehr nahe und Ilse verliebte sich in den niedlichen Säugling, der über Wochen in ihrem Haushalt blieb, weil die empfindliche Mutter unpässlich war. In einem Brief berichtet Ilse:

»Unsere Erkengard ist eine tüchtige Hausfrau, sie schrubbt und wienert herum, dass es eine Lust ist. Leider ist sie sehr ordentlich und sehr genau, wehe dem, der es nicht so macht, wie sie es haben will. Ich war vorsichtig, deshalb klappte unser Zusammensein vorzüglich, aber mit Julia ging es gar nicht. Hoffentlich wird Karl auf die Dauer mit ihr fertig. Sie muss noch lernen, wegen dem Kind und der Stellung die ihr als Frau zukommt, zu schweigen und nachzugeben und klug und gütig zu sein.«

Elsa war ein bisschen eifersüchtig. Sie zog in Julias Wohnung, wo sie vier Wochen später die schwarzhaarige Reingard zur Welt brachte. Bei Stanzi im Parterre des Hauses gab es vier Enkelkinder, sodass sich die Mütter täglich zusammenfanden, um eine Horde von Kleinkindern in der Eilenriede spazieren zu führen.

Die Familie hatte ein gutes Leben und verdrängte erfolgreich die negativen Seiten der politischen Umbrüche, als Bode durch einen Anruf von Dorner aufgeschreckt wurde. Er sollte sofort in die Kestner Gesellschaft kommen, weil die Nationalsozialisten die Entlassung des jüdischen Direktors Dr. Justus Bier verlangten. Der Kunsthistoriker war seit 1930 künstlerischer Leiter des privaten Kunstvereins. Ab dem Herbst 1933 wurde er von der NSDAP, der Reichskammer für Bildende Künste und durch den Kampfbund für Deutsche Kultur wegen seiner jüdischen Abstammung angefeindet. Obwohl er Frontkämpfer im Ersten Weltkrieg gewesen war, wollte man seine Entlassung erzwingen. Wieland Schmied beschreibt die Lage wie folgt:

»Es bildeten sich zwei Fronten. Die eine war der Ansicht, dass die kleine KG die Gesamtentwicklung nicht abbiegen und dass sie nur weiterbestehen könne, wenn sie wenigstens nach außen hin etwas Anpassung bekunde. Die andere Seite widersprach. Sie meinte, dass schon das kleinste Nachgeben zu einer entscheidenden Verletzung der Aufgaben führen müsse, um derentwillen die Kestner Gesellschaft gegründet worden sei, und dass, wenn man sich überhaupt werde halten können, schon den Anfängen zu wehren sei. Sie beriefen sich auf die Vertragstreue; Dr. Justus Bier habe sich im Amt bewährt, an ihm müsse festgehalten und die sich ergebenden Risiken und Schikanen in Kauf genommen werden.«

Mehrmals traten Vorstand und Beirat zusammen, man konnte sich nicht einigen, deshalb trat der Vorstand geschlossen zurück. Zur Partei derjenigen, die für die Entlassung von Justus Bier votiert hatten, um die Ausstellungstätigkeit der Kestner Gesellschaft nicht zu gefährden, gehörten Hermann Bode und Alexander Dorner.

Fritz Beindorff als Vorstand und zwölf Beiräte, zu denen auch Günther Beindorff gehörte, wollten dem jüdischen Freund die Stange halten. Man kann sich vorstellen, dass es innerhalb der Familie kontroverse Diskussionen gab, die zu einer Entfremdung führten. Fritz Beindorff, der selbst NSDAP-Mitglied war, übernahm für zweieinhalb Jahre die Leitung der Kestner Gesellschaft und Justus Bier konnte seine Arbeit im Hintergrund weiterführen. Gezeigt wurden 1934/35 Paula Modersohn-Becker, Emil Nolde, Adolf Hölzel, August Macke und Japanische Malerei. 1935/36 Erich Heckel, Gerhard Marcks, Franz Marc, Christian Rohlfs und Indische Miniaturen. Im November 1936 wurde die Kestner Gesellschaft endgültig geschlossen und Justus Bier konnte 1937 mithilfe des Freundeskreises über die Schweiz in die USA fliehen. Wieland Schmied resümiert:

»Nur weil man damals und auch später allen Versuchungen widerstand, ›gleichgeschaltet‹ zu werden, weil man damals wie später unverrückbar an dem Grundsatz künstlerischer Freiheit festhielt, konnte die Kestner Gesellschaft nach dem Kriege wiedererrichtet werden.«

Jüdische Freunde der Bodes wollten oder mussten das Land verlassen, man half ihnen, so gut es ging. Ilse schreibt:

»Vati hat Grete in Frankfurt abgeholt, sie bleibt 8 Tage bei uns, mit viel Unruhe und viel Kümmernissen. Sie lässt sich jetzt scheiden, es ist ganz aussichtslos zu Walter zu kommen, er ist in Italien und hat keinen Pass mehr. Sie muss alles alleine machen. Den Haushalt auflösen, für das 12jährige Mädchen sorgen und ihren Umzug mit Devisenschwierigkeiten selber einleiten. Es wird eine nicht ganz einfache Zeit für uns, denn alles was mit Juden zusammenhängt, macht einen unentwegt strafbar. Wir werden von allen Seiten gewarnt und werden recht vorsichtig sein! Keine hübsche Zeit, wo keiner wagt seinen Mund aufzutun! Liegt mir gar nicht!«

Die meisten Länder verlangten den Nachweis von Geldmitteln und eine Kontaktadresse. Bode gab den Emigranten die Adresse von Hugo Bode in Südafrika oder die Anschrift der Familie Meinardus in Chile, während Ilse bemüht war, Devisen zu besorgen. Die Beindorffs nutzten die Verbindungen der Pelikan-Werke nach Südamerika, um den »Unerwünschten« eine Bürgschaft oder einen vorläufigen Arbeitsplatz zu besorgen, ohne den eine Einreise wegen der dort herrschenden Arbeitslosigkeit nicht genehmigt wurde.

»Sonntagnachmittag haben sich Valentins mit 4 Mann hoch zum Kaffee angesagt und zwar ist der Grund ein trauriger. Gerti der nette Sohn wandert aus nach Brasilien. Er will sich verabschieden und es gibt mir einen schmerzhaften Stoß ins Herz, wenn ich so sehe, wie diese Mutter ihre Kinder hergeben muss und gerade den Jungen, an dem sie so besonders hängt. Ein schweres Schicksal haben die armen Juden.«

Alexander Dorner war den Nationalsozialisten seit Langem ein Dorn im Auge, weil er die von ihnen verfolgten Künstler unterstützte und deren Werke für das Museum ankaufte. Der unbeugsame Mann wurde zudem als »Salonbolschewist« beschimpft, weil er mit russischen Emigranten verkehrte. Die Nazis hielten den Museumsdirektor für zwielichtig, seinen Lebenswandel für unmoralisch und die Gestapo überwachte ihn, weil man einen Grund suchte, ihn aus dem Amt zu jagen. Er trat als Museumsdirektor zurück und zog mit Lydia nach Berlin, wo er eine neue Arbeitsstelle zu finden hoffte. Im Sommer 1937 reiste Dorner nach Paris und emigrierte von Frankreich aus in die Vereinigten Staaten. Der Kunsthistoriker war seit vielen Jahren mit Gropius befreundet, der sich darum bemühte, eine Arbeitsstelle für ihn zu finden. Das New Yorker Museum of Modern Art plante für den Spätsommer eine Ausstellung über das Bauhaus, bei der er beratend behilflich sein konnte. Durch die Fürsprache verschiedener Immigranten wurde Dorner Direktor des Rhode Island School of Design Museums in Providence.

Für Bode war die Abreise seines Duzfreundes ein herber Verlust. Die meisten Künstler, die der Sammler schätzte, hatten das Land verlassen und die Tore der Kestner Gesellschaft waren geschlossen. Die »swinging Twenties« mit ihren vergnüglichen Einladungen waren endgültig vorbei, stattdessen marschierten uniformierte Gruppen im Gleichschritt durch Hannover. Menschen verschwanden und erst durch ihre Abwesenheit konnte man darauf schließen, dass es Juden gewesen waren. Die »Unerwünschten« waren Deutsche und oftmals Christen, sie bekannten sich nicht einmal zum Judentum. Die Nazis mischten sich überall ein, sie übten Druck auf die Evangelische Kirche aus und verlangten, dass getaufte Juden dort ausgeschlossen würden. Sie kontrollierten Gehaltszahlungen, untersagten Veröffentlichungen und zogen Pastoren zum Wehrdienst ein. Karl Bode war deprimiert und sprach von Kirchenspaltung, als einige Berliner Pfarrer, darunter Martin Niemöller und Dietrich Bonhoeffer, denen es um den wahren Glauben und das Verhältnis der Kirche zur aktuellen Politik ging, die »Bekennende Kirche« gründeten.

Der Einfluss der Machthaber zeigte sich schon bald in der Architektur und der Kunst. Mit Hitlers Monumentalbauten, die zuerst von Ludwig Troost und nach dessen Tod von Albert Speer geplant wurden, kamen neue regimetreue Künstler zu Ehren. Mit ihnen prägte eine imperiale Vorstellung die Kunst in Deutschland. Hitler verstand sich als Bildhauer Deutschlands »der aus dem rohen Stoff der Masse das feste gestalthafte Gebilde des Volkes formt« (Goebbels 1933). Der akademisch gebildete Speer entwarf für den Führer repräsentative Gebäude in Anlehnung an den neoklassizistischen Baustil. Die stilistische Orientierung an der Antike zeigte sich in den Skulpturen, die von den offiziell führenden Bildhauern Arno Breker und Josef Thorak ausgeführt wurden. Breker beherrschte sein Handwerk meisterlich und erhielt den Auftrag, zwei muskulöse Monumentalfiguren für das Haus des Deutschen Sports anzufertigen. Seine idealisierte Darstellung des menschlichen Körpers wirkte glatt und pathetisch, jeder einzelne Muskel war herausgearbeitet, mit heroischem Gesichtsausdruck blickten diese Figuren in die Zukunft des »Dritten Reiches«.

Dank seiner unbestrittenen Fähigkeiten und seiner Regimetreue wurde Breker 1937 Juror für die Abteilung Plastik in der ersten Großen Deutschen Kunstausstellung in München. Er wählte aus dem breiten Angebot solche Arbeiten aus, die dem Geschmack des Führers entsprachen. Viele Künstler passten sich daraufhin dem angesagten Stil an, sogar die Tierdarstellungen ähnelten einander in ihrer makellosen Glätte. Mit seinen Großplastiken Prometheus für das Propagandaministerium und den Rosseführern für die Gebäude der Wehrmacht empfahl sich Breker für zwei Figuren im Ehrenhof der Neuen Reichskanzlei, denen Hitler die Namen Partei und Wehrmacht gab. Die unbekleideten Muskelmänner flankierten den Eingang und hielten mit dem klassischen Kontrapost von Standbein – Spielbein jeweils eine Fackel oder ein Schwert in der erhobenen Hand. Hier konnte man dem personifizierten Bildnis von Nietzsches Übermenschen gegenübertreten. Als Professor an der Hochschule für Bildende Künste in Berlin beeinflusste Breker eine ganze Generation von Studenten, der Virus des Politischen infizierte das Ästhetische, Fragen nach der Bedeutsamkeit eines Kunstwerks erübrigten sich. In früherer Zeit hatte das Leiden an der Welt ihren Ausdruck in der Kunst gefunden und in ihr konnte man etwas über sich selbst erfahren. Die Kunst im »Dritten Reich« war handwerklich gut gemacht, aber in ihrer Gefühlskälte vermisste man das Authentische und geheimnisvoll Irreale, das Undefinierbare, das sich gegen jede Politisierung sperrt, deshalb sprach Walter Benjamin von der »faschistischen Ästhetisierung«.

Entgegen dem nationalen Trend zu übertrumpfender Größe baute Schwitters zu dieser Zeit an einem kleinteiligen Merzbau, der wie ein wucherndes kubistisches Gebilde, ausgehend von seinem Arbeitszimmer, schließlich bis zum Ausguck im Dach reichte. Acht Räume waren gemerzt und wurden von der »Säule des erotischen Elends« getragen. Es reihten sich weiß gestrichene Kästchen an Kistchen und formten eine Lissitzky-Höhle, eine Hans Arp-Grotte und eine Mies van der Rohe-Nische, in denen Erinnerungsstücke aufbewahrt oder eingemauert wurden. Dieser versponnene Bastler mit unruhiger Zukunftsahnung umgab sich mit Reliquien, die ihn vor der negativen Energie dieser Zeit beschützen sollten. Der Humus, auf dem er gedeihen konnte, war die deutsche Sprache, das Elternhaus gab ihm Sicherheit. Schwitters fühlte sich in seiner Heimat bedrängt, obwohl seine Förderer und Sammler in Hannover lebten. Er verbrachte die Sommermonate in Norwegen und sah sich schließlich dazu gezwungen, dort zu bleiben. Unter ärmlichen Verhältnissen entwickelte er seine Collagentechnik weiter und nahm erneut die Umsetzung eines dreidimensionalen Merzbaus in Angriff. Der Eulenspiegel fehlte in der Stadt und Bode reimte auf Plattdeutsch, um das Ursprüngliche und Hintersinnige seiner Heimatsprache zu pflegen.

Als Arbeitsbeschaffungsmaßnahme entstand im Hochwasserbecken des Flusses Leine der Maschsee, der von mehr als 1600 Arbeitern ausgehoben wurde. Himmelfahrt 1936 fand die Einweihung des Naherholungsgebietes statt. Fritz Beindorff spendete zu diesem Anlass eine Skulptur von Hermann Scheuernstuhl. Auf einer 18 Meter hohen Säule ist die bronzene Figur eines nackten Jünglings mit olympischem Feuer zu sehen. Georg Kolbe konnte mit seinem »Menschenpaar« den Wettbewerb zur skulpturalen Ausgestaltung gewinnen und Arno Breker erhielt den Auftrag für zwei Bronzelöwen. Die Skulpturen kamen mit ihrer realistischen Darstellung dem dekorativen Bedürfnis der Hannoveraner Bürgerschaft entgegen.

Vater Beindorff wurde im Dezember 1936 zu einem Vortrag von Hermann Göring zum ersten Fünfjahresplan nach Berlin eingeladen. Es kamen einige der bekanntesten deutschen Industriellen und Bankiers und der Direktor der Pelikan-Werke saß in der vordersten Reihe. Als Göring mit seiner Rede fertig war, betrat Adolf Hitler den Saal und ging ans Rednerpult.

> *»Der Führer war in seiner braunen Jacke, nur mit dem EK I dekoriert, und hielt einen 1 1/2stündigen Vortrag, den er ohne irgendwie zu stocken absolut frei sprach … In seiner Rede ging er näher auf die allgemeine Lage der großen Politik ein und schilderte die sich uns von*

allen Seiten entgegenstellenden Schwierigkeiten, die es unsicher erscheinen ließen, ob trotz allen guten Willens der Weltfriede uns noch erhalten werden könne. Wir müssten uns jedenfalls auf eine große und schwere Auseinandersetzung unter den verschiedenen Weltanschauungen gefasst machen … Die deutsche Rüstung entwickle sich daher auch in rasendem Tempo.«

Die Versammlung war klein, die Mitteilungen sollten als streng vertraulich behandelt werden. Dann sprach der Führer über den Spanischen Bürgerkrieg und setzte den Zuhörern auseinander, dass er im Interesse von Europa zusammen mit Mussolini das Aufkommen des Bolschewismus in Spanien verhindern wolle. Die europäische Kultur erfordere dies. Die Zuhörer waren beeindruckt und hatten das Gefühl, einer historischen Stunde beigewohnt zu haben.

Auf diesem Wege erfuhr Bode, dass Deutschland und Italien im Spanischen Bürgerkrieg den Putschisten General Franco unterstützten, während die Sowjetunion auf der Seite der demokratisch gewählten Regierung kämpfte. Die baskische Kleinstadt Guernica lag in einem von den Republikanern kontrollierten Landstück am Golf von Biskaya. Ein Aufklärungsflugzeug meldete fälschlicherweise Truppenaufmärsche, in Wahrheit handelte es sich um Zivilisten, die auf dem Weg zum Markt waren. Deutsche und italienische Flugzeuge stiegen auf und griffen die Stadt an und in einer zweiten Welle wurde sie von der deutschen Luftwaffe durch Spreng- und Brandbomben restlos zerstört. Jagdflugzeuge schossen sogar auf die fliehenden Menschen. Mit einer Lüge wurde das Massaker an den Zivilisten verschleiert, es hieß, abziehende Republikaner hätten die Stadt angezündet.

In Paris stand zu dieser Zeit Pablo Picasso vor einer 3,50 x 7,80 Meter großen Leinwand, die er für den spanischen Pavillon der Weltausstellung bemalen sollte. Über das »Wechselspiel von Zerstörung und Kreativität, von Planlosigkeit und angeborenem Talent des Katalanen« hatte André Breton gerade einen Artikel veröffentlicht, als der den Kommunisten nahestehende Künstler sich spontan entschied, das Antikriegsbild Guernica zu malen. Er »wollte mit seiner Kunst an der zivilen Font einen propagandistischen Sieg erringen.« Der Schriftsteller Ernest Hemingway kämpfte im Spanischen Bürgerkrieg auf der Seite der Rebellen, seine Erfahrungen beschrieb er in dem Bestseller »Wem die Stunde schlägt«. Ilse bekam das Buch zum Geburtstag geschenkt, danach las es die ganze Familie. Das Liebesdrama wurde schon bald mit Ingrid Bergmann und Gary Cooper verfilmt und berührte die Menschen auf der ganzen Welt. Der berühmte Cellist Pablo Casals stellte sich öffentlich auf die Seite der Republikaner. Nach dem Sieg Francos verließ er Spanien und verkündete, dass er nicht mehr öffentlich aufträte und erst dann in die Heimat zurückkäme, wenn die Demokratie wiederhergestellt sei.

Wenige Wochen später war auf dem Deckblatt der Zeitung ein Foto des Kriegsfotografen Robert Capa abgebildet, auf dem ein Spanier mit Gewehr, offensichtlich von einer Kugel getroffen, rückwärts stürzt und stirbt. Das unscharfe Bild mit seiner malerischen Qualität wurde wie eine Bildikone in zahllosen Zeitungen abgedruckt. Hermann zeigte es Ilse und sagte: »So ein Foto bedient das Sensationsbedürfnis der Massen. Es ist doch geschmacklos, dass der lebendige Zeitungsleser einem anderen Menschen beim Sterben zusieht.«

Capa schrieb: »Wenn dein Bild nicht gut genug ist, warst du nicht nah genug dran.« Das Foto war der Beginn einer Kriegsfotografie, die die Schlachtenmalerei ablöste und einige Jahre später zur Gründung der Fotoagentur Magnum führte. »Die Fotografie ist der Todfeind der Malerei, sie ist die Zuflucht aller gescheiterten Maler, der unbegabten und der Faulen«, schimpften die Künstler. Magnum verlangte, dass das Urheberrecht am Bild, das nicht beschnitten werden durfte, beim Fotografen blieb. Mitglied in diesem illusteren Verein wurde man durch das Kopfnicken von Robert Capa oder Henri Cartier-Bresson.

Die Weltausstellung in Paris 1937

Zur Weltausstellung flogen Ilse und Hermann mit einer dreimotorigen Ju 52 der Deutschen Lufthansa AG nach Paris. Ilse war schon oft mit ihrem Bruder Fritz geflogen, der ein eigenes Flugzeug und eine Landebahn hinter seinem Wohnhaus am Haghof hatte. Sie wusste, dass ihr bei jedem Luftloch schlecht wurde. Schon beim Anblick der Flugzeuge auf dem Rollfeld zog sich ihr Magen zusammen. Tapfer unterdrückte sie den Impuls wegzulaufen und schob die hellbraunen Schweinslederkoffer auf den Gepäckwagen. Um Verwechslungen vorzubeugen, war jedes Gepäckstück mit einem roten Weihnachtsband markiert. Die schwere Fotoausrüstung mit Filmkamera und Fotoapparat nahmen die Eheleute mit in die Kabine. Hermann wollte erleben, wie es sich anfühlt, die Erde zu verlassen, um getragen von Luft die Wolken zu streifen. Dieses flüchtige Erlebnis gedachte er bildlich festzuhalten, deshalb saß er selbstverständlich auf dem Fensterplatz. Beim Start dröhnten die Propeller, die Räder lösten sich vom Boden und das Rütteln der Kabine ging in eine sanfte Vibration über. Durch zarten Dunst stiegen sie höher und höher, während Bode durch das ovale Fenster blickte und Fotos machte. Über Frankreich türmten sich weiße Wolkenpakete, die Junkers durchquerte sie wie in einem Nebel und sackte dann plötzlich ab, sodass Ilse erschrocken nach der Hand ihres Mannes griff. Die Sonne brach durch den Dunst und gab den Blick frei in die Tiefe, in der man Dörfer wie aus einem Baukasten liegen sah. Flussläufe wanden sich durch eine sanfte Hügellandschaft und die Vögel in der Luft warfen wandernde Schatten auf die Felder, während das Flugzeug leicht schlingernd an Höhe verlor.

Nach der Landung und der Zollabfertigung bestieg das Paar eine motorisierte Droschke zum Hotel Lutetia am Boulevard Raspail. Der Verkehr in Paris war im Vergleich zu Hannover unübersichtlich Personenwagen, Pferdefuhrwerke, Fahrräder und Busse schlängelten sich wie ein fließender Strom durch die breiten Boulevards und die Luft war verpestet von Abgasen. Das Hotel mit seiner Gründerzeitfassade lag zentral. Von hier aus wollten sie den Louvre und das Grand Palais besuchen und in Daniel-Henry Kahnweilers Galerie Simon in der Rue d'Astorg vorbeischauen. Der deutsche Galerist mit jüdischer Abstammung vertrat so unterschiedliche Künstler wie Picasso, Klee und Breker. Er hatte eine Publikation zum Kubismus herausgegeben, von der Bode sehr angetan war.

Die Weltausstellung von 1937 stand unter dem Motto: »Kunst und Technik im modernen Leben«. Das Ausstellungsgelände lag vor dem Eiffelturm, linker Hand lag der deutsche Pavillon, den Albert Speer entworfen hatte. Das Gebäude krönte ein Reichsadler mit Hakenkreuz-Emblem, beidseitig wehten Fahnen an hohen Masten, darüber schwebte ein Zeppelin. Auf der rechten Seite lag der sowjetische Pavillon, entworfen von Boris Iofan. Auf seinem Wahrzeichen stürmten eine Kolchosbäuerin und ein Arbeiter mit erhobenen Armen und vom Wind zerzausten Kleidern einer bolschewistischen Zukunft entgegen, in ihren Händen kreuzten sich Hammer und Sichel. Die kommunistische und die faschistische Ideologie standen sich als begehbare Wahrzeichen gegenüber. Zwischen diesen Monumentalbauten lag der Trocadéro, ein Park mit zahlreichen Wasserspielen.

Die Bodes waren ganz in hellgrau gekleidet. Auf Ilses Bubikopf saß ein blaugraues Kapotthütchen, zur grauen Krokodilledertasche trug sie farblich passende Glacéhandschuhe und den Duft von Eau de Parfum Bandit. Das Paar ging Arm in Arm im Gleichschritt und blieb häufig stehen. Dann holte Herrmann den Belichtungsmesser hervor, stellte Blende und Entfernung ein und machte umständlich ein Foto. Er wollte, dass Ilse im Vordergrund zu sehen war, um die Größenverhältnisse der Gebäude zu veranschaulichen. Bode scheuchte seine Frau die Treppen hinauf und wieder hinunter, bis sie ihm den Staubmantel wie das Tuch eines Toreros vor die Linse hielt. Die Freitreppe zum Eingang des deutschen Pavillons flankierten zwei Podeste, auf denen Figurengruppen mit muskulösen Nackten von Josef Thorak festgeschraubt waren. In der Nacht wurde der 65 Meter hohe kannelierte Turm von starken Punktstrahlern in den Himmel verlängert, er machte dem erhellten Eiffelturm Konkurrenz und stelle den russischen Turm bewusst in den Schatten.

Im gläsernen »Palast der Luft« wurden die neuesten Entwicklungen der Luftfahrttechnik gezeigt. Im »Pavillon des Lichts« demonstrierten die Franzosen die vielfältige Anwendbarkeit von Elektrizität, hinzu kamen Lichtspiele in der ganzen Stadt. Bode sagte: »Das Bauhaus hat uns die Augen dafür geöffnet, dass das Funktionale fortschrittlich ist. Lichte Gebäude aus Beton, Glas und Stahl sind die Zeichen der neuen Zeit.«

Spanien befand sich im Bürgerkrieg, deshalb hatten die Künstler Pablo Picasso, Joan Miró und Alexander Calder den Auftrag erhalten, die demokratische Autonomie der Moderne im spanischen Pavillon zu vertreten. Bode war überrascht von Picassos *Guernica*, in dem er eine farblos gemalte Collage sah. Der Spanier zeigte Stierkampfszenen, bei denen das wehrlose Pferd Opfer des Stiers wurde. Bildelemente aus dem Kampf des Theseus mit dem Minotaurus mischten sich mit Menschenteilen, über denen eine sonnenartige Lampe die fliehenden Seelen zu beleuchten schien. Picasso selbst schrieb zu seinem Bild:

> *»Es ist mein Wunsch, Sie daran zu erinnern, dass ich stets davon überzeugt war und noch immer davon überzeugt bin, dass ein Künstler, der mit geistigen Werten lebt und umgeht, angesichts eines Konflikts, in dem die höchsten Werte der Humanität und Zivilisation auf dem Spiel stehen, sich nicht gleichgültig verhalten kann.«*

Guernica löste eine kontroverse Diskussion über die politische Rolle von moderner Kunst und Fotografie aus, daraufhin sagte Capa: »Die Bilder sind da, man nimmt sie einfach auf. Die Wahrheit ist das beste Bild, die beste Propaganda.« Sein berühmtes Foto sei gestellt, erwiderten die Kritiker und Picasso fragte, ob es die Wahrheit als Bild überhaupt gäbe und was sie mit Propaganda zu tun hätte. Jedes Bild ist eine Konstruktion, kann wahre Erkenntnis durch das Schauen von Bildern gewonnen werden? Für Picasso war das Machen von Bildern, die intensive Beschäftigung mit dieser einen Sache, das einzig Wahre.

Einen europäischen Kanon für die Kunst gab es nicht, die meisten Menschen bevorzugten das, wovon sie überwältigt wurden, die plakative und protzige Kunst, die zudem im Trend lag. Albert Speer bekam eine Auszeichnung für den Entwurf des deutschen Pavillons und seiner spektakulären Beleuchtung. Die internationale Jury war beeindruckt von dem Lichtdom, bei dem 130 Flakscheinwerfer zum Einsatz kamen. Die scharf umrissenen Lichtbündel reichten bis zu acht Kilometer in den Nachthimmel und verschwammen dort zu einer leuchtenden Fläche. So entstand der Eindruck eines riesigen surrealen Raumes, bei dem die einzelnen Strahlen wie gewaltige Pfeiler einer Lichtarchitektur wirkten. Diese Lichtinstallation wurde prämiert, als das »eindrucksvollste und originellste Sakralsymbol einer nationalen Gläubigkeit.« Speer bemerkte dazu: »Merkwürdig berührt mich der Gedanke, dass die gelungenste architektonische Schöpfung meines Lebens eine Chimäre ist, eine immaterielle Erscheinung.« Eine weitere Goldmedaille erhielt Josef Thorak für seine Skulpturengruppe, die Naturkraft, Technik und Arbeit symbolisierte. Erstmals wurde auch das neue Medium Film prämiert, den Preis gewann Leni Riefenstahls Dokumentarfilm »Triumph des Willens«, in dem sie den Nürnberger Reichsparteitag bildmächtig in Szene gesetzt hatte. Als Zentrum der faschistischen Ästhetik inszenierte sie ein riesiges Hakenkreuz, in dessen Balken Menschen marschierten, als ob sie in den Mahlstrom der Technik geraten wären.

Bei seinem Besuch in Paris war Hitler von den Plastiken des Österreichers Thorak beeindruckt, deshalb ernannte er ihn zum Leiter einer Meisterklasse an der Akademie der Bildenden Künste in München. Der Staatskünstler formte zwei gewaltige Pferdeskulpturen für die Neue Reichskanzlei und wurde beauftragt, für das Reichsparteitagsgelände in Nürnberg überdimensionale Bildwerke anzufertigen. Hitler wollte an diesem Ort den Eindruck einer Volksgemeinschaft demonstrieren, in der jeder für jeden einsteht und ein Band des »Wirgefühls« die Individuen eint. Das Zeppelinfeld in Nürnberg bot 320 000 Menschen Platz, hierfür ließ Hitler in Baldham ein Atelier bauen, in dem man bis zu 17 Meter hohe Bronzen aus einem Stück gießen konnte. Thoraks Skulpturen wirkten wegen ihrer enormen Größe grobschlächtig. An das Pathos der Bavaria in München oder der Freiheitsstatue in New York konnten sie nicht heranreichen, obwohl solche Vergleiche sicherlich beabsichtigt waren. Sowohl Breker als auch Thorak wurden von Hitler in die »Gottbegnadeten«-Liste aufgenommen und mit Großaufträgen geadelt. Das Propagandaministerium verhinderte jede Diskussion über die Staatskunst, die angepassten Künstler dieser Zeit produzierten das Gewünschte, sie stellten keine lästigen Fragen und verfassten auch keine provokanten Manifeste. Die angesagten Galerien präsentierten Ölbilder im Stil der alten Meister, besonders beliebt waren Sujets mit Blumen, nackten Frauen und ländlichen Idyllen.

Bode vermisste Dorners scharfzüngige Kunstkritik, seine gekonnte Provokation. Selbst eine volkstümliche Verulkung hätte diesen überdimensionalen Werken zu etwas mehr Leben verholfen. Er notierte:

> *»Die Beurteilung von Kunst nach objektiven Kriterien übersieht, dass gerade das Risiko des Irrtums und des Scheiterns zur geistigen Freiheit künstlerischen Schaffens gehören. Kunstwerke, die mich ansprechen, haben eine unerklärliche Ausstrahlung und können womöglich unsere Sicht auf die Dinge verändern.«*

Bei Thoraks Bronzepferden fehlte der feinstoffliche Aspekt, sie wirkten, als wären sie von einem riesigen Karussell gesprungen. Der Sammler kaufte Tierskulpturen von Marino Marini, Ewald Mataré und Rene Sintenis, weil sie in ihrer abstrahierenden Reduktion etwas eigenwillig Erratisches zum Ausdruck brachten.

Ernst Buschor und das Heraion von Samos

Die Siegerskulpturen im antiken Olympia waren für Arno Breker das stilprägende Vorbild. Als Verkörperung der deutschen Sehnsucht nach Vollkommenheit lässt Goethe seine Iphigenie am Ufer eines fremden Gestades sagen:

»Denn ach, mich trennt das Meer von den Geliebten,
Und an dem Ufer steh ich lange Tage,
Das Land der Griechen mit der Seele suchend.«

Dieses Sehnen verspürte auch Bode, deshalb unternahm er mehrere Bildungsreisen nach Griechenland. Während seines Studiums in München hatte er Ernst Buschor kennen- und schätzen gelernt. Dieser studierte seinerzeit Altertumswissenschaften bei Professor Furtwängler, dessen ältester Sohn Hans ein weltbekannter Dirigent war. Professor Buschor war seit 1922 Direktor des Deutschen Archäologischen Institutes in Athen und führte Grabungen in Samos durch. Der scherzhaft »Scherbenbuschor« genannte war mit einer Loheländerin aus Elsas Schule verheiratet und übersetzte im Laufe der Zeit sämtliche 31 erhaltenen griechischen Tragödien von Aischylos, Sophokles und Euripides.

In Griechenland wollten die Bodes den Besuch von Tempeln und Ausgrabungen mit einem Aufenthalt am warmen Meer verbinden und die antike Definition von Schönheit vergleichend verstehen. Die Reise über Land war viel zu beschwerlich, deshalb schifften sie sich in Brindisi ein und betraten in Piräus erstmals griechischen Boden. In der Athener Plaka bezog das Paar eine primitive Unterkunft, bei der die Betten auf einer Dachterrasse standen, von der man einen fulminanten Blick über die Altstadt hatte. Während der Lärm und die Gerüche der Großstadt zu ihnen emporstiegen, lagen Hermann und Ilse in den Betten und blickten in den gestirnten Nachthimmel.

Am nächsten Morgen war die Besichtigung der Akropolis geplant. Bode war gut vorbereitet und hielt in der linken Hand den Baedeker Reiseführer, mit der rechten zeigte er auf die beschriebenen Artefakte. Ilse hatte sich einen großen Strohhut gekauft und war wie ihr Mann ganz in Weiß gekleidet. Geduldig hörte sie ihm zu, wenn er von Pallas Athene sprach, für die vor 2500 Jahren der Parthenon erbaut wurde, weil sie die Athener vor den Persern errettet hatte. Der große Tempel, von dem nur noch der Fries, der Giebel und die Säulen standen, beherrschte als zentralen Bau die Akropolis. Das nicht vorhandene Dach des Erechtheion wurde von den mädchenhaften Koren getragen und Hermann erklärte seiner Frau: »In der Antike herrschte die Vorstellung, dass das Schöne mit dem Guten und Wahren eins ist. Platon verstand unter *kalon* nicht nur das äußerlich Reizende, sondern auch das Rechte und Geziemende, das Angemessene und Heile. An der Wand des Apollontempels in Delphi befindet sich die Inschrift ›Das Richtige ist das Schönste‹, was eine ethische Komponente hat. In der Vorstellung der Griechen lernte der Mensch erst durch die Schönheit der Kunst den Gott zu schauen, deshalb waren das Schöne und die Kunst immer mit dem Göttlichen verbunden. Wir rufen: ›O' mein Gott‹, wenn wir etwas Wunderschönes entdecken.«

Ilse sah sich die stark verwitterten Koren an und versuchte sich vorzustellen, wie sie einmal ausgesehen hatten. Diese Fragmente hatten stilistisch nicht die Spur von Ähnlichkeit mit Brekers Muskelmännern, deshalb fragte sie sich, worin die vielzitierte Verbindung bestehen sollte. Im 7. Jahrhundert wurde der Tempel in eine byzantinisch-christliche Kirche umgewandelt, dann diente er als Harem für die osmanische Armee. Eine der sechs Koren und Teile des Parthenon wurden von Lord Elgin ins British Museum nach London verschleppt. Die lange wechselvolle Geschichte Griechenlands mit Hochblüte, Krieg und Zerstörung ließ nichts Gutes für die Zukunft von Hitlers Monumentalbauten erahnen.

Durch die Propyläen kam das Ehepaar zum ionischen Niketempel. Ilse setzte sich erschöpft auf einen heißen Marmorklotz, während ihr Mann im Baedeker blätternd mit dem Finger auf nicht vorhandene oder zerstörte Gebäude zeigte: »Chalkotheke, Pandroseion, Arrephorion, zwischen diesen Gebäuden musst du dir weißgewandete Priesterinnen beim Fest der Panathenäen vorstellen.« Ilse sehnte sich nach dem glasklaren Wasser der Ägäis, während Hermann sich in den attischen Staub kniete, um ein ausdrucksstarkes Foto zu schießen, das er in sein astrologisches 2000-Jahr-Schema einzufügen gedachte.

Am nächsten Tag stand das Akropolismuseum auf dem Programm und am darauffolgenden hatten die Bodes Eintrittskarten für das Dionysostheater, in dem sie zu nächtlicher Stunde eine griechische Tragödie erleben wollten.

In Piräus bestieg das Paar eine rostige, wenig Vertrauen erweckende Fähre, um über das stürmische Meer nach Samos zu reisen. Ilse war besorgt um ihren zugempfindlichen Mann und wickelte ihm einen dicken Wollschal um den Hals. Der stets Umsorgte saß in seinem blütenweißen Anzug auf einer öligen Bank und versuchte das Motorengeräusch des Dieselantriebs zu übertönen, indem er mit erhobenem Zeigefinger von Pythagoras erzählte, der die Mathematik und Geometrie begründet hatte. »Von ihm stammt der Begriff Kosmos und der Ausspruch »Alles ist Zahl«. Die Linie am Horizont schwankte auf und nieder, das Fährschiff rollte auf gischtenden Wellen und die Schweinslederkoffer rutschten über die Planken, bis sie vom Meerwasser durchnässt waren. Ilse lief schnell zur Reling und übergab ihren Mageninhalt dem Ikarischen Meer. Die Überfahrt dauerte sehr viel länger als erwartet, trotzdem blieb das Bordrestaurant menschenleer.

Im Hafen von Pithagorio gingen die Bodes von Bord, sie wurden bereits erwartet und in das geschmackvolle Häuschen der Buschors am nahegelegenen Meeresstrand gebracht. Nachdem sie die Koffer ausgepackt hatte, lief Ilse barfuß über glühend heiße Kieselsteine zum Strand und ließ ihren Körper in das wohlig warme Wasser gleiten. Ihrem Mann rief sie zu: »Dieses Meer ist herrlich, das darfst du dir nicht entgehen lassen!« Gegen Abend kam kühle Luft aus den Bergen herunter und die Bodes konnten wunderbar schlafen, bevor sie am nächsten Morgen gemeinsam mit ihren Freunden die Grabung im Heraion besuchten. Die antike Tempelanlage war an einem heiligen Ort erbaut worden und lag in einem sumpfigen Gelände nahe dem Meer. Schon aus der Ferne konnte man eine vereinzelte Säule des ehemaligen Heratempels sehen. Hermann breitete die Arme aus und zitierte seinen geliebten Goethe:

Heraus in eure Schatten, rege Wipfel
Des alten, heil'gen, dichtbelaubten Haines,
Wie in der Göttin stilles Heiligtum,
Tret ich noch jetzt mit schauderndem Gefühl,
Als wenn ich sie zum ersten Mal beträte,
Und es gewöhnt sich nicht mein Geist hierher.
So manches Jahr bewahrt mich hier verborgen
Ein hoher Wille, dem ich mich ergebe;

Wegen der starken Sonneneinstrahlung waren weiße Segel über der Ausgrabung aufgespannt, unter Schatten spendenden Olivenbäumen standen Tische und Stühle, die historischen Vorbildern nachempfunden waren. Die Holzbaracken, in denen die Scherben gereinigt, nummeriert und soweit möglich zu einem sinnvollen Ganzen zusammengesetzt wurden, sahen aus wie die anthroposophischen Werkstätten in Loheland. Die Tempelanlage aus dem 7. Jahrhundert v. Chr. war das bedeutendste Heiligtum der Göttin Hera auf Samos, die ausgegrabenen Weihegeschenke ließen auf weit entfernte Handelskontakte schließen. Ernst Buschor führte seine Gäste zu einem Marmorlager, wo sie einen unfertigen antiken Kuoros besichtigen konnten. Die Archäologen vermuteten, dass während der antiken Hochblüte ähnliche Großskulpturen an der heiligen Straße des Hereions standen. Bode sagte zu Ilse: »In den Götterstatuen feierten die Griechen nicht nur den wohlproportionierten Leib, sondern die Gottesebenbildlichkeit des Menschen. Schönheit war für sie ein Abglanz der göttlichen Ordnung, die aus dem Chaos entstanden war. Die moderne Kunst wendet sich von diesem Ideal ab, sie kehrt mit der Abstraktion zum Chaos zurück.«

Für den akkuraten Zahnarzt war es ein besonderes Vergnügen, aus zahlreichen Pappschachteln mit antiken Scherben die passenden zusammenzusuchen, während sich die Damen unter Schatten spendenden Tamarisken über Kindererziehung unterhielten. Ilse blickte in Richtung der Männer, die auf einem langen Holztisch Scherben sortierten: »Der Vati hat die halbe Nacht einen Text von Heidegger über Nietzsche gelesen. Beim Aufstehen wollte er daraus vorlesen, ich habe ihn abblitzen lassen, jetzt hat er einen Zuhörer gefunden.«

Berta Buschor lachte: »Ernst interessiert sich für Heidegger, da haben die beiden etwas, worüber sie sich austauschen können.«

Nach Sonnenuntergang erholten sich die Archäologen von der Arbeit, sie saßen zusammen mit den einheimischen Helfern an langen Holztischen, aßen griechischen Salat mit Feta und Oliven, dazu gab es Weißbrot. Der Muskateller-Retsina kam in großen Korbflaschen auf den Tisch und die Männer sangen ein melancholisches Volkslied, während der Mond wie eine orangerote Scheibe über den Hügeln aufging und der Wind den würzigen Duft der Pinien mit sich brachte. Buschor sagte: »Während ein Kunstwerk der Hochklassik auf sich selbst bezogen ist und vom Betrachter nichts weiß, bezieht die Kunst der Spätklassik den Betrachter mit ein, erscheint gleichsam in dessen Wahrnehmungsraum.« Jeder ergründete ganz für sich den Sinn hinter dieser Reflektion einer Skulptur. Die erlesene Gesellschaft, ihre Weltsicht und schöngeistige Unterhaltung versetzte Bode in melancholische Stimmung. Die Archäologie erlaubte einen Blick in die Vergangenheit der Menschheit und eröffnete die Möglichkeit, in eine lebendige Beziehung zu ihr zu treten. Sind wir modernen Europäer den Menschen im alten Griechenland überlegen? Gibt es einen Fortschritt in der Menschheitsgeschichte? Wenn ja, welchen? Zu dieser Zeit glaubte Bode noch an den kontinuierlichen Fortschritt der Kultur.

Wieder zurück in Hannover fasste er die Eindrücke und Erkenntnisse seiner Bildungsreise in einem Lichtbildervortrag zusammen, wobei er die Tempelanlagen mit Kultstätten anderer Kulturen in seinem astrologischen Schema verglich. Ilse kümmerte sich darum, dass ausreichend Verwandte und Freunde zur Darbietung ihres Mannes in der Pelikan-Fabrik erschienen.

Ausstellung »Entartete Kunst«

Am 19. Juli 1937 wurde die Ausstellung »Entartete Kunst« im Galeriegebäude am Hofgarten in München eröffnet. Adolf Ziegler, der Präsident der Reichskammer bildende Kunst, war verantwortlich für die »Reinigung« der heimischen Museen. Malerei von geistig Behinderten und Fotos von verkrüppelten Menschen hingen neben abstrakten Bildern von professionellen Künstlern und die Wände waren mit anzüglichen Sprüchen beschmiert. Eine Überschrift lautete: »Nehmen Sie Dada ernst, es lohnt sich«. Wenige Tage später erschien Hitler persönlich zur Eröffnung der Kunstausstellung im neu errichteten Haus der Deutschen Kunst. Die Bürger sollten bei dieser Gegenüberstellung mit eigenen Augen sehen und entscheiden, was gute und was schlechte Kunst ist. Hermann reiste sofort nach München. Zu seinem größten Entsetzen wurden hier Künstler als entartet gebrandmarkt, die er persönlich kannte und schätzte und deren Werke er gekauft hatte. Einige der beschlagnahmten Bilder hatte Dorner für das Provinzialmuseum gekauft. Ilse schrieb:

»Wir fuhren über Leipzig, wo wir Erkengard besuchten, nach Bayreuth. Von da aus nach München, um die trostlose Ausstellung zu sehen, die sehr interessant war. Es gab viel Scheußliches, aber auch viele Freunde und alte Bekannte aus allen Museen. Zum Weinen! Und das Haus der Deutschen Kunst? Nichts als Griechenland und immer wieder Griechenland, traurig und anmaßend. Vati diktiert Änne eine Abhandlung über die sogenannte Entartete Kunst, in der er die ganze Problematik an Hand der Astrologie zu erklären versucht.«

Bodes Vortrag in stark gekürzter Form:

»Es wurde in München eine Ausstellung entarteter Kunst aus den besten Sammlungen des Reiches zusammengetragen, sie soll zeigen, durch welche Irrwege des Geistes das Kunstschaffen der letzten Jahrzehnte gegangen ist. In einer Gegenausstellung werden vorbildliche Werke gezeigt,

an diesen soll demonstriert werden, welche Aufgaben die Kunst im Sinne des Nationalsozialismus zu erfüllen hat. Kant sagt: ›Die Kunst ist das einzig wahre und ewige Organon und zugleich Dokument der Philosophie‹. Und das hat wohl keine Zeit so stark zum Ausdruck gebracht wie die unsere. (Im Organon beschreibt Aristoteles, wie das menschliche Wissen in unterschiedliche Felder unterteilt wird und aus zwei gegensätzlichen Beobachtungen oder Erkenntnissen eine neue Aussage abgeleitet, bewiesen und überprüft werden kann).
Es geht den Künstlern unserer Zeit um den inneren Sinn von Farbe und Linie und um die kosmische Urkraft, die mit ihren Grundgesetzen formgestaltend wirkt. Im Jahr 1912 kam der blaue Reiter als Kampfschrift heraus und der Maler Franz Marc schrieb in ihr von der mystisch inneren Konstruktion des Weltbildes, die das große Problem seiner Generation sei. Die Besten setzten ihr Können dafür ein, ihre Vision führte sie über die Fläche in das Zeiträumliche hinein. Nicht um Ruhm und Ansehen ging es ihnen, deshalb lehnten sie auch das Geschrei der Mitläufer ab, darum wollten sie weder Kubisten noch Futuristen sein. Von Februar 1912 bis Januar 1920 stand der Uranus für die nördliche Erdhälfte im Zeichen Wassermann. Wassermann ist die Formkraft der neuen Zeit und Uranus ist ihr kennzeichnender Wandelstern. Die sichtbare Auswirkung dieser Spannung war der Krieg. Der große Krieg mit seinen erschütternden Eindrücken brach herein, die ungeheuerlichste Belastungsprobe aller zart empfindenden Seelen musste ertragen werden und innerlich sah man manch Gläubigen an seiner Verzweiflung zusammenbrechen. Dieser Zusammenbruch hatte eine Strömung der Kunst zur Folge, die sich geradezu berauschte an ihrer Verzweiflung und alles Göttliche leugnete. Die Künstler wollten sich für die Enttäuschung, die sie erlebt hatten, rächen und jede Äußerung des Edlen wurde als verlogen mit beißendem Hohn und Spott übergossen. Nur das niedere Tier, das seinen Trieben folgt, galt diesen Künstlern als ehrlich. Darum wurde mit Wort und Bild das Tier im Menschen verherrlicht. Die Verderbnis war sehr vielseitig. Ganz abgesehen von den Angriffen auf Religion und Sitte, machte sich Zersetzung breit, durch Verächtlichmachung vaterländischer Gefühle, Herabsetzung des Heeres und Aufreizung zum Klassenhass. Eine Reihe von Kunstschaffenden stellte sich in den Dienst der Internationale, so dass man das Wort vom Kunstbolschewismus als Kampfansage verstehen lernte.

Geht man durch die Ausstellung, dann steht man plötzlich vor Bildern, die jede empfängliche Seele im innersten anrühren. Da ist Otto Müller, der mit großer Zartheit in farbigen Flächen das Verwachsen mit der Natur und menschliches Sein und Sehnen gestaltet hat. Dort sieht man die Sonnenblumen von Emil Nolde, die sich fruchtschwer aus der blauen Luft zur Erde neigen, daneben seine Landschaft mit weiter Sicht, in der Himmel und Erde in satter Farbigkeit zur Einheit werden. Man steht vor den letzten Landschaften Corinths, der die Gedanken an die Ewigkeit mit flutender Farbe als unfassbar zarte Offenbarung gestaltet. Man sieht sein ›Ecce homo‹, das erschütternd die Marterung des Geistigen durch den Krieg darstellt. Paula Moderson ist vertreten, Marcs Turm der blauen Pferde, Feininger, Kokoschka und Hofer sind zu sehen und selbstverständlich eine Auswahl von Bildern, die mit Linie, Fläche, Raum und Farbe, nach Urgesetzen tasten, die Abstrakten!

Die Aufzählung will nicht vollständig sein, sondern nur einige Künstler herausgreifen, die, bewegt durch die Wandlung der Zeit und erschüttert durch äußere und innere Erlebnisse, zu neuartigen Formen gekommen sind, für die sie in München als entartet gezeigt werden. Gehören ernst ringende Künstler in diesen Kreis? Verdient es ihr ehrlicher Kampf nicht, dass wir uns wohlwollender darum bemühen sie zu verstehen? Erregung war in allen und je mehr sie Künstler waren, umso stärker wurden sie ergriffen. Umwälzungen in der physischen Erkenntnis steigerten die sinnbildliche Verwendung von Linie und Farbe bis zur Sprengung der alten Form. Staatliche, gesellschaftliche und religiöse Umwälzungen zerrten an allen Hüllen, bis Menschliches zutage trat, das nur im Zerrbild seinen wahren Ausdruck finden konnte. So fand das Zerrbild schon des Öfteren seinen Eingang in die Kunst. Wer da mit dem Maßstab der Entartung messen wollte, wo Ergriffenheit zu absonderlichen Formen führt, würde selbst in unseren alten Sammlungen nicht Halt machen können. Man sehe sich daraufhin die Gotiker an, mit Grünewald an der Spitze, wenn sie ihre Erschütterung über Leiden und Sterben des Heilands und der Heiligen gestalten. Man sehe auf Dürer, wenn er grübelnd um geistige Sinnbilder, um Aufgaben der Raumtiefe oder des Farbenausdrucks ringt.

Das Wort ›Entartung‹ in seiner Entwicklung tötenden Schärfe des Urteils ist leicht ausgesprochen, aber müssen wir nicht vorsichtig sein mit seinem Gebrauch nach den Erfahrungen, die wir in der Geschichte des

Geistes gemacht haben? Tritt nicht der umwälzende Fortschritt sehr oft zuerst als Entartung aus dem Alten heraus? Nietzsche ist am heroischen Gedanken entarteter Christ, Beethoven mit seiner Himmel und Erde verbindenden Leidenschaft war aus der Sicht der lieblichen Formschönheit der Rokokomusik entarteter Gewaltmensch, sogar für den Goethekreis. Erst das Wissen um das Kommende also gibt uns das Verständnis für Verwandlung und befremdende Erscheinungen in der Gegenwart. Das zwingt den Einsichtigen zur Vorsicht. Adolf Hitler sagte 1937 in Nürnberg: ›Sinn der Kunst ist die Fähigkeit, im Schauen und Gestalten eine Wirklichkeit der Zeit, d. h. der Gegenwart, vorauseilend zu begreifen und mit den hierzu geeigneten Mitteln wiederzugeben.‹ Das aber taten die Abstrakten als Wegbereiter einer neuen Zeit. Wie stark sie in das gesamte Kunstschaffen einstrahlten, ist für den, der es sehen will, in dieser Ausstellung deutlich zu erkennen. Verstehen wir, was in München geschah? Sein wir vorsichtig mit der Einteilung der Kunst in gesund und entartet! Lassen wir Franz Marc für all die anderen sprechen: ›Wir modernen Maler sind kräftig am Werk, für das kommende Zeitalter, das alle Gesetze neu aus sich gebären wird, auch eine neugeborene Kunst zu schaffen. Sie muss so rein und kühn sein, dass sie alle Möglichkeiten zulässt, die die neue Zeit an sie stellen wird.‹

Wer in ein Musikdrama von Wagner geht, ohne sich gründlich vorzubereiten, wird weder die Sänger noch das Orchester, geschweige denn die musikalische Offenbarung erfassen, die der Wagnerkenner zu erleben vermag. Wer eine ausgezogene Frau so formvollendet malt, dass man versucht ist, sich ihrer Blöße zu schämen, ist zwar ein großer Könner, aber nicht unbedingt ein Künstler. Kunst kommt zwar von Können, wer aber das handwerkliche Können in ihr für das Wesentlichste hält, geht fehl. Seien wir behutsam in unserem Urteil über Kunst, sie spricht immer eine eigenwillige Sprache.

Die Münchner Ausstellung hat viele Kunstfreunde ernstlich bewegt, am stärksten wohl jene, die mit Kant in der Kunst das ewige Werkzeug der Philosophie erkannt haben. Wenn ein großer Kreis von ernst denkenden Menschen der Überzeugung ist, dass in München ein lebenswichtiger Zweig der Kunst zu Unrecht von der Mitarbeit am geistigen Fortschritt ausgeschlossen ist, so muss versucht werden, dieser Erkenntnis den ihr gebührenden Einfluss zu verschaffen. Künstler wie Franz Marc, Paula Moderson, Otto Müller, Oskar Kokoschka, Emil Nolde, Alexej Jaw-

lensky, Wassily Kandinsky, Paul Klee und Lovis Corinth gehören nicht in diese Modergrube. Es muss dahin gewirkt werden, dass ihnen das Heimatrecht in unseren Museen wieder eingeräumt wird.«

Bode hielt diesen Vortrag vor Freunden und Verwandten und im Foyer der Pelikan-Werke. Als gebundenes Heftchen, mit einem Vorwort zum Wassermannzeitalter, wurde die Schrift in Hannover verteilt. Daraufhin protestierte der Deutsche Offiziersbund dagegen, dass der Maler Franz Marc, der als verdienter Soldat im Ersten Weltkrieg vor Verdun gefallen war, in dieser Ausstellung verunglimpft wurde. Der Ausstellung ging eine Welle von Beschlagnahmungen von sogenannter »Entarteter Kunst« in den Museen voraus. Um die Expressionisten auszusondern, wurden Listen angefertigt, dabei bediente man sich einer Vorlage aus der Galerie von Herwarth Walden. Etwa 20000 Kunstwerke wurden konfisziert, darunter befanden sich auch Leihgaben aus Privatbesitz. Die Nazis verkauften den Großteil dieser Bilder ins Ausland, der Rest wurde eingelagert und schließlich im März 1939 auf dem Hof der Berliner Hauptfeuerwache verbrannt. Die Sammlung von Sophie Lissitzky-Küppers, die sie im Provinzialmuseum Hannover untergestellt hatte, wurde ebenfalls beschlagnahmt und verkauft. Kunsthändler, Galerien und Sammler nutzten die Gelegenheit und kauften diese Bilder.

Unter dem Titel »Licht und Schatten« verfasste Hermann ein Buch mit Aphorismen und Maria war die Erste, mit der er die einzelnen »Wegzeichen« besprechen wollte: »Ich bin davon überzeugt, dass die Künstler ihre Inspiration aus den Ressourcen des Kosmos empfangen. Nur der Sinn, der seine Form gefunden hat, tritt überzeugend in Erscheinung.«

Maria nickte: »Jetzt kommt die politische Vereinnahmung hinzu.«

Dem Vater gefiel dieser Einwurf nicht, er störte seinen Gedankenfluss: »Die Freiheit der Kunst ist ein unerschöpfliches geistiges Reservoir der Kultur, deshalb kann man ihre Beeinflussung nicht gut heißen.«

Maria gab zu bedenken: »War die Kunst jemals frei? Ich denke, durch die Förderung in Form von Geldmitteln, oder durch vorherrschende Trends, wurde sie schon immer gesteuert.«

Der Sammler nickte: »Gesellschaftlichen Einfluss auf die Kunst hatten die kaufenden Sammler, die fördernden Kunstvereine, die ausstellenden Museumsdirektoren und die Kunstkritiker der Zeitungen. Die vorherrschende politische Kraft hat sich in der Kunst immer durchgesetzt. Macht korrumpiert und ihrer Bestechung kann man nur schwer entgehen.«

Ilse mischte sich ein: »Was versteht ihr unter der Freiheit der Kunst? Meint ihr den Inhalt, die Stilrichtung oder die Qualität?«

Ihr Mann blätterte in seinen Aufzeichnungen und murrte: »Der geistige Wert eines Kunstwerks wird durch den bewegenden Gedanken bestimmt, der materielle Wert ergibt sich aus der Form gewordenen Umsetzung.«

Ilse erwiderte: »Das ist keine Antwort auf meine Frage«, deshalb führte Maria den Gedanken fort: »Und wo hört deiner Ansicht nach die Freiheit der Kunst auf?«

Bode sagte: »Da, wo die Grundrechte anderer und die Gefühle von Anstand und Sitte verletzt werden.«

Die Tochter meinte erregt: »Gauguin hat eine 13-Jährige geheiratet, Jawlensky die 14-jährige Haushaltshilfe geschwängert.«

Der Vater unterbrach sie: »Das ist Sache der Strafverfolgungsbehörden.«

Maria schüttelte den Kopf: »Du sagst doch, in jedem authentischen Kunstwerk steckt die Person des Schöpfers, dann will man doch wissen, unter welchen Umständen das Bild entstanden ist. Die »Brücke«-Maler haben anstößige Bilder von nackten Mädchen gemalt, in diesen Bildern werden Kinder dem männlichen Blick als Lustobjekte dargeboten, das ist ein Tabubruch!«

»Nein, das ist die Freiheit der Kunst, sie spielt mit Gefühlen, sie spielt mit Fiktion und Wirklichkeit. Im geschützten Raum eines Museums ist das möglich, solange es sich um gemalte Bilder handelt und nicht um eine pornografische Filmaufzeichnung, die wäre tatsächlich verboten.«

Maria errötete als sie sagte: »Courbets *Der Ursprung der Welt* zeigt eine kopflose Frau, ihr Geschlecht wird den lüsternen Blicken wie auf einem Tablett dargeboten.«

Der Hausherr wirkte belustigt: »Ich kann verstehen, dass dich das aufregt, pornografische Bilder werden gerne in einer rein männlichen

Gesellschaft herumgereicht. Courbets Bild hat darüber hinaus eine metaphysische Dimension, es zeigt nicht nur ein Sexualobjekt, der Titel ist eine Metapher und erinnert uns Männer an die tiefe Kränkung, dass wir ohne ein weibliches Wesen kein Leben erschaffen können.«

Die Tochter schüttelte den Kopf: »Die Kunst ist stark männlich dominiert, das erkennt man auch an den Darstellungen von Gewalt. Da werden Menschen grausam hingemetzelt, bei Rubens werden nackte abgeschlachtete Weiber wie auf einer Wurstplatte serviert.«

Der Vater nickte: »Mord, Totschlag und Gewalt gab es immer und die Künstler benutzten die sublime malerische Darstellung, um diese Ungeheuerlichkeiten für den Museumsbesucher ansehnlich zu machen. Das Genie bricht Regeln, um mit seiner Schöpferkraft etwas Neues hervorzubringen. Die Wirklichkeit ist viel brutaler, da kommen die unerträglichen Geräusche und der ekelerregende Geruch noch hinzu. Du darfst nicht alles auf dich beziehen, das Bild und das gemalte Abbild kann nicht als ein und dasselbe angesehen werden, das eine ist Realität, das andere ist Kunst.«

Ilse mischte sich ein: »Du hast doch gesagt, dass die Kunst nur im Dialog mit dem Betrachter entsteht, und jetzt sagst du, man darf die Kunst nicht auf sich beziehen?«

Bode sah seine Frau ernst an: »Der Kunstgeschmack ändert sich im Laufe der Jahrhunderte, was damals tabu war, ist heute erlaubt, in den Museen konservieren wir diese verschiedenen Weltsichten und stellen sie nebeneinander aus. So kann der ahnungslose Besucher die Gefühlswelten von Jahrhunderten durchschreiten, dabei spricht ihn zwangsläufig nicht alles an.«

Maria hatte noch eine Frage: »Die Kestner Gesellschaft wurde gegründet, um einer widerständigen Moderne zum Durchbruch zu verhelfen, nun gibt es eine politisch motivierte Gegenbewegung, die eine Fortsetzung dieser Arbeit unmöglich macht. Was wollen die Nazis von Euch?«

Der Vater wirkte zerstreut, er konnte mit seinen »Wegzeichen« nicht landen: »Sie wollen über die Kunst das Volk beeinflussen und sprechen sich für eine nationale Kultur aus, die auf Sprache, Geschichte und Volkskunde basiert und eine deutsche Identität stiften soll. Artfremde, internationale oder jüdische Einflüsse sollen ausgeschaltet werden.«

Ilse ergänzte: »Auch die Nackedeis müssen arisch sein, artfremder Schmuddelkram wird verbrannt.«

Ihr Mann reagierte erregt: »Es sind nicht die Nackedeis, die Anstoß erregen, es sind die Abstrakten, die als entartet verunglimpft und verbrannt werden. Wahrlich, ich sage euch, aus verbrannten Zeugen eines Glaubens werden in der Regel Märtyrer, durch ihre Vernichtung gelangen sie zu höheren Weihen!«

Hermann stand abrupt auf und packte sein Manuskript von »Licht und Schatten« in die Schublade: »Wir müssen ständig Kompromisse machen, die ideale Regierung, die es allen recht macht, gibt es nicht. Wir versuchen, unseren Jugendlichen hier im Haus eine positive Einstellung für die Bewältigung der Zukunftsaufgaben mit auf den Weg zu geben und ich möchte, dass ihr mich dabei unterstützt. Man braucht viel Kraft, um heil durch dieses Leben zu kommen, manchmal muss man sich zurückziehen wie die Pflanzen im Winter und auf den Frühling warten.«

Eine Woche später, am 15. Februar 1938 schreibt Ilse an Maria:

»Fritz ist gestorben und eine Fülle von schmerzlichem Erleben liegt hinter und vor uns. Es ist nicht ganz unerwartet gekommen, über Weihnachten war er in der Schweiz um sich zu erholen. Er kam wieder und war nervös und matt. An meinem Geburtstag, an dem er starke Schmerzen hatte, wirkte er wie ein kranker Mann. Am nächsten Tag legte er sich mit Rippenfellentzündung ins Bett. Es wurde dann im Laufe der Nacht wieder besser, aber am Sonntag nahm die Atemnot zu und seine Kräfte nahmen ab. In der Nacht zum Montag ist er nach kurzem Kampf erstickt. Am Mittwochabend wurde er in die Fabrik überführt, mit Fackeln und der ganzen Belegschaft, die teils hinter dem Wagen ging und im Fabrikhof ein Spalier bildete. Im großen Sitzungssaal wurde er aufgebahrt. Am Donnerstagmorgen um 11 Uhr war eine sehr schöne und würdige Feier, alle waren ausnahmslos erschüttert und fassungslos und konnten vor Weinen nicht reden, man merkte so sehr, wie sie ihn alle geliebt und bewundert haben.

Nach der Feier ging die ganze Belegschaft mit bis Buchholz, wo der Sarg aus dem Pferdewagen in ein Auto umgeladen wurde um nach Auermühle zu fahren, es regnete und stürmte fürchterlich. In Auermühle angekommen versammelten wir uns in der Halle. Um 4 Uhr gingen wir hinter dem Wagen, bespannt mit Auermühler Pferden bis zum Erbbegräbnis, wo dann eine Feier im Sinne der Christengemeinschaft stattfand. Sehr schön und feierlich. Meinen Vater hat es so aufgeregt, dass er sich am nächsten Tag hingelegt und seine eigene Grabrede geschrieben hat.

Nach der Feier versammelten sich alle im Hause, wo Kaffee getrunken wurde und wir Kinder auch noch zum Abendessen bei den Eltern blieben. Dann nahm das tägliche Leben einen wieder in Anspruch. Wie es nun im Werk weiter geht, weiß ich nicht. Namentlich für Günther ist alles entsetzlich schwer, er müsste nun eigentlich die Rechte von Fritz bekommen. Vater ist alt und wird es immer mehr, sein Gedächtnis lässt enorm nach, seine Konzentrationsfähigkeit auch und sein Sinn fürs Wesentliche erst recht. Heute Abend feiern wir Sindberts Geburtstag mit meinen Eltern. Er ist jetzt Jungenschaftsführer und nimmt sein Amt ungeheuer ernst. Er kommt auch famos mit dem Klavier weiter und bewegt sich nur noch per Radschlagen durch die Gegend. Sin kommt radschlagend ins Zimmer und unterhält sich radschlagend mit einem und ist ringsherum ein reizender Kerl. Ilse geht mutig weiter zu ihren Stunden und bessert sich langsam aber sicher auch mit ihrem Gang. Sie übt nicht genug, aber da muss ich mich mehr dahinter klemmen. Ich finde den Dreh nicht, muss mich gehörig ins Kreuz treten. So, nun weißt du über alles Bescheid, ich muss ins Bett und Vati was vorlesen!«

Vater Beindorff schrieb in seinem Lebensbericht:

»Als meine Kinder am 7. Februar 1938 morgens früh im Wohnzimmer meines Hauses mir die unfassliche Nachricht brachten: ›Fritz ist tot‹, warf mich dieser, von mir für unmöglich gehaltene Schicksalsschlag zu Boden.«

Fritz war als Leitender Geschäftsführer und zukünftiger Chef des Unternehmens vorgesehen, nun musste neben dem persönlichen Verlust der Wegfall des Nachfolgers verschmerzt werden. Fritz Beindorff Senior zog sich aus der Firma zurück, stattdessen rückte der Prokurist Werner Funk in die Geschäftsleitung auf und der älteste Sohn Günther übernahm deren Leitung, obwohl er für diese Aufgabe nicht besonders geeignet war und den Posten auch nicht angestrebt hatte.

Am 12. März 1938 marschierte die Wehrmacht unter dem Jubel der Bevölkerung in Österreich ein und einen Tag später wurde die Vereinigung mit dem Deutschen Reich vollzogen. Nach der Annexion wurden in Wien die Juden schikaniert, man trieb sie durch die Stadt und plünderte ihre Wohnungen und Geschäfte. Von diesem Zeitpunkt an mussten sie den Judenstern tragen und hatten kaum noch die Möglichkeit, nach Palästina auszuwandern, weil der Devisentransfer nicht mehr möglich war.

Am 28. April 1938, der Tod von Fritz war noch nicht verarbeitet, hielt Vater Beindorff eine Festrede zur 100-Jahr-Feier der Pelikan-Fabrik. Ilse, Hermann und die drei Pelikan-Erben, Anna, Kurt und Sindbert, hatten auf einer Holztribüne Platz genommen und konnten die Veranstaltung gut beobachten. Hunderte Mitarbeiter standen dicht gedrängt vor dem mit Tannengrün dekorierten Maschinenhaus, als der Direktor von den vielen Köpfen und fleißigen Händen sprach, die in einer Gemeinschaft der Schaffenden, den Pelikan-Werken zum Erfolg verholfen hatten. Der designierte Nachfolger Günther Beindorff stand schützend hinter dem Vater, als dessen Lebensleistung gewürdigt wurde und zahlreiche Parteigrößen die Gelegenheit nutzten, um sich in Uniform zu zeigen und dem Patriarchen die Hand zu schütteln. Die Feier endete mit einem Treuegelöbnis auf Adolf Hitler, bei dem die Anwesenden den rechten Arm empor streckten. Ilse notierte: *»Die Kinder kommen zur 100 Jahrfeier der Fabrik und zur goldenen Hochzeit meiner Eltern. Zu dem Zweck wird allerhand gedichtet und aufgeführt und alle sollen was zum besten geben.«*

Zahlreiche Intellektuelle hatten Hannover verlassen, was im Kulturleben der Stadt deutlich zu spüren war. Von Lydia kamen Briefe, in denen sie von den Problemen der Emigranten erzählte, auch für Dorner war es nicht einfach; er hatte Mühe sich in der fremden Sprache differenziert auszudrücken und sich an die Umgangsformen der angloamerikanischen Oberschicht zu gewöhnen, die sich in vielen Feinheiten von denen der deutschen unterschied. Mit seiner selbstbewussten Art machte sich der Kunsthistoriker unbeliebt, während Lydia sich anpasste und schnell Kontakt fand. Hugo Bode wohnte seit Jahren mit seiner Frau Frieda in Pietermaritzburg bei Durban, beide fühlten sich wohl in Südafrika und kümmerten sich gerne um deutsche Migranten, die das Flair der Heimat in ihrem Gepäck mitbrachten. Ihr Sohn Bruno hatte eine Rinderfarm bei Otavi in Deutsch-Südwestafrika, dem heutigen Namibia. Die Deutschen trafen sich regelmäßig in dem Städtchen Windhuk, in dem ihre Kinder die Schule besuchten. Julia pflegte Briefkontakt mit der Familie Meinardus, die nach Chile ausgewandert war und dort eine Farm bei Puerto Varas betrieb. Die deutschsprachige Gemeinde verhalf zahlreichen Emigranten zu Arbeit und Wohnraum. Regelmäßig kamen Briefe in Hannover an, in denen von Problemen mit der Sprache, mit dem Klima oder den schrecklichen Erdbeben in Chile berichtet wurde. Das spärlich besiedelte Land konnte für viele, die sich in Deutschland verfolgt fühlten oder Angst vor einem erneuten Krieg hatten, zur zweiten Heimat werden.

Bode wollte Deutschland nicht verlassen. Hier waren die Wurzeln seiner Vorfahren, hier war seine Heimat und für dieses Land hatte er sein Leben riskiert. Er hielt sich für fortschrittlich und trat für eine bessere Zukunft seines Landes ein, darüber hinaus war er sich im Klaren darüber, dass man die Welt nicht ohne Vorurteile sehen oder verstehen kann und die Gegenwart immer wieder neu und anders ist. Er war konservativ, daher stand für ihn an erster Stelle die Familie. Aus der Achtung und Ehrerbietung der Kinder gegenüber ihren Eltern ergab sich für den Vater die Verpflichtung, das Erbe zu bewahren und von Generation zu Generation weiterzugeben. An zweiter Stelle stand für ihn die Nation, sie war das Dach, unter dem sich Menschen derselben Abstammung, Sprache und Kultur vereinten, um notfalls solidarisch für das eigene Land und seine Kultur zu kämpfen. Die Regierung sollte handlungsfähig sein und die politischen, sozialen und ökonomischen Probleme durch staatliche Weisungen regeln. Dies schien ihm nur möglich mit einer durchsetzungsfähigen Persönlichkeit an der Spitze einer sozial eingestellten Regierung. Der Humanist wollte das unabhängige Denken nicht zugunsten einer ideologischen Konformität aufgeben. Die Vereinheitlichung von Gesellschaft, Politik und Kultur, die mit dem Wort »Gleichschaltung« betrieben wurde, war jedoch mit der Einschränkung der individuellen Mündigkeit und Freiheit durch Regeln und Gesetze verbunden.

Durch den Sprung in die Moderne funktionierte die alte Weltordnung mit ihrem verfestigten Klassenbewusstsein nicht mehr, die Lebenswirklichkeit musste analysiert und neu bewertet werden, um die Spielregeln des Zusammenlebens der Gegenwart anzupassen. Die Arbeiter in der Pelikan-Fabrik waren mehrheitlich Sozialisten, ihr Ideal war die Internationale der Arbeiterschaft. Die Nazis verboten die Gewerkschaften und nahezu alle Arbeiter und Angestellten der Pelikan-Werke wechselten zur nationalsozialistischen Deutschen Arbeiterfront (DAF). Die politische Propaganda beeinflusste Bode, er fand deren Politik zugunsten der Arbeiter gut, um eine Revolution zu vermeiden und den gefürchteten Einfluss des Kommunismus außer Landes zu halten. Die Nazis verkürzten die Arbeitszeit und verlängerten den bezahlten Urlaub von zwei auf drei Wochen im Jahr. Das Amt »Schönheit der Arbeit« verbesserte die Arbeitsbedingungen, es wurde dazu aufgerufen, den Betriebslärm zu reduzieren, für gutes Licht am Arbeitsplatz und für gesunde Luft im Arbeitsraum zu sorgen, so sollten die Krankenstände minimiert werden. Die Pelikan-Fabrik erhielt eine Auszeichnung für die »vorbildliche Förderung der Volksgesundheit«.

Unter dem Motto »Kraft durch Freude« gab es Angebote für Familien mit geringem Einkommen. Zu diesem Programm gehörte auch der Volkswagen mit 24 PS, den sich zum Preis von 990 RM, viele Arbeiter leisten konnten. Hunderttausende Sparer klebten Wertmarken für den Volkswagen und gingen letzten Endes leer aus, weil die Fahrzeuge für den Kriegseinsatz benötigt wurden.

Als Schwiegersohn eines Fabrikbesitzers war Hermann auch liberal eingestellt. Der Staat sollte dem Unternehmer freie Hand lassen und das Privateigentum schützen, weil nur dies die Freiheit des Einzelnen gewährleisten konnte. Die meisten Unternehmer konnten zu dieser Zeit noch frei entscheiden, kriegswichtige Industriezweige waren davon ausgenommen. Der Staat kontrollierte die Wirtschaft durch die Überwachungsstelle für den Außenhandel und die Devisenbewirtschaftung. Es herrschte bis 1936 eine Art gelenkter Kapitalismus, danach wurde ein Vierjahresplan beschlossen, um die Wehrmacht und die Wirtschaft auf den Krieg vorzubereiten. In Deutschland herrschte Vollbeschäftigung. Um die Kriegsfähigkeit des Landes voranzutreiben, wurden die Betriebe nach ihrer rüstungswirtschaftlichen Bedeutung eingeteilt. Betriebe, die nicht kriegswichtig waren, mussten Arbeitskräfte abgeben, zusätzlich wurden polnische Wanderarbeiter angeworben, die in Lagern untergebracht waren. Auch in der Landwirtschaft kamen Fremdarbeiter zum Einsatz.

Die nationalsozialistische Kulturpolitik widersprach Bodes Vorstellung von einer freien Entwicklung des Geistes. Wie grundlegend sich die ganze Gesellschaft veränderte, wollte er nicht sehen. Befreundeten Juden half man dabei, das Land zu verlassen, nachdem durch die Novemberpogrome deutlich gemacht worden war, dass sie unter dem NS-Regime um ihr Leben fürchten mussten. Bei politischen Gesprächen, denen Hermann nicht zustimmen konnte, hielt er den Mund und zog sich ins vermeintlich bessere Wissen zurück. Er vertrat die Devise: »Gegen das, was man nicht ändern kann, soll man nicht ankämpfen.« Seine Vorbilder Laudsi und Konfuzius waren große Befürworter des Gemeinsinns als einer ethischen Haltung, bei der sich die Möglichkeit zum Handeln an den Grundsätzen der Gemeinschaft orientiert und der Einzelne auf Egoismus und persönlichen Vorteil verzichtet.

Am Frühstückstisch der Familie wurde über Moral gesprochen und Kurt wollte wissen: »Wie geht man mit dem fünften Gebot um, wenn man im Krieg Menschen erschießt?«

Der Vater hatte selbst oft genug darüber nach gedacht: »Man hat keine Wahl, entweder du schießt oder du wirst erschossen, das ist keine Frage der Moral. Die Moral dient der Orientierung und entwickelt sich aus kultureller und religiöser Erfahrung, sie passt sich der jeweiligen Zeit an.«

Sindbert meldete sich zu Wort: »Was ist denn deine kulturelle Erfahrung?«

»Von Laotse habe ich gelernt, dass sich der Einzelne dem Staat unterordnen und sich einfügen soll. Die herrschende Klasse hat immer die materielle und geistige Macht, der einzelne Bürger kann seine Ziele verfolgen, aber er hat keinen Einfluss auf den Lauf der Geschichte, deshalb kann er auch keine moralischen Ansprüche durchsetzen. Die persönliche Moralvorstellung scheitert oftmals an der politischen Realität.«

Kurt mischte sich ein: »Wie verhält es sich mit dem Recht des Stärkeren?«

Bode gab zur Antwort: »Man nennt das Naturrecht, biologisch betrachtet bedeutet das, der eine wird Nachkommen haben, der andere nicht. Im Mittelpunkt unserer Auffassung steht immer das Volk, die

Gemeinschaft, der wir uns unterordnen. Platon fasst es zusammen: Gerechtigkeit an sich hat es nie gegeben. Alles Recht beruht auf einer Übereinkunft zwischen Menschen.«

Beide Buben waren in der Hitlerjugend, weil man laut Jugenddienstpflicht ohne attestierte Gesundheitsprobleme dieser Organisation nicht fernbleiben durfte, vielmehr ab dem 10. Lebensjahr zur Mitgliedschaft gezwungen wurde. Der Vater hielt es zudem für wichtig, dass die Kinder in der Gemeinschaft Gleichaltriger aufwuchsen.

Im August 1938 war Kurt auf Fahrt und Sindbert in einem Ferienlager untergebracht. Das ermöglichte den Eltern, die Bayreuther Festspiele zu besuchen. Es wurde der »Ring des Nibelungen«, ein aus vier Teilen bestehender Opernzyklus von Richard Wagner, aufgeführt und Bode schrieb an Elsa: »*Die beeindruckende Aufführung wurde durch die Anwesenheit des Führers noch gesteigert.*«

In den folgenden Tagen besuchten das Ehepaar den »Fliegenden Holländer«, eine romantische Oper in drei Aufzügen, und das Musikdrama »Tristan und Isolde«. Unter dem starken Einfluss der Wagneropern verfasste Hermann ein kleines Theaterstück, das die Kinder am 24. Dezember aufführen sollten. Es traten auf, ein Jüngling, ein Mädchen, ein Knabe, eine Flötenspielerin und ein alter Mann, der gegen Ende die Lichter am Weihnachtsbaum entzünden sollte. Das Mädchen ging am Stock und konnte, geläutert durch ihre Krankheit, den Jungen den Weg durch schwieriges Gelände weisen.

Befragt man den Text im Sinne der Selbstverständigung von Kunst, um herauszufinden, wer Bode zu jener Zeit war und was er dachte, dann bemerkt man, dass er von den Schriften Stefan Georges und dessen Freundeskreis stark beeinflusst war. Der Neuromantiker pflegte ein ausgeprägtes Elitedenken, seine prophetischen Reime verherrlichten den auserwählten Herrenmenschen und verklärten die reine Tat. Im Gedicht »Geheimes Deutschland« heißt es:

»*Reiss mich an deinen rand*
Abgrund – doch wirre mich nicht!«

Man findet bei George Parallelen zu Nietzsches Zarathustra. Da ist der Gesang des Propheten, die Schüler bewundern den Meister und streben nach der absoluten Idee als Ideal. »Das Deutschland, welches wir lieben und zu sehen begehren, hat nie existiert, und wird vielleicht nie existieren. Das Ideal ist eben etwas, das zugleich ist und nicht ist. Die Menschen gedeihen nur an der geheimnisvollen Wärme eines nie gesehenen Sternes«, schrieb Paul de Lagarde über den George-Kreis. Stefan George machte einen Unterschied zwischen der Urschöpfung des einen Künstlers und der Verarbeitung durch abgeleitete Wesen, seine Schüler verstanden sich als abgeleitete Wesen.

In diesem Sinne dichtete Bode:

»Nicht Erbarmen ist uns wichtig,
nur Erkenntnis Plan und Rat,
macht uns auch die Mühsal sichtig,
nicht die Not, uns gilt die Tat!«

Man wird sich fünf Jahre später daran erinnern, wie die Söhne erzogen wurden. Die Todesweihe »Wir sind geboren, um für Deutschland zu sterben« ging dem Vater dann doch entschieden zu weit. Seinen einzigen Sohn zu opfern, dazu war er keinesfalls bereit.

Ein Bauhaus für Bode

In der Zeitung stand, dass Albert Speer die Stadt Berlin zur Welthauptstadt »Germania« umgestalten sollte. Hitler bemängelte, dass moderne Städte, im Gegensatz zur Antike, keine Wahrzeichen oder »Monumente des Stolzes« hätten, deshalb wollte er mit der Neuplanung der Reichshauptstadt an die Vorbilder im alten Ägypten oder in Rom anknüpfen. Bode war enttäuscht darüber, dass es keine Ausschreibung gab, bei der auch Gropius oder Mies van der Rohe ihre Entwürfe für eine moderne Stadt hätten einreichen können. Stattdessen versammelte Albert Speer zur Bewältigung dieser anspruchsvollen Aufgabe einen Kreis von regimetreuen Bildhauern, Malern und Kunsthandwerkern um sich. Er plante ein Kreuz aus Verkehrsachsen, umgeben von einem Autobahnring. Im repräsentativen Stil wünschte sich der Führer einen riesigen Triumphbogen und eine gigantische Ruhmeshalle, mit einer Kuppel wie beim Kapitol in Washington. Skizziert waren bereits der Führerpalast, eine Hochschulstadt und ein neuer Flughafen in Tempelhof.

Die Pariser Weltausstellung hatte gezeigt, was die moderne Technik ermöglichte, und so sollte auch Berlin, von der Straßenbeleuchtung bis zur Untergrundbahn, an die Neuzeit angepasst werden. In den Zeitungen schwärmten zahlreiche Journalisten von der mutigen und großzügigen Planung der neuen Hauptstadt, die prunkvoller werden sollte als Rom, Paris oder London. Es entstand der Eindruck, als könnten die Nazis Wunder vollbringen, weil offenblieb, wer das Projekt bezahlen würde. Die Bevölkerung wusste nicht, dass man das benötigte Geld den Juden wegnehmen wollte und die Bauarbeiten von Zwangsarbeitern ausgeführt werden sollten. Die Deutschen wurden auch nicht danach gefragt, wie sie sich ihre Reichshauptstadt vorstellten. Die Regierungsbauten waren monumental und repräsentativ geplant, während die Einfamilienhäuser kleinbürgerlich ausgeführt wurden. Im Heimatschutzstil bauten die Nazis spitzgiebelige Häuschen mit traditionellem Satteldach, von dem im Winter der Schnee herunterrutscht. Die Häuser standen in Reih und Glied, eine Straße wie die andere, das war kostengünstig und machte es möglich, dass die kinderreichen Familien ein Häuschen bekamen. Die NSDAP polemisierte gegen die Bauhaus-Architekten, Flachdächer wurden offiziell nur noch bei Industriebauten toleriert.

Im Steinhuder Holzhäuschen gab es viel zu wenig Platz für die fünfköpfige Familie, deshalb machte der Hausherr Pläne für einen Neubau. Tag und Nacht waren seine Gedanken damit beschäftigt, sein Traumhaus im Stil der neuen Sachlichkeit zu errichten. Er schrieb in sein Notizbuch:

> *»Ich kann es schon erahnen, äußerste Berechnung der Kräfte, Beherrschung der Masse und Überwindung der Schwere bis zur völligen Verleugnung des Stofflichen, bis zum Bauen mit Luft. Die ersten Spuren dieses Geistes waren die freitragenden Dächer von James Lloyd Wright, die er schon 1906 bei einem Wohnhaus in Chicago umgesetzt hat. Der nächste Schritt waren die Konstruktionen in Glas und Eisen, mit freischwebenden Wendeltreppen und einer Durchsichtigkeit, als sei die Luft zum Baustoff geworden. Solche Bauten sind von Walter Gropius zu einer hohen Vollendung gebracht worden. Einfach aus Gas in die Luft gehängt sind die Zeppelin Bauwerke. Sie vereinen alle Behaglichkeit der Neuzeit mit der Fähigkeit, schwere Lasten zu tragen und weite Reisen durch die Luft zurückzulegen. Das ist ein Sinnbild unserer Zeit, ungeheuer kühn, luftig, nüchtern und klar durchgebildet, bis an die Grenzen des Möglichen, um der Gemeinschaft zu dienen!«*

In Steinhude sollte ein transparentes Haus aus Glas und Stahl mit variablen Wänden entstehen. Problematisch war der nachgiebige Untergrund, weil die riesigen Fensterflächen nur in einen stabilen Baukörper bruchfest eingesetzt werden konnten. Mit Lastwagen wurden Schotter und Sand herbeigeschafft, um den Wiesenweg zu befestigen. Dann kam eine Spezialfirma, die Pfähle in den Moorboden rammte, auf denen der Neubau entstehen konnte. Der Architekt und Künstler Hans Nitzschke hatte schon für Ilses Bruder Fritz Umbauten in der Fabrik geplant, nun sollte er die Planung und Bauaufsicht vor Ort übernehmen. Bode hatte 1910 in Berlin mit dem Architekten James Lloyd Wright aus den USA gesprochen. Besonders eingeleuchtet hatte ihm dessen Ansatz, dass die Natur nicht länger als Feind zu betrachten sei, vor dem man das Haus verschließt. Wright wollte Baukörper und Umgebung in Einklang bringen und zwischen Innen- und Außenraum eine Korrespondenz herstellen, die dem Lebensgefühl des modernen, offenen Menschen entsprach. Der Bauplatz am See war ideal, um ein solches Konzept zu verwirklichen, die Bauherren waren risikobereit und finanzkräftig, deshalb konnte die Planung nach einem halben Jahr abgeschlossen werden.

Nitzschke gliederte die Fassade auf der Seeseite in drei Bändern. Im Parterre waren die riesigen in Metallrahmen gefassten Fensterscheiben nebeneinander angeordnet und reichten von einer Ecke des Hauses bis zur anderen. Im ersten Stock lagen fünf Schlafzimmerfenster nebeneinander und bildeten eine visuelle Verbindung zum Arbeitszimmer des Hausherrn, das über den Garagen geplant war. Auf der Eingangsseite gab es zwei Terrassen im ersten Stock. Die Haustüre im Parterre bestand aus einer durchsichtigen Scheibe, eine zweite Glastüre schloss den Durchgang zum See, der das Haupthaus von der überbauten Doppelgarage trennte. Ein separater Zugang führte in den Haushalts- und Küchentrakt. Wohnzimmer und Esszimmer waren optisch nur durch einen Vorhang getrennt und konnten zu einem Großraum für Lesungen und Konzerte vereint werden. Beide Räume hatten Glasfronten, die Schaufensterscheiben mussten in Paris maßstabsgetreu hergestellt werden, nur dort konnte man Flachglas in einer solchen Größe gießen. Die Wohnräume waren lichtdurchflutet, sachlich und schnörkellos möbliert. Im Obergeschoss und in den Kinderzimmern waren die Einbauschränke und Betten aus Sperrholz angefertigt und konnten an die Wand geklappt werden. Bodes Arbeitszimmer wurde nachträglich als fertiger Kubus auf die Garagen und die Segelkammer gesetzt. Die riesigen Fenster ermöglichten ohne Fenstersprossen einen freien Blick auf den See, sodass man die Insel Wilhelmstein und die angrenzenden Moorgebiete überblicken konnte. Aus Ilses gläsernen Schlafzimmertüren hatte man einen weiten Blick über die bäuerlichen Wiesen.

An den Wänden hingen die Bilder aus der Sammlung Bode. Im Arbeitszimmer war Wassily Kandinskys *Diagonale* platziert, gegenüber Kurt

Schwitters *Abstrakte Komposition*, im Bücherregal standen Skulpturen von Ewald Mataré und Renée Sintenis. Auf den Esstisch blickte eine Frauengestalt von Otto Gleichman herab und im Wohnzimmer über dem Flügel hingen die abstrakten Werke von El Lissitzky und Laszlo Moholy-Nagy. In den Kinderzimmern hatte Bode Zeichnungen von Paul Klee und Klebebilder von Kurt Schwitters aufgehängt. Der kühle reduzierte Baukörper ließ die Kunst voll zur Geltung kommen, sodass eine museale Atmosphäre entstand.

Fortan konnte Jedermann vom See aus zusehen, wie die Familie lebte. Wenn Neugierige in Tretbooten anhielten, um zu gaffen, dann streckten die Jugendlichen die Zunge heraus. Vor dem mit Pfählen befestigten Grundstück lag ein Holzsteg, an dem verschiedene Schiffe angebunden waren. Hermann war Mitglied im Steinhuder Segelklub und beteiligte sich an zahlreichen Segelregatten, bei denen er häufig einen der ersten Plätze belegte. Ilse bediente auf seinem Schiff die Vorschot. Um ihre Eigenständigkeit zu betonen, segelte sie gerne mit Richy und machte ihrem Mann Konkurrenz. In Briefen an Maria beschreibt sie die Manöver an der Wendeboje, mit denen sie ihrem Mann den Wind aus den Segeln nehmen und den Rang streitig machen konnte. Ja, Ilse hatte Spaß dabei, ihrem Gatten eins auszuwischen. Als sportlicher Segler durfte er sich den Ärger nicht anmerken lassen.

Das geräumige Haus mit drei Gästezimmern machte es möglich, Freunde und Künstler einzuladen, es wurde gemeinsam gesegelt, musiziert oder über Kunst gesprochen. Der Hausherr war von sich und dem durchgestalteten Ambiente überzeugt, auf sein Geheiß hin war die ganze Familie in Weiß gekleidet. Es machte sich ein ästhetisches Elitedenken breit, das in der Bewunderung der Steinhuder Bevölkerung seinen Widerhall fand. Die Problematik der aktuellen Politik passte nicht ins Bild und wurde ausgeblendet, Diskussionen über die Nazis beendete Bode mit den Worten: »Lasst uns über etwas Wesentliches sprechen.«

Das neu erbaute Haus hatte starke Auswirkungen auf das Lebensgefühl der Bewohner. Die Nähe zur Natur und die damit verbundenen Wetterwechsel lösten Stimmungsschwankungen aus. Bei schlechtem Wetter mit Regen und Sturm wirkte alles grau in grau, die windgepeitschten Schauer und das Geräusch der anbrandenden Wellen verbreiteten eine ungemütliche Atmosphäre im Haus. Im Sommer, bei herrlichem Sonnenschein, konnten die Bewohner die offene Bauweise genießen und die Stimmung, die das Licht über der Wasserfläche erzeugte, inspirierte den Bauherrn zu zahlreichen Gedichten. Wenn Enten und Schwäne mit ihren Jungen vorbeikamen, stand immer ein Korb mit trockenem Brot bereit, Haubentaucher, Schwäne und Bachstelzen waren die Haustiere der Familie. Wenn im Winter der See zugefroren war und Raureif die feinen Äste der Birke verzuckerte, schlich sich Väterchen Frost ins Haus. Die großen Fensterflächen strahlten die Kälte ab. Auf der Eisfläche liefen die Kinder Schlittschuh oder bestiegen den Eissegler, mit dem sie in atemberaubender Geschwindigkeit über den spiegelglatten See rasten. Diese Winterlandschaft erinnerte den Sammler an den holländischen Maler Pieter Bruegel den Jüngeren, der in zahlreichen Gemälden das vergnügliche Treiben der Menschen in Eis und Schnee festgehalten hatte. Das Sujet reizte ihn, folglich stand er mit seinem Filmapparat auf dem Steg und bannte die sibirische Szene auf Zelluloid.

Der unverstellte Ausblick aus den Schaufensterscheiben beeinflusste mehr als erwartet das menschliche Gemüt. So kam es, dass Hermann an seinem Schreibtisch sitzend mit einem Panorama, das wie eine Leinwand vor ihm aufgespannt war, über die Natur philosophierte. War die Natur schön? War der Ausblick erhaben? Henri Rousseau hatte seine Träume von der Natur in einem magischen Realismus auf die Leinwand gebracht und schwelgte in einer Verschmelzung von Mensch und Natur, die Bode naiv fand. Das, was da außerhalb der Scheibe bis zum Horizont zu sehen war, zeigte einen leeren Bildraum mit Wasser, Horizont und Himmel, erst das flirrende Sonnenlicht, ein bewegtes Segelschiff oder vorbeiziehende Vogelschwärme setzten den lebendigen Akzent. Trat ein Mensch in den Vordergrund, wurde aus der unbelebten Natur eine Landschaft.

Erst seit der Renaissance gibt es die eigenständige Disziplin der Landschaftsmalerei, die einen geschauten Naturausschnitt im Bild festhält. In Unterscheidung zum Landstrich bezeichnet die Landschaft einen Ausschnitt der Erdoberfläche, welcher von einem bestimmten Standort aus überblickt werden kann, bis am Horizont Erde und Himmel zusammenstoßen. Die Maler suchen den Augenblick, in dem ein Bild entsteht, und halten ihn auf Leinwand fest. Durch die Persönlichkeit des Malers und die körperliche Geste des Malens wird das Gesehene abstrahiert. Goethe sagt: »Alles Vergängliche ist nur ein Gleichnis.« Das Gleichnis ist eine kurze Erzählung, die einen abstrakten Sachverhalt im Bild deutlich zu machen sucht, und das Landschaftsbild ist ein solches Gleichnis. Die gemalte Landschaft ist visuell begehbar. Indem das Auge des Betrachters der Hand des Künstlers folgend das Terrain erkundet, wird Sehen zu einer Handlung. Caspar David Friedrich malte seine Landschaftsbilder als Allegorien. Der in die Natur gestellte Mensch stand für Gefühlsinhalte wie Einsamkeit, Erlösungshoffnung oder die religiöse Suche nach Gott in der Natur. Der Betrachter sollte mit seinem Gefühl das Bild deuten und mit Inhalt füllen, die Kunst stand als Vermittler zwischen Natur und Mensch. Gemalte Ruinen sollten die eigene Vergänglichkeit anschaulich machen.

Die Zivilisation in Form der Glasscheibe trennt uns von der Natur, die nur scheinbar gezähmt wurde. Tobte über dem Steinhuder Meer ein Orkan, bei dem sich Wolken und Wellen zu einer Naturgewalt vereinten, dann war das Urbild furchteinflößend, groß und erhaben. Bode konnte nicht malen, er drückte sich bevorzugt in Reimen aus. Beschreiben ist ein ähnlicher Vorgang wie malen, man malt mit Worten, die vor dem inneren Auge des Lesers ein Bild entstehen lassen. Wenn wir uns etwas vorstellen, dann stellen wir es gedanklich vor uns hin. Der Unterschied zum gemalten Bild besteht darin, dass im Kopf jeden Lesers ein anderes Bild entsteht, weil die bildliche Umsetzung des gelesenen Textes ebenfalls ein kreativer Vorgang ist.

Nun sind die Bäume kahl, die Blätter sind gefallen,
und durch das ragende Geäst, an dem die Zweige schwanken,
weht im Novemberdunst der leichte Wind.

Du riechst den bittren Duft des Herbstes
der Chrysantheme war und Blätterfall
und Nebeldunst, Verwesendes und Erde.
Du schmeckst den süßen Wein
aus Pflanze, Blüte, Traube, Saft
und gärender Verwandlung.

Weht da verspätet noch ein schwarzes Erlenblatt
um Sterbenstrost der kahlen Birke zu?

Der Zweite Weltkrieg und seine Auswirkungen auf die Familie Bode

Am 28. April 1939 hielt Hitler eine Rede vor dem Reichstag: »Ich darf noch einmal feststellen, dass ich erstens keinen Krieg geführt habe, dass ich zweitens seit Jahren meinem Abscheu vor einem Krieg und allerdings auch meinen Abscheu vor einer Kriegshetze Ausdruck verleihe, und dass ich drittens nicht wüsste, für welchen Zweck ich überhaupt Krieg führen sollte.«

10 % des deutschen Territoriums wurden nach dem Ersten Weltkrieg Polen zugesprochen, die Bevölkerung von Westpreußen, Schlesien und Pommern fühlte sich von der polnischen Regierung schlecht behandelt, zudem war der Zugang zu der deutschen Stadt Danzig versperrt. Nachdem zahlreiche Volksdeutsche auf polnischem Gebiet getötet wurden, änderte Hitler seine Meinung und wollte die Verbindung nach Danzig und zur abgerissenen Provinz Ostpreußen wiederherstellen. Am 24. August 1939 wurde der Hitler-Stalin-Pakt in Moskau ratifiziert. Er garantierte dem Deutschen Reich die sowjetische Neutralität bei einer kriegerischen Auseinandersetzung mit Polen und den Westmächten.

Am 27. August 1939 schreibt Ilse:

»Wir sitzen und warten zusammen mit dem ganzen deutschen Volk auf die Entscheidung, die man täglich erwartet. Diese Stimmung vor dem Sturm ist nicht schön, sie muss aber durchgehalten werden. Unser Auto und das Motorrad sind noch da, aber wir müssen mit unserem Benzinvorrat sehr sparsam sein, wir kriegen nichts mehr. Heute fahren wir nach Steinhude um alle wertvollen Sachen zu holen. Kurt muss in Holzminden Kartoffeln ausbuddeln für die Wehrmacht und Sin hat Dienst auf dem Landwehrkommando. Hier ist allerwärts eine ernste gedrückte Stimmung, weil niemand weiß, was wird, wir müssen die Verhandlungen abwarten. Wenn die Bahn den privaten Güter- und Menschenverkehr einstellt, dann sind wir wieder reingefallen! Na, war-

ten wir es ab, ich werde mich beim Roten Kreuz vorstellen. Wenn ihr für die Ferien kommt, bringt die Fahrräder mit, denn Benzin bekommen wir keins und das Auto steht als Schmuckgegenstand im Schuppen.«

Am 1. September überfiel die Deutsche Wehrmacht das westliche Polen und die Rote Armee besetzte 16 Tage später Ostpolen. Das war der Beginn des Zweiten Weltkriegs. Ilse kommentiert diese Politik:

»Die Erfolge in Polen sind großartig, abgesehen davon, dass Krieg an sich eine große Schweinerei ist und hoffentlich nicht lange dauert. Aber England ist ein böser Feind und man weiß nicht, was er alles unternehmen wird. Bisher hatten wir erst zwei Fliegeralarme, einen mitten in der Nacht, es ist ein wenig aufregend, aber schlimm wird's erst wenn es kracht und davor schützt uns unsere tüchtige Flak!«

Der Deutsch-sowjetische Freundschafts- und Nichtangriffsvertrag bekräftigte die wirtschaftliche Zusammenarbeit der beiden Länder und die Aufteilung Polens. Ebenso wie die meisten Deutschen wollte Bode keinen Krieg. Was er draußen im Felde bedeutet, hatte er im Schützengraben erlebt, als ihm die Granatsplitter um die Ohren flogen und die Kameraden keineswegs lautlos starben. Er notierte:

»Das zweitausendjährige Gefüge der Metaphysik ist erschüttert, der einzelne Mensch kann den Ablauf der Geschichte nicht ändern, die Zeitläufte gehen über ihn hinweg, er kann sich nur beugen und auf ein gnädiges Schicksal hoffen.«

Am 3. September 1939 erklärten Frankreich und Großbritannien Deutschland den Krieg. War der Krieg einmal erklärt, dann hatte man als aufrechter Deutscher das Land bis zum letzten Mann zu verteidigen. Bode war der Ansicht, dass die Weltmacht England nicht das Recht hätte, über Europa zu bestimmen. Deutschland sollte als gleichberechtigter Partner anerkannt werden. Seit 1918 bestand eine Konkurrenzsituation zwischen den Ländern, die man mit Landnahme und Aufrüstung zu überwinden suchte. Das britische Königshaus hatte sich mehrfach mit dem deutschen Adel verbunden, die Hannoveraner Welfen waren der Stuart-Dynastie auf den englischen Thron gefolgt und regierten bis zur Jahrhundertwende Großbritannien und das Königreich Hannover in Personalunion. Es störte Bode, dass die Engländer, die er als Brudervolk bezeichnete, schon seit Kaisers Zeiten auf die Deutschen herabblickten. Nach der Kriegserklärung musste die ganze Familie ihre Autos abgeben, weil die Wehrmacht sie benötigte. Die Fahrt nach Steinhude dauerte Stunden, deshalb bevorzugte Hermann sein Pferd.

Die Eltern hofften, dass die beiden Buben noch zu klein wären, um an die Front zu müssen, aber Kurt meldete sich bei der Luftwaffe und wurde schon bald zur ersten Wehrübung eingezogen. Man sprach von einem Blitzkrieg, mit dem ein schneller operativer Erfolg erzielt werden sollte, um eine Ausweitung des Konfliktes zu vermeiden. Auf beiden Seiten gab es Tausende von Gefallenen und Verwundeten und eine unübersehbare Zahl von getöteten Zivilisten. Vom 10. Mai bis zum 25. Juni 1940 folgte der Frankreichfeldzug. Kurt wurde zur Wehrmacht eingezogen und nach Belgien abkommandiert. Der Junge war stolz darauf, für sein Vaterland zu kämpfen, und blickte voll Zuversicht in die Zukunft. Hermann dachte an seine Zeit an der Westfront. Ob dieser erneute Vorstoß siegreich verlaufen würde, konnte ihm niemand beantworten. Am 14. Juni marschierten die Truppen in Paris ein und die Familie verfolgte am Radio die deutsche Siegesparade vor dem Arc de Triomphe. Bode empfand den Versailler Vertrag von 1919 als Demütigung und war beeindruckt von den Erfolgen der Wehrmacht. Er dachte an die Niederlage von 1918 und an die Worte von Philipp Scheidemann: »Welche Hand müsste nicht verdorren, die sich und uns in solche Fesseln legte?«

Mit der Besetzung der französischen Hauptstadt galt die Schmach des Ersten Weltkriegs als getilgt. Der Versailler Vertrag war Makulatur und der 80-jährige Marschall Pétain, gegen den Hermann im Ersten Weltkrieg gekämpft hatte, wurde zum Chef de l'Etat des Vichy-Regimes gewählt und unterzeichnete das Waffenstillstandsabkommen. Die Zustimmung der deutschen Bevölkerung zu Hitlers Politik erreichte mit diesem Siegeszug den Höhepunkt, man nannte ihn den »Größten Feldherrn aller Zeiten.« Das Vichy-Regime erklärte sich als neutral und war bereit, zusammen mit den Deutschen an einer Neuordnung Europas zu arbeiten.

Mit dem sogenannten »Polenerlass« des Jahres 1940 wurden Arbeitskräfte aus dem Osten nach Deutschland geholt. Die Wanderarbeiter sollten für besondere Arbeitsvorkommen zur Verfügung stehen. Sie wurden in der Rüstungsindustrie, in den Steinbrüchen, im Straßenbau und anderen Bauvorhaben eingesetzt. Die Männer wohnten zusammen mit Kriegsgefangenen in Lagern, um den Umgang mit der deutschen Bevölkerung auf ein Minimum zu reduzieren. Für Arbeitsverweigerer gab es Arbeitserziehungslager. Die Entlohnung der polnischen Arbeiter lag etwa 15 % unter dem der deutschen Kollegen. Weitere Arbeitskräfte aus Italien, Jugoslawien und Belgien kamen hinzu. Die Bevölkerung wusste von diesen Arbeitslagern, sie waren nicht zu übersehen. Das Landhaus Haghof bei Isernhagen, in dem die Familie von Fritz Beindorff Junior gewohnt hatte, wurde vom Seniorchef als Erholungsheim für Mitarbeiter eingerichtet. In den ersten acht Monaten bewohnten bereits 279 Arbeiter der Pelikan-Fabrik den Gutshof, danach nutzte die NS-Volkswohlfahrt das Gebäude als Mutter und Kind-Heim.

Am 22. Februar 1940 rief Elsa in Hannover an, die Verbindung war schlecht und sie hörte den Vater sagen: »Elsa, bist du am Apparat?«

Als er gerade den Hörer auflegen wollte, schluchzte sie: »Er ist abgestürzt, aus 8000 Metern Höhe, so wie du es vorhergesagt hast. Hans ist tot, das Höhenruder an seinem Flugzeug hat geklemmt.« Bode war betroffen. Elsas Kinder waren noch sehr klein, Reingard war drei und Ruthilde gerade zwei Monate alt. Der besorgte Vater bot seine Hilfe an und versuchte, die Tochter mit Worten zu trösten, dann legt er den Hörer auf die Gabel. Zu Ilse gewandt sagte er: »Es gibt Ereignisse in der Vorherbestimmung, auf die wir keinen Einfluss haben, das ist Schicksal, welches wir würdig ertragen müssen.«

Kurt bekam Heimaturlaub, er war mit einem Flugzeug abgestürzt und hatte den Unfall nur leicht verletzt überlebt. Die besorgte Mutter war froh darüber, dass sie den Sohn zu Hause pflegen konnte, bevor er wieder an die Front musste. Als Reaktion auf einen Nachtangriff der Britischen Royal Air Force auf Berlin befahl Hitler am 4. September 1940 den Angriff auf London. Im Oktober wurden die Bombardierungen bei Tage eingestellt, die Nachtangriffe gingen weiter. Bei der Zerstörung der militärischen Produktionsstätten der Stadt Coventry kamen über tausend Menschen ums Leben. Die deutsche Luftwaffe griff London am 29. Dezember erneut an, aber wegen des radargeschützten britischen Jägerleitsystems konnten sie den Luftkrieg nicht gewinnen.

Sindbert konnte nicht hinter dem Bruder zurückstehen und wollte sich freiwillig bei der Wehrmacht melden, doch der Vater gab klare Anweisungen: »Du bist zu jung für den Krieg, ich weiß wovon ich spreche, du kannst dir nicht vorstellen, was dich an der Front erwartet.«

Ende Juni 1941 erfolgte der Angriff des Deutschen Reiches auf die Sowjetunion, der deutsch-sowjetische Nichtangriffspakt wurde bewusst gebrochen. Weite Teile der Bevölkerung lehnten diesen Eroberungsfeldzug ab, weil die Deutsche Wehrmacht die bereits eroberten Gebiete halten musste und ein Zweifrontenkrieg die Kapazität der Armee überforderte. Die schnelle Aufeinanderfolge der Ereignisse führte zu einer großen Nervosität, viele Bürger litten unter Schlafstörungen und unterschwelligen Ängsten. Sie unterdrückten ihre Furcht mit Alkohol, leidenschaftlichem Zigarettenkonsum und Beruhigungsmitteln. Es wurde nach den Vorgaben der Obrigkeit gehandelt, ohne in Ruhe über die Folgen nachzudenken. An diesem Punkt dämmerte Bode, dass Hitler das Land womöglich in einen Untergang führte, den er sich nicht vorzustellen wagte. Der 59-Jährige machte eine Wehrübung und meldete sich im Herbst 1941 freiwillig zum Dienst. Bevor er in die Kaserne einrückte, entstand auf der Steinhuder Wiese ein Foto. Hermann trägt die graue Feldbluse der Infanterie mit schwarzem Kragen, unter der Brusttasche sind das Eiserne Kreuz I. Klasse und das goldene Reitabzeichen zu sehen. Die Schulterklappen zeigen den Dienstgrad eines Oberleutnants. Auf dem Kopf trägt er eine graue Schirmmütze mit schwarzem Schirm und silberner Kordel, in deren Mitte ein Eichenlaubkranz mit dem Hoheitsadler zu sehen ist. Er legt den Arm um Ilse, die sich ihm zuwendet und ein weißes Kleid mit Jacke trägt. In einem langen Uniformmantel mit Reithose, Reitstiefeln und dem Degen aus dem Ersten Weltkrieg bestieg der Uniformierte seine Stute, um kurz danach in der Regiments-Kaserne auszutreten.

Auf dem langen Ritt von Steinhude nach Hannover kam ihm ein beißend kalter Nordwind entgegen, der Sturm riss das welke Laub von den Bäumen und peitschte Regenschauer über den Weg. Der einsame Reiter erinnerte sich an 1915, an den Ablauf der Ereignisse, die ihn damals überrollt hatten. Die Hilflosigkeit gegenüber dem Schicksal verdüsterte sein Gemüt. In einem schützenden Waldstück schwang er sich vom Pferd, um ein Regencape überzuziehen. Beruhigend sprach er mit seiner Stute, die ihn mit großen braunen Augen ansah und schnaubend ihren heißen Atem ausstieß. Bode holte einen Apfel aus der Tasche, das Reittier nahm ihn vorsichtig von seiner ausgestreckten Hand. Der 59-Jährige fühlte sich hilflos bei dem Gedanken, dass die Geschichte das Drehbuch seines Lebens schrieb, ohne dass er eingreifen konnte. Bei sich dachte er: »Wir wollen uns nicht in gnostischen Gedanken verheddern, sondern mutig in die Zukunft blicken.« Dabei kam ihm Heideggers Satz in den Sinn, dass alles Große im Sturm steht. Während er weiterritt, formulierte er die Worte, die er dann abends in der Kaserne zu Papier brachte:

»Wir stehen an einer Zeitenwende. Eine tiefe Nacht gilt es zu durchschreiten und zu überwinden. Wir können getrost sein, der kürzeste und dunkelste Tag ist vorüber, ein neuer Frühling steigt herauf aus Nacht und grausamem Sturm. Wir fühlen uns als Träger einer neuen Zeit, das ist unser Glaube, der uns zum Sieg führen soll.«

Weil die Kampfflugzeuge an der Front benötigt wurden und die Luftabwehr ungenügend war, gab es Ende März 1942 die ersten Luftangriffe der Royal Air Force auf Deutsche Städte. Lübeck traf es in der Nacht zum Palmsonntag und das Flächenbombardement auf die Stadt Köln begann am 31. Mai. Der Vollmond spiegelte sich im Rhein und Hunderte Vickers Wellington Bomber konnten ihre Brand- und Sprengbomben zielgenau abwerfen, dabei wurde die Innenstadt Kölns restlos zerstört. Maria überlebte diesen Angriff in einem Bunker und schrieb an den Vater, dass sie sprachlos sei über den Heldenmut der Bevölkerung, die sich ohne zu jammern an die Aufräumarbeiten machte. Sie selbst baute auf dem Feld Gemüse an, um die Ernährung der Menschen sicherzustellen.

Im Spätsommer 1942 griff die 6. Armee die Stadt Stalingrad an, ein Großteil der Bewohner kam dabei ums Leben. Bei der sowjetischen

Gegenoffensive wurden die Deutschen eingekesselt und starben bei Kampfhandlungen, an Unterernährung und Unterkühlung. Auf Befehl des Führers sollten sie die Stellung halten oder Selbstmord begehen. Generalfeldmarschall Paulus widersetzte sich dem Befehl und kapitulierte, woraufhin 91 000 Deutsche in russische Kriegsgefangenschaft gerieten. Nach dem Ende von Stalingrad riefen Widerstandsgruppen wie die *Weiße Rose* zum Aufstand gegen Hitler und die NS-Herrschaft auf. Sie bemalten öffentliche Fassaden mit Parolen und verteilten Flugblätter.

> *Erschüttert steht unser Volk vor dem Untergang der Männer von Stalingrad. Dreihundertdreißigtausend deutsche Männer hat die geniale Strategie des Weltkriegsgefreiten sinn- und verantwortungslos in Tod und Verderben gehetzt. Führer, wir danken dir!*
> *Es gärt im deutschen Volk: Wollen wir weiter einem Dilettanten das Schicksal unserer Armeen anvertrauen? Wollen wir den niedrigen Machtinstinkten einer Parteiclique den Rest der deutschen Jugend opfern? Nimmermehr …*

In den Pelikan-Fabriken machten sich der Mangel an Materialien und das Fehlen der wehrfähigen Männer bemerkbar. Der Verlust von eingearbeiteten und erfahrenen deutschen Arbeitskräften wurde durch den Einsatz von Fremd- und Zwangsarbeitern gedeckt. Sie kamen aus Polen, Russland und der Ukraine und waren in einem Barackenlager an der Hansastraße untergebracht. Es gab keine Antibiotika und die Säuglingssterblichkeit in der Baracke für Wöchnerinnen war unverhältnismäßig hoch. In Hannover entstanden drei sogenannte Arbeitserziehungslager für Menschen, die nicht freiwillig in der Rüstungsindustrie arbeiten wollten, eines davon lag auf dem Gelände der Pelikan-Fabrik.

Das Geschäft mit Schreib- und Büroartikeln war rückläufig, hinzu kam ein Streit darüber, ob die Wehrmacht ihren Bedarf an Büromaterial über den Fachhandel oder direkt beim Hersteller beziehen sollte. Das Wehrbeschaffungsamt setzte den zentralen Einkauf durch und verpflichtete die Erzeuger, ihre Waren zum billigen Großhandelspreis zu verkaufen. Im Verpackungswerk von Pelikan wurden Patronen für die Rüstungsindustrie, Blechdosen für das Heer, die Marine und den zivilen Bedarf hergestellt. Günther Beindorff meinte lakonisch: »Es muss produziert werden, was der Staat befiehlt.«

In der Nacht vom 8. auf den 9. Oktober 1943 flogen die Royal Air Force und die United States Army Air Forces ihre schwersten Angriffe auf die Stadt Hannover. Ilses Elternhaus in der Warmbüchenstraße wurde durch einen Bombentreffer schwer beschädigt, daraufhin zogen sich die Eltern Beindorff auf das Gut Auermühle zurück. Bode war bei seinem Infanterieregiment und Ilse wohnte mit Anna und Sindbert in der Walderseestraße. Wenn die Sirenen losheulten, ergriffen die Jugendlichen die gepackten Rucksäcke und schoben die Großmutter mit dem Rollstuhl in den Bunker. Ilse und das Dienstjahrmädchen schleppten jeweils einen Korb mit Lebensmitteln. In zahllosen Angriffen warfen die Flugzeuge Luftminen, Spreng-, Brand- und Phosphorbomben ab. Als am 10. Oktober Entwarnung gegeben wurde und Ilse als erste aus dem Schutzraum auftauchte und durch die zerbombte Häuserzeile nach Hause lief, sah sie schon von Weitem, dass der Dachstuhl ihres Hauses brannte. Sie ergriff die vorsorglich mit Wasser gefüllten Eimer und Decken, um das Feuer zu löschen. Anna und Sindbert kämpften wenige Minuten später gemeinsam mit der Mutter gegen die Flammen.

Die Nachbarn sahen eine Frau im Feuerschein mit Eimern hantieren und eine sagte: »Typisch, die reichen Leute lassen ihre Dienstboten unter Lebensgefahr das Haus löschen.«

Eine andere Nachbarin erkannte Ilse und erwiderte: »Um Gottes Willen, das ist doch unsere Frau Doktor, das geht doch nicht, dass sie ganz alleine den Brand löscht, wo sind denn ihre Dienstboten?«

Liebe Elsa,

Hannover, den 20.12.1943

Endlich will ich mich aufschwingen, Dir zu schreiben. Wir sind froh, dass ihr da oben in den österreichischen Bergen seid, wo keine Bomben vom Himmel fallen. Ich hoffe, es geht Julia und deinen Kindern gut. Vati wurde eingezogen und Kurt ist wieder in Mülhausen, um dort abzuwarten, ob sein Urlaub bewilligt wird. Sindbert ist zu meiner größten Freude hier, er wurde zum Reichsarbeitsdienst einberufen, daraufhin war der Luftwaffenhelfer erst mal entlassen. Er hat sich hier gemeldet und erhielt die Weisung zu warten, bis der nächste Schub losfährt. Die

vollständig zertrümmerte Stadt ist immer wieder erschütternd, sodass mir ganz weh ums Herz ist. Du kannst Julia einen lieben Gruß sagen, ausgebombte Verwandte von Peter Bade wollen in ihre Wohnung einziehen und die Möbel übernehmen. Sie werden die Brandschäden am Dach in Ordnung bringen, und ich mache Inventur, bevor sie kommen.
Mit ganz herzlichen Grüßen Deine Ilse

Senator Dr. Ing. Eh. Fritz Beindorff
Preuss. Kommerzienrat. Generalkonsul a. D.
Inhaber der Firma Günther Wagner

Mein liebes Ilsekind!

Auermühle, den 28. März 1944

Kurt und Martha waren hier und haben mir ein entzückendes Ponygespann mitgebracht, Kurt schreibt für mich diesen Brief. Ich habe den dringenden Wunsch, dich einige Wochen hier zu sehen. Ich höre von allen Seiten, dass Du recht abgerackert seiest und der Erholung bedürftest und ich möchte sie dir gern dadurch verschaffen. Andererseits brauche ich aber auch einen mir nahestehenden Menschen augenblicklich zu meiner persönlichen Hilfe. Ich bin fast blind und kann keinen Brief mehr lesen. Dann brauche ich zur Ausfahrt mit dem kleinen Ponygespann Begleitung, und da ist Mutter ja recht bange, wie du weißt. Es wäre uns damit geholfen, wenn Hermann sich mal einige Wochen ohne dich einrichten könnte, was doch letzten Endes auch in seinem Interesse liegt. Die ganze Mischpoche würde sich darüber außerordentlich freuen. Also, teile mir bald mit, wann ich Dich am Bahnhof abholen lassen kann.
Mit herzlichen Grüßen Dein getreuer Vater
1000 herzliche Grüße! Herzlichst Deine Mutti

In den schicken Karossen von wohlhabenden Bürgern fuhren die Nazibosse, der Herr Senator benutzte ein Ponygespann. Fritz Beindorff starb am 2. Juni 1944 auf seinem Gut Auermühle. Die Beerdigung fand im engsten Familienkreis statt und sein Sarg wurde in der Familiengruft beigesetzt. Die Verdienste des 84-Jährigen schlugen sich in zahlreichen Ehrungen nieder. Er war Ehrenbürger der Stadt Hannover, Rotarier, Freimaurer der Loge »Zum schwarzen Bären« und

Vorsitzender der Handelskammer. Die Universität hatte ihm die Ehrendoktorwürde verliehen, und die Fritz-Beindorff-Allee erinnerte an einen verdienten Arbeitgeber. Seinen Nachkommen gab er den Auftrag:

»Dabei müssen wir auch in Zukunft verdienen, da ohne Verdienst die kaufmännische Arbeit ihren Reiz verliert. Es dürfen auch nicht ein gesunder Egoismus und ein anständiger Erwerbssinn fehlen. Wir können die Menschen nicht anders machen als sie von Natur geschaffen sind. Wir können nur den Kampf ums Dasein und das Zusammenleben der Menschen veredeln und können verhüten, dass der eine den anderen auf unmoralische oder gesetzlich unrechte Weise zum eigenen Vorteil schädigt.«

Die Firmenpolitik wurde nach dem Willen des Seniorchefs von Werner Funk bestimmt, der auch die Senator-Beindorff-Stiftung leitete. Ilses Bruder Günther führte bereits seit einiger Zeit die Geschäfte und war Vorsitzender der Geschäftsleitung.

Die 89-jährige Auguste Bode lebte im Altenheim, ihr Geist war verwirrt und jede Veränderung machte ihr Angst. Wegen der Bombenangriffe wurde sie nach Bad Pyrmont evakuiert, wo sie Anfang Juli starb. Bode saß lange am geöffneten Sarg der Toten. Das bleiche Antlitz wirkte verklärt und erinnerte ihn an die Schönheit seiner ehemals jungen Mutter. Sie hatte ihn bedingungslos geliebt, was eine unstillbare Sehnsucht nach Anerkennung und Zuneigung in ihm hervorgerufen hatte. Auguste lag in einem schlichten Sarg, der zahnlose Mund war eingefallen und ihre Nase trat stark hervor. Zuhause angekommen stellte Hermann ein Foto der Verstorbenen auf den Flügel und betrachtete das Abbild, auf dem die Mutter 20 Jahre jünger und sehr lebendig aussah. Fotos fangen einen Augenblick ein, sie verharren immer im gleichen Zustand, während sich das Umfeld und der Betrachter mit der Zeit verändern. Mit der Veränderung der Welt verändert sich auch der Blick auf das Foto, man vergisst die Mühsal des Lebens und erinnert sich nur noch an seine Höhepunkte. Bode formulierte eine Kurzfassung von Augustes Leben und verschickte sie zusammen mit einem Foto der Toten an seine Töchter. Nach der Beerdigung wollte Ilse nicht länger in Hannover bleiben und zog sich mit ihren beiden Kindern nach Steinhude zurück.

Im Juni 1944 landeten die Alliierten in der Normandie und Paris wurde von der Resistance zurückerobert. Die Russen rückten nach Galizien vor und ein Strom von Flüchtlingen zog von Ungarn aus nach Westen. Am 20. Juli missglückte das Stauffenberg-Attentat, bei dem Hitler mit einer Sprengladung beseitigt werden sollte. Anfang Oktober, am Jahrestag der Völkerschlacht von Leipzig, wurden alle waffenfähigen Männer im Alter von 16 bis 60 Jahren zur Verteidigung des Deutschen Reiches aufgerufen, bis ein die Zukunft des Landes sichernder Frieden gewährleistet wäre. Der Volkssturm sollte die Truppen der Wehrmacht verstärken.

Bode wurde am 13. September 1944 zum Schanzenbau am Westwall, in der Nähe von Goch, eingesetzt und beklagte sich:

Liebste Ilse, Wir stehen um viertel nach fünf auf und arbeiten mit zwei Unterbrechungen bis halb sechs abends. Neue Hilfskräfte, auch Frauen, sind dazugekommen. Es ist also die Lage bedrohlich geworden und wir können nur hoffen, dass es uns gelingt sie zu meistern. Die Stimmung bei den Arbeitskammeraden ist schlecht. Kranke werden gesundgeschrieben ohne geheilt zu sein, weil man selbst auf die schwächste Kraft nicht verzichten kann. Die Front rückt näher und die Leute fürchten, bald Haus und Gut verlassen zu müssen. Dabei fliegen die großen Schwärme feindlicher Flieger stundenlang über uns weg und man kann sich denken, wie es da aussehen wird, wo sie ihre Lasten abwerfen. Armes Deutschland! Was hat das für einen Sinn, wenn zu einer Arbeit Leute gestellt werden, die sie nicht verrichten können? Aber leider ist das die Organisation der kleinen Nationalsozialisten. Hier herrschen die braunen Uniformen und das Parteiabzeichen, es sieht aus, als hätte man die Unfähigsten dahinein gesteckt. Halt die Ohren steif. Ich tu es auch und hoffe auf ein tragbares Ende. In Liebe! Vati

Ein Jahr später ritt der Familienvater für die Weihnachtstage nach Steinhude, er wollte unbedingt vermeiden, dass seine Stute einem Bombenangriff auf die Kaserne zum Opfer fiel. In einem Waldstück fällte er einen kleinen Christbaum, den er hinter dem Sattel festschnallte. Den Wiesenweg entlang trabend sah er, dass der See zugefroren war und Rauch aus Julias Häuschen aufstieg. Es gab keinen Koks, um den Neubau zu beheizen, deshalb drängten sich Ilse, Anna und Sindbert in Felle gekleidet um den Kanonenofen. Die Familie verbrachte stille Tage am See, als Anfang Januar 1945 die Meldung von Kurts Tod in Steinhude eintraf. In dem offiziellen Schreiben stand, dass Ilses Sohn beim Reinigen seiner Waffe verunglückt sei. Die beiden Erwachsenen waren unfähig, miteinander zu sprechen. Hermann verschwand im Glashaus und schloss sich im frostkalten Bücherzimmer ein, während Ilse ihren Kindern die schreckliche Nachricht vom Tod des Bruders schonend beizubringen versuchte.

Am 4. Januar fuhr die Familie mit der Reichsbahn in ein kleines Dorf in Mecklenburg, aus dem Kurts Vater stammte. Der Gefallene sollte dort im Familiengrab beigesetzt werden. Die Angehörigen verbrachten die Nacht in einem ungeheizten Gasthof und gingen am nächsten Morgen gemeinsam zur Dorfkirche. Ilse und Anna waren schwarz gekleidet, Hermann hatte unter dem langen Uniformmantel seinen Waffenrock mit Orden und Achselschnur angelegt, am Portepee hing sein Degen. Sindbert war bereits in die graue Uniform des Volkssturms gekleidet. Als sie die Kirche betraten, sahen sie den Sarg vor dem Altar stehen. Er war zugedeckt mit einer großen Kriegsflagge, am Kopfende lag der Stahlhelm, davor stand eine brennende Kerze, deren Wachs seitlich herunterfloss. Die Trauergäste legten ihre Blumen auf den Sarg und hängten einen schlichten Tannenkranz über das Fußende. Die Glocke vom Turm läutete, als ein Zug der Kompanie in die Kirche einmarschierte. Ihm folgten Kurts Kameraden, die als Ehrenwache zu Seiten des Sarges Aufstellung nahmen. Durch die Kirchenfenster drang strahlendes Sonnenlicht ins Kirchenschiff, als der Pastor, ein kleiner Bauer im geflickten Talar, den Raum betrat. Er grüßte den Sarg mit einem Kopfnicken und stieg zur Empore hinauf, um die Orgel zu spielen. Die Bälge ächzten und knarrten, ein dünnes Orgelspiel erfüllte den eiskalten Raum. Sechs kleine Mädchen sangen ein Kirchenlied und als sie geendet hatten, trat der Pastor vor den Altar, um zu den Hinterbliebenen zu sprechen: *»Leben wir, so leben wir dem Herren, sterben wir, so sterben wir dem Herren, darum: wir leben oder sterben, so sind wir des Herren.«*

In der anschließenden Predigt wies der Geistliche auf das wunderliche Schicksal hin, welches die Familie in dieser kleinen abgelegenen Dorfkirche vereint hatte, um Abschied zu nehmen von ihrem Jungen, der auf so tragische Weise umgekommen war. Zwei Jahre hatte er die Angriffe auf französischem Boden überlebt, jetzt war er tot. Der Pastor sagte, dass sie sich alle unter den unerforschlichen Willen Gottes beugen müssten, der auch ihn selbst auf harten Wegen durchs Leben geführt habe. Die Höhepunkte seiner Rede mündeten jedes Mal in dem Möricke-Vers: *Herr, schicke was du willst, ein Liebes oder Leides, ich bin vergnügt, dass beides, aus deinen Händen quillt.* Als die Predigt beendet war, trugen die Soldaten den Sarg zur Kirchentür und schoben ihn unter Glockengeläut auf einen Pferdewagen. Der Ehrenzug präsentierte das Gewehr, dann erklangen die Kommandos zum Abmarsch und der Trauerzug setzte sich in Bewegung. Vor dem frisch ausgehobenen Erdloch machte er halt, der Sarg wurde ins Grab gesenkt und der Pfarrer sprach den Segen. Er warf eine Hand voll geweihter Erde in die Grube und die Angehörigen taten das Gleiche. Der Hauptmann der Kompanie trat vor und sprach einen ehrenden Nachruf auf den Gefallenen, dann krachte die dreifache Ehrensalve über die offene Gruft.

Nach der Beerdigung traf man sich im Dorfkrug. Ein Kriegskamerad von Kurt hielt es für seine Pflicht, die Eltern über die Todesursache ihres Sohnes aufzuklären. Er hatte Flugblätter verteilt, in denen er zum Widerstand gegen das Hitlerregime aufrief. Man hatte ihn dabei erwischt, was dazu führte, dass er wegen Hochverrats, Feindbegünstigung und Wehrkraftzersetzung vor ein Kriegsgericht zitiert wurde. Die Richter stellten den Jungen vor die Wahl, sich selbst zu erschießen, alternativ würde seine Familie in Sippenhaft genommen. Der tödliche Schuss durchschlug den Gaumengrund von Kurts Schädel. Der Freund schilderte das Grauen, das die SS hinter der Front verbreitete, er wusste auch von Erschießungen der eigenen Leute zu berichten. Bode bat darum, dass die Geschwister nicht informiert würden, er selbst sprach auch zukünftig von einem tragischen Unfall, bei dem Ilses Sohn ums Leben gekommen war. Sein detaillierter Bericht an die Töchter war mit dem 7. Januar 1945 datiert, von Flugblättern oder Kriegsverbrechen der SS stand dort kein einziges Wort.

Unter der Decke des Schweigens schwelte die Wahrheit weiter. Der Krieg ging dem Ende entgegen und Sindbert wurde der 19. Panzer-Division, Heeresgruppe Mitte, unter Generalleutnant Källner zugeteilt. Nur wenige Tage nach seiner Abreise erhielten die Eltern seinen letzten Brief.

Liebe Eltern!

8.II.1945 (Zusammenfassung aus zwei Briefen)

Recht herzlichen Dank für Eure Gedanken, die mich erreicht haben. Ich will ganz kurz berichten, wie es uns erging: Sonnabend früh gab es Unterricht und Rekruten geradestellen, dann Volkssturm-ausbildung »Jugend soll von Jugend geführt werden«. Montag wurden wir eingekleidet, dann sollten wir unsere Sachen packen und uns abmelden. Die Frontleitstelle hat uns von Hirschberg nach Grünberg geschickt. Vom Standortältesten wurden wir zur Auffangstelle begleitet, dort nahm man uns die Soldbücher ab, bevor wir einer versprengten Kompanie zugeteilt wurden. Wir erreichten unser Regiment in Döbern, ließen uns von dort anfordern und konnten um 17:30 losbrausen. Da ein Flüchtlingszug vorneweg fuhr, kam unser Zug erst 22:30 in Sorau an. Die Nacht blieben wir dort im Wartesaal, der sehr schön warm war. Morgens holten wir unsere Marschverpflegung und starteten mit dem D-Zug gen Forst, wo wir im Hotel Textil ein gutes Mittagessen zu uns nahmen. 13:20 ging es weiter nach Döbern, um uns beim Stab der 19. Panzer Division zu melden. Von dort wurden wir weitergeleitet nach Wolfshain. Bis Tschernitz mussten wir viele Kilometer zu Fuß gehen. Es kann ein paar Tage dauern, bis wir nach vorne an die Front kommen, ich bin bei Kp. Diener und habe noch keine Anschrift. In alter Frische grüßt Euch herzlich Euer Sindbert

Als vom 13. bis zum 15. Februar 1945 die Bombardierung von Dresden stattfand, war Sindbert schon tot, zerrissen von einer Granate. Es gab keinen Leichnam, den man hätte beerdigen können. Als die Nachricht in Steinhude eintraf, legte Ilse die Arme tröstend um Hermann. Eine ganze Weile standen die beiden Menschen eng umschlungen da und konnten nicht weinen. Schließlich löste sich Ilse von ihrem Mann, setzte sich an den Flügel und spielte die erste Bach-Fuge, die Sindbert häufig zum Zeitvertreib gespielt hatte. Diese Musik war im Hause Bode unzählige Male geübt worden, alle kannten sie auswendig. Bach hatte die Fugen wie Selbstgespräche komponiert, um sich und die Menschen mit seiner Musik voll kosmischer Harmonie zu trösten. Er war allgegenwärtig im Leben der Bodes, sein Umgang mit dem Tod in den Kantaten und der Matthäuspassion war ihnen vertraut. Ilse spielte den ganzen Tag ohne Unterlass Klavier, während sich Hermann seiner Verzweiflung überließ und schrieb:

Ich bin bereit, mein Kreuz zu tragen, das Kreuz ist meines Lebens Sinn.
Und müsst ihr einst ans Kreuz mich schlagen, ich halte meine Hände hin.
Die letzte Qual, das letzte Müssen, sie sind wohl auch das letzte Glück.
Das letzte Fühlen, Letzte Wissen, will sterbend vorwärts nicht zurück.

Wenige Tage später wurde Bode mit einem Nervenzusammenbruch ins Krankenhaus Stadthagen eingeliefert. Maria kam mit dem Fahrrad aus der zerstörten Stadt Köln, um ihn in der Klinik zu pflegen. Sie hatte ihn nach dem letzten Krieg ins Leben zurückgeholt und wollte nun an seiner Seite sein. Der psychische Zusammenbruch nach dem Tod der Söhne und der Zerstörung Deutschlands kam einer Absage an das Leben gleich. Der Trauernde sah all seine Hoffnungen für die Zukunft, all seine Ideale zerstört. Trostlosigkeit und Schuldgefühle erdrückten ihn, er wollte fort aus diesem Jammertal, er wollte nicht mehr leben. *Ich greife in das dunkle Nichts, und greife mir die Not ich ringe um den Glanz des Lichts und ringe mit dem Tod.*

Als Maria das Krankenzimmer betrat, lag der Vater mit geschlossenen Augen in den weißen Laken. Sie berührte seine Hand und rief seinen Namen, er reagierte nicht. Mit Worten konnte man den Verzweifelten nicht erreichen, nur mit hingebungsvoller Liebe. Maria verbrachte die folgenden Tage an seinem Bett, stellte einen blühenden Barbarazweig ins Krankenzimmer und flößte ihm mit einem Teelöffel flüssige Nahrung ein.

Das Leben geht weiter 1945–1948

Am 25. April 1945 stießen an der Elbe die US-amerikanischen Truppen auf die russische Armee, am 8. Mai trat die bedingungslose Kapitulation der Wehrmacht in Kraft, der Krieg in Europa war zu Ende. Die Deutschen hatten Angst vor der Rache der Sieger. Ilse rollte wertvolle Kunstwerke in einen alten Teppich und verpackte Kleinskulpturen in Kisten, die beim Bauern untergestellt wurden. Sie hatte die Idee, gerahmte Aquarelle und Zeichnungen mit Kunstdrucken aus einem impressionistischen Kalender zu überdecken. Im Wohnzimmer passte Manets Frühstück im Grünen über Lissitzkys Kugel, van Goghs Sternennacht kam über Noldes Aquarell Genfer See und eines der Seerosen-Bilder von Monet ließ Klees gefiederte Geister verschwinden. Ein Stillleben von Cézanne hing über Ilses Bett und Abbildungen aus Picassos blauer Periode veränderten die Stimmung in Bodes Arbeitszimmer. Die nüchterne Bauhausatmosphäre wich einem französischen Flair.

Die Engländer besetzten das Gut Auermühle, im Herrenhaus der Beindorffs wurde ein UN-Kinderheim für elternlos aufgegriffene Kinder eingerichtet. Etwa zur gleichen Zeit kamen die Besatzer nach Steinhude und bezogen den Neubau, während die Familie in Julias Häuschen wohnte. Vor dem Haus standen die tarnfarbigen Jeeps aufgereiht und aus den Radios der Besatzer ertönten Blues und Boogie-Woogie, die Hermann in seiner verzweifelten Trauer unerträglich fand. Die Soldaten schoben die Möbel im Wohnzimmer beiseite, um zu tanzen, und hämmerten auf dem Flügel den Flohwalzer, während ihre Zigaretten auf dem Lack verglimmten. Die Sieger brachten kistenweise Nahrungsmittel ins Haus und Ilse kochte und putzte für die Soldaten. Sie stand den ganzen Tag in der Küche und fand keine Zeit, um ihrer Trauer Raum zu geben. Die Engländer brachten die Times und den Guardian mit und legten sie vor Bodes Türe. In den

Zeitungen wurde vom befreiten Konzentrationslager Bergen-Belsen berichtet, von ermordeten Juden und getöteten Zwangsarbeitern. Es gab Bilder, auf denen General Patton die Zivilbevölkerung an den Leichenbergen von Buchenwald vorbeitreiben ließ. Im Lager von Ahlem befanden sich seit 1944 polnische Juden aus dem Getto Lodz, die in der Produktion der Continental Gummiwerke und der Maschinenfabrik Niedersachsen Hannover arbeiten mussten. In Langenhagen reparierten weibliche Häftlinge die Flugzeuge der Brinker Eisenwerke und bei der Firma Hanomag zwang man Gefangene dazu, Flackgeschütze zu produzieren. Unter dem Motto: »Erkenntnis setzt erkennen voraus«, sollten die Deutschen mit ihrer Schuld konfrontiert und entnazifiziert werden.

Man wusste von Lagern, in denen Fremdarbeiter und Kriegsgefangene für die heimische Wirtschaft arbeiten mussten, von Konzentrationslagern, in denen Juden systematisch umgebracht wurden, hatte man angeblich nichts gehört oder nichts hören wollen. Hermann schenkte diesen Meldungen keinen Glauben, er hielt sie für bösartige Lügen, mit denen die Sieger die Besiegten demütigen wollten. »Die Wahrheit ist das letzte Opfer des Krieges«, sagte er und wollte weder Radiomeldungen hören noch Zeitungen lesen. Der zutiefst deprimierte Mann sah nur, dass in den zerstörten Städten Deutschlands über eine Million Menschen umgekommen waren, in nahezu jedem Haushalt fehlte ein Sohn oder der Vater, der gefallen war oder vermisst wurde. Das Leid, das Hitlers Armee über die Nachbarländer gebracht hatte, war noch gar nicht abzuschätzen. Die Aufteilung Deutschlands in vier Besatzungszonen kam seiner Auflösung gleich.

Die Engländer übten Tiefflugeinsätze über dem Steinhuder Meer. In Formationen kamen die zweimotorigen Jagdbomber über die Wiesen geflogen, dann tauchten sie mit ohrenbetäubendem Lärm ab über Julias Haus und berührten fast den Wasserspiegel, bevor die Piloten ihre Maschinen in einer steilen Linkskurve himmelwärts lenkten. Während die Frauen in der Küche einen Berg Kartoffeln schälten, sagte Lina: »Frau Doktor, Sie beklagen sich nie, obwohl sie zwei Söhne verloren haben, wie kommt das?«

Ilse sah das Dienstmädchen traurig an: »In Kriegszeiten ist der Verlust eines Menschen anders als in Friedenszeiten, ein Toter ist eine Tragödie, millionenfacher Tod ist unbegreiflich. Wir müssen unser Schicksal mit

Disziplin ertragen, sonst sind wir verloren.« Die 48-Jährige war unfähig zu trauern, sie versteinerte innerlich. Hermann starrte stundenlang aus dem Fenster und hatte Depressionen, während seine Frau sich keine Minute der Untätigkeit gönnte und den Haushalt am Laufen hielt. Der Stil ihrer Briefe veränderte sich, anstelle der Sütterlinschrift verwendete sie lateinische Buchstaben und das Wetter spielte eine zentrale Rolle.

»Es geht uns gut. Wir haben gestern schönen Regen gehabt und heute scheint die Sonne. Sonst ist nicht viel zu berichten. Ich hoffe es geht euch gut, Ilse.«

Die Engländer benahmen sich »gentleman like«, was nicht ausschloss, dass sie laut und betrunken der Hausfrau auf den Hintern schlugen oder den Hausherren einen Nazi schimpften. Nachts um ein Uhr holte eine englische Offizierskontrolle Bode aus dem Bett und nahm ihn ins Kreuzverhör. Er stand barfuß in einem kurzen Nachthemd bei eisiger Kälte in der weit geöffneten Haustüre, als er in barschem Englisch nach Parteizugehörigkeit, Truppenteil, Dienstgrad, Finanzen und seinen Arbeitsverhältnissen befragt wurde. Dann wollte der Oberst wissen, wie sich seine Landsleute im Nebenhaus benahmen und wie sie ihre Wochenenden verbrachten. Hermann hatte den Eindruck, dass man sein Haus für andere Zwecke frei haben wollte und eine gehässige Anzeige vorlag. Mit der nächtlichen Wohnkontrolle sollte herausgefunden werden, wer sich im Haus aufhielt oder versteckt wurde. Der Hintergrund war, dass Züge mit deutschen Kriegsgefangenen im Schritttempo durch das nahegelegene Wunstorf rollten, weil die Engländer deutsche Gefangene an die Franzosen auslieferten. In Frankreich sollten die Besiegten zerstörte Städte wieder aufbauen. Ständig verschwanden Männer aus den Zügen und versteckten sich bei Verwandten. Die Engländer drohten damit, dass sie für jeden Geflohenen zwei Gefangene erschießen würden. Bode bemühte sich, Haltung zu bewahren, und gab seine Antworten in kurzen knappen Worten. Zuletzt wurde ihm mitgeteilt, dass er bei Strafe Steinhude nicht verlassen durfte. Nachdem er keinen Anlass zur Beanstandung gegeben hatte, konnte der frierende Mann ins warme Bett zurückkehren und der Offizier entfernte sich mit einem freundlichen »Good bye«.

Der Postbote brachte einen Brief von Erkengard, in dem sie die Familie um Hilfe bat. Sie war nach Hildesheim geflohen, dort ausgebombt und auf einem Bauernhof evakuiert worden. Im Winter hatte sie sich die Füße erfroren und dazu eine Venenentzündung bekommen. Um ihre Kinder zu versorgen, kroch sie auf allen Vieren durch die Wohnung. Der Vater war zutiefst besorgt um seine Tochter mit ihrer hochgradigen Empfindlichkeit. Wie sollte sie vollkommen auf sich gestellt, mit Hunger, Kälte und drei kleinen Kindern zurechtkommen? Erkengard beklagte sich darüber, dass ihre Mutter nicht für sie da war, während sie sich um Elsa und deren Kinder kümmerte. Für die 60-jährige Julia waren drei Enkelkinder und eine schwangere Elsa eine unzumutbare Belastung, nachdem sie unter schrecklichen Strapazen und zu Fuß vor den Russen nach Bayern geflohen waren. Ilse machte deshalb den Vorschlag, wenigstens die Enkel nach Steinhude zu holen, wusste aber nicht, wie sie das bewerkstelligen sollte, und Bode erhoffte sich eine Lösung von Maria, die in einem Zimmer ohne Fensterscheiben in der Altstadt von Köln lebte.

Damit Erkengard ins Krankenhaus gehen konnte, holte Ilse den kleinen Eckbert am Bahnhof in Hannover ab. Luitgard sollte in Auermühle untergebracht werden und Frowis bei Verwandten in Hildesheim. Mit dem Jungen an der Hand lief die Großmutter den weiten Weg durch die zerstörte Stadt bis in die Walderseestraße, wo sie dringend benötigte Utensilien in einen Waschkorb packte. Wie vereinbart, kam ihr Bruder Günther mit dem Lieferwagen von Pelikan und brachte Kartoffeln, Sauerkraut und Äpfel mit. Er erzählte, dass im Kinderheim von Auermühle Diphterie ausgebrochen war und man Luitgard besser an einen anderen Ort unterbringen sollte. Dann fuhren sie zum Postamt, wo Ilse Bleistiftpäckchen an die Töchter verschickte, zusammen mit Lebensmittelmarken, die sie sich vom Munde abgespart hatten. Als Günther endlich losfuhr, sank Ilse in sich zusammen, sie fühlte sich ausgebrannt wie eine leere Hülle. Die Straße hatte eine Fahrspur, die vom Bombenschutt freigeräumt war, schräg zur Häuserfront türmten sich die Trümmer, auf denen Frauen nach brauchbaren Ziegelsteinen suchten. Ilse sagte: »Ich sehne mich nach Schönheit, die ein Teil unserer Zivilisation ist. Schönheit und Würde, gehören für mich zusammen.« Günther erzählte mit lauter Stimme von verschütteten Verwandten, während er die Schwester und das Kind nach Steinhude brachte.

Die Grundversorgung der Bevölkerung mit Lebensmitteln und

Haushaltswaren funktionierte nicht, die Familienmitglieder halfen einander, indem sie dringend benötigte Waren tauschten. Am 20. Dezember 1946 schrieb Ilse an Maria:

Die Post funktioniert trotz aller Hindernisse, aber Brot und Kuchen werden wahrscheinlich trocken sein, ihr müsst sie aufweichen. Ich wollte dir die freudige Mitteilung machen, dass ich von dem schönen Garn bekommen habe und eine Rolle abgeben kann, die Rolle kostet 150,- RM. Dafür würde ich sehr gerne die Toilettenseife nehmen und dir bei geschickter Vermittlung ein Stück abgeben. Bist Du wohl so freundlich, mir Persil zu schicken, wenn Du dran kommst?. Für ein günstiges Angebot würde ich eine Rolle Garn opfern und einen Lippenstift, damit Du dich schön machen kannst. Wir haben Hochwasser, der Weg ist 25 cm unter Wasser und zugefroren, es geht sich scheußlich, weil man immer durch das Eis bricht. Vati war bei Anita und kam völlig abgekämpft zurück und ging dann gleich ins warme Bett. Er komponiert zurzeit Kinderlieder für seine Enkel, deine Ilsemutti

Wenn Ilse ihren Mann dazu überreden konnte, zu schreiben oder zu komponieren, dann ging es ihm besser. Bode sprach von der dunklen Wolke Weltschmerz, die ihn lähme, und jede Bewegung machte ihn schwindelig. Dieser Zustand ging über Wochen, die Angst hatte von ihm Besitz ergriffen und er befürchtete, den Verstand zu verlieren. Der Steinhuder Hausarzt verabreichte ihm ein Beruhigungsmittel und bemerkte: »Schon in Homers Odyssee bekam die schöne Helena von einer ägyptischen Königin das Zaubermittel Nepenthes, das auf Altgriechisch, kein Kummer bedeutet.« Um ihren Mann abzulenken, organisierte Ilse eine Dichterlesung in Bückeburg, bei der er aus seinen Werken vorlesen und einige seiner Gesänge vortragen sollte, deshalb übten sie nun täglich für diese Veranstaltung und Bode erklärte am 20. März 1947 seiner Tochter:

Das Goethewort über Seelenleiden behält seine Gültigkeit: »Zu ihrer Überwindung hilft der Verstand nicht, die Vernunft wenig, die Zeit viel und die Tätigkeit alles«. So fühle ich mich wohl, wenn ich in einer Betätigung gebunden bin, die meinen Geist fesselt. Ich sah in Sindbert die Fortsetzung meines Lebens, dass sein Weg so plötzlich abgebrochen wurde, ist mir schmerzlicher, als wenn ich selbst hätte sterben müssen. Daran ändert auch der Gedanke nichts, dass er einen plötzlichen Tod fand, als alles in dunkle Nacht sank. In die Walderseestraße gehe ich nicht mehr, weil mir der Blick zurück allzu schmerzliche Wunden berührt. Wir hörten in der Dreifaltigkeitskirche ein Bachkonzert, die Orgelmusik hinterließ einen starken Eindruck. Es spielte ein blinder Organist, der alles von einer innerlichen Linie her sauber und durchsichtig gestaltete, wie ich selten Orgelmusik gehört habe. Vor allem unsere geliebte Passacaglia spielte er groß und einheitlich durchdacht, sodass sie sich wie ein gewaltiger Bogen von dem schlichten Thema bis in die letzte Fuge spannte und mich zum starken Mitschwingen brachte. Ich konnte dem Mann vor der Kirche die Hand drücken und ihm danken. Die schlichte Menschlichkeit, die allein Bach ganz verstehen und ausdeuten kann, fand ich in ihm bestätigt. Mit vielen lieben Gedanken dein Vati

Maria hatte sich in Düsseldorf verliebt und beklagte ihr Leid in einem Brief an Ilse, die ganz andere Sorgen hatte. Die Antwort kam postwendend:

Hier kommt erst mal ein kleines Päckchen mit Strickwolle und Fettmarken, eine Kostbarkeit! Morgen ist wieder ein Fresspaket an der Reihe. Dir geht es doch eigentlich von allen am besten? Du hast eine befriedigende Arbeit, verdienst etwas, wirst durch mich vor dem Hungertode bewahrt und kommst bald wieder her, um uns zu besuchen. Dann fährst Du mit aufwendigem Proviant versorgt zurück nach Köln! Was willst Du da noch mit einem Mannsbild? Oder macht Dir die Liebe in irgendeiner Form zu schaffen? Ich halte nicht so viel davon und finde, man sollte sich ganz unabhängig machen. Den Segen der Lebensmittelmarken hast Du meinem Bruder zu verdanken, wir haben selten so viel, dass ich mit vollen Händen verschenken kann. Vati arbeitet an den Laudsi Sprüchen. Herzlichst Ilse

Deutschland war in vier Besatzungszonen geteilt. Die Amerikaner, die Briten und die Franzosen einigten sich auf eine Westzone, die Russen besetzten die Ostzone und bestanden darauf, die Stadt Berlin zu teilen. Erkengards Ehemann hatte eine Anstellung bei der UFA in Babelsberg, die in der Ostzone lag. 3,5 Millionen Menschen flohen bis zum Mauerbau vom Ost- in den Westsektor. Nachdem die Engländer aus Steinhude abgezogen waren, konnte Erkengard mit ihren drei Kindern dort einziehen, während ihr Mann Karl in Babelsberg blieb.

Der Existenzialismus und die große Schuldfrage

Um sich auf sein Eigenleben zu besinnen, zog sich Bode, wie schon in früheren Jahren, in die Einsamkeit der Berge zurück. Nach Auschwitz, nach den unvorstellbaren Verbrechen, die im Namen seines Volkes begangen wurden, war ihm jeglicher Idealismus abhanden gekommen und die Beschäftigung mit ontologischen Fragen erschien ihm unwichtig. Beim Bauern in Jochberg bezog er das ungeheizte Zimmerchen, das ihm schon vor dem Krieg als Mönchszelle gedient hatte. Hier wollte er sich mit dem Existenzialismus auseinandersetzen. Stimmungsmäßig war Bode in einer schlimmen Verfassung, er machte sich mitverantwortlich für Sindberts Tod, weil er das Hitlerregime nicht durchschaut hatte und seiner moralischen Pflicht zum Widerstand nicht nachgekommen war. In der Stube des Bauernhofes roch es animalisch nach Kuhstall, weil an die 20 Milchkühe unter dem gleichen Dach gehalten wurden. Der einzige Gast rückte sich ein kleines Tischchen nahe an den Kachelofen und las die Schriften von Sartre und Camus.

Der Mensch hat die Neigung, nach einer Erklärung oder nach dem Sinn des Lebens zu suchen, alle Bemühungen scheitern jedoch, da ein solcher Sinn nicht existiert. Die Sinnsuche nennt Camus absurd. Wer die Sinnlosigkeit der Welt erkennt, stürzt in eine tiefe Krise und wird am Ende Atheist. Wenn wir weder Vertrauen in einen Gott noch in unsere Vernunft setzen können – was bleibt dann als Sicherheit? Nichts! Für den modernen Menschen gibt es diese Sicherheit nicht. Bode murmelte vor sich hin: »Das ist ja nun nichts Neues.« Um in einer sinnlosen Welt nach einem Sinn zu suchen, haben die Menschen drei Möglichkeiten: Sie können das Absurde akzeptieren und annehmen, Selbstmord begehen oder vor der Realität fliehen und religiös werden, indem sie an etwas glauben, das über dem Absurden steht. Am Beispiel von Sisyphos erklärt Camus das Los der Menschen. Die

Götter haben Sisyphos dazu verurteilt, einen schweren Felsbrocken den Berg hinauf zu schieben. Oben angekommen rollt der Fels wieder ins Tal. Sisyphos steigt ein ums andere Mal hinab, um diese Arbeit von Neuem zu verrichten. Die ganze Sinnlosigkeit nimmt kein Ende, aber der Mensch erträgt sein Los und entfaltet ein »reiches Bewusstsein«, wenn er, von der Last befreit, ins Tal hinuntermarschiert. Der Mythos ist ein Sinnbild für das Absurde im Leben der Menschen. Sisyphos verlacht die Götter, auf diese Weise zeigt er die Größe des modernen Menschen, der das absurde Schicksal bewusst lebt. Alle Fragen enden bei der Frage nach dem Selbstmord, der die Loslösung von einer sinnlosen Welt verspricht: Warum sollte man weiterleben, wenn doch alles sinnlos ist? Camus schließt: »Sich umbringen hieße, dem Absurden erliegen, deshalb bin ich dagegen.« Die Existenzialisten wählten die Farbe Schwarz für ihre Kleidung.

Camus war stark von Nietzsche beeinflusst und sah in der Kunst, in der menschlichen Schöpferkraft, eine Möglichkeit, dem Hamsterrad zu entkommen. Der französischen Schriftsteller vertrat ebenso wie Laudsi die jahrtausendealte Einsicht: Der Weg ist das Ziel. Demnach ist die Auseinandersetzung des Künstlers mit seinem Werk wichtiger als das fertige Produkt. Auch Sisyphos ist Künstler im Steinewälzen, während der Stein zu Tal rollt, ist er mit sich und seinen Gedanken allein, ganz bei sich und seinem Lustempfinden, der Müdigkeit nach getaner Arbeit und befreit von aller Last. »Es gibt kein Schicksal, das nicht durch Verachtung überwunden werden kann«, schreibt Camus, jedes Individuum kann sich selbst und seinem Leben durch die Kunst einen Sinn geben. Das sah Bode genauso, aber vorher musste er mit dem Trümmerhaufen, der von seiner Kultur übriggeblieben war, irgendwie fertig werden. Er hatte seine eigenen Ansprüche philosophisch nicht eingelöst und war stattdessen in die Falle astrologischer Zukunftsprognosen getappt, nun wollte er mit seinen Reflexionen wieder Boden unter die Füße bekommen.

Nach der wenig tröstlichen Auseinandersetzung mit den Existenzialisten ging Hermann hinaus in die sternklare Winternacht und blickte in den Himmel. Die Venus erkannte er an ihrem pulsierenden Licht und überlegte, wo Mars, der vierte Planet im Sonnensystem, zu finden wäre. Er suchte acht Sterne, so wie er es seinen Kindern beigebracht hatte, und beim achten wünschte er sich Ruhe und Frieden. Durch den Schneefall vom Vortag war die Luft gereinigt, Bode machte seine Atemübungen, zog die kalte Luft tief in die Lungenflügel und ließ sie sehr langsam durch die Lippen entgleiten, dabei dachte er an den Yogi, der ihm beigebracht hatte, bewusst zu atmen.

Im Universum wollte er die Erweiterung seines Bewusstseins finden, der unendliche Raum, über den wir nichts wissen, und das sokratische Wissen darum, dass wir nichts endgültig wissen, warf ihn immer wieder auf seine eigene Sterblichkeit zurück. In der Hosentasche bewahrte er einen Granatsplitter auf, ein solcher hatte seinen Sohn getötet. Würde er sich selbst jemals verzeihen können?

Seine immer wieder auftretende Düsternis führte Bode darauf zurück, dass er die Bilder und Erinnerungen der vergangenen Jahre nicht aus dem Gedächtnis verdrängen konnte. All das Leid musste irgendeinen Sinn ergeben. Wie konnte er die Lebensangst loswerden, die Selbstverachtung, die mit der Verachtung aller Menschen einherging. Wo berührten sich die Dimensionen des Endlichen und des Unendlichen? Die Gewissheit, die ihm das Nahtoderlebnis gegeben hatte, war verschwunden und hatte zu einer beängstigenden Bodenlosigkeit geführt. An Maria schrieb er: *»Merkwürdig ist, dass die Musik im Augenblick so völlig in meinem Inneren schweigt, ja fast ohne Widerhall ist, wenn sie irgendwo erklingt«.*

Der Brief endet mit einem Diagramm, auf dem ein Dreieck zu sehen ist, auf der Spitze ein Kreuz. Darunter hatte er *Jochberg 1949* geschrieben.

Während Hermann in den Bergen meditierte, erhielt seine Frau einen Notruf von Julia. Elsa lag mit Lungenentzündung zu Bett, deshalb fuhr Ilse kurzentschlossen nach München, um ihr beizustehen. Die Stadt war total zerbombt und die zwei Frauen hausten mit vier Kindern in einer feuchten Ruine. Ilse schonte sich nicht, sie wusch die Wäsche der sechsköpfigen Familie mit der Hand, ging mit den beiden großen Mädchen auf die Suche nach einer Schule und schaffte mit dem Fahrrad die Nahrungsmittel aus dem Umland herbei. Über die toten Söhne sprach sie nie. Widerstandskämpfer galten als Nestbeschmutzer, denen, die im Kampf für das Land gefallen waren, gehörte die Sympathie der Bevölkerung. Wie sollte Ilse damit umgehen, dass die ganze Ambivalenz der Nachkriegszeit im Schicksal ihre beiden

Söhne aufeinandertraf? Als sie nach drei Wochen wieder in Steinhude ankam, brach sie vor Erschöpfung zusammen. Bode schrieb an alle Kinder, dass er es nicht noch einmal zulassen würde, dass sich seine Frau derartig verausgabt.

Vorwärts in die Vergangenheit
1948–1973

1948 wurde die Kestner Gesellschaft in der Warmbüchenstraße mit Unterstützung von Hermann Bahlsen, Hans Stichweh, Bernhard Sprengel und Günther Beindorff neu gegründet. Alfred Hentzen wurde der neue Direktor, ihm folgten Werner Schmalenbach und Wieland Schmied als Leiter des Hauses. Zu seiner Begeisterung der Vorkriegsjahre konnte Bode nicht zurückfinden, ihm fehlte der alte Freundeskreis, von dem nicht viel übriggeblieben war. Er besuchte zwar die Ausstellungseröffnungen und kaufte Jahresgaben, fühlte sich aber nicht mehr dazu gehörig.

Die Reichsmark wurde in drei Besatzungszonen durch die neue Deutsche Mark ersetzt. Die Währungsreform beendete den Tauschhandel und die Schwarzmarktgeschäfte, die Regale in den Läden füllten sich mit Waren. Der US-amerikanische Marshallplan stellte Kredite zur Verfügung, der Export florierte und die Investitionen wuchsen. Zahlreiche Betriebe verließen die sowjetisch besetzte Zone, auch deshalb entwickelte sich das Wirtschaftswachstum im westlichen Sektor, und die Zahl der Arbeitslosen ging stetig zurück. Die Pelikan-Werke erlebten einen wirtschaftlichen Aufschwung und entwickelten sich zu einem führenden Unternehmen. Einige Niederlassungen im Ausland waren während des Krieges durch Enteignung verlorengegangen, aber der neue Stresemann-Füllfederhalter verkaufte sich gut. Ilse Bode, Anteilseignerin des Unternehmens, wurde wohlhabend, sodass sich das Ehepaar 1952 einen Mercedes 220 Cabrio im Stuttgarter Werk abholen konnte. Es war ein steingrauer Wagen mit schwarzem Verdeck und blauen Ledersitzen, der Motor hatte 6 Zylinder und 80 PS. »Der Überfluss des Reichtums«, schwärmte Hermann, endlich konnte er wieder hinter dem Steuer sitzen und fahren, wohin er wollte. Nach all den schrecklichen Jahren hatte er ganz vergessen, wie viel Lebensfreude ihm mit dem Auto geraubt worden war. Das geteerte Band der

Straße flog ihm entgegen, es war als würde die Landschaft mit dem Rhythmus der Kurven verschmelzen und alles Gegenständliche verwischte mit der Geschwindigkeit. Durch die Federung des Fahrzeugs waren die Unebenheiten der Landstraßen kaum noch zu spüren. Das geöffnete Verdeck machte es möglich, dass man die Gerüche von geschnittenem Gras oder den Harzgeruch der Wälder riechen konnte, während der Fahrtwind in den Ohren rauschte. Der gealterte Mann war empfänglich für all diese Eindrücke, er verspürte eine längst vergessene Daseinsfreude und der harte Zug um seinen Mund entspannte sich. Die Trauer um den verlorenen Sohn und das starke Gefühl am Leben zu sein, trieben ihm die Tränen in die Augen.

Die erste Reise im neuen Auto ging nach München, um Julia, Elsa und ihre vier Töchter zu sehen. Elsa hatte im Krieg ein zweites Mal geheiratet, und mit Heinrich die Kinder Anna-Friederun und Selma bekommen. Seit 1948 bewohnte die Familie eine überdachte Ruine, die nun zum Verkauf angeboten war. Bode kam angereist, um den Kaufpreis persönlich zu überbringen. Er hatte das ausgebrannte Praxisgebäude an der Georgstraße zu Geld gemacht, und schenkte seinen Töchtern jeweils ein Drittel vom Erlös.

Ilse kannte die Zustände, unter denen die Frauen hausten, sie hatte beim Einzug geholfen, als ihr Mann in Jochberg mit seiner Selbstfindung beschäftigt war. Hermann parkte das offene Cabriolet vor dem zerbombten Haus und in kürzester Zeit stand eine Traube von staunenden Kindern um das Fahrzeug herum. Auch Selma, das jüngste Enkelkind gesellte sich zu den Gaffern und bemerkte, wie ihr Ansehen zunahm, weil das Objekt der Begierde ihrem Großvater gehörte. Wie ein Lichtstrahl traf sie der Abglanz des Reichtums. Elsas Familie lebte in großer Armut. Aus der Gefangenschaft heimgekehrt, hatte Heinrich Arbeit in Frankfurt gefunden, und Julia gab ihre Unterhaltszahlungen in die Familienkasse, damit sie alle ein Auskommen hatten. Zu dieser Zeit konnten die meisten Deutschen von einem Auto nur träumen. Ilse hatte ein Zimmer im Hotel Post gebucht, nach zwei Tagen wollte das Paar zu den Salzburger Festspielen reisen, um in einer künstlerischen Gegenwelt, die traurige Gegenwart zu vergessen.

Die Gruppe 47 und die Akademie der Bildenden Künste in München

Im Laufe der Jahre hatte Hermann Bode drei Bücher geschrieben und wollte an einem Treffen der Gruppe 47 teilnehmen. Elsa stellte den Kontakt zu Hans Werner Richter her, der in ihrer Nachbarschaft wohnte. In Richters Wohnung, im ersten Stock der Rembrandstraße, trafen sich immer mal wieder Schriftsteller zu einer Lesung, es wurde viel geraucht und Bier getrunken. Der Hannoveraner war nicht gekommen, um etwas vorzutragen, er wollte lediglich Richters Meinung hören, bevor sein Gedichtband »Ein Leben« in den Druck gehen sollte. Die Nachkriegsautoren produzierten vornehmlich Trümmerliteratur, um ihr Trauma zu verarbeiten. Der Stuhl neben Richter war reserviert für den vorlesenden Autor, der seinen Text nicht verteidigen durfte, aber in der Regel eine Menge Kritik wegstecken musste. Faschistische oder militärische Texte waren nicht zugelassen und politische Äußerungen unerwünscht. Bode hörte hier zum ersten Mal von einem Essay, in dem Alfred Andersch geschrieben hatte, dass die junge Generation vor einer Tabula rasa stehe, *»vor der Notwendigkeit, in einem originalen Schöpfungsakt, eine Erneuerung des deutschen geistigen Lebens zu vollbringen.«* Nach Bodes Erfahrung waren traumatische Ereignisse wie Krieg und Vertreibung unauslöschlich im Unterbewusstsein gespeichert. Durch häufig wiederholte Erzählungen entsteht eine Familienmythologie, die an die nachfolgenden Generationen vererbt wird. Paul Celan hatte seine Todesfuge erstmals im Kreis der Gruppe 47 vorgetragen, sie stieß bei den Kollegen auf Unverständnis. Die Selbstbeschuldigung »Der Tod ist ein Meister aus Deutschland« traf den Nerv dieser Zeit:

»Er ruft spielt süßer den Tod der Tod ist ein Meister aus Deutschland
er ruft streicht dunkler die Geigen dann steigt ihr als Rauch in die Luft
dann habt ihr ein Grab in den Wolken da liegt man nicht eng.«

Die Kritiker der Todesfuge konnten mit den Gefühlen, die dieser Text auslöste, schwer umgehen, es war für viele Intellektuelle ein mühsamer Prozess, die Kollektivschuld anzuerkennen. Auch Bode tat sich schwer damit, die Flucht in die Verdrängung half ihm dabei, weiterleben zu können. Zu dem einflussreichen Herrenclub gehörten unter anderem Carl Amery, Günter Eich, Heinrich Böll, Siegfried Lenz, Martin Walser, Ilse Aichinger und Ingeborg Bachmann. Wenige Jahre später war die Gruppe 47 bereits eine Institution, die von Kritikern wie Joachim Kaiser, Walter Jens und Marcel Reich-Ranicki besucht wurde.

Im Parterre, unter der Wohnung von Hans Werner Richter, hatte der Zeichner Henry Meyer-Brockmann sein Atelier und Selma war mit dessen Tochter befreundet. Elsa hatte einen Besuchstermin für den Vater vereinbart und erzählte ihm, dass der Künstler ein Schüler von Olaf Gulbransson und Mitarbeiter im Simplicissimus war. Gegen elf Uhr traf Bode bei dem Künstler ein. Meyer-Brockmann begrüßte ihn mit einem watteweichen Händedruck und bot ihm einen Whisky an, für den der Gast zu dieser frühen Stunde keine Verwendung hatte. Dem kleinen dicklichen Mann standen die Haare wild vom Kopf, er hatte ein geripptes Unterhemd und eine weiße, fleckige Malerhose an, um die Hosentaschen herum war der Stoff durch schwarze Kohlestifte verfärbt. Überall in der Wohnung, die auch als Atelier genutzt wurde, standen überquellende Aschenbecher und leere Weinflaschen, es roch nach Essen und kaltem, abgestandenem Rauch. Auf dem Fußboden lagen angefangene Zeichnungen und an den Wänden waren mit Reißzwecken Postkarten und Zeitungsausschnitte von Politikern befestigt. Meyer-Brockmann hatte die Schriftsteller der Gruppe 47 gezeichnet und unter dem Titel »Dichter und Richter« veröffentlicht.

Nun steckte er eine Rohrfeder auf ein Bambusrohr von einem Meter Länge und fing an, mit diesem verlängerten Arm auf das am Boden liegende Blatt zu zeichnen. Die Besucher sahen fasziniert zu, wie der Künstler in der linken Hand eine nahezu abgebrannte, filterlose Zigarette hielt und mit der rechten in ausholender Geste große Köpfe auf kleine Körper malte. Der Abstand führte zu einer Freiheit des Strichs, zu einer Willkür, von der man nicht mit Sicherheit sagen konnte, ob sie dem Alkohol oder einer gewollten Nachlässigkeit geschuldet war. Henrys Frau Henriette kredenzte Mokka in türkischen Tässchen, während Bode eine Geschichte über die chinesische Tuschemalerei zum Besten gab. »Einstens gab ein Kunstsammler das Bild einer Eule in Auftrag, als er einige Tage später sein Bild abholen wollte, ergriff der chinesische Meister seinen Pinsel und malte in einem einzigen Schwung die Eule aufs Papier. Dem Auftraggeber erschien der genannte Preis viel zu hoch, deshalb führte ihn der Künstler zu einem Schrank, der angefüllt war mit gemalten Eulen. Der Käufer konnte nun verstehen, dass es unzähliger Versuche bedurfte, um ein solches Kunstwerk mit einem einzigen Pinselstrich zu vollenden.«

Henriette war eine kleine, adrette Person mit blondem Bubikopf, sie hatte den Künstlernamen ihres Mannes angenommen und konnte mit einer Zigarette im Mundwinkel sprechen. In Hannover aufgewachsen, verfasste die freischaffende Journalistin Artikel für die Frauenzeitschrift »Constanze«, in der sie Bodes Anekdote gut unterbringen konnte. Meyer-Brockmann wischte seine Frau unsanft zur Seite, es war ihm sichtlich zuwider, dass sie sich mit der aufgeblätterten Zeitschrift zwischen ihn und den vermeintlichen Käufer gedrängt hatte. Vor sich hin schimpfend, führte er den Besucher zu einem Tisch mit Mappen, aus denen dieser nach abwägendem Zögern zwei Blätter auswählte und bezahlte. Bode erwähnte seine wartende Frau, rief nach Selma und strebte dem Ausgang zu, wohin ihm der Künstler folgte: »Ich empfehle Ihnen einen Besuch an der Akademie. Die Studenten revoltieren gegen die Macht der Sesselpfurzer und scheißen aufs Establishment, sie fahren mit den Mopeds durch die Gänge und verbreiten Chaos und Anarchie!« Meyer-Brockmann erhob die geballte Faust, die Zigarettenasche bröselte auf seine Brusthaare: »Freiheit und Gleichheit für alle geht nur aus der Anarchie hervor! Nieder mit diesen Stramm-gestanden und Hände-an-die-Hosennaht Blockwarten!« Bode griff nach Selmas Hand, er wollte gehen. Während sie ins Auto stiegen, war das Künstlerpaar durch das halboffene Fenster zu hören: »Halts Maul, du wolltest den feinen Pinkel doch nur für dich haben!«

Die Münchner Akademie hatte den Lehrbetrieb wieder aufgenommen. Die Anhänger Hitlers wie die NS-Künstler Adolf Ziegler, Josef Thorak und viele andere hatten den Krieg überlebt, weil sie als »Gottbegnadete« vom Kriegsdienst befreit waren. Die Militärregierung entließ die NSDAP-Mitglieder im Zuge der Entnazifizierung, ihr künstlerischer Einfluss machte sich jedoch bis in die Fünfzigerjahre bemerkbar. Als Theodor W. Adorno aus dem amerikanischen

Exil zurückkehrte, schrieb er einen Essay, in dem der vielzitierte Satz vorkommt:

»Kulturkritik findet sich der letzten Stufe der Dialektik von Kultur und Barbarei gegenüber: nach Auschwitz ein Gedicht zu schreiben, ist barbarisch …«

Dieser Satz enthält das Entsetzen und die Betroffenheit angesichts des Völkermords an den Juden. Was war von einer Kultur, in der ein solches Grauen möglich war, in der Zukunft zu erwarten? Adornos Kulturkritik wurde innerhalb von kurzer Zeit zum Schlagwort: »Nach Auschwitz kann es keine Kunst mehr geben.« Die Antikunst war für ihn irreversibel und er schrieb:

»Ist alle Kunst Säkularisierung von Transzendenz, so hat eine jegliche Teil an der Dialektik der Aufklärung. Kunst hat dieser Dialektik mit der ästhetischen Konzeption von Antikunst sich gestellt; keine wohl ist mehr denkbar ohne dieses Moment.«

Neugierig gemacht durch Meyer-Brockmanns Empfehlung blickte Bode beim gemeinsamen Frühstück auf seine Armbanduhr und verkündete, dass er in genau 20 Minuten das Haus verlassen würde, um die Kunstakademie und das Lenbachhaus zu besuchen. »Ich habe drei Sitzplätze anzubieten, wer von euch möchte mich begleiten?« Bei einer duftenden Kanne Bohnenkaffee, den Ilse aus Hannover mitgebracht hatte, berichteten Julia und Elsa von ihrer Flucht vor den Russen. Ilse wollte bei den Frauen bleiben, Reingard und Ruthi mussten Vokabeln lernen und Anna-Friederun Geige üben. Elsa wandte sich an Selma: »Du bist doch unsere Künstlerin und möchtest bestimmt in dem schönen Auto fahren.«

Selma zierte sich: »Max und Konstantin warten auf mich, ich habe überhaupt keine Zeit.«

Bode wirkte verärgert und verließ erhobenen Hauptes den Raum, während Elsa zischte: »Selma, du wirst jetzt sofort deinen Großvater begleiten, ich möchte keine Widerworte hören!«

Erneut hatte sich eine Traube von Kindern um das Fahrzeug versammelt, der Fahrer klappte den Beifahrersitz zurück und ließ die Enkelin auf der Rückbank Platz nehmen. Das ungleiche Paar fuhr im offenen Wagen die Leopoldstraße hinunter bis zum demolierten Siegestor und bog dann rechts ab zur Akademie, deren Geschichte bis in das 18.

Jahrhundert zurückreicht. Das Gebäude wurde bei einem Bombenangriff 1944 schwer beschädigt, der Architekt Sep Ruf hatte mit den Renovierungsarbeiten begonnen, aber die Kriegsschäden waren noch deutlich zu sehen. Bode parkte vor dem Gründerzeitbau und sah, dass die Fassade zahlreiche Einschusslöcher hatte. Von den Reiterstandbildern Castor und Pollux war eines verschwunden, das andere durchschossen. Die hohen Wandelgänge zeigten sich in einem desolaten Zustand und wirkten verkommen, überall standen Gipsabdrücke und angeschlagene Skulpturen herum, Fensterscheiben waren zerbrochen und ausgelagerte Tapisserien noch nicht wieder aufgehängt.

An der Akademie taten sich zu dieser Zeit die Künstler Heimrad Prem, Helmut Sturm, HP Zimmer, Lothar Fischer und Asger Jorn zur Gruppe SPUR zusammen, um gemeinsam zu arbeiten, auszustellen und vereint auf sich aufmerksam zu machen. Es kamen weitere Künstler hinzu, andere gingen weg. In ihrem Manifest schrieben sie: *Wer Kultur schaffen will, muss Kultur zerstören!* Die abstrakte Malerei nannten sie einen *hundertfach abgelutschten Kaugummi*, und wollten stattdessen *den Kitsch, den Dreck, den Urschlamm, die Wüste, den Irrtum und einen ehrlichen* Nihilismus. Die Maler schrieben: *Wir sind die dritte Welle des Tachismus, des Dada, des Futurismus und des Surrealismus!* In einem spektakulären Prozess wurden sie sogar wegen Gotteslästerung verurteilt. Als Bode von der Gruppe hörte, hatte er ein Déjà-vu und notierte:

> *Alles wiederholt sich wie 1918. Der Nihilismus hat zu dieser menschenverachtenden Politik geführt und Anarchie erzeugt Chaos, in dem niemand leben möchte.*

Es existierten keine verlässlichen ästhetischen Maßstäbe, der künstlerische Inhalt erschöpfte sich im radikalen Protest und in der Kritik gegenüber dem Bestehenden, je absurder umso besser. Die jungen Künstler wollten Grenzen überschreiten, die Welt erschüttern und mit Tabubrüchen mediale Aufmerksamkeit erreichen. Die Hitlerdiktatur hatte auf die Kunst zugegriffen und sie für ihre Ziele missbraucht. Mit ihrer wütenden Ästhetik wollten die Künstler von SPUR die abgestumpften Deutschen erreichen, um sie inmitten der herrschenden Ohnmacht mit künstlerischer Energie aufzuladen.

Das Kind an der Hand lief der Großvater von Malersaal zu Malersaal. In manchen Klassenräumen wurde gearbeitet, andere waren verschlossen. Im Gespräch mit Studenten erfuhr Bode, dass seit der Entlassung der alten Professoren die gegenständliche Kunst tabu war, wer im Stil der NS-Zeit malen wollte, hatte an der Akademie nichts mehr zu suchen. In den Ateliers wurden Farben auf die Leinwände geschüttet, mit Schrubbern bearbeitet, mit Sand und Papierfetzen vermengt oder mit scharfen Gegenständen aufgerissen und decollagiert. Im Stil des Informel setzte sich der Tachismus durch, bei dem spontane Empfindungen ohne rationale Überlegungen auf die Leinwand gebracht wurden. Ein Pinselstrich genügte, um die Dynamik der Handbewegung zu umreißen. Ein Student erwähnte Willem de Konings abstrakte Malerei, ein weiterer schwärmte vom amerikanischen Expressionismus und dem Einfluss der New Yorker Künstler: »Jackson Pollock schleudert bei seinem Action Painting Farbe auf die am Boden liegende Leinwand, um das Unbewusste auszudrücken. Das Durcheinander auf seinen Bildern zeigt die ganze Widersprüchlichkeit unserer Zeit und ergibt trotzdem eine Komposition.«

»Das ist alter Wein in neuen Schläuchen« erwiderte Bode. »Carl Buchheister hat schon 1927 Farbe auf die Leinwand getropft und geschleudert, außerdem hat er sie mit chemischen Reaktionen zersetzt und dem Zufall überlassen.« Er dachte an Emil Schumachers rauschhafte Malerei und die gestischen Bilder des Spaniers Antoni Tapies, der in München von vielen Studierenden glühend verehrt wurde, die amerikanischen Künstlern waren für Bode lediglich Epigonen. Mit einer gewissen Demut vor der Kunstgeschichte hielt er es für angebracht, den Zeitgeist in die richtigen Flaschen füllen.

In einem Klassenraum schien man sich an Malewitsch und dessen schwarzes Quadrat zu erinnern. Die Schüler entmaterialisierten den Bildraum und setzten auf die Wirkung der reinen Farbe. Das leuchtende Pigment wurde zur Aussage seiner selbst, zum alleinigen Inhalt. Farbe war das Thema, sie wurde zum Körper vor der weißen Wand, zur sogenannten Farbfeldmalerei, deren Vorbilder, Marc Rothko und Barnett Newman, in Amerika lebten. Der Sammler sprach einen der Studenten an und war erstaunt darüber, dass dieser weder Malewitsch noch Lissitzky kannte und vom Suprematismus noch nie etwas gehört hatte, stattdessen zitierte er Newmanns Spruch: »Who's afraid of red, yellow and blue.« Die Dialektik der Kunstvermittlung, wie Kunst an einer Akademie zu lehren sei, wurde strittig diskutiert. Einige Professoren wollten Kunstgeschichte und künstlerische Techniken weitergeben, andere sahen darin eine unzulässige Beeinflussung und kämpften für die totale Freiheit der Künste.

In einem der nächsten Ateliers stand ein junger Mann mit verbundenen Augen vor seiner Leinwand und malte. Freuds Theorie über die Befreiung des Unbewussten war Vorlage für eine Malerei, die die überpersönliche Aussage »Es malt« umsetzen wollte. Kopfschüttelnd ging der Großvater mit dem Kind weiter und dachte über seine Behauptung nach, dass die Künstler keine Schöpfer, sondern Empfänger ihrer Ideen waren. Wenn er Recht hatte, dann musste ein erkennbarer Zusammenhang, eine Art Zeitgeist in den Arbeiten der Nachkriegsgeneration zu finden sein. Um mehr zu erfahren, suchte er das Gespräch mit Prof. Ernst Geitlinger, der gerade eine Besprechung mit Studenten beendet hatte. Nach einer kurzen Vorstellung wollte er von ihm wissen: »Wird an der Akademie die Vermarktung der eigenen Kunst gelehrt?«

Geitlinger meinte: »Wir vermitteln Kontakte zu Galerien und unterscheiden zwischen Kunstmarkt und Kunstwelt. Die jungen Künstler müssen ihre eigene Werksprache festigen, es beginnt mit einer kleinen Gruppe von Kollegen, die sich gegenseitig weiterempfiehlt, führt über die Künstlervereinigungen und Kunstvereine zu den regionalen und überregionalen Ausstellungen und Kunstmessen. Wer entdeckt wird und den Durchbruch schafft, hat Glück gehabt. Wir sehen immer wieder, wie junge Menschen an ihren Vorstellungen scheitern, das endet manchmal mit Selbstmord.« Hermann dachte an die Gefahr, dem Absurden zu erliegen.

Im Garten waren Holzbaracken errichtet, in denen die Druckwerkstatt und eine Bildhauerklasse notdürftig untergebracht waren. Die Studenten experimentierten mit neuen Kunststoffen, mit farbigem Glas und ungewöhnlichen Baustoffen, während aus dem Lautsprecher eines kleinen Kofferradios laute Rockmusik ertönte. Studenten im Hippielook mit langen Haaren, bei denen man nicht sagen konnte, ob es Männer oder Frauen waren, bauten mit Gips, Pappe und Holz an Skulpturen, die den Besucher an Schwitters Merzbau erinnerten.

Er fragte einen der Studenten, ob ihm Kurt Schwitters bekannt sei, aber auch die hinzutretenden Kollegen, hatten nie zuvor von dem Hannoveraner gehört. Selma zog sich gelangweilt ins Auto zurück, während der Großvater sich intensiv unterhielt. Auf der Suche nach einem neuen Kunstbegriff entdeckte die Nachkriegsgeneration eine dynamische Kunst, in der Licht, Klang und Bewegung die malerische Geste ersetzen sollte.

Plötzlich vermisste Bode das Enkelkind, welches er Radio hörend im Auto vorfand. Er ließ den Motor an und sagte: »Weißt du, im Museion wohnen die Musen, deshalb fahren wir jetzt ins Lenbachhaus.« Selma wollte nach Hause, wagte jedoch nicht, es dem Großvater zu sagen. Dieser fuhr fort: »Die Musen, das sind die Göttinnen der Künste, sie regen den Mann zu kreativen Leistungen an, auch die Musik kommt von der Kunst der Musen.«

»Und von wem werden die Frauen angeregt?«, wollte das Mädchen wissen. Der Fahrer blieb die Antwort schuldig und parkte das Cabrio auf dem Königsplatz. Während sie die Fahrbahn überquerten, dozierte Bode: »König Ludwig I. wollte mit dem Bau des Königsplatzes die Ideale der Antike nach Bayern holen und Leo von Klenze hat in seinem Auftrag die Propyläen im dorischen Stil erbaut. Das antike Griechenland war die Wiege Europas, der Demokratie und der europäischen Kultur und wenn du groß bist, dann kannst du nach Attika reisen und das zerstörte Propylon an der Akropolis besuchen.«

Das ungleiche Paar durchquerte Lenbachs Garten und der Großvater befragte den kriegsversehrten Aufpasser nach dem Weg zur Sammlung des Blauen Reiters. Er hatte gelesen, dass Gabriele Münter die Bilder, die Kandinsky als »feindlicher Ausländer« in Murnau zurücklassen musste, dem Lenbachhaus geschenkt hatte. Ohne Umschweife fand er sein Ziel und zeigte auf Kandinskys Bild der Murnauer Kirche: »Hier, in der frühen Phase, befinden sich die leuchtenden Farben und die befreiten Linien noch in einem wilden Tanz, die sichtbare Wirklichkeit wird zur inneren Erlebniswelt und kommt in diesen kraftvollen Werken zum Ausdruck. Und schau, hier bei Marc, der wollte die Gesellschaft aus den Fesseln des Materialismus befreien und alles Lebendige in einen kosmischen Zusammenhang stellen, seine Kreaturen unterwerfen sich dem Schicksal.« Die bunten Bilder gefielen Selma, sie wollte wissen: »Wieso ist die Kuh gelb und das Pferd blau?«

Der Großvater belehrte: »Das ist die Freiheit der Kunst, eine neue ästhetische Haltung, eine Art von Vision, in der etwas Wesentliches zum Ausdruck kommt. Später hat Marc ganz abstrakt gemalt und Kandinsky hat seine expressiven Farben und Formen einer strengen abstrakten Ordnung unterworfen.«

Selma wusste nicht, was »abstrakt« bedeutet, Bodes Ausführungen waren rätselhaft, aber sie spürte seine Hingabe und machte ein interessiertes Gesicht.

In den Künstlervereinigungen wie der Sezession und der Künstlergenossenschaft, die alljährlich im Haus der Kunst ausstellten, saßen die Etablierten der NS-Zeit, die bereits 14 Jahre zuvor im Haus der Deutschen Kunst ausgestellt hatten. Sie beherrschten die Jury und verteidigten wehrhaft ihre Pfründe gegen die Entarteten und die Künstler der nächsten Generation. Um diese Bevormundung zu umgehen, wurde 1946 »Die Neue Gruppe« gegründet, zu deren Mitgliedern viele Entartete gehörten: Max Beckmann, Karl Schmidt-Rottluff, Karl Hofer und Willi Baumeister, Erich Heckel, Ernst Hans Nay, Max Pechstein und Emil Schumacher erlangten zunehmend Gewicht in der neueren Kunstgeschichte und Persönlichkeiten wie Toni Stadler, Sep Ruf und Georg Meistermann wurden an die Akademie berufen.

Befremdlich war für Bode, dass die Künstler der Nachkriegszeit allem misstrauten, was man im klassischen Sinn mit »Schön« bezeichnen konnte. Sie bevorzugten stattdessen das Hässliche und Kaputte, stellten Ekelerregendes und Unfertiges aus, um grenzüberschreitend zu verstören. Mit dieser Ästhetik der Irritation wurden die Formkriterien der Bildhauerei und des Designs außer Kraft gesetzt. Alles, was wohl proportioniert und ästhetisch anspruchsvoll war, wurde mit Verachtung bestraft oder als Kitsch abgetan. Kunstschaffende füllten ganze Rauminstallationen mit Alltagsmüll, mit Fäden und Fetzen, als Ausdruck der individuellen Suche nach etwas Neuem. Die Resignation, die der Faschismus hinterlassen hatte, prägte die Kunst in Westdeutschland, das führte zu einem gesteigerten Interesse an amerikanischen Vorbildern.

Gleichzeitig wurde in der russisch besetzten Zone der sozialistische Realismus weiterentwickelt und im Stil der Neuen Sachlichkeit gegenständlich gemalt. Die Vorbilder fand man in der Malerei der Renaissance und der Romantik. In der DDR wurde die Kunst zweckdienlich eingesetzt, zahlreiche Künstler malten für die Partei, wer das nicht wollte, musste ins Ausland fliehen wie Gerhard Richter, Georg Baselitz und A. R. Penck. Die Leipziger Schule legte besonderen Wert auf das handwerkliche Können. Künstler wie Wolfgang Mattheuer, Willi Sitte, Bernhard Heisig und Werner Tübke waren im Westen unbekannt, konnten jedoch amerikanische Sammler mit ihrer expressiv gegenständlichen Malerei überzeugen. Deutschland war bezüglich der Kunstauffassung in zwei unterschiedliche Lager geteilt, nur wenige Auserwählte hatten die Möglichkeit, die Entwicklung auf beiden Seiten des Eisernen Vorhangs zu verfolgen. Bei der Systemkonfrontation zwischen dem Kapitalismus des Westens und dem Kommunismus des Ostens sprach man vom Kalten Krieg, der die Außen- und Sicherheitspolitik mit dem Ziel beherrschte, den Einfluss des anderen Lagers zurückzudrängen. Deutschland war zwischen die beiden Blöcke geraten und eine riskante Grenze teilte das Land. Der Astrologe wünschte sich eine Wiedervereinigung von BRD und DDR und suchte die Lösung im Kosmos:

Das Vergangene zu durchschauen, es im Urkreis zu erkennen,
heißt sich leichter von ihm trennen, um die Zukunft aufzubauen.
Vor uns liegen neue Weiten, die wir klar ermessen müssen.
Glücklich wer empor gerissen, Leben sieht im Vorwärtsschreiten.

Wenige Wochen nach der Münchner Reise fand am 24. August 1952 die prunkvolle Hochzeit von Ilses Tochter und einziger Erbin in Auermühle statt. Anna hatte nach dem Krieg Medizin studiert und während des Vorklinikums den Kollegen Gernot kennen- und lieben gelernt. Zu diesem Anlass war eine große Familienzusammenführung geplant. Das Hochzeitsfoto zeigt das Paar auf der Außentreppe des Auermühler Herrenhauses. Neben der Braut steht ihr Vater mit Gernots Mutter, zur Rechten des Bräutigams haben Ilse und Hermann Aufstellung genommen, dahinter gruppiert sich in vier Reihen die Beindorffsche Verwandtschaft. Anna ist ganz in weiß, mit einem bodenlangen Schleier bekleidet und hält einen üppigen Nelkenstrauß im Arm. Gernot trägt einen schwarzen Frack mit weißer Fliege und steht vor geschmückten Tannengirlanden. Auch die Bode-Töchter trafen sich hier erstmals nach dem Krieg und lernten dabei Elsas zweiten Mann Heinrich kennen. Es wurde mit Henkel privat extra dry angestoßen und Alhambra Sherry gereicht. Das Festessen bestand aus Hummer, Wildrücken und Bohnen an Waldorfsalat, zum Nachtisch gab es Zitonencreme und Käsegebäck. Beim Essen wurden ein 42er Chateau Ripeau, St Emilion und ein 49er Wachenheimer Rechbächel Riesling ausgeschenkt. Kaffee und Kuchen standen auf langen, weißgedeckten Tischen im Garten. Ein Jahr nach der Hochzeit brachte Anna eine Tochter zur Welt und zwei Jahre später einen Sohn, somit war der Fortbestand der Pelikan-Dynastie gesichert.

Die Höhlen von Lascaux und Altamira

Die berauschende Freiheit eines eigenen Automobils führte bei Ilse und Hermann dazu, dass sie ins Ausland reisen wollten. Alle zwei Jahre machten sie eine Kur in Montegrotto Therme und besuchten anschließend Venedig, Florenz oder Rom. Das Steinhuder Haus sollte renoviert werden, um die Spuren der Besatzung zu beseitigen. Um dem Lärm der Handwerker zu entrinnen, fuhr Bode allein nach Norwegen und Dänemark. Seit den Zwanzigerjahren studierte er die Höhlenmalerei und wollte die Felsbilder persönlich erkunden. Im französischen Lascaux waren 17 000 Jahre v. Chr. die ersten Kunstwerke der Menschheitsgeschichte entstanden. Hermann wollte wissen, ob bei dieser Malerei die äußere Welt durch die innere geschaut wurde, ein Wiedererinnern an etwas Verborgenes, Unterbewusstes zutage trat. Er

stellte sich die Frage, ob es möglich sei anhand dieser Bilder die Entwicklung des Geistigen vom Abbild der geschauten Natur bis hin zur Autonomie des Gedankens, zum imaginären Bild, zu verfolgen.

Ausgerüstet mit mehreren Grubenlampen und einer Kamera mit Blitzlicht stiegen die Eheleute mit ihrem Führer in die Eiszeitkathedrale, um die enge Beziehung zwischen Mensch, Tier und Kunst zu begreifen.

»Das Erlebnis der Höhlen und Felswände war geradezu überwältigend! Der größte und prächtigste, 6x7 Meter hohe Saal der Stiere war so lebensnah, dass ich seine geschichtliche Stellung erst später verstand. Die Farben der Malereien sind so frisch und lebendig, als ob sie aus unserer Zeit stammten, die meisten Abbildungen sind überlebensgroß und 2 bis 3 Meter lang. Die Erdfarben wie roter Ocker, Rötel, schwarze Manganerde und Eisenoxyd sind im Atelier des Eiszeitkünstlers nebeneinander von dunkel bis hell angeordnet, man sieht Reibschalen und Mörser, in denen Tierfett oder Blut zugegeben wurden, als Pinsel dienten Röhrenknochen. Die hohlen Knochen wurden auch als Blasrohr benutzt, indem man die Farbe aufsprühte. Der Künstler und Zauberer macht sich, indem er das Beobachtete gestaltet, die Kraft seiner Geschöpfe zu Eigen, er gewinnt Gewalt über sie. Das war vor 20 000 Jahren so und ist es noch heute, bei jeder schöpferischen Tätigkeit!«

Der Eiszeitmensch war angewiesen auf die Tiere, sein Leben hing von der Jagd ab und sein Denken kreiste um Wildpferd, Bison, Hirschkuh, Urrind und Steinbock. Die ersten Felsbilder wurden später übermalt, die Maler des späten Magdalénien schufen eine Art Hochblüte der Eiszeitkunst. In einem Seitengang waren schwimmende Hirsche zu sehen, da man sie nicht fotografieren konnte, holte Bode sein Büchlein hervor und kopierte auf dem Rücken liegend die Gravuren an der Decke. Für die mysteriösen Ritzungen gab es keine Erklärung, außerdem waren da eigenartige Figuren, die auf der Jagd mit dem Wild zu verschmelzen schienen.

»Auf einer Zeichnung ist der Schamane im Trancezustand zu sehen. Neben ihm liegt eine Stange mit Vogelmotiv, das vielleicht das Auffliegen des Geistes zum Himmel bedeutet, was mich besonders interessiert. Hier wurden zahlreiche Zauberstäbe gefunden, sie tragen die Symbole der Fruchtbarkeit für die Tiere, sodass diese nach dem Tode neu erschaffen

werden. Die Zauberer oder Schamanen sind in kultischem Tanz abgebildet, in Tierverkleidung oder in Trance. Alle Kunst ist Zauberei! Diese Höhlen waren die religiösen Kathedralen der Eiszeit und keine Wohnräume.«

Um die Höhlen von Font-de-Gaume in der Dordogne betreten zu dürfen, hatte Bode vor der Reise eine Sondergenehmigung in Paris eingeholt. Hier waren besondere Ritzzeichnungen zu sehen, die er akribisch in sein Büchlein übertrug. Die Reise ging weiter ins spanische Kantabrien, wo sie die Höhle von Altamira aufsuchten. Diese Bilderhöhle wurde von 36000 bis 20000 v. Chr. mit nahezu 100 Bildern und Gravuren ausgestaltet, bis der Eingang einstürzte. Der Zugang befindet sich auf dem Gipfel eines Hügels, von dem man einen herrlichen Rundblick hat. Auf der einen Seite liegt die Atlantikküste, an der Muscheln gesammelt wurden, auf der anderen sieht man die schneebedeckten Berge des Kantabrischen Gebirges, in dem die ersten Menschen Hirsche gejagt haben. Die Bewohner der Höhlen könnten sowohl Neandertaler als auch die ersten Homo sapiens gewesen sein.

»Die ostspanischen Bilder, die ich mir mit mühsamen Klettereien erkämpfen musste, brachten mich geradezu in einen fieberhaften Rausch. Während wir auf einem schmalen Felsband hockten, betupfte der Führer einige Stellen mit einem feuchten Lappen, erst dann traten die Bilder hervor! Man erkannte eine Hirschfährte, im Bogen lief sie über eine Felswölbung und plötzlich war da unter ihr ein Jäger, in der einen Hand den Bogen, in der anderen ein Bündel Pfeile. Er blickt der Spur nach und rennt mit gespreizten Beinen neben ihr hin. Wir tupften und eilten mit ihm über einen kleinen Buckel hinweg, und da stand vor uns der wundervolle Hirsch. Das Tier wurde auf der Flucht von einem Pfeil im Nacken getroffen, aber du spürst, gleich hat ihn der Jäger eingeholt und seine nächsten Pfeile werden ihm den Tod bringen. So aufregend wie im Film, lief all dies vor unseren Augen ab, die Gerichtsszene, die Verschwörung unter den hochgereckten Bögen, die Wildschweinjagd, der Tanz der Männer, das Herbeieilen der Frauen und all die bedeutsamen Vorgänge aus dem Leben unserer Vorfahren.

Man befindet sich in einem steinzeitlichen Jagdzauber, in einer völlig anderen Wirklichkeit.«

Ilse schrieb unter den Bericht: »*Und ich darf alles an seiner Seite miterleben.*« Nirgendwo sonst sind ältere Spuren von menschlicher Kultur gefunden worden, sie entstanden Jahrtausende vor der Kunst in Ägypten, Griechenland, Rom oder Mesopotamien.

Einen Monat nach dieser Reise hielt der Freizeitarchäologe im Empfangsraum der Pelikan-Werke einen gut besuchten Lichtbildervortrag zum Thema: »Symbol und Magie in den Felsbildern der Vorgeschichte«.

Drei Kirchen in Frankreich und die Kathedrale Notre-Dame de Chartres

Bode unterteilte die Kunst in 2000-jährige Perioden und wollte den wechselseitigen Einfluss von Astrologie, Ästhetik und Philosophie in der jeweiligen Epoche belegen. Im Zuge dieses Vorhabens plant er eine Reise zur hochgotischen Kathedrale Notre-Dame im französischen Chartres. Der Bildhauer Auguste Rodin hatte sie die Akropolis von Frankreich genannt, weil von ihr entscheidende kunsthistorische Strömungen ausgingen. Die Aufzeichnungen beginnen in dem Städtchen Mende, das in den Vorbergen der Cevennen liegt. In steilen Serpentinen windet sich dort die Straße hinunter in das Tal der Tarn, an deren Brücke das Ehepaar den Wagen abstellte, um zu Fuß zu der am Hochufer aufragenden Kathedrale von Albi aufzusteigen. Obwohl Toulouse die Hauptstadt des Languedoc ist, war Albi für lange Zeit dessen Mittelpunkt, weil die Manichäer und Katharer hier beheimatet waren. Ihre Religion war streng dualistisch, sie glaubten, dass nur die jenseitige und geistige Welt von Gott geschaffen wäre, während die irdisch-materielle Welt das Produkt eines bösen Prinzips sein sollte. Sie lehnten den Führungsanspruch der katholischen Kirche und des Papstes ab, infolgedessen rief Papst Innozenz III. zum Kreuzzug gegen die Albigenser auf. Sie wurden nach 20-jährigem Kampf vernichtend geschlagen und baten darum, wenigstens die Katholiken im Land zu verschonen. Der Abt soll daraufhin gebrüllt haben: »Schlagt sie alle tot! Der Herr wird die Seinen schon herausfinden.« Aus Angst vor der Rache der Katharer ließ der Bischof Bernhard von Castanet die Zwingburgkirche von Albi erbauen. Hermann setzte sich in eine Kirchenbank und beschrieb das, was er sah:

»Im Innenraum ist das Jüngste Gericht in abschreckenden Bildern dargestellt. Die Guten werden geführt vom Engel, der die Flöte bläst,

während sich die Bösen angstvoll und verzweifelt mit dem Buch ihrer Taten dem Gericht stellen. Der Teufel foltert in der nächsten Szene die Verdammten mit den Werkzeugen der Inquisition.«

Die Reisenden verließen das unerfreuliche Gemäuer und kamen zum Palais de la Berbie, in dem Bilder von Henri de Toulouse-Lautrec ausgestellt waren. Der verkrüppelte Maler war der letzte Spross der Grafen von Toulouse, den Herrschern des Languedoc. Er fand seine Modelle im Pariser Varieté Moulin Rouge und am Montmartre. Bode sah in seinen Bildern

»die Auflehnung des Verkrüppelten gegen sein Schicksal und das Bekenntnis des Adeligen zu den Prostituierten, die dem Einsamen die Zuneigung schenkten, nach der sein Herz sich sehnte.«

Er nutzte die Gelegenheit, ein »*genial realistisches Bild*« von Toulouse-Lautrec zu erwerben.

Von Albi ging die Fahrt weiter nach Norden ins Burgund, das für seinen guten Wein bekannt ist. Hier lebte im 12. Jahrhundert der burgundische Edelmann und Mystiker Bernhard von Clairvaux, der das Kloster Fontenaye begründete. Es lag abgeschieden in einer lieblichen Landschaft und weckte mit seinem verfallenen Mauerwerk und der anmutigen Gliederung des Kreuzganges bei Bode eine starke Sehnsucht nach Gott geweihter Einsamkeit. Das Gefühl verstärkte sich noch, als sie in der Klosterkirche mit Männergesang empfangen wurden, woraufhin sich das Paar still in eine Bank setzte, um die anmutige Gliederung des sakralen Raumes auf sich wirken zu lassen.

In einer ländlichen Herberge fanden die Eheleute ein Zimmer und spazierten gegen Abend Arm in Arm zu einem abgelegenen Restaurant, das im Führer besonders gelobt wurde. Nach dem einfachen aber schmackhaften Abendessen schob Ilse den abgegessenen Teller beiseite und schrieb mit ihrem Stresemann-Füllfederhalter Postkarten an die Kinder. Es gab bestimmte Rituale, die das Ehepaar Bode auf allen Reisen einhielt. So hatte Hermann stets sein eigenes Kopfkissen dabei und Ilse hatte den Auftrag, den Frühstückstisch mit einer weißen Serviette zu decken. Neben den Teller ihres Mannes legte sie dann sein Silberbesteck und ein Sägemesser, das man aus Steinhude mitgebracht hatte. Wie jeden Morgen betrat Hermann in einem hellen Sommeranzug den Raum und grüßte freundlich in die Runde.

Hier im Burgund gab es Kaffee mit Milch in großen Schalen, dazu reichte die Wirtin ein frischgebackenes Baguette, unter dem Tisch pickten die Hühner Brotkrümel auf. Seinem täglichen Frühstücksritual folgend, belegte Bode die eine Hälfte des Weißbrots mit kleingeschnittenem Schinken, während er die andere mit Butter bestrichen zu seinem Sechs-Minuten-Ei aß. Alle Anwesenden sahen ihm dabei zu, wie er mit einem Solinger Sägemesser die Kruste des Brotes krümelfrei aufschnitt und mit einem Perlmuttlöffel das Ei aus der Schale holte. Dann reihte er die Tabletten, die er täglich einnehmen musste, vor sich auf und schluckte sie eine nach der anderen mit dem Milchkaffee, dabei warf er ruckartig den Kopf zurück, während sein Adamsapfel die Schluckbewegung anschaulich begleitete. Zuletzt griff Hermann nach dem knusprigen Croissant und bestrich es mit einem Löffel bitterer Orangenmarmelade, die von seinem Bruder Hugo aus Südafrika kam. Kaum war das Frühstück beendet, packte Ilse die Utensilien in einen geflochtenen Picknickkoffer und bezahlte die Übernachtung, während ihr Chauffeur die Straßenkarte auf der Kühlerhaube des Mercedes studierte. Ausgerüstet mit Sonnenbrillen, beigen Pilotenmützen und farblich passenden Popelinemänteln bestiegen sie alsbald den offenen Wagen und winkten im Wegfahren noch den Wirtsleuten freundlich zu.

Die Reiseroute führte weiter nach Vézelay. Auf der Fahrt erinnerte sich Bode an den Schriftsteller Romain Rolland und dessen Roman »Colas Breugnon«, in dem dieser die malerische Landschaft des Burgund beschrieben hatte. Zu Ilse gewandt meinte er: »Rolland sagt über seine Vorväter: ›Diese verflixten Schwätzer haben zu ihren Lebzeiten noch nicht genug geredet.‹ Dann lässt er einen der Ahnen erzählen, wie die Truppen aus Vézelay die Stadt Clamecy am Ufer des Beuvron belagerten. Als die Bewohner schließlich zermürbt den Zehnten der nächsten Weinernte für ihre Freilassung versprachen, zogen die Belagerer ab.«

Ilse erwiderte: »Es ist sonderbar, das Essen und der Wein schmecken mir nirgendwo so gut wie da, wo sie hergestellt werden. Ich bin dankbar, dass die Franzosen uns freundlich begegnen, obwohl man uns zwei Weltkriege anlastet.« Schneller als erwartet erreichten sie die berühmte Abteikirche von Vézelay. Ilse blickte über die Terrasse in das Tal der Cure und stellte sich vor, wie Bernhard von Clairvaux an dieser Stelle die Kreuzfahrer für die Reise nach Palästina gesegnet hatte. Hermann betrat währenddessen die Kirche und notierte in sein Büchlein:

»Das Tor zum Mittelschiff der Kirche zeigt den Gottessohn, der die Kraft des Heiligen Geistes auf seine Jünger ausstrahlt. Im Tympanon werden die Völker abgebildet, zu dem die Jünger geschickt werden. Die Pygmäen sind so klein, dass sie mit einer Leiter aufs Pferd steigen. Die Panoten haben große Ohren, die wie Flügel ihre Köpfe überragen. Die Kynokephalen aus Indien haben Hundsköpfe und die Äthiopier sind nach der Erzählung aus dem Herodot mit Schweinerüsseln abgebildet. Ebenso lustig sind die Kapitelle im Inneren der Kirche gestaltet. In einer anzüglichen Begebenheit werden ein Jüngling und ein Schwein vom Adler in die Lüfte entführt, darüber reißt sich der Teufel vor Freude die Mundwinkel auseinander. Der Engel des Lichts hat den Engel der Finsternis im Kampf überwunden und bindet seine Hände. Das ist persisches Gedankengut und zeigt, wie stark der Einfluss der Manichäer und der Gnosis auf das Christentum waren.«

Durch das Tal der Cure lenkte Hermann das Cabrio in Richtung Nordwesten in die große Ebene der Beauce, einer der Kornkammern Frankreichs. Schon von Weitem konnte man den »Garde champêtre«, den Turm der Kathedrale von Chartres sehen. Wegen der sommerlichen Hitze parkte er den Wagen in einer schattigen Nebenstraße. In ihren weißen Leinenanzügen, die Ferngläser und eine schwere Fototasche umgehängt, marschierte das Paar zielstrebig über den großen Kiesplatz auf den Dom zu, der ihnen mit zwei unterschiedlichen Türmen und seinem eindrucksvollen Westportal gegenüberstand. Hermann sagte: »Die Kathedrale wächst von vielen menschlichen Händen geformt aus der Erde heraus zu den Sternen, um die Urmonade Gott zu verehren. ›Ich bin das Licht der Welt‹, sagt Jesus bei Johannes 8, Vers 12 und die Gotiker huldigten diesem Lichtgott. Notre-Dame wurde nicht in nordwestlicher Richtung erbaut, die Astrologen berechneten einen Standort von 48 Grad 54 Minuten Nordost. Die verwendeten Maße wurden als geistige Symbole verstanden und hatten einen Bezug zur antiken Astronomie.«

Die Skulpturen des dreiteiligen westlichen Königsportals entstanden in der Zeit um 1145. Gut vorbereitet erklärte Bode seiner Frau die besonderen Merkmale jeder einzelnen Figur. Im rechten Portal war die Menschwerdung Christi mit Maria auf dem Thron der Weisheit zu sehen. Darüber spannten sich zwei Bögen mit Bildstreifen, die man nur mit dem Fernglas genauer betrachten konnte. Er deutete auf einen kleinen Mann mit Tintenfass und Feder: »Ilse, sieh mal, das sind die Darstellungen von Pythagoras, Aristoteles und Donat. Die Figur über Aristoteles soll die Dialektik darstellen, als Verweis auf die *artes liberales*, die freien Künste. In Griechenland galt als freier Mann, wer nicht zum Broterwerb arbeiten musste, seiner würdig waren nur solche Beschäftigungen, die zur Erkenntnis der höchsten Weisheit führten.«

Ilse wollte wissen: »Waren die freien Künste Malerei und Bildhauerei?«

Hermann erwiderte: »Nein, nein, zum antiken Bildungskanon gehörten sieben Fächer, die Grammatik, Rhetorik und Dialektik, dazu kamen die Arithmetik, Geometrie, Musik und Astronomie.«

Flankiert von zwei Engeln hielt Maria das Kind auf dem Schoß. Die Tür darunter diente den »Chartrains« als Eingang. Im Mittelportal war Christus als Richter des Jüngsten Gerichts abgebildet, umgeben von den Evangelisten. Das linke Portal zeigte die Himmelfahrt Christi, begleitet von zwei Engeln.

Das Ehepaar ging um den Turm aus dem 16. Jahrhundert herum, um auf der Nordseite der Kathedrale die Schöpfungsgeschichte zu betrachten. Bode bemerkte, dass Christus mit dem Heiligenschein, dem Kennzeichen der christlichen Mystik, dargestellt war, während Gott Vater, als Schöpfer von Licht und Finsternis, eine phygische Königsmütze auf dem Kopf hatte. Die Skulptur erinnerte ihn an das Haupt des Göttervaters Jupiter-Zeus aus Nemrut Dag, demzufolge stellte er die These auf, dass der den Männern vorbehaltene Mithraskult aus Persien mit den römischen Legionären über Nemrut Dag in der Türkei nach Frankreich gebracht wurde. Der persische Gott Mithras war stets mit einer phrygischen Mütze abgebildet. So kamen vermutlich auch die Abbilder der Manichäer aus Persien in die Kirche von Albi und der Kampf zwischen den Engeln des Lichts und der Finsternis an die Kapitelle der Kirche von Vézelay. In seinen Reiseaufzeichnungen steht:

»Es liegt nahe, dass Jupiter und Jehova aus gleichen Sprachstämmen entwickelt wurden. Der Name Jehova hatte weltweite Geltung, wie wir 700 Jahre vor Christus an dem 14. Spruch von Laudsi erkennen können:

Du schaust nach Ihm und siehst ihn nicht.
Sein Name ist Jî. (Das heißt weit ausgespannt)
Du horchst nach Ihm und hörst ihn nicht.
Sein Name ist Hî. (Das heißt allüberall)
Du greifst nach Ihm und fasst ihn nicht.
Sein Name ist Wê. (Das heißt verborgen)
Unerforschlich sind diese Drei
und unzertrennlich eins. (Jî – Hî – Wê) JEHOWA

Ein starker Wind, der Blütenstaub und Kehricht vor sich hertrieb, führte dazu, dass das Paar zum Westportal zurückkehrte. Hermann zog die schwere Eichentür auf, um seiner Frau den Vortritt zu lassen. Aus der blendenden Helligkeit des Sommertages traten sie in einen kühlen dunklen Raum, der nach Weihrauch duftete. Durch das Weglassen der Empore erhielt das 36 Meter hohe Kirchenschiff eine von der Erde zum Himmel aufstrebende lineare Flächigkeit. Die Wände waren geschwärzt vom Kerzenrauch und die farbigen Bleiglasfenster erzeugten eine dämmrige Atmosphäre. Die in sich leuchtenden Farben der einzelnen Glaselemente demonstrierten auf eindrückliche Weise den Zusammenhang von Farbe und Licht, ihre Herstellung war ein Werk der Alchemie. Bode spürte das Numinose, das dieser Sakralbau ausstrahlte. Eine zarte bläuliche Weihrauchwolke hing in der Leere des Raumes und die Wände schimmerten in einem zerfließenden Farbteppich aus blauen und roten Reflexen. Die Gegensätze von Licht und Dunkelheit und das transzendente Spannungsverhältnis zwischen Licht und Schatten fanden hier ihre räumliche Entsprechung. Das Paar schlich sich leise aus der Kirche und Ilse deutete auf den langen Schatten ihres Mannes: »Schau mal, da bist du zweidimensional!«

Hermann drehte sich um und sagte: »Ja, der Schatten ist die Abstraktion von Licht.«

Im Weiteren fuhren sie zu einem kleinen Hotel, das sie vorbestellt hatten. Wie erwartet, saß Cousine Uli bereits wartend im Restaurant, in dem sie zu dritt ein mehrgängiges Abendessen verspeisten. Nach dem Frühstück liefen die drei weiß gekleideten Deutschen auf Notre-Dame zu, während ein warmer Wind den Staub in Wirbeln über den Platz fegte. Durch die Lüfte jagten Turmfalken und auf den Treppenstufen der Kirche pickten gurrende Tauben, denen Ilse ein paar Krümel von ihrem Frühstücksbrötchen hinwarf, während ihr Mann hinter dem Bauwerk verschwand, um Fotos vom Jüngsten Gericht zu machen. Vom Turm war eine klangvolle Stundenglocke zu hören. Ilse in einem weißen Hosenanzug sah sich unvermittelt von einem schwarz gekleideten Franzosen angesprochen. Er erklärte ihr, dass die Tauben ein Problem für das gotische Bauwerk wären, woraufhin sie beschämt den Rest der Semmel in der Tasche verschwinden ließ. Die Frauen betraten den Dom und entdeckten ein verschlungenes Labyrinth, das in den Kirchenboden eingelassen war. Hermann fand seine Begleitung in Betrachtung der Einlegearbeit und erklärte mit leiser Stimme: »Das erste Labyrinth befand sich vermutlich im Tempel von Knossos, in dem die Kreter entsprechend der Daedalussage den Minotaurus gefangen hielten, aber ihr erinnert euch auch an Ariadne auf Naxos, die mithilfe eines Fadens den Rückweg aus dem Labyrinth finden wollte. In der christlichen Kirche symbolisiert der verschlungene Pfad die Pilgerfahrt nach Jerusalem, auf der die Seele zur Erlösung finden soll. Kommt, ich möchte euch noch etwas anderes zeigen.« Vor einer schrägen Bodenplatte machte er Halt und deutete auf eine Aussparung im farbigen Fensterglas: »Die Astronomen haben es so eingerichtet, dass am 21. Juni zwischen 12:45 und 12:55 durch ein bestimmtes Loch im Glasfenster das Licht auf diesen Messingknopf hier am Boden trifft. Das Ganze ist eine Demonstration astronomischen Wissens, um die schöpferische Urmonade Licht zu verherrlichen.«

Die Schriften der scholastischen Kathedral- und Klosterschule hatte Bode im Vorfeld bereits studiert, die Gelehrten pflegten das platonische Gedankengut und versuchten in der Kosmologie platonische und biblische Vorstellungen in Übereinstimmung zu bringen. Man stellte sich die Frage, woher das Wissen kam. Bernhard von Chartres war berühmt für seinen Ausspruch, dass er und seine Zeitgenossen Zwerge wären, die auf den Schultern von Riesen (den antiken Gelehrten) säßen und diese dadurch an Weitblick überragten, obwohl ihre Eigenleistung vergleichsweise gering war.

Ilse meinte: »Dieses Bauwerk ist faszinierend«, und ihr Mann setzte hinzu: »Schon für die Druiden war dies ein Ort religiöser Verehrung. Bei Ausgrabungen fand man in der Krypta einen keltischen Brunnen, darüber entstanden im Laufe der Jahrhunderte mehrere Sakralbauten, die abgebrannt und wieder aufgebaut wurden. Das jetzige Kirchenschiff ist so hoch, wie der Brunnen in der Krypta tief ist. Es waren die Tempelritter, die das Wissen für die gotischen Kathedralen aus dem Heiligen Land mitbrachten. Nachdem sie im 14. Jahrhundert hingerichtet wurden, verschwand mit ihnen die Gotik.«

Ilse wunderte sich: »An der Fassade verbinden sich die Skulpturen mit der Architektur, während es im Innenraum keine Heiligenfiguren gibt?«

Hermann sagte mit gedämpfter Stimme: »Um 717 nach Christus zerstörte Kaiser Leo III. die ersten Ikonen, das göttliche Wesen durfte nicht in Bildern eingefangen werden. Die Darstellung Gottes war im sogenannten ›Bilderstreit‹, ein Jahrhundert lang verboten, erschwerend kam hinzu, dass die heidnischen Griechen ihre Götter in Form von Statuen verehrt hatten. Erstmals seit der Romanik entstanden in Chartres bildliche Darstellungen von Christus, nur der Mensch gewordene Gott durfte abgebildet werden, deshalb haben die Bildhauer Gottvater mit einer phrygischen Mütze dargestellt.«

Eine ganze Woche studierte Bode jedes Detail des Sakralbaus. Ilse hatte ihm ein Teleobjektiv zu seiner Kamera geschenkt, mit dem er jeden Wasserspeier am Rand des Daches vergrößert aufnehmen konnte. Diese Gargoyles sollten das Bauwerk vor dem Bösen, dem Teufel und seinen Dämonen beschützen. Sie hatten dämonische Gesichter und spuckten ihren Abwehrzauber in hohem Bogen in die Gegend, sodass kein Regenwasser in die Fundamente der Kirche eindringen konnte. In einem Büchlein fasste Bode seine Eindrücke zusammen und endet:

»Die Erbauer von Chartres haben Hinweise auf andere Religionen, die vor dem Christentum die Welt beherrschten, in das Bauwerk eingefügt. Wir müssen uns ein neues Wissen schaffen, das zur Weltanschauung wird, denn keine Wahrheit stirbt, ohne sich in leuchtender Überzeugungskraft zu erneuern, das kann uns Chartres lehren.«

Der Diavortrag zu dieser Reise fand in der Pelikan-Fabrik statt. Manche Besucher folgten der Einladung nur deshalb, weil sie darauf hofften, Mary Wigmann zu treffen. Ilse sorgte für einen guten Wein, belegte Brötchen und gute Stimmung. Die Luft in dem abgedunkelten Raum war schnell verbraucht, während Bode mit sonorer Stimme und mithilfe eines kleinen Lichtpfeils seine Bilder und Diagramme erklärte und zu keinem Ende fand. Einigen Zuhörern fielen bereits die Augen zu, mit hängenden Köpfen saßen sie auf den gut gepolsterten Stühlen, nur das Klicken des Diarotors unterbrach den gleichförmigen Redefluss. Der Vortragende ließ sich nicht beirren und hielt sein Referat bis zur Konklusion, in der er den Zusammenhang von Kunst und Astrologie erklärte. Als unvermittelt die Deckenbeleuchtung angeknipst wurde, erwachten die Schläfer und niemand hatte Lust, eine Frage zu stellen. Die Gäste ergriffen schlaftrunken ihre Mäntel und drängten durch das Jugendstilportal hinaus in die frostkalte Nacht.

Die documenta in Kassel
1955

Am 15. Juli 1955 wurde die erste documenta als Beiprogramm der Bundesgartenschau eröffnet. In Kassel trafen sich die Bodes mit Maria, deren Firma an der Gartengestaltung beteiligt war, zudem wollte man Bekannten aus der Kestner Gesellschaft treffen. Initiator der Kunstausstellung war der Kunsterzieher Arnold Bode, der die Kunstakademie in Kassel mitbegründet hatte und »die Wurzeln des gegenwärtigen Kunstschaffens auf allen Gebieten sichtbar machen wollte«. Die Stadt war durch alliierte Bomben nahezu restlos zerstört worden, zehn Jahre später sollte nun für 100 Tage ein internationales Publikum die Kunst der europäischen Moderne, insbesondere die »Entarteten«, neu entdecken können. Das Fridericianum war vom Krieg schwer beschädigt, deshalb zogen die Aussteller behelfsmäßig Wände ein, um genügend Hängeflächen zu bekommen. Diese Notlösung, das Improvisierte und der Werkstattcharakter wurden in den nachfolgenden Jahrzehnten ein Vorbild für viele zeitgenössische Ausstellungen. Dorners Idee einer Erlebniswelt setzte sich im Museumsbetrieb durch.

Das Ehepaar bewegte sich langsam von Bild zu Bild, hier konnte es nach 14 Jahren zum ersten Mal die Geistesentwicklung der Moderne in einer weltläufigen Zusammenfassung überblicken. Werner Haftmann schrieb im Katalog:

> *»Was brachte die revolutionäre Veränderung der Kunst in Gang? Die Einsicht war, dass die gegenständliche Welt gar nicht so fraglos existiere, dass sich erst hinter ihrer Erscheinung das Reich größerer Erkenntnis erschlösse, dass sie sich allein schon durch die Art des Betrachters und die Weise des Betrachtens in oft unerwarteter Weise definierte.«*

In diesem Bewusstsein entstanden die rein bildnerischen Mittel, die Kraft einer Linie, die Energie einer Farbe, die Rhythmik von Formen, die Proportion einer Fläche, die Emotion des persönlichen Ausdrucks. Diese Erkenntnisse der Moderne waren lange Zeit in den Hintergrund gedrängt worden, bei der ersten documenta waren sie tonangebend. Die zu dieser Zeit entstehende Nachkriegskunst war nicht zusehen, man war damit beschäftigt, das innerhalb von 14 Jahren Versäumte nachzuholen.

Um in der Ruine des Fridericianums die Malerei zeigen zu können, wurden Heraklitplatten auf die zerbröckelten Ziegelwände geschraubt und anschließend weiß getüncht. Heraklit war ein aus Holzwolle gepresster Dämmstoff, dementsprechend provisorisch wirkte der Hintergrund, auf dem sich die Werke behaupten mussten. Es gab 16 Improvisationen und abstrakte Kompositionen von Wassily Kandinsky als Leihgaben seiner Frau Nina. Vor dem *Entwurf zu Komposition 7* verweilte Bode lange Zeit. Das 78 x 100 cm große abstrakte Ölbild entwickelte eine feingliedrige Dynamik und war mit zahlreichen Übermalungen vielschichtig aufgebaut. Er sagte zu Ilse: »Dieses Bild ist malerischer als mein Bild von Kandinsky. In der Bewegung von links unten nach rechts oben gleichen sie einander.«

Wie alte Verwandte begrüßte das Paar drei Collagen von Kurt Schwitters und verglich sie mit ihren eigenen. Sie bemerkten, dass sich die Papierarbeiten wegen ihrer Eigenart besser behaupten konnten als die repräsentativen Ölbilder des Künstlers. Vor den Leinwänden von Ernst Ludwig Kirchner und Otto Müller blieb Hermann lange stehen und dachte wehmütig an die Reise nach Dresden, bei der er mit Mary und seinen Brüdern die »Brücke«-Maler in einem Fleischerladen entdeckt hatte. Eine Bekannte aus Hannover stellte sich neben ihn und sagte: »Die »Brücke«-Maler haben Aktbilder von kleinen Mädchen gemacht, das finde ich unmoralisch.«

Der Angesprochene reagierte nicht und ging weiter zu einem Bild von Giorgio Morandi, von dem er introvertierte Flaschenarrangements in matten Blau- und Grautönen kannte. Auf dem hier gezeigten *Metaphysischen Stillleben* war eine Art Bühne zu sehen, vor der sich eine Flasche und eine Halbfigur begegneten. Im Malstil der Pittura Metafisica, bei dem das Übersinnliche oder Geistige bildnerisch erfasst werden sollte, hatte Morandi einen halbierten schwarzen Kopf in den Vordergrund der surrealen Szene gesetzt. Die Komposition wies auf eine geheimnisvolle Wirklichkeit hin, die sich hinter den sichtbaren

Dingen zu verbergen schien. Während ihr Mann die stille Szene auf sich wirken ließ, interessierte sich Ilse für ein Stillleben von Henry Matisse, auf dem eine blau geblümte Decke neben einer Geranie platziert war, im Hintergrund sah man einen abgeschnittenen Akt vor einer blauen Wand. Das ganze Arrangement durchwehte ein französisches Flair, das sie augenblicklich von Kassel nach Südfrankreich versetzte. Ilse sagte: »Dieses Bild verströmt den Duft von Lavendel, kann man einen Duft sehen?«

Bode nickte: »Ja, das nennt man Synästhesie. Der Sinnesreiz deiner Augen löst eine zusätzliche Wahrnehmung in deiner Nase aus. Bei Gefühlssynästhesien werden Emotionen ausgelöst, deshalb können manche Menschen bei bestimmten Tönen zusätzlich Farben sehen. Deine Enkelkinder sagen, wenn sie dein Parfüm riechen, dann imaginieren sie den visuellen Eindruck von Steinhude.«

Ilse grinste: »Man hat also keinen Dachschaden, wenn man in einem Konzert Farben sieht, man spricht ja auch von Klangfarben?«

»Nein, etwa 4 % der Bevölkerung haben eine angeborene Synästhesie. Mich würde interessieren, ob die farbliche Aura eines Menschen nur von Synästheten gesehen werden kann.«

Gegen Mittag suchten Hermann, Ilse und Maria ein Restaurant auf, in dem sie mit Hannoveranern verabredet waren. Maria, die eine starke Raucherin war, erzählte von dem Treffen, das sie dazu veranlasst hatte, das Rauchen aufzugeben. Als die drei den Gastraum betraten, schlug ihnen abgestandene Luft entgegen, die nach Essen, Zigarettenrauch und menschlichen Ausdünstungen roch. Bodes Brillengläser waren sofort beschlagen, er sah den Schauplatz des Geschehens wie im Nebel und blieb verunsichert stehen. Einige Bekannte hatten sich um einen großen Tisch versammelt, lebhaft sprachen sie über die Exponate der Ausstellung und wiesen sich gegenseitig auf Sehenswertes hin. Eine Flasche Rotwein machte die Runde und während die einen aßen, rauchten die anderen ganz ungeniert und bliesen den Rauch über die Kuchenteller oder zerdrückten ihre Kippen in einem übervollen Aschenbecher. Ein Paar verließ den Raum, daraufhin konnten die neu Hinzugekommenen am Kopfende des Tisches Platz nehmen, um Kaffee und Kuchen zu bestellen. Die Kellnerin schob lärmend die schmutzigen Teller beiseite, wischte mit einem nassen Feudel über den Tisch und brachte das in eine Papierserviette eingewickelte Besteck.

Die feuchte Tischplatte verströmte den Geruch von fauligen Kartoffeln. Hermann wollte sich nicht beschweren, aber sein verschlossener Gesichtsausdruck und der zugekniffene Mund zeigten sein Unbehagen an der unkultivierten Nahrungsaufnahme. Seit Kurzem hatte er ein Hörgerät und konnte es nur schwer ertragen, wenn viele Menschen lautstark durcheinandersprachen. Als die Kellnerin den Kuchen servierte, steckte ihr Daumen in der Sahne und der Kaffee war in die Untertasse geschwappt. Der Ästhet wischte das Besteck mit seinem blütenweißen Taschentuch ab und wünschte guten Appetit in die Runde. Kaum hatte Ilse ihren Teller geleert, verließ sie den Gastraum und bezahlte in aller Heimlichkeit die Rechnung der ganzen Gesellschaft. Sie half ihrem Mann beim Aufstehen, dann hakten die beiden Frauen den 73-Jährigen rechts und links unter und machten einen Hopser, um sich seinen Schritten anzupassen. Mit aufmunternden Worten manövrierten sie ihn durch die Menschenmenge zurück zu den Bildern, die den Ausdruck von geistiger Anteilnahme in sein Gesicht zu zaubern vermochten.

Aus der Serie der »Ungemalten Bilder« von Emil Nolde waren drei eindrucksvolle Menschenbilder in leuchtenden Farben zu sehen. Der Sammler war von der dynamischen Malweise tief berührt, weil die befreite Farbigkeit erstaunliche Wesenszüge auszudrücken vermochte. Die zurückgelassenen Freunde betraten den Saal und bedankten sich bei Ilse für die großzügige Einladung. Die kleine Gruppe stand diskutierend vor den Bildern von Pablo Picasso, für dessen flächige Malerei sich nicht alle Umstehenden uneingeschränkt erwärmen konnten. Hermann, nach seiner Meinung gefragt, sagte: »Picassos Guernica hinterlässt einen bleibenden Eindruck. Er hat wundersame Bilder von weinenden Frauen gemalt, in denen durch verzerrte Gesichter und zerknüllte Taschentücher vollkommen irrationale Gefühle sichtbar gemacht werden.«

Die ausgestellten Skulpturen berührten den Sammler in besonderer Weise. Nach den heroischen Menschenbildern der NS-Zeit waren hier erstmals abstrahierte Bildhauerarbeiten versammelt. Die Absage an die Figuration demonstrierte eine klare Abgrenzung zur ideologisch geprägten Kunst. Von Hans Arp war die konkrete Granit-Skulptur *Mirr* ausgestellt. Die Konkrete Kunst wollte mit geometrischen Konstruktionen eine geistige Ordnung materialisieren. Man spürte die Seelenverwandtschaft mit Brancusi der die *Form an sich*, von allem erklärenden Beiwerk befreit hatte, sodass nur noch ein Körper im Raum übrig blieb. Als Vertreter der Konkreten Malerei waren Max Bill, Piet Mondrian und Theo van Doesburg mit ihren konstruierten Bildern zu sehen, außerdem Sophie Taeuber-Arp, mit der sich Mary auf dem Monte Verita angefreundet hatte. Von der Decke der Halle hing das Mobile *Ein Gong als Mond* des US-Amerikaners Alexander Calder. Bode sah in der Loslösung der Skulptur vom Boden eine Parallele zu den Luftschiffen, die ebenso lautlos schwebend abstrakte Schatten auf den Boden warfen. Eine Acrylglasskulptur von Naum Gabo mit dem Titel *Lineare Konstruktion im Raum N2* erinnerte ihn an seine zerbrochene Skulptur des gleichen Künstlers. Wie eine feine Qualle schwebte das aus durchsichtigen Fäden geformte Gebilde im Raum.

Bei einem grazilen Pferd mit nacktem Reiter von Marino Marini war die Verbindung der beiden Lebewesen in eine anrührend schlichte Form gegossen. Der Sammler verweilte lange vor dieser Bronze, die ihm, dem Reiter, so viel zu erzählen vermochte und seine Sammlerleidenschaft, das Habenwollen, in ihm entfachte. Andere Arbeiten erinnerten ihn an afrikanische Schnitzereien, umso erstaunter stand er plötzlich vor dem Kopf von Ernst Buschor, der in Bronze gegossen wie ein in Griechenland ausgegrabener Fund ausgestellt war. Im Flur entdeckten die Bodes die *Knieende* von Wilhelm Lehmbruck. Diese Skulptur wurde 1942 auf Hitlers Befehl aus der Berliner Nationalgalerie hinausgeworfen und tauchte in der Ausstellung der »Entarteten« wieder auf. Nun wirkte die bescheidene Bronze einer in sich versunkenen Frau mit leicht geneigten Kopf und manieriert überlängten Gliedmaßen wie ein stilles, in sich gekehrtes Sinnbild der Nachdenklichkeit.

Um die Auswirkung der Kunst auf die Architektur zu zeigen, waren große Schwarz-Weiß-Fotos der Bauwerke von Walter Gropius, Frank Lloyd Wright, Mies van der Rohe, Alvar Aalto und Le Corbusier zu sehen. In Amerika hatte sich die Leichtigkeit und Transparenz der Bauhausarchitektur durchgesetzt, ihr Einfluss zeigte sich insbesondere bei der Hochhausarchitektur, während Hitlers Monumentalbauten in Trümmern lagen. Der Katalogtext wies darauf hin, dass das Bauen von alters her zu den bildenden Künsten zählte. Die Wechselwirkung zwischen Architektur, Malerei und Plastik sollte als Lichtbild veranschaulicht und dokumentiert werden. Darüber, ob die Fotografie als eigenständige Kunstrichtung anerkannt werden sollte, wurde kontrovers diskutiert.

Arnold Bode wollte alle Wege für die zukünftige Kunstentwicklung freihalten, seine documenta hatte einen erzieherischen Kulturauftrag, infolgedessen zeigte er keine Exponate von Günstlingen der Nazis. W. Haftmann schrieb:

> *»Aus der riesigen Zahl der Maler, die sich von den neuen Ideen fern hielten, konnte n i c h t e i n E i n z i g e r in den europäischen Blickkreis treten. Dort, wo sogar ganze Nationen durch Befehl ihrer politischen Klans aus dieser geistigen Kontinuität heraustraten, wie in Russland seit 1921 und in Deutschland seit 1933, konnte trotz größter Förderung und Auftragserteilung, nicht ein einziges erinnerungswürdiges Werk entstehen.«*

Im Vergleich zu den Ausstellungen der letzten Jahre war auffallend, wie unkonventionell, farbenfroh und experimentell die Arbeiten waren. Hermann las laut die Liste der Leihgeber vor, von denen er viele persönlich kannte. Da standen die Namen von Bernhard Sprengel und Werner Bahlsen aus Hannover neben dem von Henry Kahnweiler oder Nina Kandinsky aus Paris. Der Schriftsteller Gottfried Benn hatte Bilder in die Ausstellung gegeben, ebenso wie die Großindustriellen Bürgi aus Bern, Reemtsma aus Hamburg und Rothschild aus New York. Sie waren wie die Medici im Mittelalter die einflussreichen Kunstmäzene der Neuzeit und konnten mit ihrem Geld kaufen, was ihnen authentisch erschien und deshalb einen besonderen Wert hatte. Ihre Auswahl wurde durch die Ankäufe internationaler Museen bestätigt und geadelt. Bode freute sich darüber, dass ausgehend von der Kestner Gesellschaft die Relevanz einer Abstrakten Kunst in seiner Heimatstadt Hannover erkannt wurde und er selbst ein Teil der treibenden Kraft gewesen war. Kunst benötigt den Betrachter, wenn sie nicht gesehen wird, kann sie ihre Wirkung nicht entfalten.

»Kunst des XX. Jahrhunderts« war der Titel dieser Präsentation, bei der der Sammler Arbeiten entdeckte, die ihm in seiner Sammlung fehlten. Er wünschte sich eine Skulptur von Marino Marini und ein Bild von Franz Marc. In einem Briefwechsel mit Maria Marc bemühte er sich Monate lang erfolglos darum, die Witwe zu einem Verkauf zu bewegen. Er selbst wollte seine Bilder nur ungern verleihen, weil er die

Erfahrung gemacht hatte, dass seine Lieblinge häufig beschädigt zurückkamen. Die documenta war eine Bestätigung seiner Sammlung, es war allein sein Verdienst, die richtige Kunst zur richtigen Zeit gekauft zu haben, für ihn zählte einzig die Erkenntnis.

Wieder in Steinhude angekommen, fühlte sich Hermann antriebslos und müde. Ilse war bei Verwandten der Beindorffs eingeladen, an deren Konversation er nicht interessiert war. Beim Frühstück versuchte er vergeblich, seine Frau davon zu überzeugen, dass sie ihm zuliebe zu Hause bleiben sollte. Bode lief hinter der Koffer packenden Ilse her und redete auf sie ein, dabei schreckte er nicht davor zurück, ihre Verwandten als unergiebig zu bezeichnen. Um sich dem Druck zu entziehen, verschwand sie unauffällig durch den Dienstbotenausgang in Richtung Garage, aus der das leise Surren des Motors ihre Abfahrt signalisierte. Von seiner Frau schnöde zurückgelassen, wusste der Hausherr nichts mit sich anzufangen. Er wollte keine Rechnungen bezahlen, keine Musik hören und es kam ihm schon gar nicht in den Sinn, die Zeit mit einem albernen Fernsehfilm totzuschlagen. Das Steinhuder Meer lag farblos grau vor dem Fenster, einige Möwen saßen auf der Abdeckung des Motorbootes, andere kreisten mit heiserem Schrei darüber und ließen ihren Kot auf die Persenning fallen. Eine Bachstelze hüpfte über den Steg und ein Haubentaucher verschwand von der Bildfläche. Es war kalt und auf dem Wasserspiegel erzeugten die Regentropfen konzentrische Kreise. Das Wasser sammelte sich in den Blüten der weißen Rosen, schwer neigten sie sich bis zum Boden. Die Haushälterin hatte ihren freien Tag und das unbelebte Haus war durchdrungen von einer Stille, in der alle Dinge wie erloschen wirkten. Eine surrende Fliege schlug immer wieder gegen die Fensterscheibe, sie wirkte wie die Übersetzung seiner Gedanken. Noch unschlüssig, was er als Nächstes anfangen würde, zog sich Bode einen Trenchcoat über und ging zur Garage, in der es angenehm warm war und nach Benzin roch. Er setzte sich in seinen Silberpfeil, legte den Rückwärtsgang ein und rollte aus der dunklen Remise. Die Bewegung des Wagens tat ihm gut, er fuhr langsam durch die Schlaglöcher und dachte bei sich: »Wir müssen den Weg reparieren lassen, bevor es Winter wird.« Aus dem halb geöffneten Fenster winkte er Erkengard zu, die im gelben Ölzeug auf ihrem alten Fahrrad in Richtung Dorfzentrum unterwegs war. An ihrer Lenkstange baumelten die Einkaufstaschen.

Nach dem Scheunenviertel bog Bode in die Landstraße Richtung Wunstorf ein. Er trat aufs Gaspedal, beschleunigte den Wagen auf 80 km / h und fuhr über eine Mistgabel, die kurz zuvor von einem Heuwagen gerutscht war. Ein Reifen platzte, der Wagen überschlug sich und landete in einem Kartoffelacker. Es dauerte einige Zeit, bis Hermann zu sich kam. Ohne zu überlegen, stieß er die zerbeulte Autotüre auf und versank mit seinen hellgrauen Slippern in tiefgründiger Erde. Aus einer aufgeplatzten Augenbraue lief ihm das Blut ins Auge und seine Brille war verschwunden. Ein Bauer sah den erdverschmierten Silberpfeil mit eingeschlagenem Verdeck im Acker liegen und rief die Feuerwehr an, die den verwirrten Mann mit Sirenengeheul ins nächste Krankenhaus brachte. Der 75-Jährige hatte Prellungen am ganzen Körper und Abschürfungen im Gesicht. In der Notaufnahme wurde er gründlich untersucht und in den Röntgenapparat geschoben. Zum Glück fand man keine Knochenbrüche. Ein Arzt nähte die klaffende Augenbraue und verpasste ihm wegen des Schleudertraumas eine steife Halskrause. Sicherheitshalber behielt man den Patienten zwei weitere Tage in der Klinik, bevor ihn Ilse abholen konnte.

Zurück in Steinhude fand der beinahe zu Tode Gekommene einen Haufen ungelesener Post auf seinem Schreibtisch. Ein Brief kam von Lydia, die mitteilte, dass Alexander Dorner in Neapel gestorben war und in Hannover beerdigt werden sollte. Betroffen hielt Bode inne und dachte an das Gesicht mit der großen Narbe, das er nie wieder sehen würde. Ein Anruf riss ihn aus seiner Trauer, der ADAC hatte den Silberpfeil in eine Werkstatt geschleppt, in der man feststellte, dass der Wagen irreparabel beschädigt war. Die Polizei verlangte, dass der betagte Fahrer des Unfallwagens sowohl die theoretische als auch die praktische Fahrprüfung wiederholen sollte. Die schriftliche Prüfung bestand Bode fehlerfrei, auch die Testfahrt verlief in seinem nagelneuen hellblauen Mercedes 220 SE Cabrio ohne jede Beanstandung.

Die Düsseldorfer Kunstszene 1961

Nach ihrer Ausbildung zur Gartenarchitektin investierte Maria ihren Erbteil an Bodes Praxis in ein Planungsbüro, das sie gemeinsam mit dem Kollegen Roland Weber in Düsseldorf betrieb. Wenn der Vater zu Besuch kam, dachte sich Maria eine Überraschung für ihn aus. Sie gingen gemeinsam ins Theater, in die Oper oder besuchten ein Museum. 1961 plante sie eine Besichtigung der Akademie und wollte mit ihm in die Galerie Schmela gehen, in der die Künstlergruppe ZERO ausstellte. Zur Eröffnung gab es ein Fest, bei dem Uecker die Straße vor den Galerieräumen mit weißer Farbe bemalte, um *eine Leerstelle zu schaffen außerhalb der sich immer mehr verhärtenden Mechanismen und Ordnungsprinzipien.* Diese Aktion ärgerte Josef Beuys, deshalb kippte er Ueckers Badewanne mit weißer Farbe einfach auf die Straße. Als die Bodes aus dem Auto stiegen und Hermann die weiße Schmieralie sah, sagte er angewidert: »Narrenhände verschmieren Tisch und Wände.«

Die Fassade der Galerie war mit rohen Brettern vernagelt, auf denen in großen Lettern ZERO geschrieben stand. Alfred Schmela, ein stattlicher Mann mit Bart, begrüßte die Gartenarchitektin und ihren Begleiter. Interessiert erkundigte er sich, welche Projekte das Büro gerade in Bearbeitung hatte und Maria sagte ihm, dass sie die großen Bäume an der Außenanlage der Horten-Hauptverwaltung pflanzten und bei der Bundesgartenschau in Essen einen Hausgarten anlegen würden. Man vereinbarte einen Besichtigungstermin, bei dem der Galerist eine Skulptur platzieren wollte. Der Vater betrachtete währenddessen die verbrannten Bilder von Otto Pine, Nagelbilder von Günther Uecker und gepressten Metallfolien von Heinz Mack. Schmela sagte, dass er junger, noch unbekannter Kunst ein Forum biete und die Künstler von ZERO, die Kunst auf ihren Nullpunkt, auf das Nichts reduzierten. In seiner Galerie hatten sie den Franzosen Yves Klein und seine einfarbig blauen Bilder kennengelernt, was zur aktuellen Ausstellung den Anstoß gegeben hatte. Bode meinte: »Über Yves Klein habe ich gelesen, dass er den blauen Himmel als sein persönliches Kunstwerk signiert.«

Schmela nickte: »Yves Klein provoziert immer wieder das Publikum. Er hat in Mailand elf Leinwände ausgestellt, die alle einfarbig mit Ultramarinblau bemalt waren, aber jedes Bild hatte einen anderen Preis. Die Bilder waren alle gleich groß, der Preisunterschied war rational nicht zu begründen, der Künstler wollte vielmehr begreiflich machen, dass in der Kunst nur die Wirkung auf den Betrachter zählt.« Der Sammler dachte über das Gehörte nach und behielt seine Meinung für sich.

Maria las aus dem Katalog vor: »Zero ist die Stille. Zero ist der Anfang. Zero ist rund. Zero dreht sich. Zero ist der Mond. Die Sonne ist Zero. Zero ist weiß … Zero ist Zero.«

Der Vater unterbrach sie: »Es geht offenbar um einen Purismus, der um den Nullpunkt kreist. Ich bin bemüht, den enormen Anspruch in den ausgestellten Werken wiederzufinden.«

Der Galerist erklärte: »Wenn man die Kunst in die totale Freiheit entlässt, dann tritt an die Stelle der Tradition das Experiment, das zum Nachdenken anregt.«

Maria fand verbindliche Worte zum Abschied und wünschte viel Erfolg für die Ausstellung, während Bode die Autotüre aufhielt und sagte: »Tut mir leid, aber mit dieser Kunst kann ich nichts anfangen.«

Beim Abendessen wollte er von seiner Tochter hören, wie sich die Zusammenarbeit mit Roland Weber anließ. Maria sah den Vater an, schwieg eine Weile, dann beschwerte sie sich: »Ich wäre dir dankbar, wenn du mit Weber sprichst. Er überlässt mir die Plackerei mit den Pflanzungen, also die schwere Arbeit bei Regen und Kälte im Freien. Er selbst sitzt lieber am Planungstisch, Fräulein Bode wird die Bäume schon rechtzeitig in die Erde bekommen, da verlässt er sich ganz auf mein Pflichtbewusstsein. Manchmal fühle ich mich nicht ausreichend gewürdigt und ich denke, das hat damit zu tun, dass ich eine Frau bin. Weber ist ein genialer Gartenarchitekt, seine Pläne sind gut durchdacht und zeichnen sich durch Einfachheit und Zeitlosigkeit aus, ich möchte, dass er meine Arbeit als gleichwertig anerkennt. Wir sprechen über jede einzelne Pflanze, um ihre besondere Eigenheit und die des Standortes zu berücksichtigen. Bei der Gliederung des Raumes ist der zukünftige Wuchs der Bäume zu berücksichtigen, wir schaffen Blickachsen vom Haus in den Garten und inszenieren ein bewusstes Spiel von Licht und Schatten auf den Rasenflächen. Jeder Garten gewinnt an Tiefe, wenn man solitäre Gehölze wie Inseln platziert. Mit einer rhythmischen Staffelung vom Bodenbewuchs über die Sträucher zu den hohen Bäumen schaffen wir eine geborgene Atmosphäre, die für den Blick in die Ferne und für den Himmel eine Öffnung lässt. Unsere Parkanlagen werden so angelegt, dass sich alle Pflanzen frei entwickeln können, auch in 100 Jahren, wenn alles verwildert ist, sollen sie harmonisch wirken.«

Der Vater sah interessiert aus: »Stellt ihr Skulpturen in die Anlagen oder stört das künstliche Element die Harmonie der Natur?«

Maria sah ihn groß an: »Ich spreche von Gartenkunst, man könnte es auch Gartenbildhauerei nennen, es ist eine Passion und für mich die anspruchsvollste Kunstform! Nach ein paar Jahren schaue ich den neu angelegten Garten an und weiß, dass sich dieses Kunstwerk aus meinen Entscheidungen heraus entwickelt hat und ich ein Teil davon bin. Die Bühne, die wir mit Pflanzen vorbereiten, eignet sich für jeden Auftritt und ganz besonders für Skulpturen. Im Innenhof der Henkel KG in Düsseldorf haben wir eine kinetische Skulptur von Rickey mit beweglichen Zeigern aufgestellt. Der Vorplatz der Mannesmann AG Düsseldorf gibt den Blick frei auf die Theodor-Heuss-Brücke, die von Stahlseilen getragen wird. Vor dem Gebäude steht eine Skulptur von Norbert Kricke, die visuell den Eindruck vermittelt, als hätte man die Seile der Brücke zu einem Knoten verflochten. Innenhöfe lassen sich gut mit Skulpturen möblieren, im Außenraum muss man darauf achten, dass die Kunst die richtige Größe hat. In einer weiträumigen Parkanlage finde ich einen gut platzierten Naturstein am besten. Der Raum muss schwingen, die Kunst darf einen Akzent setzen, ein Maßstab sein oder belebend wirken. Eine Skulptur, die keinen Bezug zu ihrem Umfeld hat, würde ich als Fremdkörper empfinden. Die Menschen sollen in unseren Gartenanlagen Ruhe finden und sich dabei nicht einsam fühlen, für Aufregung ist anderenorts gesorgt.«

Bode schien zufrieden: »Das hört sich nach einem erfüllten Leben an, wo liegt das Problem?«

»Weber reist nach Spanien und nach Marokko, um sich die maurischen Gärten anzusehen, in der Zwischenzeit kümmere ich mich um die Mitarbeiter im Büro. Ich träume genau wie er von japanischen Zengärten, wüsste aber nicht, wann ich das Geld und die Zeit für einen Flug zusammenbekäme.«

»Was erwartest du von mir?«, wollte der Vater wissen.

Maria sah ihn durch dicke Brillengläser an: »Ich möchte ein bisschen Anerkennung bekommen.«

Seine Antwort kam prompt: »Ich auch!«

Nach dem Frühstück fuhren sie gemeinsam ins Büro und der Vater betrachtete die Pläne, von denen er sehr angetan war. »Quod severis metes, man erntet was man gepflanzt hat«, meinte er anerkennend. Gegen Mittag kam Roland Weber von einem Kundengespräch zurück und war erfreut, Bode zu sehen. Sie gingen in sein Büro und sprachen darüber, wie schwer es war, einen Auftrag zu bekommen, der genug Geld einbrachte, um den vielen Angestellten und Gärtnern ihr Gehalt zu bezahlen. Der Kunstsammler wusste, dass Weber in einer Gesellschaft verkehrte, in der man sich einen Landschaftsarchitekten leisten konnte. Sein bescheidenes Auftreten wirkte überzeugend, über 500 Gartenanlagen hatte das Büro bereits fertiggestellt. Weber holte Bodes »Buch der Weisheit« aus der Schublade und sagte: »Wussten Sie, dass der Garten der Geburtsort der Philosophie ist? Sokrates und Platon meditierten in ihrem Garten und fanden dort die Bestimmung der Kunst zwischen dem Malerischen, dem Schönen und dem Sublimen. In dem von Menschen gestalteten Garten durchdringen sich Natur und Kunst.«

Der Besucher erwiderte: »Was für ein wundervoller Gedanke, darüber habe ich noch nie nachgedacht, so kann man es sehen.«

Weber fuhr fort: »Ich habe meinen eigenen Garten so angelegt, als wäre er seit ewigen Zeiten da gewesen. Mit einem Kunstgriff erwecke ich den Anschein von Natürlichkeit.«

Vorsichtig berührte Bode die ursprünglich zugesagte Partnerschaft mit Maria, sie war am Firmenkapital beteiligt, aber das Büro firmierte unter Webers Namen. Dieser sprach voller Anerkennung von Marias Anteil am Erfolg des Büros, er war der Ansicht, dass sie beide das machten, was sie am besten konnten, und gut miteinander auskamen. Die Männer lachten und trennten sich mit einem anerkennenden Handschlag. Im Auto sagte der Vater zu seiner Tochter: »Du machst gute Arbeit, von mir, von Weber und den Mitarbeitern bekommst du die volle Anerkennung, die von Außenstehenden und der Nachwelt ist nicht so wichtig.«

Maria erwiderte: »Ich pflanze Bäume, die erst in 30 Jahren ausgewachsen sind, muss aber schon jetzt den Raum einplanen, den sie einmal einnehmen werden, mir also das zukünftige Bild vorstellen. Ich pflanze sehr wohl für eine Nachwelt.«

Er versuchte zu beruhigen: ›Wer Bäume pflanzt, obwohl er weiß, dass er nie in ihrem Schatten sitzen wird, hat zumindest angefangen, den Sinn des Lebens zu begreifen‹, das sagt Tagore. Das Erinnern können wir nicht beeinflussen, es wird häufig überschätzt. Es ist doch eine wundervolle Vorstellung, dass Menschen in 100 Jahren unter den von dir gepflanzten Bäumen Ruhe finden, das ist dein Beitrag zu einer besseren Welt. Generationsübergreifende Projekte für die Allgemeinheit sind sinnstiftend, du hast Anteil an einer Kunst, die über deine Lebenszeit hinaus reicht. Außerdem verstehst du dich gut mit Weber, deine innere Haltung beeinflusst dein Wohlbefinden, sei zufrieden.«

Für den nächsten Tag hatte Maria einen Atelierbesuch bei Rupprecht Geiger an der Düsseldorfer Akademie vereinbart. Unter ZEN49 hatten sich sieben gegenstandslose Maler zusammengefunden und Bode wollte von seiner Tochter wissen, ob der Name etwas mit Zen-Buddhismus zu tun hatte. Sie konnte ihm die Frage nicht beantworten. Neben Rupprecht Geiger gehörten Willi Baumeister und Fritz Winter zu den Gründern der Künstlergruppe, die mit ihrem Verständnis von Abstraktion die Ideen des »Blauen Reiter« aufgriff, um sie nach der Kulturfinsternis in Deutschland weiterzuentwickeln. Der Münchner Künstler hatte erst vor Kurzem die Professur für Malerei bekommen und beschäftigte sich vorrangig mit der Farbe Rot, die für ihn Leben, Energie, Wärme und Kraft verströmte. Geiger war ursprünglich Architekt und Bode kannte Bilder von ihm, in denen er einfache geometrische Formen zusammensetzte. Nun begrüßte er die Besucher in seinem Atelier und wollte wissen, inwieweit sie mit Wilhelm Bode von den Staatlichen Museen Berlin und Arnold Bode von der documenta verwandt waren. Der Angesprochene gab zur Antwort: »Der Familienname Bode kommt in Niedersachsen häufig vor. Die von Ihnen Genannten sind ausgesprochen kunstsinnige Menschen, das ist mir in jedem Fall die liebste Verwandtschaft.«

Der liebenswürdige Geiger wandte sich an Maria: »Ich arbeite seit einiger Zeit mit der Spritzpistole, weil ich den Pinselduktus vermeiden möchte, er würde die Wirkung des reinen Pigments stören. Die Industrie hat neue Farben auf den Markt gebracht, sogenannte Tagesleuchtfarben. Sie kommen aus den USA und werden zur Markierung von Flugplätzen eingesetzt.« Er schob den Deckel von einer Pigmenttonne mit Magentarot und ließ beide Besucher hineinschauen. Die beinahe aggressive Leuchtkraft und Energie, die von dem reinen Farbpigment ausstrahlte, überraschte Bode. Geiger fuhr fort: »Yves Klein sagt, wenn man in einen Topf mit ultramarinblauem Pigment hineinsieht, dann ist das vergleichbar mit dem Blick in die Weiten des Kosmos. Sein monochrom blaues Bild soll genau diese Wirkung erzeugen.« Der Künstler hebelte den Deckel von einer weiteren Tonne, und die Besucher blickten in ein scheinbar bodenloses Blau. Bode war fasziniert von der räumlichen Tiefe der Farbe und sagte: »Da ist es Ihnen gelungen, mich tief zu berühren. Ich bedanke mich für die Exkursion in das Reich der Farben. Man könnte sagen, dass das reine Farbpigment eine Aura hat.« Geiger befüllte seine Spritzpistole mit Orangerot und sprühte in kreisenden Bewegungen eine Sonne auf das an der Wand befestigte Papier. Der genannte Preis für das soeben entstandene Werk war verblüffend hoch und Bode stutzte, dann dachte er an die Geschichte mit der Eule und schwieg. Er sah sich eine Reihe von Siebdrucken an und entschied sich für ein ultramarinblaues Bild mit schwarzem Balken. Vater und Tochter dankten dem Künstler und verließen sein Atelier. Geigers Arbeiten gehörten in den Bereich der »Konkreten Kunst«, die auf mathematisch-geometrischen Grundlagen beruht und sich auf das Zusammenspiel von Form und Farbe konzentriert. Die Konkreten erforschten die Farben und wollten Immaterielles zum Ausdruck bringen.

Wieder zurück in Hannover, unterzog der Kunstsammler sein Bilddepot einer Überprüfung und legte Seidenpapier zwischen die einzelnen Werke. Schließlich setzte er sich an die Schreibmaschine und machte eine Aufstellung, in der er über 100 Werke unter der Überschrift »Kunstsammlung Bode« zusammenfasste. Bis zum Krieg hatte er bei jeder Ausstellung der Kestner Gesellschaft ein Werk gekauft. Von seinen Lieblingen gab es mehrere Arbeiten, von Künstlern, die ihm weniger gut gefielen, hatte er zumindest eine signierte Druckgrafik erworben. Zahlreiche Kataloge zeugten von Besuchen in Künstlerateliers, es gab Erinnerungsstücke und Briefe, die in einem Aktenordner verwahrt wurden. Diese Kunstsammlung sollte ihn überleben und Zeugnis ablegen über die zahlreichen Strömungen und Brüche, die sein Leben geprägt und verändert hatten.

Mexiko
1965

Zu seinem 83. Geburtstag schenkte Ilse ihrem Mann eine Reise nach Südamerika. Nach 13 Stunden Flug erreichten sie Mexiko City, es war schwül und beide litten unter der Hitze. Aus dem Fenster des Hotels hatte das Ehepaar einen grandiosen Blick über die nächtliche Großstadt. Nach dem Frühstück am nächsten Morgen besuchten sie das Nationalmuseum für Anthropologie, um sich einen Überblick über die historischen Stätten zu verschaffen. Der Sammler stand vor einer Vitrine mit Maya-Idolen und sagte: »Es macht mich traurig, dass Dorner nicht mehr lebt. Es war ein besonderes Vergnügen, mit ihm über Kunst zu sprechen, weil seine Sehweise häufig einen unerwarteten Aspekt beleuchtete und sein bissiger Spott belebend wirkte.«

Ilse setzte die Brille auf und sah sich die fremdartigen Tonfigürchen an. Da gab es einen Sonnengott und eine Mondgöttin und Quetzalcoatl, die gefiederte Schlange. Sie erwiderte: »Alles wird interessanter, wenn man mit Freunden darüber reden kann, da haste ja man Glück, dasste mich dabei hast.«

Die Bodes besuchten als erstes Chichén Itzá, eine bedeutenden Ruinenstadt auf der Halbinsel Yucatán, die noch nicht vollständig ausgegraben und von Flugsand und wucherndem Kraut bedeckt war. Über die verschütteten Treppen einer Tempelstraße kamen sie zum Kernpunkt des Mayadenkens, zum Caracol, dem Beobachtungsturm für den Sternenhimmel. In ihm führte ein spiralförmig angelegter Tunnel aufwärts, sodass man durch kleine Fenster den Lauf der Gestirne beobachten konnte. Das astronomische Wissen führte zur Aufstellung des Mayakalenders, der genauer war, als der von uns verwendete gregorianische. Am Ende der Tempelstraße stand der Cenote Sagrado, der heilige Brunnen, in den geweihte Jungfrauen und kleine Kinder gestürzt wurden. Aus ihren Tränen sollte sich das Wesen des Regengottes erneuern, wenn bei großer Trockenheit die Felder verdorrten.

Erschüttert wandte sich Hermann an Ilse: »Die Menschen waren schon immer grausam, je älter ich werde, desto schlechter kann ich das ertragen. Jetzt weine ich aus Mitleid für die Geopferten, die schon so lange tot sind.«

Nach der ersten Exkursion im tropischen Klima erholte sich das Paar im Urwaldhotel Mayaland, und Bode notierte akribisch, was er gehört und gesehen hatte. Durch glühend heißes Land ging die Reise weiter nach Uxmal, das von der Pyramide und dem Tempel des Zauberers überragt wurde. Das betagte Ehepaar lief einen ganzen Tag durch die riesige Stadtanlage und bestieg gegen Abend ein kleines Flugzeug, das sie zurück nach Mexiko City brachte.

Der nächste Tag war ein katholischer Feiertag, den Bode im Wallfahrtsort Guadalupe verbringen wollte. Dem Indio Juan Diego erschien an diesem Ort die Mutter Gottes, deshalb ließ der Bischof eine Basilika mit dem Gnadenbild der Maria erbauen. Innerhalb weniger Jahre wurden Millionen Indios zum Christentum bekehrt. Die Verehrung galt der heilenden Schönheit, die den Schmerz überstrahlt. Schönheit, die aus der Liebe kommt, sollte die Grausamkeiten dieser Welt besiegen. Die christlichen Mystiker glaubten daran, dass die Kontemplation des Schönen das Herz reinigt. Hermann saß auf einer Treppenstufe und dachte über die heilende Schönheit nach, deren Gegenteil wohl die verletzende Hässlichkeit sein musste. »Das Schönste ist auch das Heiligste«, hatte Hölderlin im Hyperion geschrieben und hier in Guadalupe rutschten die seelisch beladenen Menschen auf wunden Knien über den Steinplatz zur Wallfahrtskirche, um Erlösung von ihren Sünden oder einer schweren Krankheit zu erbitten. Diese Bilder erinnerten den Nachdenkenden an die Grausamkeiten des Christentums, an die Geißelungen und die Wahrheitsproben mit Feuer und Schwert, an die Qualen der Märtyrer und die Hexenverbrennungen, von denen es nur ein kleiner Schritt war zu den Grausamkeiten der Maya.

Am nächsten Tag fuhr das Paar mit dem Taxi zu der altmexikanischen Tempelstadt Teotihuacán, die von den Tolteken erobert und zerstört worden war. Der mexikanische Führer erzählte, dass diese Tempelstadt und ihre Pyramiden der Sonne und dem Mond geweiht waren. Die Bodes bestiegen die Sonnenpyramide, von der sie einen herrlichen Rundblick in das weite Land genießen konnten. Beim Abstieg schmerzte Hermanns Knie, deshalb stützte er sich auf die Schulter seiner 15 Jahre jüngeren Frau. Unten angekommen sank er erschöpf auf ein schattiges Podest. Mit zitternden Händen holte er das UNESCO-Buch hervor, um daraus vorzulesen. In ihrer Fantasie belebten sich die Straßen mit Sonaja spielenden Musikanten, die Häuptlinge in weißen Mänteln standen im Gespräch beieinander und die Diener schützten die gekrönten Fürsten mit Schirmfächern vor der Sonne. Der Schlangengott Quetzalcoatl wurde sowohl von den Tolteken als auch später von den Azteken verehrt. Ihr Herrscher Moctezuma II. glaubte, der Schlangengott sei in Gestalt des spanischen Eroberers Hernán Cortés zurückgekehrt, weshalb sich das mächtigste Volk Mexikos den neuen Herrschern unterwerfen musste.

Ein Windstoß trieb den Rastenden eine Sandsäule entgegen, sie suchten Schutz in einem Seitenraum der Tempelstraße. Hier befragten sie den Führer über die Sternenkunde der Mayas. Die Astronomen waren in der Lage, die Dauer des Sonnenjahres und den Mondzyklus zu berechnen, sie konnten Sonnen- und Mondfinsternisse vorhersagen und verehrten die Venus mehr als die Sonne. Die Venus galt als Unglücksbote und Kriegsbringer, erschien sie als Morgenstern, dann wurde dies als unheilvoll angesehen. Bereits 36 v. Chr. entdeckte dieses erstaunliche Volk den Stellenwert der Null in der Mathematik und ihr Zahlensystem basierte auf der Zahl 20.

Nachdem der Sandsturm vorbeigezogen war, stieg das Ehepaar in ein Taxi, welches sie nach Tula brachte. Der Führer erzählte, dass der Oberpriester des Gottes Quetzalcoatl sich den blutigen Kulten und Menschenopfern widersetzte und dadurch das Vertrauen des Volkes verlor. Er wurde gezwungen, das Land zu verlassen, woraufhin die Menschen mit doppelter Grausamkeit zu den alten Bräuchen zurück kehrten. Die Pyramide des Gottes Tlahuizcalpantecuhtli war von ausgedehnten Säulenhallen umgeben, zuoberst stand ein weithin sichtbarer Tempel. Die Säulen zeigten Krieger, deren Kopf jeweils ein Kapitel bildete. Der Astrologe verglich diese Säulenhalle mit der am Tempel Ibn Tulun in Kairo und sah in der geistigen Einstellung der beiden Kulturen eine zeitliche Parallele, obwohl zur damaligen Zeit keine nachweisbaren Verbindungen zwischen Europa und Amerika bestanden. Durch vergleichende Lichtbilder wollte er belegen, dass die Kulturen, vom Kosmos beeinflusst, ähnliche Gedanken in der Kunst und im Tempelbau zum Ausdruck brachten. In Tula fotografierte er das Relief eines gefesselten Kriegsgefangenen, dem bei lebendigem Leibe das Herz aus der Brust geschnitten wurde, um es der Sonne zu opfern. Der Priester legte das Herz in eine Schale, aus ihr nahm der Adler als Sonnenvogel das Opfer, um es anschließend zu verschlingen.

Am nächsten Tag flogen die Bodes nach Acapulco, wo sie im Hotel Las Brisas untergebracht waren. Hier konnten sie im warmen Meer baden, lange Briefe schreiben und sich verwöhnen lassen. In La Quebrada sahen sie junge Männer von einer 29 Meter hohen Klippe ins Meer springen und Hermann notierte:

Das Erleben macht das Sehen zum Schauen, das Hören zum Verstehen, das Kennen zum Erkennen und das Betasten zum Begreifen. Erleben erhöht das Leben.

Nach einer Woche brachte der Düsenjet von United Airlines die beiden nach New York, wo sie von Frowis empfangen wurden. 1946 hatte Gropius sich mit sieben jungen Architekten zusammengetan, ihr Büro hieß »The Architects Collaborative Inc. (TAC).« In Cambridge Massachusetts plante das Team das berühmte Pan Am Building, das Gropius in der Achse drehte und mitten in die New Yorker Park Avenue platzierte, sodass der Verkehr darunter hindurchgeführt werden musste. Die älteste Tochter von Erkengard war nach Amerika ausgewandert und bekam durch die Vermittlung von Gropius eine Anstellung als Innenarchitektin bei TAC. Als der Architekt Rem Huigens ein neues Büro gründete, ging Frowis mit ihm. Das erste Enkelkind stand dem Großvater besonders nahe, sie hatte aber nur einen Tag Zeit, weil sie zur Besatzung eines Segelschiffes gehörte, das zu einer Hochseeregatta um die Karibischen Inseln aufbrechen sollte.

Ilse und Hermann verbrachten drei Tage in einem Hotel am Central Park, das ein örtlicher Mitarbeiter der Pelikan-Fabrik für sie gebucht hatte. Die Hochhäuser dieser Stadt machten einen großen Eindruck auf Bode, erstmals konnte er sich vorstellen, von welcher Architektur die Bauhausarchitekten geträumt und wohin deren Planung geführt hatte. Die sogenannten Wolkenkratzer entstanden aus Platzmangel und waren eine Machtdemonstration, bei der die Bauherren, wie beim Turmbau zu Babel, Gott herausfordern wollten. Das Empire State Building war zu dieser Zeit, mit einer Höhe von 381 Metern das höchste Gebäude der Welt. Der Vertreter von Pelikan begleitete die Hannoveraner ins Guggenheim Museum und in das Museum of Modern Art, wo Bode Ausschau hielt nach Bildern und Skulpturen der »Entarteten«. Die Präsentation der Kunstwerke in diesem großzügigen Ambiente demonstrierte auf eindrucksvolle Weise, dass der Ausstellungsraum eine Rückwirkung auf die ausgestellte Kunst hat und man in Deutschland dringend neue Museumsbauten benötigte.

Am Abend des dritten Tages brachte ein Lufthansa-Flug die Reisenden nach Frankfurt und von dort zurück nach Hannover. In seinem Arbeitszimmer mit Blick über den See bemühte sich Bode, die vielen Eindrücke schriftlich zu verarbeiten. Landschaft und Klima in Südamerika hatten ihm gut getan, während in Steinhude kalter Nieselregen auf die Stimmung drückte. Seine kleine Publikation hatte den Titel »Bilderreise zu den Kulturdenkmälern in Mexiko«. Erstmals äußerte sich der Bewunderer der Bauhausarchitekten skeptisch über die Hochhausarchitektur, die er sich neben gotischen Kirchen nicht vorstellen mochte. Für die Präsentation von zeitgenössischer Kunst forderte er Ausstellungsräume, die historisch nicht belastet der neuen Kunst einen Freiraum schaffen sollten. Der Wunsch nach einem Neubau für das Landesmuseum war auch aus dem Förderkreis der Kestner Gesellschaft zu vernehmen.

1969 kamen die Großeltern Bode zur Hochzeit von Selma nach München. Der Polterabend, bei dem die jungen Leute zur Beatmusik tanzten, überforderte das Hörgerät Bodes. Er sah der übernächsten Generation beim Tanzen zu und ließ sich gerne von Ilse und Maria zum Mercedes führen, wo man ihn in einen Liegesitz gebettet ins Hotel spedierte. Nach der kirchlichen Trauung am nächsten Tag saß die ganze Familie um eine lange Hochzeitstafel und Bode fühlte sich dazu aufgerufen, eine Rede zu halten:

»Wir leben in einer grausamen Zeit, die sich gerade jetzt besonders rüpelhaft benimmt, mit ihrer Auflehnung der Jugend gegen jede Ordnung. Wir müssen mit gütevollem Durchschauen den Äußerungen, die uns zur Verzweiflung bringen wollen, auf den Grund gehen. So werden wir die fanatische Ehrlichkeit entdecken, die jeder Verlogenheit, jeder langatmigen Umständlichkeit, ja, selbst manchem zu Leibe geht, was einmal heilig war, sich aber jetzt dem unnachsichtigen Verstande entziehen will oder aus neuer Sicht nach einer neuen Form verlangt. Verhelfen

wir den Suchenden zu ihrem Recht! Öffnen wir ihnen die Wege, die sie ihre Fähigkeiten erkennen lassen! Verhindern wir, dass die Jugend ins Ausland abwandert. Es kann uns doch nicht gleichgültig sein, wenn die Tüchtigsten unser Vaterland verlassen!«

Im Münchner Hauptbahnhof hatten Künstler ein Transparent aufgehängt, auf dem stand: »In München geboren, in der Welt zu Hause.« Zwei von Elsas Töchtern waren mit ihren Männern nach Südafrika ausgewandert, wo sie sich mit den Nachkommen von Bruno Bode zusammenfanden. Selma wollte nach der Hochzeit mit dem Schiff in die USA aufbrechen, weil ihr Mann eine Stelle an der New Yorker Universität bekommen hatte. Die Jungen verließen das engstirnige, geteilte und bedrohte Nachkriegsdeutschland, um im Ausland Abstand zu gewinnen. Sie wollten nicht werden wie ihre Eltern und Großeltern, die ihnen eine schwere Schuld aufgebürdet hatten. Die Worte »Vater« und »Vaterland« versprachen weder Fortschritt noch Sicherheit und von dem Großvater wollte man sich gar nichts sagen lassen. Er gehörte zur Generation der Nazis und sollte gefälligst den Mund halten.

Bodes Tod und sein Nachlass
1973

Die astronomischen Fähigkeiten der Mayas hatten Bode erstaunt, er verfolgte alle wissenschaftlichen Erkenntnisse der modernen Astrophysik und mit großer innerer Anteilnahme das Weltraumprogramm der NASA, die zwischen 1961 und 1972 mit dem Apollo-Programm den bemannten Flug zum Mond plante. Um die bewegten Bilder der Raumfahrt in Steinhude sehen zu können, kaufte er einen großen Grundig-Fernsehapparat, der schamhaft hinter einer Schranktür versteckt wurde. Der Kasten kam nur dann zum Vorschein, wenn um acht Uhr abends die Nachrichten gesendet wurden. Die Landefähre von Apollo 11 sollte am 21. Juli 1969 um 3:54 Uhr MEZ den ersten Menschen auf den Mond befördern und eine Million Menschen wollten das Jahrhundertereignis in Cape Canaveral miterleben. Der interessierte Rest der Menschheit versammelte sich vor den Fernsehgeräten und dem tief berührten Bode stiegen die Tränen in die Augen, als Neil Armstrong den Erdtrabanten betrat und sagte: »That's one small step for a man, one giant leap for mankind.«

Am 25. April 1973 verstarb Hermann Bode im Alter von 91 Jahren in seinem Haus am Steinhuder Meer. Über Nacht war er friedlich entschlafen und wurde, in weiße Seide gekleidet, unter der *Grundverhexten Landschaft* von Klee aufgebahrt. Seine Todesanzeige hatte er selbst gestaltet mit dem Vers:

Etwann kommt die Zeit, da hörst du die Sterne klingen,
da fühlst du die Ewigkeit, im Heute und Morgen schwingen,
da kreist die Bahn aus Nacht und Licht in dir zur Ruh,
die Waage steht im Gleichgewicht, Welt und du.

Der Ablauf der Trauerfeier war im Testament festgehalten. Der Verstorbene wollte verbrannt und auf dem Stadtfriedhof Hannover beigesetzt werden. Laut Testament sollte sein Besitz an Ilse als Vorerbin und Testamentsvollstreckerin, dann an seine Kinder fallen. Der Erblasser wollte, dass seine wertvolle Bildersammlung von einem Sachverständigen geschätzt und von seiner Frau verwaltet würde. Ilse sollte die Bilder und Skulpturen nach Wunsch und Wert unter den Töchtern aufteilen. Die sieben Enkelkinder durften sich jeweils zwei Bilder aus der Sammlung japanischer Farbholzschnitte aussuchen, zudem ein Buch aus der Sammlung signierter Erstausgaben. Im handschriftlichen Testament stand: »Das Bild *Heilandsgesicht* von Jawlensky habe ich meiner Frau zum 42. Hochzeitstag geschenkt. Wer mein Andenken ehren will, verweilt nicht in Trauer. Das Leben verlangt die aufbauende Lebendigkeit der Lebenden. Wer meinen Geist geliebt hat, möge meine Erkenntnisse weiterdenken und verbreiten, ich glaube an ihren Wert.« Bode hatte sieben Enkelkinder und vier seiner zehn Urenkel im Arm gehalten.

Am 18. September 1973, fünf Monate nach ihrem Freund, verstarb Mary Wigmann im Alter von 87 Jahren im Krankenhaus Hannover. Ihre Sehkraft hatte sich seit 1971 rapide verschlechtert, bis sie fast völlig erblindet war, was zu mehrfachen Stürzen geführt hatte. Sie wollte den Sommer auf dem Monte Verità verbringen, stolperte vor der Abreise in ihrer Wohnung und konnte das Krankenhaus bis zu ihrem Tode nicht mehr verlassen.

Ein Jahr nach Hermanns Tod ließ Ilse die Bildersammlung schätzen. Anschließend trafen sich die Erben, um den Nachlass aufzuteilen. Alle Beteiligten waren sich einig, dass die Bilder, die einen festen Platz im Steinhuder Haus hatten, dort bleiben sollten. Die Werke der Sammlung, die als Dauerleihgaben im Museum hingen, wurden in einem Losverfahren aufgeteilt. Die drei Töchter des Verstorbenen suchten sich einige Papierarbeiten aus den Mappen aus und nahmen sie mit nach Hause, auch Anna, Ilses Tochter, konnte ihre Wünsche geltend machen. Eine Düsseldorfer Galeristin hatte Wind von Bodes Sammlung bekommen und erschlich sich einige Jahre später das Vertrauen der immer großzügigen Ilse, die sich nichts dabei dachte, ihr einen Packen Bilder zum Verkauf mitzugeben. Bei einem Besuch im Elternhaus bemerkte Maria den unerwünschten Handel und sorgte dafür, dass er beendet wurde. Einige, auch bedeutende Werke waren bereits verkauft, der Rest wurde zurückgeholt.

Der Schokoladenfabrikant Bernhard Sprengel und seine Frau Margit überließen im Jahr 1969 ihre umfangreiche Sammlung dem Kunstmuseum Hannover. Sie unterstützten finanziell einen Museumsneubau für die Kunst des 20. Jahrhunderts, der 1984 in »Sprengel Museum Hannover« umbenannt wurde. Im gläsernen Eingang war eine rote Sonne von Rupprecht Geiger zu sehen, die aus dem Untergeschoss aufzusteigen schien. Angeregt durch Lydia Dorner und mit finanzieller Unterstützung von Ilse Bode wurde das im Krieg zerstörte »Kabinett der Abstrakten« neu aufgebaut. Aus der Sammlung Bode hingen dort Lissitzkys Bild *Proun 30t* und Moholy-Nagys *E-Bild*. Die wertvollste Schenkung von Bode an das Museum war das Gemälde *Diagonale* von Kandinsky, es erhielt einen repräsentativen Platz im Neubau. Als Dauerleihgaben der Familie hingen zehn weitere Bilder von Klee, Schwitters, Macke, Gross, Buchheister und Busch im Sprengel Museum.

Die Pelikan-Fabrik 1976–1996

Kurz nach Bodes Beerdigung übergab Ilse ihren Anteil an den Günther Wagner Pelikan-Werken ihrer einzigen Tochter. Nach dem Tod von Fritz Beindorff Senior hatte sein ältester Sohn Günther den Vorsitz in der Geschäftsleitung übernommen, er starb 1952. Der zweite Sohn Fritz war schon 1938 verstorben, deshalb fiel nach Günthers Tod die Geschäftsleitung an den jüngsten Sohn Kurt, bis auch dieser 1968 aus dem Leben schied. Ilse war das jüngste Kind der Beindorffs, sie hätte sich niemals zugetraut das Firmenimperium zu leiten, deshalb wurde ihr Unternehmensanteil von einem fähigen und loyalen Geschäftsführer verwaltet. Nun übernahm die Generation von Beindorffs Enkeln die Verantwortung für die Firma. Die Firmenanteile von Günther, Fritz und Kurt verteilten sich auf mehr als zwei Dutzend Erben, während Ilses Erbteil in einer Hand blieb. Der sogenannte Pillenknick machte sich Ende der Sechzigerjahre bei dem auf Schulmaterial spezialisierten Unternehmen negativ bemerkbar, große Gewinne konnten nicht mehr abgeschöpft werden.

Alfred Herrhausen, der Vorstandssprecher der Deutschen Bank, war Vorsitzender des Pelikan-Aufsichtsrats. Seine unternehmerische Virtuosität wurde von Vorstandskollegen und der Bankenwelt kritisiert, infolgedessen legte er sein Mandat 1976 nieder. Die Manager und die Beindorff-Erben konnten sich über die Unternehmensführung nicht mehr einig werden. Jürgen Hansen, der vorher bei Nestlé gearbeitet hatte, wurde neuer Geschäftsführer. Die Firma expandierte und konnte 1978 in eine Aktiengesellschaft umgewandelt werden. Die Aktien lagen in der Hand von 46 Anteilseignern der Familie Beindorff. Neben den Arbeitnehmervertretern saßen drei Familienvertreter im Aufsichtsrat, eine Ärztin, ein Landwirt und ein Anwalt. Es fehlte an Kapital, welches die Familie nicht herausgeben wollte, und außenstehende Geldgeber wurden nicht akzeptiert. Die Familienaktionäre erhöhten ihre Dividende, sodass sich die Kassen leerten. Die untereinander zerstrittenen Enkel und Urenkel von Fritz Beindorff hatten die Hauptschuld am Niedergang des renommierten Unternehmens. Durch ihre Uneinigkeit machten sie den Managern das Leben schwer. Die Erfindung neuer Produkte kostete Geld und Ware, die sich schlecht verkaufen ließ, musste abgeschrieben werden. Die Firma Lumoprint, die Kopiergeräte herstellte, sollte dem Pelikan die Büros der Zukunft öffnen. Die veralteten Kopiergeräte waren schwer zu verkaufen, deshalb stiegen die Schulden auf 400 Millionen DM. Die Belegschaft mit 10 000 Arbeitsplätzen im In- und Ausland bangte um ihre Arbeitsplätze.

Am 20. Februar 1982 titelte die Hannoversche Allgemeine Zeitung: »Der Pelikan nährt seine Jungen mit dem Blut aus seiner Brust.« Kurt W. Hackel war gerufen worden, um die Probleme der Fabrik in den Griff zu bekommen. Er führte Gespräche mit dem Betriebsrat und den Führungskräften, danach fuhr er nach Hamburg, um sich die Tochterfirmen Lumoprint, Roto und Züfra anzusehen, die mit Verlust Kopiergeräte und Drucker herstellten. Nach einer heißen Debatte mit den Banken, bei denen von einer halben Milliarde Schulden gesprochen wurde, war klar, dass es so nicht weitergehen konnte. Die Firma Pelikan war zahlungsunfähig und musste beim Amtsgericht ein Vergleichsverfahren anmelden, die Aktien wurden im Verhältnis 10:1 herabgesetzt. Das Wirtschaftsministerium in Hannover schaltete sich ein.

Elli Dorothea von Planten, eine Urenkelin von Fritz Beindorff, verfasste einen offenen Brief an Christoph Beindorff mit der Überschrift: »Du warst das personifizierte Unheil für die Familie.« Sie warf Christoph einen Informationsvorsprung vor, den er missbraucht habe, um den Aufsichtsrat lahmzulegen, sie schrieb:

> *»Zugegeben, die Konstellation unserer Familie kam Dir entgegen. Waren die einen heute gegen eine gute Idee, nur weil sie von Dir war, so sah man sie wenig später als Deine Kampfgenossen bei irgendwelchen obskuren Machenschaften, die sie möglicherweise wirklich nicht übersehen haben. Dieses Verhalten wird aus Unverständnis, Inkompetenz und Unsicherheit geboren … Anteileigner, die verantwortungslos und egoistisch ausschließlich ihre ureigensten Interessen verfolgen, ohne dabei*

im Geringsten daran zu denken, dass es Tausende von Menschen gibt, die von ihren Handlungen abhängig sind, haben ihr Recht verwirkt, Ansprüche und Forderungen zu stellen.«

Christoph Beindorff beugte sich dem Druck der Familie und stimmte der Kapitalherabsetzung zu. Ein kapitalkräftiger Großaktionär kam in den Aufsichtsrat, man war sich nicht sicher, ob er mit Christoph gemeinsame Sache machte.

1983 wurde das Unternehmen von Otto Beisheim und dem deutsch-schweizerischen Metro-Konzern erworben. Ein Drittel der Belegschaft musste gehen. Die Pelikan AG war nun Teil der Pelikan Holding AG im Schweizer Kanton Zug. Drei Jahre später folgte der Teilbörsengang. Beisheim ließ die Produktion 1993 in das Werk Peine-Vöhrum verlegen, dabei gingen 1100 Arbeitsplätze verloren. Das Werksgelände an der Podbielskistraße im Herzen von Hannover wurde verkauft und in das Pelikanviertel umgewandelt, in dem Eigentumswohnungen, Büros und Hotels entstanden. 1996 gab Beisheim die verbliebenen 70 % an der Pelikan Holding für 80 Millionen SFr an die malaiische Goodace Sdn Bhd ab.

Kein Mitglied der Familie hätte sich vorstellen können, dass dieses florierende Unternehmen jemals ein Sanierungsfall werden würde, und für Ilse war es eine tiefe Kränkung.

Völlig unerwartet hatte Bodes Bildersammlung über die Jahre um ein Vielfaches an Wert hinzugewonnen, der Marktwert stieg in die Millionen. Seine Witwe hatte genügend Geld, um sorgenfrei leben zu können, und unterstützte bis zu ihrem Tod zahlreiche Menschen mit Geldspenden. Sie sagte: »Ich darf nicht sterben, weil so viele von unseren alten Freunden wegen ihrer kümmerlichen Rente von meiner Hilfe abhängig sind.« Kamen Freunde oder Verwandte zu Besuch, dann wurden sie mit einer großzügigen Geste aufgefordert: »Wenn Euch was gefällt, dann nehmt es einfach mit.« Auf diesem Wege verschwanden wertvolle Bücher und auch Bilder aus Bodes Sammlung. Ilse, die von den Enkeln »Oma Ilse« genannt wurde, schickte allen Kindern, Enkeln und Urenkeln zu jedem Geburtstag und zum Weihnachtsfest ein Päckchen Pralinen und einen 50 DM-Schein. Sie wollte teilhaben am Leben der nächsten Generation und freute sich über erzählerische Briefe, die sie in der Regel sofort beantwortete. Die Witwe wirkte bis ins hohe Alter sportlich, war meistens in weiße Hosen und Turnschuhe gekleidet und wurde von der ganzen Familie mit Hochachtung behandelt. Manchmal machte sie Bemerkungen, aus denen man heraushören konnte, dass das Zusammenleben mit Hermann nicht immer einfach gewesen war. Es gab Spannungen in der Ehe, weil es dem Mann unangenehm war, vom Geld seiner Frau zu leben. Wollte er Ilse etwas schenken, dann stand unausgesprochen im Raum, dass das Geschenk nicht von seinem Geld bezahlt worden war. Um diese Peinlichkeit zu umgehen, hatte Bode ein eigenes Konto und verfügte über ein Wertpapierdepot. Er war sich stets bewusst, dass er Nutznießer des kapitalistischen Systems war und von der Wertschöpfung der Pelikan-Fabrik profitierte. Die Kunstsammlung betrachtete Hermann als sein persönliches Eigentum, obwohl Bilder dazugekauft wurden, nachdem er kein eigenes Einkommen mehr hatte. Kurt und Sindbert waren tot und Ilse sprach von der »ausgleichenden Gerechtigkeit«, wenn sie Geld an Bodes Enkelkinder verschenkte und ihnen mit Krediten zu Eigentum verhalf. Der hellblaue Mercedes war als Beförderungsmittel für die Witwe unentbehrlich, auch mit 90 Jahren fuhr sie über die Autobahn nach Hannover oder zu ihrer Tochter nach Hamburg. Lachend erzählte sie den Enkeln, dass sie auf der Autobahn plötzlich nicht mehr wusste, wo sie war und deshalb auf dem Seitenstreifen anhalten musste. Durch ihr Winken aufmerksam gemacht, stoppte bald ein »netter junger Mann« und erklärte sich bereit, vor dem Mercedes herzufahren, bis sie sich wieder selbst orientieren konnte. Durch lautes Hupen entließ sie ihren Retter und warf ihm ein paar Kusshände zu. Besorgte Familienmitglieder baten die Urgroßmutter, den Schlüssel für ihr Auto abzugeben, derartige Einmischungen wurden standhaft ignoriert, bis die Autoschlüssel unauffindbar waren.

Nach jahrzehntelanger Leidenszeit starb Ilses Tochter Anna an den Folgen ihres Gelenkrheumatismus und die Mutter stand am Grab ihres dritten und letzten Kindes. Es wurde still im Steinhuder Glashaus. Die Witwe war häufig alleine, dann hörte sie sich immer wieder die gleichen Schallplatten an und legte Patiencen. Wenn eine Patience nicht aufging, dann wurde geschummelt, weil sie nur dann Glück versprach, wenn alle Karten gelegt waren. Annas Kinder kamen zu Besuch und brachten einen Katamaran mit, der am Steg vertäut wurde.

Sie segelten mit atemberaubender Geschwindigkeit über das Steinhuder Meer, Paul saß am Steuer und Anna hing in einem Trapez, das am Mast befestigt war. Ilse stand dann mit einem Fernglas am Fenster und bewunderte die waghalsigen Manöver, mit denen ihre Enkel die Fahrtrichtung änderten. Wenn sich ein Gleitrumpf von den Wellen löste, hielt sie die Luft an, weil zu befürchten war, dass das Schiff kentern würde und Anna dabei unters Segel kam. Ilse bedauerte zutiefst, dass sie nicht mitsegeln konnte. Die lange Zeit zwischen den Besuchen unterhielt sich die über 90-Jährige mit Erkengard oder ihrer betagten Haushälterin Ruth, die nicht im Haus wohnte, aber täglich vorbei kam, um zu kochen. Maria kam zu jedem Weihnachtsfest und Elsa traf sich mit ihren Töchtern und Enkeln im Elternhaus. Stundenlang wurde Scrabble gespielt, bei dem aus zufällig gezogenen Buchstaben Wörter gelegt werden sollten. Ilse mogelte, wo sie nur konnte, erfand neue Worte und legte sich mächtig ins Zeug, um zu gewinnen. Wies man sie auf einen Fehler hin, dann rief sie: »Nun stellt euch doch nicht so an!«

Durch die vielen Sonnenbäder in früheren Jahren hatte die Großmutter Hautkrebs, der vor allem im Gesicht immer wieder operiert werden musste. Diese Frau, die so viel Wert auf ihr Äußeres gelegt hatte, konnte es nur schwer ertragen, dass man ihr die halbe Nase wegschneiden musste. Schamhaft verdeckte sie die unschönen Narben unter einer dicken Schicht Make-up und tupfte mit spitzem Finger einen Tropfen »Bandit« hinter jedes Ohr. Gegen Ende ihres Lebens fiel es Ilse immer schwerer, den Verfall ihres Körpers zu erdulden. Sie wollte kein Opfer sein. Die NS-Diktatur, das Ableben ihres Mannes, die Insolvenz der Pelikan-Fabrik und das grausame Ende ihrer drei Kinder hatten den Lebenswillen dieser Frau nicht gebrochen. Sie sagte: »All die Menschen, die ich geliebt habe, sind schon lange tot. Der Herrgott, an den ich nicht glaube, hat mich vergessen.«

Ilse Beindorff-Bode starb am 30. Januar 1995 im Alter von 98 Jahren in Steinhude. In ihrem Testament bedachte sie die sieben Enkelkinder von Bode großzügig mit einem Geldbetrag und mit einem Kunstwerk, ebenso die Haushälterin Ruth. Der Rest ging an ihre beiden Enkelkinder.

Der Charakter eines Unternehmens, sein Selbstbild, verlangt nach einer Unternehmenskultur, durch die das Wertesystem der Firma sowohl intern als auch extern erkennbar wird. Der malaysische Investor Loo Hooi Keat, der 98,7 % der Anteile an der Pelikan AG hält, wollte die Tradition des Konzerns wiederbeleben und eröffnete 2017 den Pelikan TintenTurm am Pelikanplatz. Fritz Beindorffs Arbeitszimmer im Fabrikgebäude an der Podbielskistraße wurde zu einem Firmenarchiv und Veranstaltungsraum umgestaltet, in dem sich alljährlich an die 2600 Sammler alter Pelikan-Produkte zu einer Art Devotionalienhandel treffen. Ilse Beindorff-Bode hätte sich darüber gefreut. Ein alter Pelikan-Füller erinnert uns an die Schulzeit und an die Eltern, die ihn gekauft haben. Es ist nostalgisch, wenn man Tinte in einem Füllfederhalter hochzieht und sich dabei die Finger verfärbt. Die sehnsuchtsvolle Hinwendung zu vergangenen Gegenständen und Praktiken versetzt uns in eine andere Zeit, die scheinbar einfacher, überschaubarer und besser war.

Marias Kunstsammlung in Düsseldorf 1984

Maria wohnte in der Düsseldorfer Rheinallee, direkt hinter dem Hochufer von Oberkassel. Von der Straße führten ein paar Stufen den Damm hinunter zu einem dreistöckigen Wohnhaus, in dem sie die Parterrewohnung mit Ausgang zum Garten bewohnte. Elsas Tochter Selma war Künstlerin geworden und hatte einer Ausstellung in der Düsseldorfer Musikhochschule. Sie wollte die Gelegenheit nutzen, um ihre Tante zu besuchen, die ihr eine Übernachtungsmöglichkeit angeboten hatte. Das Klingeln der Glocke war kaum verhallt, als Maria in der Haustüre erschien und die Nichte mit ihrer zurückhaltenden Art begrüßte, indem sie ihr die Hand entgegenstreckte. Maria führte den Gast ins Wohnzimmer, in dem bereits der Teetisch gedeckt war. Nach der langen Autofahrt sank Selma erschöpft in einen Sessel und blickte durch ein großes Fenster in den Garten. Um eine zentrale Rasenfläche waren Büsche und Klettergewächse mit verschiedenfarbigem Blattwerk so angeordnet, dass sie in Stufen bis zu den Bäumen emporwuchsen, die den äußersten Rand des Grundstücks begrenzten. Im Mittelpunkt stand ein japanischer Zwergahorn mit rot gefiederten Blättern, darüber erhob sich eine rosa blühende Zierkirsche, die ihre Blütenblätter wie Schnee in den Schattenwurf der Bäume säte. Die Komposition war wie bei einem impressionistischen Landschaftsbild darauf angelegt, den Blick in die Tiefe des umgrenzten Raumes zu leiten. Maria war unverheiratet, nach dem Krieg war sie hierher gezogen und hatte vierzig Jahre ihres Lebens in diesen Garten geblickt. Als Gartenarchitektin konnte sie zahlreiche Privatgärten und Parks im Rheinland anlegen, in diesem Grundstück durfte sie ihre eigene Vorstellung vom vollendeten Naturgarten verwirklichen.

Im Wohnzimmer stand ein dominanter Konzertflügel, auf dem die alte Dame täglich übte. An der Wand hingen vier japanische Holzschnitte, auf denen Äste, Blattwerk und zartfarbige Blüten neben exotischen Vögeln zu sehen waren. Unter den Bildern lagen Steine, Muscheln und andere Fundstücke, zwischen denen eine Bronze von Calder stand. Marias Lieblingsfarbe war Blau, sie kleidete sich in verschiedene Blautöne, auch die Sessel, das Tischtuch und die Servietten hatten den Farbton eines ultramarinfarbigen Sommerhimmels. »Der Tee schmeckt mir am besten aus dünnwandigen Glastassen«, sagte sie und stellte das Tablett auf den Tisch. »Ich lebe wie eine Einsiedlerin, deshalb freue ich mich über jeden Besuch. Seit fünf Jahren gehe ich nicht mehr ins Büro, aber die Sekretärin hat deine Einladungskarten an unsere Kunden versandt, du kannst mit zahlreichen Besuchern rechnen.« Schweigend tranken sie den Tee und blickten aus dem Fenster. Mit der kontemplativen Betrachtung ihres Gartens und der Versenkung in die Weisheitssprüche ihres Vaters machte Maria ihre transzendentalen Erfahrungen. Seit dem Tod des Vaters musste sie ohne seine liebevolle Unterstützung auskommen, hielt aber geistige Zwiesprache mit dem wichtigsten Menschen in ihrem Leben.

Maria ging in ihr Schlafzimmer, vor dem eine mit Wein und Efeu zugerankte Terrasse lag. Ein Amselpärchen hatte dort seinen Nistplatz. Die Vögel kamen in die Wohnung, pickten die ausgestreuten Rosinen auf und hüpften mit ihrer Brut bis in die Küche, um mit Haferflocken belohnt zu werden. Maria sprach mit ihren Vögeln und erfreute sich an der Zutraulichkeit dieser in Freiheit lebenden Kreaturen. Neben der Glastüre, die in den Garten führte, waren zwei Bilder von Braque aufgehängt, das eine mit scherenschnittartigen Vögeln, das zweite mit einem Ahornblatt auf rostrotem Untergrund. Über Marias Bett hing eine Collage von Schwitters, ein zartes Aquarell von Bissier und daneben eine Radierung von Chillida. Das Bild *Tropenvögel* von Nolde war an der schwach belichteten Außenwand platziert, um ein Ausbleichen der Aquarellfarben zu verhindern.

Im weißen Holzregal standen die Handschriften und gebundenen Bücher von Bode. Seine Übersetzung des Dao-dö-jing, in dem die chinesischen Schriftzeichen neben seiner Textinterpretation aufgemalt waren, hatte Maria liebevoll verpackt, damit die Kalligrafie nicht verbleichen konnte. Sie holte das Buch aus dem Fach und zeigte Selma die handgeschöpften Seiten, die mit blauem Weihnachtsband umschlungen waren. »Meine Schwestern waren mit ihren Kindern beschäftigt, ich wollte den Vater verstehen und seinem Ideal ähnlich werden. Seine

Philosophie hat mir geholfen, schwere Zeiten zu überstehen. Er hat einmal gesagt: ›Wer nach der Wahrheit sucht, wird die Antworten finden, für die er reif ist.‹«

Selma meinte: »Das Lehrgebäude der Philosophie hat viele Räume, es bedarf wohl eines Menschenlebens, um die verschiedenen Richtungen gegeneinander abzuwägen, und dafür habe ich keine Zeit. Ich denke, es verhält sich mit der Philosophie ähnlich wie mit der Kunst, es gibt kein zeitlos gültiges Wissen, vielmehr hängt alles mit der Wirklichkeit zusammen, in der wir leben.«

Maria erwiderte: »Vielleicht hast du recht, ein überzeitliches Wissen gibt es nicht, es muss von jeder Generation neu erarbeitet werden.«

Am nächsten Nachmittag, als Selmas Ausstellung aufgebaut war, wollte Maria mit ihr am Rhein entlanggehen. Die Nichte dachte, sie würden eine Viertelstunde Luft schnappen, es wurde aber eine Wanderung von mehreren Stunden daraus. Die alte Dame schritt zügig aus und erzählte von ihrer engen Beziehung zum Rhein, von den Bombennächten in Köln und dem schlechten Gewissen, das sie ihrer Mutter gegenüber hatte: »Ich habe meine Mutter nicht verstanden, ich war ein Vater-Kind. Julia lag weinend auf dem Sofa, das ging mir auf die Nerven, woher sollte ich wissen, was sie durchgemacht hatte?« Auf dem Rückweg erreichten sie die Düsseldorfer Kunstakademie, in der Paul Klee und Ewald Mataré gelehrt hatten und aus der die Studenten Beuys und Graubner, Polke und Richter sich zu Künstlern von Weltruhm entwickelt hatten. Die beiden Frauen streiften durch die Gänge und fanden das ehemalige Atelier der *Freien Hochschule für Kreativität* in Raum 3, in dem sich die vieldiskutierte Fettecke befand. Für den Empfang des Lamas Sogyal Ringpoche hatte Beuys zwei Meter unter der Decke fünf Kilogramm Butter befestigt. In den Gängen standen vollgestopfte Regale neben altersblinden Schaukästen, sogar eine antiquierte Kinderbadewanne, welche zu einer Installation von Beuys gehörte, lag eingestaubt vor dem Fenster. Selma lief mit der kopfschüttelnden Maria durch die mit Graffiti besprühten Gänge, sie kamen an zerbrochenen Gipsabgüssen vorbei und stolperten über weggeworfenen Müll, bis sie schließlich ins Freie traten. »Das nennt man wohl kreatives Chaos«, lachte die Tante. Selmas Begeisterung für Beuys konnte sie nicht verstehen. »Ich begegne diesem Mann häufig, er wohnt bei mir um die Ecke in Oberkassel. Mit seinem mystischen

Hokuspokus kann ich nichts anfangen und habe kein Verständnis für Hochschullehrer, die in ständiger Auseinandersetzung mit dem Ministerium auf sich aufmerksam machen.«

Selma erwiderte: »Beuys hat den Kunstbegriff verändert, nach der NS-Zeit musste die Kunst politisch werden, sonst hätte sie keine Existenzberechtigung gehabt.«

Maria schüttelte den Kopf: »Ich bin von einer ganz anderen Kunstrichtung überzeugt. Der Minimalismus und die Konzeptkunst sind eine Weiterentwicklung der abstrakten Malerei und eine logische Konsequenz aus den Ansätzen von Schwitters und Lissitzky. Sol Le Witts Skulpturen basieren sichtlich auf dem Konstruktivismus des Bauhauses und erinnern mich an De Stijl.«

Regelmäßig besuchte Maria die Galerie Werner in Köln und äußerte sich erstaunt darüber, dass bei den jungen Wilden ganz ungeniert gegenständliche Elemente auftauchten, von denen man angenommen hatte, dass sie passé wären. Sie zitierte Matisse:

»Es ist sehr schwierig, die nachfolgende Generation zu verstehen und richtig einzuschätzen, weil man sich nach und nach, wenn man durchs Leben geht, nicht nur eine eigene Sprache, sondern zugleich eine ästhetische Doktrin zurechtlegt. Das heißt, man definiert den Wertmaßstab nicht nur für sich selbst, sondern erhebt ihn gleichzeitig, wenigstens bis zu einem gewissen Grad, zum absoluten Maßstab für alle. Man kann beurteilen, was vorher war und was gleichzeitig gemacht wird, das, was danach kommt, kann man nicht einschätzen, es übersteigt den eigenen Horizont.«

Die beiden Frauen gingen eine Zeit lang schweigend nebeneinander her, dann sagte Selma: »Die Amerikaner haben die beschlagnahmte Kunst der Nationalsozialisten zurückgegeben, es gibt eine hitzig geführte Kontroverse darüber, ob man die Bilder im Haus der Kunst zeigen soll? Die Mehrheit der Sachverständigen hat sich dagegen ausgesprochen, weil man befürchtet, dass die Bevölkerung diese Kunst womöglich besser findet als die gegenwärtige. Die meisten Exponate machen auf mich einen biederen Eindruck, die aufgeregte Diskussion erscheint mir unangemessen, weil so der Eindruck entsteht, als handle es sich um gefährliche Kunst, die man der Bevölkerung vorenthalten sollte.«

Die alte Dame wedelte mit der Hand: »Für die Auseinandersetzung mit NS-Kunst und NS-Architektur braucht man einen gewissen Abstand und eine sachliche Gelassenheit.«

Die Jüngere lachte: »Es gibt ein Bild von Sigmar Polke, auf dem steht: *Höhere Wesen befahlen: rechte obere Ecke schwarz malen!* Ich verstehe die Aussage politisch. Die rechte Ecke und die Farbe Schwarz stehen für das rechte Gedankengut. Wenn er ›schwarzmalen‹ zusammen geschrieben hätte, dann stünde es für eine negative Erwartung.«

Maria schüttelte den Kopf: »Der Satz macht sich über den inspirierten Künstler lustig, der einer kosmischen Eingebung folgt, so, wie es mein Vater beschrieben hat.«

Selma ging es um etwas anderes: »Wir, die Nachkriegskinder, können nicht über die Gräueltaten der Nazis hinweggehen, wir müssen uns ironisch oder indirekt mit der deutschen Geschichte auseinandersetzen. Anselm Kiefer lässt kleine Kanonenboote in der Badewanne schwimmen und stellt sich über der Szene auf eine Glasplatte, um Abstand zu gewinnen. Martin Kippenberger nennt eine Arbeit *Ich kann beim besten Willen kein Hakenkreuz entdecken* und bezeichnet die Swastika als *Konstruktivistisch*. Ein anderer Künstler stellt ein Hakenkreuz vor einen Spiegel und lässt uns darüber nachdenken, dass die Kunst ein Spiegel der jeweiligen Zeit ist und wir Nachgeborenen ebenfalls in diesem Spiegel zu sehen sind.«

Maria holte tief Luft: »Ihr Jungen steht in der Gegenwart und schaut ständig zurück, verpasst nicht den Zug in die Zukunft, die ihr gestalten sollt.«

In der Rheinallee holte sie zwei Bildermappen unter dem Bett hervor und sah Selma verschmitzt an: »Kein Mensch käme auf die Idee, unter meinem Bett wertvolle Kunstwerke zu vermuten, du darfst es auch niemandem verraten.« Andächtig zog sie die einzelnen Werke hervor und stellte sie rundum auf die Regale. Von Kandinsky gab es zwei kolorierte Tuschezeichnungen aus der abstrakten Periode, eine Variation von Jawlensky, von Rohlfs ein Portrait, die Federzeichnung eines Hundsteufels von Klee, ein Klebebild von Schwitters und von Feininger zwei Holzschnitte. Zu jeder Arbeit erzählte Maria eine Geschichte. Sie wusste, unter welchen Umständen ihr Vater die Künstler kennengelernt hatte und was ihn zum Kauf veranlasste, dann setzte sie hinzu, wie sie selbst darüber dachte. Selma machte sich Notizen und erklärte, welchen Stellenwert diese Künstler für ihre Generation hatten. Die beiden Frauen schoben dann gemeinsam die sorgsam verschnürten Mappen unter das Bett und Maria sagte: »Die Kunst ist das Einzige, was bleibt! Diese Bilder verzaubern mich wie hochbegabte Kinder, sie sind ohne praktischen Wert, man könnte von einem symbolischen Kapital sprechen. Ich würde sie unter keinen Umständen verkaufen, vorausgesetzt, dass ich nicht in Not gerate oder euch zur Last falle. Von meiner kleinen Rente kann ich mir den Winterurlaub in den Bergen nicht mehr leisten, das ändert aber nichts an meiner Einstellung, dass die Bilder Zeugnisse einer Weltsicht und keine Geldscheine sind. Bei meinen Streifzügen durch die Düsseldorfer und Kölner Galerien konnte ich das ein oder andere Sammlerstück für meinen Vater ausfindig machen und habe bei der Gelegenheit selbst mehrere Originalgrafiken gekauft. Die Bilder deines Großvaters sind ein kulturelles Erbe, das ich eine Zeitlang besitzen darf, bevor ich es an euch weitergebe. Dieser Besitz gibt mir ein Gefühl von Bedeutung, von dem die Menschen um mich herum nichts ahnen. Wir Bode-Töchter haben unser Erbe mit Ilse einvernehmlich geteilt und ihr, die leiblichen Enkel, sollt meinen Anteil der Kunstsammlung bekommen. Ich frage jeden von euch, was er am liebsten haben möchte?«

Selma zögerte nicht lange und entschied sich für den *Hundsteufel* von Klee, der ihr daraufhin versprochen wurde. Sie wollte der Tante ein Bild abkaufen oder ihren nächsten Winterurlaub finanzieren, was Maria nach einer längeren Bedenkzeit meinte, nicht annehmen zu können. Sie sagte: »Die öffentlichen Museen sind in vielen Städten unterfinanziert, sie können den Marktwert für die klassische Moderne nicht mehr aufbringen. Der Preis für Kunstwerke wird mit ihrem Wert oder ihrer Qualität verwechselt. Mein Bild von Lissitzky hängt im Abstrakten Kabinett des Sprengel Museums, ich möchte, dass es dort bleibt.«

Selma erwiderte: »Dann schenk es doch dem Museum?«, und bekam zur Antwort: »Ich möchte euch nicht vorgreifen, so ist die Erbfolge, die mein Vater festgelegt hat.«

Die beiden Frauen saßen um einen runden Tisch und Selma erzählte, dass sie vier Jahre nach dem Tod des Großvaters von Ilse ein schweres Bücherpaket bekommen hatte. Es enthielt sämtliche astrologischen Bücher, die Ephemeriden und Arbeitsnotizen, mit denen Bode seine Horoskope angefertigt hatte. In einem zweiten Paket befanden sich philosophische Bücher, in die er Zeitungsartikel und Notizen gelegt hatte. Auf eine Karte hatte Ilse mit schwungvoller Schrift geschrieben: »Vielleicht kannst du etwas damit anfangen, es hätte ihn gefreut!« Die Enkelin erhoffte sich von Maria Einblicke in die Denkweise von Bode, um ihre Zweifel bezüglich seiner Person und seiner Lehre zu zerstreuen. Traditionell positiv besetzte Männerideale, wie sie vom Großvater verkörpert wurden, waren in Selmas Weltsicht durch die linke Ideologie und den Feminismus längst überholt. Bei diesem nächtlichen Gespräch kamen heikle Familiengeschichten zur Sprache und die Nichte erfuhr die geheim gehaltene Wahrheit über Kurts Exekution. Maria sagte: »In unserer Familie wurde über vieles eisern geschwiegen. Da gab es Fehleinschätzungen der politischen Lage, Vorurteile, die revidiert werden mussten, und Eingriffe in das Leben von Angehörigen, die man rückblickend gerne ungeschehen gemacht hätte. Ich hoffe, ihr Nachgeborenen denkt nachsichtig über uns. Zwischen dem Suchen und dem Finden des richtigen Weges, öffnet sich ein weiter Raum für Irrwege, die man nicht mehr ändern kann.«

Erschöpft von den intensiven Gesprächen stand die Tante auf und zog ein schmales Klappbett hinter dem Schrank hervor, dann brachte sie das Bettzeug ins Wohnzimmer, in dem Selma die Nacht verbringen sollte.

Am nächsten Tag war die Eröffnung der Ausstellung und Maria stand ganz in Blau gekleidet in der ersten Reihe. Sie hatte ein gehäkeltes Mützchen auf dem Kopf, eine dicke Hornbrille vor den Augen und hinter jedem Ohr ein Hörgerät. Interessiert lauschte sie der Rede und dem anschließenden Musikstück, bevor sie sich die Ausstellungsstücke genau ansah. Zur anschließenden Feier erschien die Tante nicht. Als Selma gegen Mitternacht an ihre Tür klopfte, wurde sie mit Fragen bestürmt: »Könnte es sein, dass deine Bilder von Kurt Schwitters beeinflusst sind?«

Selma gab lachend zur Antwort: »Das ist mit Sicherheit so, ich verstehe diese Art der Aneignung als einen Akt künstlerischer Selbstfindung. Erwin Panofsky bezeichnet stilistische Motive, die von einem anderen Künstler übernommen werden, als *initiatorische Erlebnisse von vorstellungsweckender Bedeutung*.«

Maria schüttelte den Kopf: »Der Künstler Armand beruft sich auf Schwitters und zertrümmert ähnlich wie du Musikinstrumente, er sprengt sie in die Luft und gießt sie dann in Kunstharz. Zu diesen Nouveau Realisten gehören Yves Klein, Daniel Spoerri und Jean Tinguely.«

Selma sah deprimiert aus und sagte: »So ist es, ich dachte, ich wäre die Einzige auf der Welt, die Musikinstrumente verarbeitet, bis ich auf Armand aufmerksam gemacht wurde. Er zerstört etwas, ich setze Zerstörtes in einem neuen Kontext zusammen, der Besucher sieht in beiden Fällen kaputte Musikinstrumente.«

Maria beruhigte: »Das hat mein Vater so gesehen: Manche Ideen hängen im Universum und warten darauf, abgerufen zu werden, sowohl in der Kunst als auch in der Wissenschaft. Eine Idee kann an verschiedenen Orten zur gleichen Zeit umgesetzt werden, ohne dass die Akteure voneinander wissen.«

Selma erwiderte: »Du willst damit sagen, dass das Genie durch einen Geistesblitz zur Erkenntnis gelangt, ich glaube, es ist ganz banal; die Wahrnehmung kommt im Bewusstsein an und wird im Unbewussten bearbeitet und zensiert, angereichert mit eigenen Erfahrungen und einer Portion Fantasie wird dann ein Kunstwerk daraus.«

Maria überlegte: »Es war wohl Nietzsche, der das Genie als maßgeblichen Kulturträger bezeichnet hat.«

Die Jüngere lachte: »Der Geniekult ist überholt, heute übermalt man einfach die Bilder anderer Künstler. Marcel Duchamp sprach von *Remastered,* als er die Mona Lisa mit einem Bart versah, und Robert Rauschenberg hat ein Bild von Willem de Kooning ausradiert und als *Erased de Kooning* ausgestellt. Die Aneignung geht viel weiter als eine Hommage oder eine Persiflage, sie geht bis zur Zerstörung des Ausgangswerkes, um die Frage nach dem Wert und der Funktionalität von Kunst zu thematisieren.«

Maria sah deprimiert aus: »Fällt den Künstlern nur noch Zerstörung ein?«

Die Nichte widersprach: »Der genuine Schöpfungsakt besteht darin, anders zu denken als die Vorgänger. Die befreiende Wirkung der Kunst wird in neuen Räumen gesucht, in denen wie beim Zen-Buddhismus die Erkenntnis durch ein Händeklatschen ausgelöst wird.« Die 77-Jährige sagte müde: »Darüber muss ich erst einmal nachdenken, wir sehen uns morgen früh.«

Nach dem gemeinsamen Frühstück sagte Maria zum Abschied: »Denk daran, die Kuh, die man melken möchte, sollte man nicht verkaufen.« Sie stand klein und verloren am Rheinufer und winkte ihr letztes Lebewohl.

Der Verkauf der Kunstsammlung

Elsa lebte nach dem Tod ihres Mannes alleine in dem Münchner Haus. Kurzfristig kam die Zusage für eine Zweizimmerwohnung im Altenheim und die Familie drängte sie, das Angebot anzunehmen. Das geräumige Wohnzimmer wurde mit den historischen Möbeln aus Bodes erster Wohnung eingerichtet. Im Schlafzimmer standen Julias Ehebett und ihr Sekretär, auf dem die Fotos der lebenden und der toten Familienangehörigen zu besichtigen waren. Die vom Vater ererbten Gemälde hingen an den Wänden, über der Ledercouch *Der Tanz* von Nolde, daneben eine Zeichnung von Wilhelm Busch und über dem Bett das Aquarell *Genfer See* von Nolde, an der Fensterwand eine Collage von Schwitters. Es war gut, dass nie ein Sonnenstrahl ins Zimmer kam, sodass die Bilder nicht verbleichen konnten. Die große Familienbibel lag auf dem Tisch wie einstmals in Steinhude.

Sieben Jahre wohnte Elsa im Seniorenheim, das Gefühl, alt, gebrechlich und überflüssig zu sein, wurde von Jahr zu Jahr schlimmer. Wenn mal jemand zu Besuch kam, dann nahm sie sich zusammen. Sie zog ihr schönstes Kleid an, hielt sich gerade und machte ein freundliches Gesicht, so wie sie es vom Vater gelernt hatte. Bode hatte seine Kinder zur Selbstdisziplin erzogen und ihnen beigebracht, dass man niemandem den Tag mit schlechter Laune verderben durfte. Nun lag die 87-Jährige mit Fieber im Bett und ihre jüngste Tochter war gekommen, um sie zu pflegen. Wenn die Kranke wach war, sprachen sie über die Vergangenheit. Elsa erinnerte sich an jede Kleinigkeit in ihrer Kindheit und verfiel in einen schwärmerischen Erzählstil, wenn sie von Steinhude sprach. Zwischen den einzelnen Episoden blickte sie sinnend aus dem Fenster, wo die Vögel in einem großen Futterhaus landeten, ein paar Körner aufpickten und wieder wegflogen.

An einem dieser Nachmittage, die sich still in die Länge zogen, rief Maria aus dem Krankenhaus an. Ende März war ihr 90. Geburtstag und sie befürchtete, dass sie bis zu diesem Festtag dort bleiben musste.

Um ein wenig Vorfreude zu wecken, erzählte ihr Selma von einem Streichquartett, das bei der Geburtstagsfeier Bach spielen würde. Maria sprach in klaren deutlichen Worten: »Ich habe den Auftrag erteilt, dass der Flügel vor dem Konzert gestimmt wird.« Nach einer längeren Pause setzte sie hinzu: »Ich habe geträumt, dass ich bei meinem Geburtstag ganz woanders sein werde.«

Selma lachte: »Wo willst du denn hin?«

»Kannst du dir das nicht denken?« Die Nichte verneinte und hörte: »Weg, für immer weg.«

Es entstand eine Pause, bis klar war, dass die Tante von ihrem Ableben sprach. »Kümmere dich um meine kleine Schwester«, fügte sie noch hinzu und legte auf. Nach diesem Telefonat trat Selma an das Bett der Mutter und wiederholte das Gehörte. Trotzig wie ein kleines Kind klagte Elsa: »Jawohl, ich bin noch nicht dran mit Sterben, ich bin doch die Jüngste von den Geschwistern!«

Eine Woche später verstarb Elsa an einem Herzinfarkt und drei Tage später machte auch Maria ihren letzten Atemzug.

Mit ihrem freundlichen Gemüt und der offenen Art, auf Menschen zuzugehen, hatte sich Elsa viele Freunde gemacht, die mit Trauergästen gefüllte Aussegnungshalle sprach für ihre Beliebtheit. Einer der Schwiegersöhne hielt eine bewegende Ansprache, in der er den Lebensweg der Verstorbenen schilderte, danach spielten Verwandte von Peter Bade ein Mozart-Quartett, welches mit seinen heiteren Klängen die bedrückende Atmosphäre entspannte. Die klare Struktur des Larghetto erfüllte den kalten Raum mit Musik, die Elsas Trost gewesen war.

Einen Tag nach der Beisetzung trafen sich Elsas Töchter im Altenheim und verteilten ohne Differenzen die Bilder des Großvaters, die dort an den Wänden hingen. Reingard verabschiedete sich und fuhr nach Düsseldorf, um Marias Beerdigung zu organisieren. Selma nahm die Schwester beiseite und bat sie, die Bildersammlung an einem sicheren Ort zu verwahren, damit nichts gestohlen würde. Reingard sagte: »Die Bilder haben 24 Jahre unter Marias Bett gelegen, warum sollten sie gerade jetzt verschwinden?«

Nur eine Woche später versammelten sich die sieben Enkel von Bode in der Düsseldorfer Aussegnungshalle. Marias Sarg stand erhöht in einer Apsis, davor ein Kranz von Ilses Enkeltochter. Auf der Suche nach dem bestellten Blumenschmuck traf Selma hinter den Kulissen auf die Musiker, die mit ihren Instrumenten in der Hand zwischen den Särgen anderer Verstorbener standen. Der Bestatter sagte streng: »Die Testamentsvollstreckerin wollte keine Blumen, weil diese nach der Beerdigung weggeworfen werden.« Maria, war Gartenarchitektin, durfte ihr der Blumenschmuck vorenthalten werden? Gemeinsam mit den livrierten Leichenbestattern suchte Selma im angrenzenden Kühlraum die schönsten Kränze und Gestecke der vorangegangenen Beerdigungen aus und hängte sie auf Holzgestellen neben den Sarg. »Für unsere liebe Mutti« war auf einer Schleife zu lesen, die schamhaft unter dem Kranz versteckt wurde, weil Maria den Titel »Fräulein« mit Würde getragen hatte.

Nachdem sich die wenigen Trauergäste gesetzt hatten, trat ein Redner vor, der eine Predigt hielt, die mit der Verstorbenen nicht das Geringste zu tun hatte. Die Besucher warfen sich verständnislose Blicke zu und Selma sagte zu Reingard: »Wo hast du denn diese Pfeife aufgetan?« Es folgte ein kleines Bachkonzert, bei dem der japanischen Geigerin die Tränen über die Wangen liefen. Aki hatte während ihrer Ausbildung fünf Jahre lang bei Elsa in München gewohnt, die Tränen vergoss sie in Erinnerung an die liebevolle Aufnahme in einem musikbegeisterten Haus. Zum Abschied sagte sie: »Ihre Mutter hat mich wie eine Tochter behandelt, ich habe acht Stunden am Tag Geige geübt, das hätte nicht jeder ertragen.« Sie verbeugte sich und verließ die nach Hyazinthen duftende Halle. Ilses Enkeltochter meinte: »Die Predigt bei Oma Ilses Beerdigung war noch schlimmer.«

Die Erben, sechs Nichten und ein Neffe, waren von weit her angereist, deshalb traf man sich anschließend in Marias Wohnung. Reingard war die Testamentsvollstreckerin und hatte die letzten Lebenstage der Verstorbenen miterlebt: »Unsere Tante war extrem kurzsichtig und schwerhörig. In der Klinik gingen die Brille und das Hörgerät verloren, sodass sie fast nichts sehen und noch weniger hören konnte. Es war mir nicht möglich, Maria das Ableben von Elsa mitzuteilen.« Nach dieser kleinen Ansprache bekamen die Anwesenden ein handgeschriebenes Testament überreicht, in dem mehrere Vermächtnisse vermerkt waren: »Reingard erhält den Flügel, Eckbert die japanischen Holzschnitte, Selma habe ich den *Hundsteufel* versprochen und Roland Weber bekommt den Japanischen Pinseltopf.«

Die Hälfte von Bodes Kunstsammlung war nach Ilses Tod an die Beindorff-Enkel gegangen und Erkengard überließ die Aufteilung ihres Erbteils den Kindern. Reingard holte die Bildermappen unter dem Bett hervor, um deren Inhalt zu verteilen. Anhand einer Liste, in der der Versicherungswert notiert war, wurden gleichwertige Paare gebildet, von denen Erkengards und Elsas Kinder jeweils im Wechsel, eine Arbeit auswählen durften. Schon bald stellte sich heraus, dass vier Bilder verschwunden waren. Es fehlten zwei kolorierte Handzeichnungen von Kandinsky, ein Brustbild von Rohlfs und ein Ölbild von Otto Modersohn. Es bedurfte keiner hellseherischen Fähigkeiten, um diese Situation vorherzusehen. Lissitzkys *Proun 30T* hing im Abstrakten Kabinett, deshalb wollten Elsas Kinder es dem Museum verkaufen, was von den restlichen Erben zunächst abgelehnt wurde. Nach der Aufteilung der Bilder fuhren alle außer Reingard nach Hause, sie sollte den Hausstand auflösen.

Zwei Monate später erhielten Elsas Erben vom Nachlassgericht eine Testamentskopie zugeschickt. Die Erblasserin wollte, dass die beiden wertvollsten Bilder im Familienbesitz blieben. So erbten Reingard und Selma zu gleichen Teilen den *Blitzschlag* von Klee und die Töchter Ruthilde und Anna-Friederun gemeinsam die *Abstrakte Komposition* von Schwitters. Jeweils eine der beiden Schwestern konnte das gemeinsam geerbte Bild zum Kaufpreis von 50 000 DM von der Miterbin kaufen. Wer zuerst erwerbsberechtigt war, bestimmte die Testamentsvollstreckerin. Wurden die Kaufrechte nicht binnen eines Jahres ab Erbfall ausgeübt, waren sie erloschen. Beim Verkauf eines Bildes sollten die drei anderen Schwestern, denen das jeweilige Bild nicht zugewendet wurde, ein vererbliches Vorkaufsrecht haben. Der weitere Verkauf konnte nur an Personen erfolgen, die mit der Verstorbenen in gerader Linie verwandt waren. Elsa war davon überzeugt, dass ihre Töchter ihren letzten Willen respektieren würden, sie wollte mit dieser Regelung den Verkauf von Bodes Bildern verhindern. Ein Notar hatte die Mutter beraten, das Testament war nach ihren Wünschen angefertigt und Reingard war die Testamentsvollstreckerin.

In einem Gutachten des Auktionshauses Villa Grisebach Berlin wurde der Klee mit 900 000 DM, der Schwitters mit 600 000 DM und der Lissitzky mit 825 000 DM eingeschätzt. Im Sinne der Verstorbenen

Kurt Schwitters »Abstrakte Komposition«

kamen Marias Erben überein, Lissitzkys *Proun 30T* zu dem vom Auktionshaus geschätzten Preis an das Museum zu verkaufen. Reingard tippte auf ihrer Schreibmaschine einen Brief an das Sprengel Museum, in dem sie »Kraft ihres Amtes« das Bild zum Kauf anbot. Das Museum reagierte sofort, nahm das Angebot an und erbat sich etwas Zeit, um den aufzubringenden Betrag zu beschaffen.

Im Februar holte Selma ein Einschreiben bei der Post ab. Reingard teilte ihr mit, dass sie ihre Bildhälfte von Klees *Blitzschlag* für 50 000 DM gekauft habe. Die Kaufsumme sei bereits überwiesen und Reingard hiermit die alleinige Eigentümerin des Bildes. Selma schickte das Geld postwendend zurück, weil sie nicht gewillt war, ihren Bildanteil für diesen Preis zu verkaufen. Sie informierte das Museum, dass ohne ihr schriftliches Einverständnis keines der Bilder aus dem Museum entfernt werden durfte. In der Zwischenzeit bot ein amerikanischer Sammler 2,5 Millionen DM für den Lissitzky und Reingard wollte Marias Bild durch die Vermittlung eines Hamburger Auktionshauses nach Amerika verkaufen. Als Testamentsvollstreckerin forderte sie *»Kraft ihrer Befugnisse«* die Herausgabe aller Gemälde. Das Museum verweigerte dies, da keine einvernehmliche Regelung vorlag. Für Lissitzkys *Proun 30 T* wurde daraufhin ein Ausfuhrverbot zum Schutz deutschen Kulturgutes mit folgender Begründung beantragt:

»Das Kunstwerk Proun 30 T von El Lissitzky befindet sich seit 1979 als Dauerleihgabe im Sprengel Museum Hannover. Es gehört zur zentralen Gruppe von Gemälden El Lissitzkys, die zwischen 1920 und 1925 entstanden sind.(….) Proun 30 T ist, was den Wechsel von Räumen und Flächen angeht, von besonderer Komplexität und Dramatik. Zur Bedeutung dieses Kunstwerkes, wird auf das Gutachten von Dr. Armin Zweite, dem Direktor des Kunstmuseums von NRW in Düsseldorf, Bezug genommen.«

Beigeheftet war die Strafandrohung bei Zuwiderhandlung des Ausfuhrverbotes:

»Wer entgegen dem Ausfuhrverbot § 4 und § 11, ein Kulturgut, dessen Eintragung eingeleitet ist, aus dem Geltungsbereich des Gesetzes ausführt, wird mit Gefängnis und Geldstrafe bis zu 300 000 DM bestraft. Der Versuch ist strafbar. Neben der Strafe kann auf die Einziehung des Kulturgutes erkannt werden.«

Trotz des Ausfuhrverbotes wollte Reingard Lissitzkys *Proun 30 T* in die Versteigerung geben und appellierte erfolglos an die Loyalität der kleinen Schwester. Beim Nachlassgericht beantragte sie daraufhin ein Testamentsvollstreckerzeugnis, um sich des Bildes zu bemächtigen. Ende März lehnte das Amtsgericht Düsseldorf den Antrag aus formellen Gründen ab. Reingard war nun eine von sieben gleichberechtigten Erben und der unterschriebene Auktionsvertrag hinfällig. Ein weiteres Problem waren die fehlenden Bilder, über deren Verbleib Nachforschungen angestellt wurden. Um sie unverkäuflich zu machen, sollten sie in das »Art Loss Register« aufgenommen werden.

Ende April erhielten die Erben ein Schreiben der Stadt Hannover, in dem das Gemälde *Proun 30 T* von El Lissitzky rechtskräftig unter Schutz gestellt und der zwingende Verbleib in Deutschland angeordnet wurde. Dem Museum lag ein Kaufangebot von Reingard vor und ein handschriftlicher Brief Erkengards, in dem sie dem Verkauf zustimmte. Das Museum *betrachtete den Kaufvertrag als weiter bestehend und rechtlich bindend*. Erkengards Kinder wollten das Bild, für das angeblich 2,5 Millionen DM geboten wurden, nicht für den ursprünglich genannten Preis abgeben, sie drohten Reingard mit Konsequenzen und diese hatte zudem Angst vor einem Rechtsstreit mit der Stadt Hannover.

Ein Jahr später übernahm Anna-Friederun mit Unterstützung ihres Mannes die Initiative, um die festgefahrenen Verhandlungen wiederzubeleben. Anders als im Testament vorgesehen sollten alle Bilder verkauft und der Verkaufserlös zu gleichen Teilen unter den vier Töchtern aufgeteilt werden. Die Verhandlungen übernahm Selma mit Unterstützung von Anna-Friederun, ein endgültiger Verkauf war jedoch nur mit dem Einverständnis aller Erben möglich.

In Hannover traf sich Selma mit den zuständigen Herren im Sprengel Museum. Für den Lissitzky vereinbarte man einen Preis, der innerhalb eines Jahres aufgebracht werden konnte, die Anzahlung wurde sofort an die sieben Erben ausbezahlt. Marias Wunsch entsprechend, blieb Lissitzkys *Proun 30 T* im Abstrakten Kabinett. Die Dauerleihgaben von Klee und Schwitters waren für das Sprengel Museum langfristig nur mithilfe einer Stiftung finanzierbar. Vom Kurt-Schwitters-Platz, dem Standort des Sprengel Museums, reiste Selma weiter nach Berlin, wo sie mit Bernd Schultz von Villa Grisebach verabredet war. Für den

Fall einer Versteigerung der restlichen Bilder wurde ein Auktionsvertrag ausgehandelt. Die Erben wollten die Bilder versichern und wurden bei mehreren Versicherungen vorstellig, die Beiträge waren jedoch derart hoch, dass man sich dagegen entschied. Bei dieser Recherche kam ans Licht, dass renommierte Sammler ihre wertvollen Bilder kopieren ließen und Fälschungen an den Wände hatten, während die Originale im Tresor verwahrt wurden. In China lebt eine ganze Künstlerkolonie von diesem Geschäft, die professionell gemalten Kopien unterscheiden sich kaum vom Original. Wird dieses verkauft, bleibt dem Sammler das Statussymbol, ohne jeden Prestigeverlust erhalten. Macht man sich Gedanken über diese Art von Täuschung, dann wird einem klar: Das Original eines Bildes ist einmalig und hat mit seiner Entstehung einen festen Platz innerhalb der Kunstgeschichte. Die Kopie ist wertlos, auch dann, wenn sie handwerklich gut gemacht ist. Der Museumsbesucher möchte über das Betrachten von Kunst eine Welt entdecken, in der sich neue Räume auftun. Wenn zwei Bilder mit identischem Inhalt nebeneinander hängen, aber mit Original und Fälschung beschriftet sind, dann hat man den sogenannten Framing-Effekt, der die Deutung und das Verhalten des Betrachters beeinflusst. Dieser Effekt lässt sich mit einer rationalen Entscheidung nicht erklären, er ist geprägt von unserem gesellschaftlichen Umfeld und von unserer Kultur, die der Wirklichkeit von Sinneseindrücken und Erfahrungen eine Bedeutsamkeit zumisst. Wolfgang Beltracchi fälschte seinerzeit auch die Unterschrift des Künstlers, das ist ein Betrug am Betrachter, der den Wert eines Kunstwerkes an der Stellung des Künstlers innerhalb der Kunstgeschichte bemisst.

Der Galerist Heinz Berggruen war bekannt dafür, dass er Bilder von Klee sammelte, deshalb vereinbarte Selma einen Besuchstermin, um ihm den *Blitzschlag* von Klee anzubieten. Als Jude hatte Berggruen Berlin während der NS-Herrschaft verlassen müssen. Nach sechs Jahrzehnten des Exils kehrte er 1996 zusammen mit seiner außergewöhnlichen Sammlung zurück nach Berlin und bezog den Stühlerbau gegenüber vom Charlottenburger Schloss. In einer Geste der Versöhnung verkaufte er 60 Bilder von Klee, Picasso, Braque und Matisse unter deren Marktwert an die Stiftung Preußischer Kulturbesitz. Wenn er sich in Berlin aufhielt, wohnte der 92-Jährige im Dachgeschoss über seiner Sammlung und Selma traf ihn dort, um über seine Vorliebe für die Bilder von Klee zu sprechen. Er führte die Besucherin vor ein Frauenbildnis von Picasso und erklärte mit großer Hingabe jede einzelne Linie der Zeichnung. Vor einem zarten Aquarell von Klee bekannte er sich zu seinem Faible für reduzierte Zeichnungen, aber das Bild der Erbengemeinschaft wollte er nicht kaufen.

Die Vertretungen der Auktionshäuser von Christie's und Sotheby's meldeten ihr Interesse an den Bildern an. Im Kunsthandel war zu erfahren, dass zehn Bilder von Klee in die nächste Auktion bei Sotheby's kommen sollten. Die Sammlung wurde von einem japanischen Industriellen angeboten, der sich wegen empfindlicher Verluste an der Börse von seinen Werken trennen musste. Laut Expertise waren die Bilder vordem bereits im Besitz des Basler Kunsthändlers Ernst Beyeler und des Pariser Galeristen Heinz Berggruen gewesen. Der häufige Wechsel der Eigentümer drückte auf den Preis. Das Angebot von zehn Klee-Bildern war für den Verkauf der Erbengemeinschaft ungünstig, trotzdem wollte Christie's den *Blitzschlag* mit 3 Millionen Anfangsgebot in die Auktion aufnehmen. Im Kunsthandel kursierten zur damaligen Zeit Gerüchte über das Auktionshaus, hinzu kam, dass ein zu hoch angesetzter Ausgangswert Risiken birgt. Findet man für ein Bild während der Auktion und im Nachverkauf keinen Käufer, dann gilt es als verbrannt, es verliert an Wert und wird demzufolge schwer verkäuflich.

Den Kunsthändler Ernst Beyeler hatte Selma auf der Art Basel kennengelernt. Er unterhielt eine Galerie in der Basler Bäumleingasse und hatte ein Museum in Riehen erbaut, in dem eine der schönsten Privatsammlungen Europas zu sehen ist. Im August traf man sich und Beyeler bot auf Anhieb 3 Millionen SFr für den Klee, 3 Millionen SFr für den Lissitzky und 2 Million SFr für den Schwitters. Er war der Meinung, dass es egal sei, ob die Bilder in einem Hannoveraner oder Basler Museum hingen, solange sie der Öffentlichkeit zugänglich wären.

Nach Rücksprache mit Anna-Friederun wurde entschieden, den Schwitters zur Auktion bei Villa Grisebach und den Klee ins Museum nach Riehen zu geben. Beyeler organisierte den Transport und holte das Bild in die Schweiz. Kaum war Klees *Blitzschlag* im Museum angekommen, schickte Beyeler ein Fax, in dem stand: »Ich habe mir das

Bild genauer angesehen und schätze es jetzt auf 1 Million SFr.« Selma rief in Basel an und sagte: »Herr Beyeler, ich kenne Sie als seriösen Kunsthändler, wie soll ich diesen Sinneswandel verstehen?« Er gab zur Antwort: »Wenn ich keine 3 Millionen angeboten hätte, dann wäre das Bild in die Auktion gekommen und nicht zu mir. Jetzt ist es schon mal hier und wir können in aller Ruhe zusehen, ob wir einen Sponsor finden, der es für die Museumsstiftung ankauft.« Selma wusste nicht, wie sie diese Preiskapriolen ihren Miterben erklären sollte. Eine der Schwestern erkundigte sich bereits bei der UBS, ob man Ernst Beyeler trauen könne. Sie erhielt die Antwort, dass es sich um einen seriösen Milliardär in Sachwerten handle. Währenddessen verlief der Verkauf des Bildes von Lissitzky an das Sprengel Museum schneller als erwartet und beruhigte die erregten Gemüter. Marias Erbengemeinschaft wurde zur allseitigen Zufriedenheit aufgelöst und die Recherche nach den entwendeten Bildern eingestellt.

In der Winterauktion sollte die *Abstrakte Komposition* von Schwitters bei Villa Grisebach unter den Hammer kommen. Das Bild wurde auf den Katalog und die Einladungskarte gedruckt und besonders in der Schweiz gab es mehrere Interessenten. Am Auktionstag fiel so viel Schnee vom Himmel, dass in Zürich die Flugzeuge nicht starten und in Berlin nicht landen konnten. Weder Ernst Beyeler noch zwei weitere Sammler aus der Schweiz erschienen zur Auktion. Der Schwitters blieb unverkauft. Ein Zürcher Sammler wollte das Bild im Nachverkauf zum Angebotspreis erwerben und die Schwestern waren damit einverstanden. Wenig später erschien das Bild zum doppelten Preis in einer Zürcher Kunsthandlung, wo es jahrelang zu sehen war. Klees *Blitzschlag* war mal in der Bäumleingasse, ein andermal im Museum Riehen untergebracht, weil Ernst Beyeler anderweitig beschäftigt war, die Verkaufsverhandlungen stockten.

Nach jahrelangen Gesprächen hatten Christo und Jeanne-Claude im November 1998 zugesagt, die Bäume im Museumspark von Riehen für den Winter zu verhüllen. Zur Finanzierung dieser Kunstaktion wurden Eintrittskarten in alle Welt verkauft, gemeinsam mit einer Hotelbuchung und dem passenden Flugticket von Crossair. Zur Eröffnung der Ausstellung »Magie der Bäume« erhielten Selma und ihr Mann eine Einladung. Vor dem Renzo Piano-Bau der Fondation war ein weißes Zelt aufgebaut, in dem an weißgedeckten Tischen für Sponsoren und »special guests« ein mehrgängiges Essen serviert wurde. Neben Künstlern, Kunsthändlern und Kunsthistorikern aus dem sogenannten »Basler Teig« waren Industrielle und Kunstförderer von weit her angereist. Beyeler hielt eine Rede, bei der man ihn kaum verstehen konnte, weil die Hubschrauber mit ohrenbetäubendem Lärm über dem Zelt kreisten, um die letzten Bäume zu verhüllen. Er musste seine Ansprache mehrmals unterbrechen, dabei blickte er hilfesuchend gen Himmel, bis das störende Geräusch nachließ. Der Aufbau der Installation sollte Tage vor der Eröffnung abgeschlossen sein, aber die Christos wollten dem Publikum »work in progress« im Sinne von Prozesskunst bieten. Bei der Prozesskunst sollen Zeit und Raum sowie die Hintergründe der Entstehung eines Kunstwerks für den Künstler und die Betrachter bewusst gemacht werden. Die Entwicklung der künstlerischen Arbeit wird mit Videotechnik aufgezeichnet und in die Präsentation miteinbezogen.

Das dreigängige Essen war vorüber, als Christo und Jeanne-Claude in grauen Overalls auf dem Rednerpodest erschienen. Der Künstler saß erschöpft mit gesenktem Kopf auf einem Stuhl, während seine rothaarige Frau von der gemeinsamen Idee einer Baumverhüllung sprach und die Eigenfinanzierung ihrer gemeinsamen Projekte hervorhob. Jeder im Raum wusste, dass der anwesende Mäzen und Musikwissenschaftler Paul Sacher, Schwiegersohn der Firma Hoffmann-La Roche, mit dem Ankauf von Zeichnungen das fehlende Schärflein beigetragen hatte, um die Kunstaktion zu ermöglichen. Nach der kurzen Ansprache verließ das Künstlerpaar das Zelt, sie traten als Werktätige vor die Presse, während der Gastgeber dem kunstsinnigen Publikum viel Freude an der Ausstellung wünschte. Das Astwerk der hohen Parkbäume war in eine graue Folie gezwängt, die wie bei einem Päckchen unten zugeschnürt war. Diese transparenten Ballons standen in Reihen vor dem azurblauen Winterhimmel und der weiten Landschaft. Die künstlerische Verfremdung der Natur hatte einen speziellen Zauber, sie wirkte leichter als der kompakte Block des Reichstags, den Christo Jahre zuvor verhüllt hatte. Selma erwarb zur Erinnerung an diesen denkwürdigen Tag eine kolorierte Zeichnung, die Christo und Jeanne-Claude signierten.

Ernst Beyeler war zufrieden mit der gelungenen Inszenierung, bis die Künstler ihm mitteilten, dass sie die Bäume früher als vorgesehen wieder auspacken würden. Der Kunsthändler konnte sie von diesem Vorhaben nicht abhalten, obwohl er die bereits verkauften Flugkarten und Hotelreservierungen zurückzahlen musste, was einen nicht wiedergutzumachenden Geld- und Prestigeverlust mit sich brachte. Die Künstler begründeten das frühe Ende damit, dass ihre Projekte immer von kurzer Dauer wären, um die Frische der Kunst zu bewahren. Der Wirbel über die frühzeitige Enthüllung rauschte durch den Blätterwald und erzeugte erneut Aufmerksamkeit, die ausgeladenen Gäste sollten das Gefühl bekommen, ein einmaliges Ereignis versäumt zu haben.

Gerade zu dieser Zeit kam Selma zu einer Verhandlung über den Klee nach Riehen. Die Mitarbeiter machten sich große Sorgen um die Gesundheit des betagten Chefs, der auf eine griechische Insel reisen wollte, um sich zu erholen. Beyeler war noch im Gespräch mit einem Kunden, deshalb verbrachte die Wartende ihre Zeit vor Claude Monets dreiteiligem Seerosen-Bild. Durch die Länge der Leinwand hat man den Eindruck, im Bild zu stehen, in einem kleinteilig gemalten Teich, dessen Formen sich bei näherem Hinsehen auflösen. Vor diesem Kunstwerk kann man studieren, wie vermeintliche Wirklichkeit visuell verschwindet und abstrakt wird, je nachdem, wie nahe man der gemalten Oberfläche kommt. Es ging Monet um eine vertiefte Ähnlichkeit mit der Natur, die ins Surreale kippt und verdeutlicht, dass Oberfläche eine Illusion ist. Außerhalb des Gebäudes liegt ein Seerosenteich, sodass das Bild visuell verlängert wird. Der Besucher hat die Möglichkeit, die Realität mit der gemalten Version zu vergleichen.

Ernst Beyeler sah sich suchend nach Bodes Enkelin um und fand sie vor Kandinskys Bild *Abstrakte Komposition No. 10*. Auf dem Schild an der Wand war eine schwarze Rose zu sehen und die Künstlerin zeigte mit dem Finger darauf: »›Ohne die Rose tun wir's nicht‹, hat Joseph Beuys im Andenken an Meister Eckhart gesagt, hat diese Rose etwas damit zu tun?«

Beyeler nickte: »Ein wenig schon, es gab eine Auseinandersetzung um dieses Bild, das ich unbedingt behalten wollte. Der Streit wurde vor Kurzem endgültig beigelegt.«

Selma zog fragend die Augenbrauen hoch und vernahm folgende Geschichte: Paul Erich Küppers, Direktor der Kestner Gesellschaft, erwirbt gemeinsam mit seiner Frau Sophie zahlreiche Kunstwerke. 1919 kaufen sie für rund 3000 RM, das Bild *Improvisation No. 10* von Kandinsky in der Berliner Galerie »Der Sturm«. Im selben Jahr erstehen sie das Bild *Sumpflegende* von Paul Klee. 1922 stirbt Erich Küppers an der Spanischen Grippe und hinterlässt seine Frau Sophie und die Söhne Kurt und Hans. Durch Kurt Schwitters lernt Sophie Küppers den russischen Künstler El Lissitzky kennen, den sie 1927 ehelicht, kurz bevor er von den Nationalsozialisten dazu gezwungen wird, in seine Heimat Russland zurückzukehren. Sophie Lissitzky-Küppers folgt ihrem Mann nach Moskau. Vor ihrer Abreise deponiert sie 13 Bilder ihrer Kunstsammlung bei Alexander Dorner im Provinzialmuseum, darunter die beiden Bilder *Improvisation No. 10* und die *Sumpflegende*. 1930 wird der Sohn Jen in Moskau geboren und ein Jahr später holt Sophie ihre beiden Söhne Kurt und Hans nach Moskau, weil sie in Deutschland wegen ihres jüdischen Vaters in Gefahr sind.

1936 tritt Alexander Dorner als Museumsdirektor zurück und emigriert in die USA. Die Nazis beschlagnahmen im selben Jahr zahlreiche Bilder im Provinzialmuseum und zeigen einige in der Ausstellung »Entartete Kunst«, danach sollen sie verkauft werden. Das Bild *Improvisation No. 10* von Kandinsky kommt ins Schloss Schönhausen und wird 1939 von dem Kunsthändler Ferdinand Möller für 100 $ gekauft. Möller war einer von vier Kunsthändlern, die von den Nazis zum Handel mit entarteter Kunst autorisiert waren. Klees *Sumpflegende* geht 1941 für 500 SFr an Hildebrand Gurlitt.

Lissitzky leidet seit Jahren an Tuberkulose und stirbt im selben Jahr in Moskau. Der älteste Sohn Kurt kehrt zurück in die Heimat und landet als sowjetischer Spion im Konzentrationslager Sachsenhausen. Sophie und ihr Sohn Jen werden als feindliche Ausländer nach Nowosibirsk in Sibirien verbannt, der 22-jährige Hans stirbt beim Arbeitsdienst im Ural an einer Blutvergiftung. Drei Jahre nach Stalins Tod 1956 wird Sophies Verbannung aufgehoben, sie reist nach Deutschland, um nach ihrer Sammlung zu fahnden, über deren Verbleib sie aber nichts herauszufinden kann. Im Dezember 1978 stirbt Sophie Lissitzky-Küppers in Sibirien an einer Lungenentzündung.

1951 kauft Ernst Beyeler bei Ferdinand Möller in Köln Kandinskys *Improvisation No. 10*. Er bezahlt einen für damalige Zeit angemessenen Preis von 18 000 SFr. Der Kandinsky hängt nur kurz in Beyelers Galerie, eine Hausfrau aus Winterthur kauft das Bild für 28 000 SFr. Zwei Jahre später kommt sie erneut in die Bäumleingasse, um den Kandinsky wegen eines fälligen Kredits wieder zu verkaufen. Der Kunsthändler bezahlt den doppelten Preis für die *Improvisation No. 10*, weil er in der Zwischenzeit herausgefunden hat, dass man in der *Improvisation No. 9* eine Landschaft erkennen kann, während die *Improvisation No. 10* das erste abstrakte Gemälde in der Kunstgeschichte ist. Beyeler erinnert sich: »Ich war verliebt in das erste abstrakte Bild der Moderne, ich wollte es nie wieder hergeben.«

Das Ölgemälde hängt dann bei dem Ehepaar Beyeler im Kaminzimmer, bis der amerikanische Sammler G. David Thomson es dort sieht. 1959 reist Beyeler nach Pittsburgh, weil Thomson 100 Bilder von Klee, gegen einen Cézanne, einen Matisse und die *Improvisation No. 10* von Kandinsky eintauschen möchte. Der Schweizer sucht nach einer Ausrede und sagt, dass das Bild von Kandinsky unverkäuflich sei, weil es seiner Frau Hildy gehöre. Thompson ruft daraufhin ein Taxi und setzt Beyeler um ein Uhr morgens vor die Tür.

Am nächsten Tag kommt der Handel mit den 100 Klee-Bildern doch noch zustande, indem sich der Kunsthändler hoch verschuldet. Über die *Improvisation No. 10* wird nicht mehr gesprochen.

Jen Lissitzky kommt nach dem Fall der Mauer 1991 nach Deutschland und suchte mithilfe des Kunstfahnders Clemens Toussaint nach der Sammlung seiner Eltern. Er hört, dass das Bild seiner Mutter bei Beyeler in Basel ist, und will es zurück haben. Bei der ersten Verhandlung vor einem Schweizer Gericht besteht der Kunsthändler darauf, dass er den Kandinsky in »Gutem Glauben« erworben hat und somit die Verjährungsfrist nach Schweizer Recht verstrichen ist. Das neu gebaute Museum der Fondation Beyeler wird 1997 in Riehen bei Basel eröffnet und Kandinskys Bild wird dort aufgehängt. Bevor der Streit in die nächste Instanz geht, will Beyeler wissen, ob es noch andere Erben der Eheleute Lissitzky und Küppers gibt. Überraschend tauchen vier weitere Küppers-Erben auf und es stellt sich zudem die Frage, ob im vorliegenden Fall das russische, das deutsche oder das schweizerische Erbrecht Gültigkeit hat.

Der Fall zeigt, wie viel Unrecht bis zum heutigen Tag nicht aufgearbeitet ist. Für die Erben geht es nicht nur um den materiellen Wert der Kunstwerke, sie stellen vielmehr eine Verbindung her zu dem Leben der verstorbenen Eltern und Großeltern. Mit den verschollenen Bildern erhoffen sich die Kinder und Enkel, auch einen Teil ihrer Familiengeschichte zurückzubekommen. Das Moskauer Stadtgericht trifft wenig später eine Entscheidung über die Erbfolge im Fall Lissitzky-Küppers, daraufhin kommt es zu einer Einigung der Erben mit Beyeler. Für eine nicht offiziell genannte Entschädigungssumme verzichten die Nachkommen von Sophie Lissitzky-Küppers auf alle weiteren Ansprüche und Beyeler klebt die schwarze Rose neben seinen Kandinsky. Zu Selma gewandt sagte er: »Ich bin froh, dass die Öffentlichkeit auch in Zukunft Zugang zu dem Bild hat, das mir so viel bedeutet.« Die Anwälte hatten dem Kunstsammler geraten, sich mit der Erbengemeinschaft zu einigen, um sich selbst und sein Museum vor öffentlichen Angriffen zu schützen. Beyeler hatte im Zuge der Verhandlungen erfahren, was Sophie Lissitzky-Küppers und ihre Kinder durchmachen mussten, dieses schreckliche Schicksal belastete ihn und das Bild.

Als er braungebrannt und erholt aus dem Griechenlandurlaub zurückkehrte, hatte sich ein Sponsor für den *Blitzschlag* von Klee gefunden und der Tausch Geld gegen Ware konnte vollzogen werden. Nach der Begleichung der Erbschaftssteuer endeten auch die Verhandlungen um die Bildersammlung von Hermann Bode.

Die *Sumpflegende* von Klee wird von Hildebrand Gurlitt weiterverkauft und taucht 20 Jahre später beim Kölner Auktionshaus Lempertz wieder auf. Beyeler ersteigert das Bild und verkauft es weiter an einen Schweizer Privatkunden. Obwohl man von der Vorgeschichte gehört hat, kaufen 1982 die Gabriele Münter- und Johannes Eichner-Stiftung zusammen mit der Stadt München das Ölbild. Sie bezahlen 650 000 DM an die Galerie Rosengart Luzern und hängen es im Lenbachhaus auf. 1992 reicht Jen Lissitzky für die Erbengemeinschaft Lissitzky-Küppers eine Klage auf Herausgabe der *Sumpflegende* beim Landgericht München ein. Die Klage wird wegen Verjährung und der Begründung abgewiesen, dass Eigentum der Bayerischen Staatsregierung nicht restituiert werden kann. Das Bild war seinerzeit in der Münchner Ausstellung »Entarteter Kunst« zu sehen und wurde sozusagen als Wiedergutmachung erworben.

Das Bürgerliche Gesetzbuch sagt: »Wer eine bewegliche Sache zehn Jahre besitzt, erwirbt das Eigentum, wenn er beim Kauf nicht wusste, dass es dem Verkäufer nicht gehört hat. Wusste der Käufer von der Unredlichkeit des Verkäufers, ist eine Ersitzung ausgeschlossen. Nach dreißig Jahren verjährt auch dieser Anspruch, Eigentum und Besitz fallen auseinander. Der ursprüngliche Eigentümer bleibt der Eigentümer und der Besitzer des Kunstwerks kann es weder verkaufen noch verschenken.«

1998 unterschreibt die Bundesrepublik Deutschland die rechtlich nicht bindende Übereinkunft der Washingtoner Erklärung, in der vereinbart wird, dass sich die Unterzeichner verpflichten, die während der NS-Zeit beschlagnahmte Raubkunst den Vorkriegseigentümern oder deren Erben zurückzugeben. Im Einzelfall soll eine »gerechte und faire Lösung« gefunden werden, weil die zivilrechtlichen Ansprüche längst verjährt sind. Ist eine Entschädigung nicht möglich, weil der Rechtsnachfolger unauffindbar ist, erfolgte eine Globalzahlung an die »Conference on Jewish Material Claims«.

2012 wird eine erneute Klage auf Herausgabe der *Sumpflegende* zugelassen und der Streitwert auf 2 Millionen € angesetzt. Münchner Bürger und Journalisten setzen sich für eine großzügige Lösung des Raubkunstfalls ein, auch Selma bespricht die Angelegenheit mit Matthias Mühling, dem neuen Direktor des Lenbachhauses. Er sagt: »Ein derart umstrittenes Bild wollen wir in unserer Sammlung gar nicht haben.« 2017 endet auch dieser Rechtsstreit der Familie Lissitzky-Küppers mit einem Vergleich, bei dem eine für alle Beteiligten zufriedenstellende Entschädigungssumme gezahlt wird.

Ich danke

Elisabeth Müller Neumann, die mir geholfen hat, die Fülle des Materials zu kürzen. Ihre Überzeugung, dass der Inhalt von allgemeinem Interesse ist, war sehr motivierend.

Walter Godron für die orthografische Bearbeitung des Textes und die geschichtliche Einordnung der Ereignisse.

Frogard Bode für ihre Erinnerungen und Briefe von Julia und Hermann Bode.

Anita Schultz für das Buch *Überwindung der Kunst* von Alexander Dorner und die zahlreichen Briefe von Ilse Beindorff-Bode.

Rosemarie Dinkel für die Transkription von Briefen aus der Sütterlinschrift.

Dr. Annette Baumann vom Sprengel Museum Hannover für die Hilfe bei der Provenienzforschung.

Dr. Annemone Christians vom Institut für Zeitgeschichte München für den Zugriff auf ihre Pilotstudie Tinte und Blech über die Günther Wagner Pelikan-Werke im Nationalsozialismus und die Erinnerungen von Fritz Beindorff.

Dr. Peter Hahn für das Ordnen familiärer Zusammenhänge.

Dem **Bundesarchiv Berlin** für die Zusendung der Akte Bode aus dem Bestand der Reichskulturkammer.

Dem Sütterlinkreis Hannover für die Transkription der Briefe von Ilse Beindorff-Bode.

Almut Krauß, der ersten Leserin des Rohmaterials.

Literaturverzeichnis

Alexander Dorner: Überwindung der »Kunst« (The way beyond Art).

Dr. Ines Katenhusen: Kunst und Politik. Hannovers Auseinandersetzungen mit der Moderne in der Weimarer Republik, Dissertation, 1998.

Ruth Heftrig, Olaf Peters, Barbara Schellwald (Hg.): Kunstgeschichte im »Dritten Reich«. Theorien, Methoden, Praktiken, Berlin 2008.

Hedwig Müller: »Mary Wigmann«. Leben und Werk der großen Tänzerin. Akademie der Künste, Berlin 1987.

Kunstverein Hannover (Katalog): »Die Pelikan Kunstsammlung« aus dem Besitz des Hauses Günther Wagener Pelikan Werke und der Familie Beindorff, 1963.

Roland Weber: Gärten Parks Gartenhöfe, Stuttgart 1983.

Roland Weber: Die Kunst des Gartens. Landschaftsgärten, Ports und Gartenhöfe, 1999.

dokumenta, Kunst des XX. Jahrhunderts, München Prestel Verlag 1955.

Esther Keller: Ernst Beyeler. Von Kunst bewegt, Basel 2014.

Volker Gerhardt: Friedrich Nietzsche. Also sprach Zarathustra, Berlin 2012.

Volker Gerhardt: Friedrich Nietzsche (1844–1900), in: Otfried Höffe: Klassiker der Philosophie, Bd. 2: Von Immanuel Kant bis John Rawls, München 2008.

Otfried Höffe: Immanuel Kant (1724–1804), in: Ders. : Klassiker der Philosophie, Bd. 2: Von Immanuel Kant bis John Rawls, München 2008.

Helmuth von Glasenapp: Die Philosophie der Inder. Eine Einführung in ihre Geschichte und ihre Lehren, Stuttgart 1949.

Augustinus: »Bekenntnisse Gottesstaat«, 1930.

Karl Brandler-Pracht: Astrologische Kollektion zum Selbststudium, s. l. 1930.

Dr. P. Sigisbert Cavelti: Grundriss der Philosophie
Band III: Kriteriologie und Metaphysik
Band IV: Ethik, 1919.

Dr. Johann Baptist Egger: Leitfaden der Moralphilosophie. (Manuskript), Sarnen 1916.

Adolf Hitler: Mein Kampf, 1937.

Bildnachweis

S. 9	Privat
S. 24	Pelikan Vertriebsgesellschaft mbH & Co. KG
S. 28	Courtesy Archiv der Galerie Beyeler
S. 45	Privat
S. 58	Privat
S. 76	Fotostudio Bartsch, Karen Bartsch, Berlin
S. 79	Privat
S. 83	Archiv Paul Klee Zentrum Bern
S. 94	bpk / Sprengel Museum Hannover / Michael Herling / Benedikt Werner
S. 100	bpk / Sprengel Museum Hannover / Michael Herling / Aline Gwose
S. 114	Pelikan Vertriebsgesellschaft mbH & Co. KG
S. 118	Privat
S. 121	Privat
S. 131	Privat
S. 146	Privat
S. 207	Privat
S. 216	Privat
S. 242	Privat
S. 245	Privat
S. 298	Fotostudio Bartsch, Karen Bartsch, Berlin

Ebenfalls von Sinda Dimroth erschienen:

Das große Verschweigen

Roman einer Familie

Traumatisiert kehrt der Vater aus dem Zweiten Weltkrieg zurück. Und er schweigt. Wenige Jahre vor seinem Tod überreicht ihm Tochter Selma ein Tonbandgerät mit der Bitte, seine Lebensgeschichte festzuhalten: »Für deine Kinder und Enkel, wir wollen wissen, was du im Krieg erlebt hast, um dich besser zu verstehen.« Auf der Grundlage dieser Tonband- und weiterer Tagebuchaufzeichnungen ist ein Roman entstanden, der aus verschiedenen Perspektiven die bewegende Geschichte einer Familie im 20. Jahrhundert erzählt. Man begegnet Freuds Psychoanalyse, C. G. Jung, Martin Buber und dem Heiligen Gral, erlebt Krieg, Flucht und Gefangenschaft und die Nachkriegsjahre im zerstörten München anhand eines ehrlich und authentisch geschriebenen Buches.

256 S., Paperback, ISBN 978-3-95780-030-5